Frank Müller-Römer

Der Bau der Pyramiden im Alten Ägypten

Bibliografische Information der Deutschen Nationalbibliothek: Die Deutsche Nationalbibliothek verzeichnet
diese Publikation in der Deutschen Nationalbibliografie;
detaillierte bibliografische Daten sind im Internet über
http://dnb.d-nb.de abrufbar.

Dieses Werk ist urheberrechtlich geschützt.
Die dadurch begründeten Rechte, insbesondere die
der Übersetzung, des Nachdrucks, der Entnahme von
Abbildungen, der Wiedergabe auf fotomechanischem
oder ähnlichem Wege und der Speicherung in Daten-
verarbeitungsanlagen bleiben – auch bei nur auszugs-
weiser Verwendung – vorbehalten.

Copyright © Frank Müller-Römer · 2011

ISBN 978-3-8316-4069-0

Printed in EC
Herbert Utz Verlag GmbH, München
089-277791-00 · www.utzverlag.de

Meiner geliebten Karin gewidmet

Vorwort

Meine erste Begegnung mit der Cheopspyramide im Jahr 1996 war für mich als Ingenieur ein Erlebnis ganz besonderer Art. Überwältigt von der Größe des Bauwerks und der Menge der verbauten Steine stand ich längere Zeit regungslos am Fuß der Pyramide und fragte mich, wie die Menschen der damaligen Zeit dieses Bauwunder wohl vollbracht hatten. Noch am selben Tag kaufte ich mir das Buch »Building in Egypt« von Dieter Arnold. Dies war der Beginn meiner Liebe zum Alten Ägypten und zur Ägyptologie.

Im Sommersemester 1997 begann ich dann an der Ludwig-Maximilians-Universität München mit dem Studium der Ägyptologie, welches ich im Februar 2008 mit der Disputation meiner Dissertation zum Thema »Pyramidenbau mit Rampen und Seilwinden – ein Beitrag zur Bautechnik im Alten Reich« erfolgreich abschloss.

Nach Erscheinen meiner Dissertation als Buch[1] im Jahr 2008 erhielt ich dazu verschiedentlich Anregungen und auch kritische Anmerkungen. Die weitere Beschäftigung mit meiner Hypothese, bei der ich auch die genannten Anregungen im Auge behielt, führte zu einem in wesentlichen Punkten ergänzten und überarbeiteten Vorschlag zum Bau der Stufenpyramiden im Alten Reich, der in diesem Buch veröffentlicht wird.

Ich bin überzeugt, dass die von mir unter dem technischem Blickwinkel des Ingenieurs und auf der Grundlage der Wissenschaft der Ägyptologie sowie der archäologisch gesicherten Fakten vorgenommenen Überlegungen zu einer Hypothese für die Errichtung der Stufenpyramiden im Alten Reich geführt haben, die viele der bisher ungeklärten Fragen des Pyramidenbaus einer Lösung näher bringt.

Frank Müller-Römer

---

[1] Müller-Römer, Pyramiden.

Inhaltsverzeichnis

    Vorwort 5

1. Einleitung 15

2. Definitionen und Festlegungen 25
    2.1 Definition Baustrukturen 25
    2.2 Definition Mauerwerk 30
    2.3 Längenbezeichnungen 33
    2.4 Festlegungen 33

3. Zeitliche Entwicklung des Pyramidenbaus im Alten und Mittleren Reich 35

4. Bautechnik im Alten Reich 39
    4.1 Baumaterial 42
        4.1.1 Steingewinnung und Steinbearbeitung 42
        4.1.2 Steinverarbeitung an der Baustelle 48
        4.1.3 Ungebrannte Ziegel 50
    4.2 Hebeeinrichtungen 52
        4.2.1 Balken, Stangen 52
        4.2.2 Anheben und Absenken schwerer Lasten 54
            4.2.2.1 Seilumlenkung 54
            4.2.2.2 Seile 59
            4.2.2.3 Das Fallsteinsystem im Korridor zur Grabkammer des Königs in der Cheopspyramide 61
            4.2.2.4 Das Fallsteinsystem im Korridor zur Grabkammer der Pyramide des Mykerinos 67
            4.2.2.5 Aufrichten von Pfeilern sowie Statuen und Heben von Steinblöcken 70
            4.2.2.6 Zusammenfassung: Hebeeinrichtungen und Seilumlenkung 76
    4.3 Transporteinrichtungen 78
        4.3.1 Schiefe Ebene 78
            4.3.1.1 Zugkräfte (Gleitreibung) 78

	4.3.1.2	Zugkräfte (Rollreibung) · · · · · · · · · · · · ·	85
	4.3.1.3	Über eine Walze abwärtsgerichtete Zugkraft · · ·	87
	4.3.1.4	Zugleistung von Arbeitern · · · · · · · · · · ·	88
		4.3.1.4.1 Aufwärtsgerichtete Zugleistungen von Arbeitern · · · · · · ·	88
		4.3.1.4.2 Aufwärtsgerichtete Zugleistung von Rindern · · · · · · · · ·	89
		4.3.1.4.3 Abwärtsgerichtete Zugleistungen von Arbeitern · · · · · · ·	89
4.3.2	Rampen ·		90
	4.3.2.1	Die Pyramide des Sechemchet · · · · · · · · · ·	90
	4.3.2.2	Die kleinen Schichtpyramiden des Alten Reiches	91
	4.3.2.3	Die Pyramide des Snofru in Meidum · · · · · · ·	93
	4.3.2.4	Die Rote Pyramide in Dahschur · · · · · · · · ·	95
	4.3.2.5	Cheopspyramide · · · · · · · · · · · · · · · ·	96
	4.3.2.6	Das Sonnenheiligtum des Niuserre · · · · · · · ·	99
	4.3.2.7	Die Pyramiden des Mittleren Reiches · · · · · ·	100
	4.3.2.8	Zusammenfassung: Verwendung von Rampen beim Pyramidenbau · · · · · · · · · · · ·	101
4.3.3	Steintransport auf der geraden und schrägen Ebene · · · · ·	103
4.3.4	Transport von Leitern mittels Scheibenrädern · · · · · · ·	112
4.4. Vermessungstechnik ·			112
4.4.1	Während der Bauarbeiten durchzuführende Vermessungsarbeiten · · · · · · · · · · · · · · · · · · ·		114
4.4.2	Maßeinheiten ·		116
4.4.3	Streckenmessung · · · · · · · · · · · · · · · · · · ·		117
4.4.4	Messverfahren zur waagerechten Nivellierung · · · · · · ·		119
4.4.5	Winkelmessung ·		125
4.4.6	Ausrichtung der Pyramiden nach den Himmelsrichtungen		127
4.4.7	Einhalten der festgelegten Neigung der Seitenflächen der Pyramide · · · · · · · · · · · · · · · · ·		132
4.4.8	Vermessen der Grabkammerkorridore · · · · · · · · · · ·		135
4.4.9	Kontrollmessungen ebener Flächen · · · · · · · · · · · ·		136
4.4.10	Zusammenfassung Vermessungstechnik · · · · · · · · · ·		138
4.5 Mathematische Kenntnisse ·			139

5. Archäologische Befunde an Pyramiden · · · · · · · · · · · · · · · 143

- 5.1 Die Entwicklung der Bauweise von Pyramiden · · · · · · · · · · · 143
  - 5.1.1 Schichtpyramiden · 143
    - 5.1.1.1 Die Pyramide des Djoser · · · · · · · · · · · · 143
    - 5.1.1.2 Die Pyramide des Sechemchet · · · · · · · · · 148
    - 5.1.1.3 Die Pyramide des Chaba · · · · · · · · · · · · 149
    - 5.1.1.4 Die kleinen Schichtpyramiden des Alten Reiches 150
    - 5.1.1.5 Die Pyramiden des Snofru · · · · · · · · · · · · 151
      - 5.1.1.5.1 Meidum · · · · · · · · · · · · · · · · · · 152
      - 5.1.1.5.2 Knickpyramide · · · · · · · · · · · · · · 157
  - 5.1.2 Stufenpyramiden · 164
    - 5.1.2.1 Die Rote Pyramide · · · · · · · · · · · · · · · · 164
    - 5.1.2.2 Die Cheopspyramide · · · · · · · · · · · · · · · 168
    - 5.1.2.3 Die Pyramide des Djedefre · · · · · · · · · · · · 181
    - 5.1.2.4 Die Pyramide des Chephren · · · · · · · · · · · 183
    - 5.1.2.5. Die Pyramide des Bicheris (Nebka) · · · · · · · 187
    - 5.1.2.6 Die Pyramide des Mykerinos (Menkaure) · · · · 188
    - 5.1.2.7 Die Mastaba el-Faraun des Schepseskaf · · · · 196
    - 5.1.2.8 Die Pyramide des Userkaf · · · · · · · · · · · · 196
    - 5.1.2.9 Die Pyramide des Sahure · · · · · · · · · · · · 198
    - 5.1.2.10 Die Pyramide des Neferirkare · · · · · · · · · · 200
    - 5.1.2.11 Die unvollendete Pyramide des Schepseskare · · 203
    - 5.1.2.12 Die unvollendete Pyramide des Neferefre (Raneferef) · · · · · · · · · · · · · · · · 203
    - 5.1.2.13 Die Pyramide des Niuserre · · · · · · · · · · · 205
    - 5.1.2.14 Die Pyramide des Menkauhor · · · · · · · · · · 206
    - 5.1.2.15 Die Pyramide des Djedkare Asosi · · · · · · · · 207
    - 5.1.2.16 Die Pyramide des Unas · · · · · · · · · · · · · 208
    - 5.1.2.17 Die Pyramide Lepsius XXIV · · · · · · · · · · · 209
    - 5.1.2.18 Die Pyramiden der 6. Dynastie · · · · · · · · · 210
  - 5.1.3 Die Pyramiden der Ersten Zwischenzeit und des Mittleren Reiches · 211
    - 5.1.3.1 Die Pyramide des Ibi · · · · · · · · · · · · · · · 212
    - 5.1.3.2 Die Pyramide des Chui · · · · · · · · · · · · · · 212
    - 5.1.3.3 Wiederentdeckung der Pyramidenform im Mittleren Reich · · · · · · · · 213
    - 5.1.3.4 Die Pyramide Amenemhet's I. · · · · · · · · · · 214
    - 5.1.3.5 Die Pyramide Sesostris' I. · · · · · · · · · · · · 215

		5.1.3.6	Die Pyramide Amenemhet's II.	215
		5.1.3.7	Die Pyramide Sesostris' II.	216
		5.1.3.8	Die Pyramide Sesostris' III.	216
		5.1.3.9	Die Pyramiden Amenemhet's III.	217
			5.1.3.9.1 Die Pyramide Amenemhet's III. in Dahschur 217	
			5.1.3.9.2 Die Pyramide Amenemhet's III. in Hawara 218	
		5.1.3.10	Pyramiden der 13. Dynastie	218
	5.2	Zusammenfassung: Archäologische Befunde und Entwicklung der Bautechniken im Alten Reich		219
	5.3	Der Wechsel von der Schicht- zur Stufenbauweise der Pyramiden im Alten Reich		225
	5.4	Die Weiterentwicklung der Pyramidenbauweise im Mittleren Reich		234
6.	Bauzeiten der Pyramiden und Personalbedarf			237
	6.1	Berechnung der Bauzeiten		237
	6.2	Abschätzung des Personalbedarfs für den Pyramidenbau		245
		6.2.1	Personalbedarf im Steinbruch des Cheops	247
		6.2.2	Personalbedarf für den Steintransport zwischen Steinbruch und Cheopspyramide	248
		6.2.3	Personalbedarf für den Bau des Kernmauerwerks der Cheopspyramide	250
		6.2.4	Gesamtpersonalbedarf für die Errichtung der Cheopspyramide	251
		6.2.5	Berechnung des Personalbedarfs für den Bau der Cheopspyramide nach Zier	252
7.	Analyse und Bewertung der bisher bekannt gewordenen Bauhypothesen			255
	7.1	Historische Beschreibungen des Pyramidenbaus		255
		7.1.1	Herodot	256
		7.1.2	Diodor	258
		7.1.3	Plinius	259
	7.2	Grundsätzliche Lösungsansätze für den Pyramidenbau		259

- 7.3 Bauhypothesen, denen senkrecht auf die Pyramide zulaufende Rampen zugrunde liegen 261
  - 7.3.1 Überlegungen zum Problem des Pyramidenbaus nach Arnold 261
  - 7.3.2 Vorschlag von Stadelmann für ein Rampensystem 263
  - 7.3.3 Vorschlag von Lauer für eine Rampenkonstruktion 266
  - 7.3.4 Vorschlag von Borchardt für eine Rampenkonstruktion . 268
  - 7.3.5 Vorschlag von Lattermann für eine Rampe 269
  - 7.3.6 Vorschlag von Höhn für Rampen verschiedener Anordnung 271
- 7.4 Bauhypothesen, denen entlang der Pyramidenseiten geführte Rampen zugrunde gelegt werden 273
  - 7.4.1 Umlaufende Ziegelrampe nach Goyon, G. 273
  - 7.4.2 Rampensystem nach Lehner 276
  - 7.4.3 Integralrampe nach Klemm und Klemm 280
  - 7.4.4 Vorschlag von Graefe für die Verwendung von Tangentialrampen 284
  - 7.4.5 Umlaufende Rampe nach Hampikian 290
  - 7.4.6 Vorschlag von Hölscher für Tangentialrampen 292
  - 7.4.7 Kombination einer senkrecht auf die Pyramide zulaufenden Rampe und einer Tangentialrampe nach Petrie 293
  - 7.4.8 Kombination einer senkrecht auf die Pyramide zulaufenden Rampe und einer Integralrampe (Innenrampe) nach Houdin 294
  - 7.4.9 Vorschlag von Willburger für parallel zu den Pyramidenseiten angeordneten Rampen 300
- 7.5. Hypothesen für den Einsatz von Hebegeräten bzw. Zugeinrichtungen 302
  - 7.5.1 Vorschlag von Isler zum Pyramidenbau mittels Hebeln .. 302
  - 7.5.2 Vorschlag für eine Hebeeinrichtung nach Croon 304
  - 7.5.3 Vorschlag von Löhner für den Bau der Pyramide mit Seilrollenböcken 308
  - 7.5.4 Vorschlag von dos Santos für den Einsatz eines Spill 310
  - 7.5.5 Vorschlag von Riedl für eine Hebebühne mit Seilwinde und Holmen 312
  - 7.5.6 Der Schrägaufzug nach Abitz 314

		7.5.7	Hebezeug-Paternoster nach Munt	318
		7.5.8	Schrägaufzug nach Dorka	320
		7.5.9	Vorschlag von Pitlik für eine Förderrampe	322
		7.5.10	Hebeanlage nach Bormann	324
		7.5.11	Vorschlag eines rollenden Steintransports nach Parry	328
		7.5.12	Vorschlag von Keyssner mittels Umbauung (Montagemantel) und Zugeinrichtung	333
		7.5.13	Vorschlag von Winkler (Hebeleiter)	337
		7.5.14	Methode des Flankentransports nach Unterberger	340
		7.5.15	Kombiniertes Rampen- und Hubmodell nach de Haan	343
		7.5.16	Bauvorschlag von Hodges (Hochhebeln der Steine)	346
	7.6	Zusammenfassende Bewertung der Bauvorschläge für Pyramiden entsprechend der Kapitel 7.3 bis 7.5		349
8.	Eine neue Hypothese zum Pyramidenbau im Alten Reich			355
	8.1	Baudaten der Pyramide des Mykerinos		359
	8.2	Die einzelnen Bauabschnitte		362
		8.2.1	Bau des Kernmauerwerks	362
		8.2.2	Anbringen des Verkleidungsmauerwerks, der Arbeitsplattformen und der Äußeren Rampen	372
		8.2.3	Aufsetzen des Pyramidion	377
		8.2.4	Vermessungsarbeiten beim Anbringen der Außenverkleidung	377
		8.2.5	Rückbau der Arbeitsplattformen und Glätten der Außenfläche	379
		8.2.6	Berechnung der Transportleistungen und der Bauzeit der Pyramide	380
			8.2.6.1 Berechnung der Bauzeit für das Kernmauerwerk	383
			8.2.6.2 Berechnung der Bauzeit für das Verkleidungsmauerwerk sowie für die Außenverkleidung und die Arbeitsplattformen	385
			8.2.6.3 Berechnung des Zeitaufwandes für die Glättung der Außenverkleidung	387
			8.2.6.4 Bauzeit für die Pyramide des Mykerinos	389
	8.3	Vergleichende Betrachtung mit den Bauzeiten der Roten Pyramide und der Cheopspyramide		389
		8.3.1	Berechnung der Bauzeit der Roten Pyramide	390

	8.3.2	Berechnung der Bauzeit der Cheopspyramide	397
8.4		Anmerkungen zum Bau der Cheopspyramide	406
8.5		Ausblick auf weitere Pyramiden des Alten Reiches	412

9. Zusammenfassung der neuen Hypothese für den Bau
   der Stufenpyramiden im Alten Reich 413

10. Quellenverzeichnis und Abkürzungen 417
    10.1 Quellenverzeichnis Text 417
    10.2 Quellenverzeichnis Abbildungen 432
    10.3 Verzeichnis der Abkürzungen 436

    Register 439

1. Einleitung

Seit jeher faszinieren die Pyramiden des Alten Reiches die Besucher Ägyptens. Die außergewöhnlich beeindruckende Größe der Bauwerke und die gewaltigen Abmessungen der verbauten Steine bleiben für jeden Betrachter unvergesslich. Die Cheopspyramide zählt daher seit griechischer Zeit zu Recht zu den Sieben Weltwundern der Antike.[2] Als einzige dieser Bauten steht sie heute noch. Immer wieder wurde die Frage gestellt, was die damaligen Könige veranlasst hat, solch gewaltige Grabstätten zu errichten. Der Bau der Pyramiden im Alten Reich (AR) muss daher stets im Zusammenhang mit den seinerzeitigen gesellschaftlichen Verhältnissen, den religiösen Vorstellungen sowie den archäologischen Befunden, dem damaligen Stand der Technik und den logistischen Fähigkeiten der Baumeister betrachtet werden.

Vom Beginn der 3. Dynastie ca. 2700 v. Chr. bis zum Anfang des Neuen Reiches um 1550 v. Chr. hatte der Grabkomplex, an dem die Toten- und Erneuerungsfeiern des Königs stattfanden, mit wenigen Ausnahmen eine Pyramide als sichtbares Diesseits des kosmischen Himmelaufstiegs des Königs.[3] In der Regel wurde der Leichnam des Königs auch in der Pyramide beigesetzt. Im Umfeld der Pyramiden entstanden umfangreiche Gräberfelder (Mastabas) für Verwandte des Königs und hohe Beamte.

Heute versteht die moderne Ägyptologie die Pyramidenbauten des AR als mächtige Monumente des im König verkörperten Zentralstaates. In der 4. Dynastie wurden sie an der Grenze zwischen Ober- und Unterägypten als Sinnbild der inneren Standfestigkeit des gesamtägyptischen Staates errichtet. In ihrer Größe sind sie Träger einer Idee und bedürfen keiner praktischen Nutzbarkeit als Rechtfertigung. Gleichzeitig präsentieren sie mit ihren klaren geometrischen Konturen Ordnung und Funktionieren des Staates. Sie stehen somit – wie Otto formuliert[4] – nicht nur für das Streben einzelner Könige nach der Überwindung der Vergänglichkeit des irdischen Lebens, sondern sind weit darüber hinausgehend Ausdruck des Anspruchs auf Dauerhaftigkeit des pharaonischen Staates.

Mit Beginn der 3. Dynastie fand der Übergang von der Bauweise mit luftge-

---

2 Antipatros von Sidon, 2.Jhdt. v. Chr. in Ekschmitt, Weltwunder, S. 9.
3 LÄ III, S. 498 ff.
4 Otto, Pyramiden.

trockneten Ziegeln zu Steinbauten mit größeren Abmessungen der Steine statt.⁵ Mit der Schichtpyramide des Djoser wurden die bisher getrennten architektonischen Elemente königlicher Gräber erstmals im Pyramidenbezirk zusammengefasst und in Steinbauweise ausgeführt. Offen und weiterhin in Diskussion bleibt die Frage, ob es bis dahin zwei königliche Gräber – eines in Abydos und eines in Memphis – gab. Seit Djoser befinden sich jedoch innerhalb des Pyramidenbezirks ein Nordgrab (Pyramide) und ein Südgrab. In der Pyramide des Djoser Nachfolgers Sechemchet ist in der Grabkammer erstmals ein königlicher Sarkophag nachgewiesen.

Ab der 4. Dynastie wurde das Südgrab in Form einer kleinen Nebenpyramide im Süden des Pyramidenbezirks ausgeführt (»Kultpyramide«). Außerdem entwickelten sich die vier Hauptelemente (Abb. 1.1):

- Pyramide mit Kultpyramide, Nebenanlagen und Umfassungsmauer,
- Totentempel,
- Aufweg und
- Taltempel.

Der Zugang zur Grabkammer und der meist von der Nord-Südachse in Richtung Osten verschobene Zugangskorridor wurden nach Norden ausgerichtet.⁶ Mit Bau der Pyramide des Mykerinos verringerten sich die Abmessungen der Pyramiden; gleichzeitig nahmen Größe der Totentempel und Umfang ihrer Ausstattung zu. Schepseskaf und Chentkaus kehrten vorübergehend wieder zur Form der Mastaba zurück.

In der 5. Dynastie begann mit der Grabanlage des Sahure in Abusir eine neue Epoche im Pyramidenbau. Die Totentempel wurden direkt mit den Pyramiden, die in keinem Fall mehr die Größe derjenigen der 4. Dynastie erreichten, verbunden und lagen nun innerhalb der Umfassungsmauer. Erstmals wurden Säulen statt Pfeiler verwendet. Die am Ende der 5. Dynastie gefundene Anordnung der Räumlichkeiten blieb bis in die 12. Dynastie fast unverändert. Ab der 5. Dynas-

---

5 Heisel, Baubezeichnungen, S. 79.

6 Die Ausrichtung geschah durch Beobachtung der Zirkumpolarsterne, die in den Pyramidentexten als Ziel der nächtlichen königlichen Himmelfahrt erscheinen. Als Zirkumpolarsterne werden die Sterne bezeichnet, die aus Sicht des Beobachters während des gesamten Jahres zu sehen sind, weil sie ständig um den Pol zu kreisen scheinen. Es gibt am Ort der Beobachtung (z. B. Ägypten) umso weniger Zirkumpolarsterne, je weiter dieser vom Nordpol entfernt ist. Nähere Angaben siehe bei Ekrutt, Sterne, S. 10–11 und S. 22.

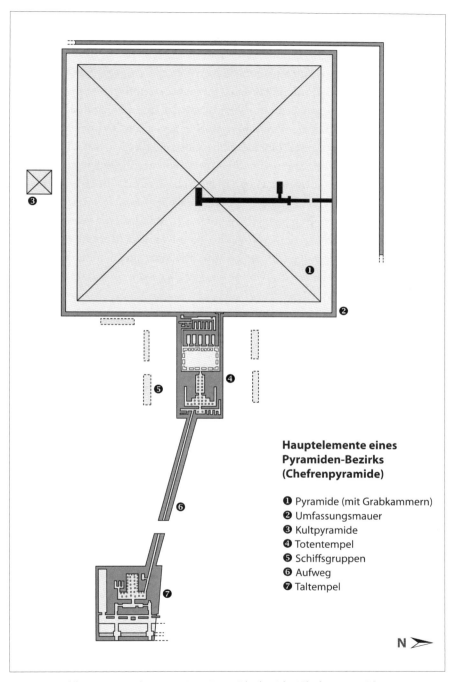

Abb. 1.1 Hauptelemente eines Pyramidenbezirks (Chefrenpyramide)

tie sind mit dem Grab des Unas erstmals Pyramidentexte nachgewiesen. In der 5. Dynastie traten neben den Pyramiden als Königsgrab die Sonnenheiligtümer hinzu.

Die archäologischen Untersuchungen haben zweifelsfrei ergeben, dass die Pyramiden vor allem als Königsgräber errichtet wurden und die Baumeister über Generationen hinweg versuchten, die Zugänge zu den Grabkammern immer wirksamer vor Eindringlingen zu schützen. Die Unversehrtheit der Mumie des Königs wurde für König und Hofgesellschaft als unabdingbar für das Leben im Jenseits betrachtet.[7] Die Pyramide enthielt in den meisten Fällen in einem in ihr zentral gelegenen Punkt oder in einem tiefen Schacht unter ihrem Mittelpunkt einen Sarkophag aus Hartgestein. Die Pyramiden des Mittleren Reiches zeigen, dass immer komplexere Zugangssysteme hin bis zu Blindgängen gebaut wurden. Einige Grabkammern wurden wannenförmig aus einem Monolith gearbeitet und mit großen Abdeckplatten verschlossen. Bei einer unvollendeten Ziegelpyramide in Dahschur wiegen die Wanne aus Quarzit mehr als 150 t und der Verschlussblock 83 t.[8]

In der Ersten Zwischenzeit führte die Auflösung der staatlichen Einheit Ägyptens zu Königsgräbern in der Form aufwendig gestalteter Privatgräber.[9] Lediglich die memphitischen Könige setzten mit den Königsgräbern des Ibi und Chui (beide 8. Dynastie) die bisherige Tradition fort.

Mit der Verlegung der Residenz nach Norden und nach Beendigung der regionalen Eigenbestrebungen einzelner Provinzen mit Beginn des Mittleren Reichs wurde wieder auf die Form der Pyramide als Königsgrab zurückgegriffen. So war in der thebanischen Nekropole die Grabanlage des Mentuhotep II. von einer Pyramide bekrönt.[10] Amenemhet I. und Sesostris I. knüpften wieder an die Tradition des Baus großer Pyramiden als Königsgrab an und errichteten Pyramiden in Lischt. Weitere Bauten entstanden in Dahschur (Amenemhet II., Sesostris III. und Amenemhet III.), in Lahun (Sesostris II.) und in Hawara (Amenemhet III.). Dabei fanden verschiedene Änderungen der früher in der 6. Dynastie noch vorhandenen Elemente des Pyramidenbezirks statt. Mit der Entdeckung der Pyramidenanlage des Nub-Cheper-Re Intef in der Nekropole von Dra'Abu el-Naga, die an das Ende der 17. Dynastie datiert wird, wird deutlich, dass die

---

7 Lauer, Geheimnis, S. 123.

8 Jéquier, Deux Pyramides.

9 LÄ III, S. 501 ff.

10 Polz, Habilitation, Kapitel 3.5, S. 286 ff.

Bezeichnung p3 mr des pAbbott Königsgräber nennt, die von einer Pyramide bekrönt waren. Es wird daher durch die jüngsten Forschungen aufgezeigt, dass die Pyramide als Teil der königlichen Grabanlage – sei es als großes Pyramidenbauwerk oder als ein architektonisches Element eines Grabbaus – bis Ende der Zweiten Zwischenzeit eingesetzt wurde.[11]

Obwohl die Ägypter in der damaligen Zeit in ihren religiösen Vorstellungen von einer Fortexistenz nach dem Tod im Jenseits ausgingen, wurde für den Verstorbenen ein Ort des Erscheinens an den Festtagen errichtet. In der oberen Ruhestätte verbleibt der Leichnam, der durch Mumifizierung und aufwendige Grabbauten mit Sarkophagen und Blockiersystemen vor Raub und Beschädigung geschützt wird.[12] Dazu gehört auch eine unsichtbare Grabsicherung durch Amulette, die dem Leichnam beigegeben werden. Gleichzeitig soll mit der intensiven Vorbereitung auf das Jenseits den dort zu erwartenden Gefahren begegnet werden.[13] Hinzu kommt die Versorgung des Toten mit allem Notwendigen. Der Grabkomplex bildete mit den inneren Räumen und dem äußeren Hofteil über viele Jahre oder Jahrzehnte hinweg die Stelle der Versorgung des Toten (Gedenken) und, nach außen gerichtet, die Kommunikationsstelle mit den Lebenden (Festtag).

Im Alten Ägypten galten für die Standortwahl zum Bau der Pyramiden als Königsgrab offensichtlich einige Grundvoraussetzungen:

- Der Westen, auf der Seite der untergehenden Sonne gelegen, galt ganz allgemein als das Totenreich – personifiziert durch die Göttin Amentet.[14] So liegen die thinitischen Königsgräber von Abydos, die Pyramiden des AR und MR mit ihren Privatfriedhöfen, die Sonnenheiligtümer der 5. Dynastie sowie die Nekropolen von Theben-West auf der Westseite des Nil (Abb. 1.2).[15] Befinden sich Friedhöfe auf der Ostseite, ist wenigstens die Scheintür mit Schacht an der Westseite angeordnet.
- Die Pyramidenstandorte mussten einerseits hoch über dem Fruchtland liegen, um weithin sichtbar zu sein, und andererseits möglichst am Rand des

---

11 ebenda.

12 Wolf, Blockierungssysteme.

13 Hornung, Einführung.

14 LÄ I, S. 223.

15 Die einzige Pyramide, die auf der Ostseite des Nils liegt, ist die kleine Stufenpyramide in Saujet el-Meitin.

Wüstenplateaus liegen, um die Steintransporte auf dem Nil bzw. auf einem Kanal im Fruchtland günstig durchführen zu können. Gleiches gilt für die Lage des Pyramidenbauplatzes in der Nähe geeigneter Steinbrüche für das Kernmauerwerk.
- Hinzu kam wahrscheinlich im AR – so eine häufig vertretene Auffassung – auch die Absicht, das Grabmal in der Nähe zur Hauptstadt Memphis zu errichten.

Die Fragen nach den bei der Materialgewinnung, dem Transport, den bei der Bauplanung sowie beim Bau selbst verwendeten Techniken und Verfahren beschäftigten in den vergangenen Jahrhunderten viele Ägyptologen, Archäologen, Ingenieure und interessierte Laien. Zahlreiche, oft abenteuerliche Hypothesen oder Behauptungen wurden dazu aufgestellt.

Den klassischen Ägyptologen und auch den Archäologen sind die baulichen und technischen Aspekte, die für die Errichtung der Pyramiden zu beachten sind, im Allgemeinen nicht sehr geläufig oder sogar fremd. Daran mangelt es oft bei den von ihnen entwickelten Hypothesen über den Pyramidenbau; diese werden aber dennoch immer wieder zitiert und weiter verbreitet. Andererseits bemühen sich viele »Nicht-Ägyptologen« um Erklärungen zu bautechnischen Fragen und legen unterschiedlichste Berechnungen dazu sowie zu den beim Bau benötigten Personalleistungen vor. Derartige Betrachtungsweisen enthalten oft diskussionswürdige Aspekte. Häufig lassen sie dabei jedoch die archäologischen Kenntnisse und Zusammenhänge außer Betracht. Die entsprechende Beachtung und Anerkennung seitens der Welt der Ägyptologie für diese Gruppe der »Nicht-Ägyptologen« wird oft vermisst.

Trotz vieler Veröffentlichungen und vorgetragener Hypothesen konnte für die Fragen, nach welchen Verfahren, in welchen Abschnitten, mit welchen Hilfsmitteln, innerhalb welchen Zeitraums und mit welchem personellen Aufwand die Pyramiden des AR geplant und gebaut wurden, noch kein in sich geschlossener Lösungsvorschlag zur Diskussion gestellt werden. Auch neuere Veröffentlichungen und Vorschläge zum Pyramidenbau helfen nicht entscheidend weiter.[16] Ziel dieser Veröffentlichung ist es daher, ausgehend vom Stand der ägyptologi-

---

16 U.a.: Klemm und Klemm, Integralrampe; Graefe, Kernstruktur; Lattermann, Pyramidenbau; Haase, Cheops; Lehner, Schätze; Goyon, G., Cheopspyramide; Stadelmann, Große Pyramiden; Abitz, Pyramidenbau; Lauer, Geheimnis; Houdin, Cheops; Parry, Engineering; Keyssner, Baustelle Gisa; Winkler, Pyramidenbau; Willburger, Funktionsrampen; Unterberger, Tricks; Hodges, Pyramids.

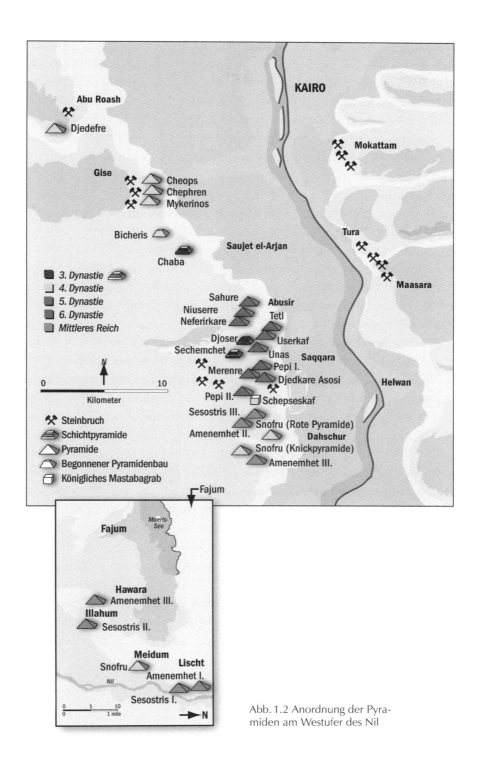

Abb. 1.2 Anordnung der Pyramiden am Westufer des Nil

schen Forschung und den archäologischen Befunden, bisher bekannt gewordene Hypothesen zum Bau und Bauvorschläge nach wissenschaftlichen Methoden zu analysieren und daraufhin zu überprüfen, inwieweit die Pyramiden des AR danach hätten errichtet werden können. Eine interdisziplinäre Betrachtungsweise zwischen der Ingenieurwissenschaft und der Ägyptologie ist dafür unabdingbare Voraussetzung.

Darauf aufbauend wurde eine neue, aus den archäologischen Befunden des AR abgeleitete und in sich widerspruchsfreie Hypothese für den Bau der Stufenpyramiden im AR entwickelt.[17]

Dabei wird von folgenden Voraussetzungen bzw. Festlegungen ausgegangen:

- Nur die im AR bekannten und archäologisch nachgewiesenen bzw. aufgrund der Belege als wahrscheinlich anzunehmenden technischen Hilfsmittel, Bauverfahren, Transportverfahren und Werkzeuge werden berücksichtigt.
- Gleiches gilt für die archäologischen Befunde der baulichen und bautechnischen Merkmale der Pyramiden des AR.
- Darüber hinaus werden bau- und sicherheitstechnische Aspekte für den Bau der Verkleidung und für die Glättung der Außenflächen der Pyramide sowie die Möglichkeiten, gefahrlos zur jeweiligen Baustelle auf der Pyramide zu gelangen, mit einbezogen.
- Eine überschlägige Berechnung der Bauzeiten mehrerer Pyramiden nach der entwickelten Bauhypothese wird vorgenommen.

Fragen der Stein- und Materialgewinnung für den Pyramidenbau, der Wohnsiedlungen der Arbeiter, des Transports der Baumaterialien zur Baustelle und deren Lagerung, der Planung und Einmessung der Pyramidengrundfläche, der Zahl der benötigten Arbeitskräfte sowie Anzahl, Anordnung und Bau der Grabkammern stehen nicht im Mittelpunkt dieses Buches. Gleiches gilt auch für die kultische und auf das Königtum bzw. den König selbst bezogene Bedeutung des Pyramidenbezirks.

Nach der Beschreibung bzw. Definition der verwendeten Begriffe sowie der Festlegung der Schreibweisen in Kapitel 2 »Definition und Festlegungen« wird im darauf folgenden Kapitel 3 »Zeitliche Entwicklung des Pyramidenbaus im

---

17 Als Stufenpyramiden (Definition siehe Kapitel 2 »Definitionen und Festlegungen«) sind aufgrund der archäologischen Befunde alle Pyramiden der 4. bis 6. Dynastie zumindest ab der Pyramide des Mykerinos errichtet worden.

Alten und Mittleren Reich« die zeitliche Entwicklung des Pyramidenbaus dargestellt. In den Kapiteln 4 »Bautechnik im alten Reich« und 5 »Archäologische Befunde an Pyramiden« werden – ebenfalls noch als Ausgangsmaterial für die spätere Analyse und Bewertung der verschiedenen Bauhypothesen sowie für die Entwicklung einer eigenen Hypothese – die im AR archäologisch nachgewiesenen Bautechniken, bzw. aufgrund der Belege als wahrscheinlich anzunehmenden technischen Hilfsmittel, Bauverfahren, Werkzeuge und Hebeeinrichtungen sowie die baulichen und bautechnischen Befunde aufgezeigt.

Im Kapitel 6 »Bauzeiten der Pyramiden und Personalbedarf« sind Angaben und veröffentlichte Berechnungen zu Bauzeiten der Pyramiden des AR zusammengefasst. Anschließend wird im Kapitel 7 »Analyse und Bewertung der bisher bekannt gewordenen Bauhypothesen« eine ausführliche Analyse und Bewertung der bisher veröffentlichten (und ernst zu nehmenden) Bauhypothesen vorgenommen. Nach einem »Ausschlussverfahren«, welches die archäologischen Befunde und die technische Realisierung einbezieht, werden sodann die einzelnen Vorschläge und Hypothesen beurteilt. Die dann noch mit den archäologischen Befunden in Einklang stehenden und bautechnisch möglichen Vorschläge und Ideen für den Pyramidenbau werden – soweit sinnvoll – in die eigene Hypothese für den Bau der Pyramiden (Kapitel 8 »Eine neue Hypothese zum Pyramidenbau im Alten Reich«), die am Beispiel der Pyramide des Mykerinos eingehend erläutert wird, mit einbezogen. Das Kapitel 9 »Zusammenfassung der neuen Hypothese« fasst das Ergebnis der Dissertation aus dem Jahr 2008 und der weiteren Überlegungen und Untersuchungen zum Bau der Pyramiden in Ägypten im AR zusammen. Kapitel 10 »Quellenverzeichnis und Abkürzungen« enthält das Quellenverzeichnis für zitierte Texte und Abbildungen sowie das Verzeichnis der verwendeten Abkürzungen.

2. Definitionen und Festlegungen

In der Literatur zum Pyramidenbau gibt es für die unterschiedlichen Bauformen sehr verschiedene, z. T. in sich widersprechende Bezeichnungen. Für die vorliegende Veröffentlichung werden daher folgende Definitionen bzw. Festlegungen getroffen und verwendet:

2.1 Definition Baustrukturen

Mastaba

Unter einer Mastaba wird ein rechteckiges, nach oben mit einem Rücksprung der Außenmauer von 70–80° aufgeführtes Bauwerk aus Ziegeln oder Steinen (Steinquader-Tumulus) verstanden. Die einzelnen Steinlagen sind leicht nach innen geböscht.

Stufenmastaba

Die Stufenmastaba besteht aus einzelnen Stufen, die jeweils nach innen zurückgesetzt gebaut sind. Beispiel für diese Bauweise ist die Stufenmastaba des Schepseskaf in Saqqara Süd (Mastaba el-Faraun), deren Kernmauerwerk aus zwei Stufen besteht.[18]

Schichtpyramide

Der Pyramidenkern besteht aus einzelnen Mauerschichten von ca. 5–30 Ellen (2,6–15,6 m) Dicke, die in einem Winkel von ca. 70° errichtet werden und einen inneren Kern umgeben.[19] Die Steine sind mit einer leichten Neigung nach innen

---

18 Maragioglio VI Addenda, TAV. 16.
19 Arnold, Building, p. 160.

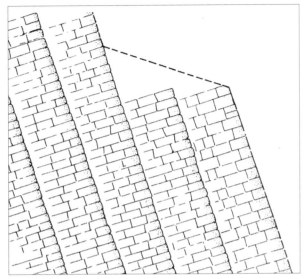

Abb. 2.1.1 Prinzip der Schichtbauweise

Abb. 2.1.2 Pyramide des Sechemchet

verlegt. Die Höhe der Schichten nimmt von der äußeren hin zu den inneren zu, sodass die Pyramide stufenförmig aussieht. Beispiele für diese Bauweise sind die Pyramiden des Djoser und des Sechemchet in Saqqara sowie die des Snofru in Meidum. Zur Bauweise siehe Abb. 2.1.1 und 2.1.2.

Stufenpyramide

Darunter werden Pyramidenbauten verstanden, die im Inneren aus einem stufenförmig angeordneten Kernmauerwerk mit quadratischem Grundriss mit nach oben hin kleiner werdenden Grundflächen bestehen. Beispiel dafür ist die Pyramide des Mykerinos in Gisa (Abb. 2.1.3).

Die Verwendung des Begriffes »Stufenpyramide« für die Schichtpyramiden ohne eine Verkleidung, der sich am äußeren Erscheinungsbild orientiert, ist mit Blick auf die Baustrukturen der Pyramiden irreführend und sollte in diesem Zusammenhang nicht verwendet werden.[20]

Pyramide mit Stützmauern

Die Pyramiden zu Beginn der 12. Dynastie wurden im Inneren nicht mehr in Stufen gebaut. Stattdessen wurden kreuzförmig angelegte Steinmauern mit dem festgelegten Rücksprung nach oben errichtet. Weitere kleinere Mauern ergänzten die Hauptstützmauern (Abb. 2.1.4). Die Zwischenräume wurden mit Schutt, Steinsplittern, Erde und Sand aufgefüllt. Die Räume zwischen den Stützmauern der Pyramide Sesostris' II., die in Ziegelbauweise ausgeführt waren, wurden mit ungebrannten Ziegeln aus Nilschlamm ausgefüllt. Die Verkleidung bestand aus der äußeren Verkleidungsschicht und der Außenverkleidung (Kapitel 2.2 Definition Mauerwerk).

---

20 Diese Bezeichnung wird u. a. von Lehner (Geheimnis, S. 84), Stadelmann (Stadelmann, Pyramiden 4. Dynastie), Verner (Verner, Pyramiden, S. 131) und Radwan (Radwan, Stufenpyramiden) verwendet.

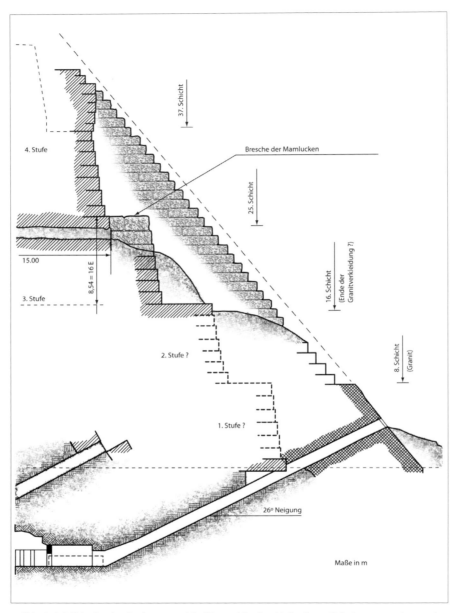

Abb. 2.1.3 Prinzip der Stufenpyramide (Pyramide des Mykerinos, Schnitt von rechts nach links in N-S Richtung)

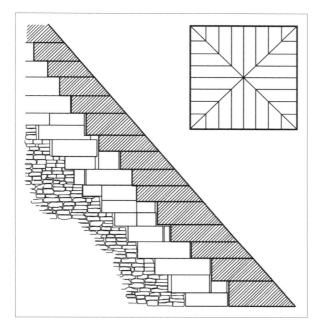

Abb. 2.1.4 Prinzip der Pyramide mit Stützmauern

Ziegelpyramide

Die Pyramiden Sesostris III. und Amenemhets III. in Dahschur sowie die zweite Pyramide von Amenemhet III. in Hawara haben einen Kern, der ohne ein inneres Mauergerippe nur aus waagerecht geschichteten ungebrannten Ziegeln besteht.

»echte« Pyramide

Dabei handelt es sich um einen Begriff, der sehr oft in der Fachliteratur verwendet wird.[21] Gemeint ist die klassische Pyramidenform mit gleich bleibender Neigung der Außenverkleidung aus Kalkstein oder Granit. Für eine Beschreibung der inneren Baustruktur der Pyramiden ist dieser Begriff irreführend und wird daher in dieser Veröffentlichung nicht verwendet.

---

21 Stadelmann, Pyramiden, S. 81 und 86; Lehner, Geheimnis, S. 102; Jánosi, Kultpyramiden, S. 12.

2.2 Definition Mauerwerk

Kernmauerwerk

Darunter wird die Bauweise der inneren Pyramidenstruktur in Form einzelner nach innen hin geneigter Schichten (Abb. 2.1.2 Pyramide des Sechemchet) bzw. in Stufenform (Abb. 2.2.1 Königinnenpyramide G III c des Mykerinos) verstanden. Die äußere Schicht der einzelnen Stufen besteht aus eben behauenen Steinen aus Steinbrüchen aus der unmittelbaren Umgebung und ist aus statischen Gründen mit einem Rücksprung von etwa 80° gebaut.[22] Dies ist eine Bauweise, wie sie heute noch bei Stützmauern aus Steinen verwendet wird. Die Zwischenräume zwischen den Außenmauern der Stufen werden mit nur grob behauenen bzw. nicht bearbeiteten Steinen aufgefüllt. In die Zwischenräume zwischen diesen werden Bauschutt, Schotter, Lehm (Tafla) oder Mörtel[23] eingebracht. Die unterschiedlichen Steinhöhen sind durch die unterschiedlich hohen Steinschichten in den Steinbrüchen bedingt.

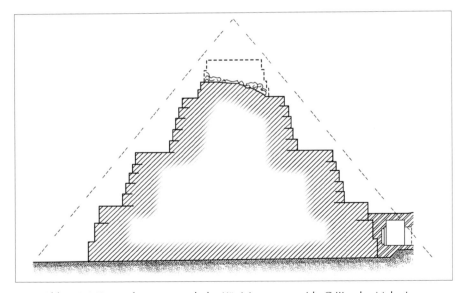

Abb. 2.2.1 Kernstufenmauerwerk der Königinnenpyramide G III c des Mykerinos

---

22 Klemm und Klemm, Steine, S. 72.
23 Regourd, Mortar.

Verkleidungsmauerwerk

Der Raum zwischen den Schichten bzw. Stufen des Kernmauerwerks und der äußeren Verkleidungsschicht, welche die »klassische« Pyramidenform mit einem Neigungswinkel zwischen 50° und 55° aufweist, wird durch waagerecht verlegte Steinlagen mit auch bei unterschiedlicher Höhe der einzelnen Lagen gleich bleibendem Rücksprung ausgefüllt. Das Verkleidungsmauerwerk ist z. B. an der Königinnenpyramide G III a des Mykerinos deutlich zu erkennen (Abb. 2.2.2). Dabei handelt es sich im Vergleich zum Kernmauerwerk um gut behauenes Steinmaterial, welches ebenfalls aus der unmittelbaren Umgebung der Baustelle stammt und in einzelnen Schichten unterschiedlicher Höhe verlegt wurde.

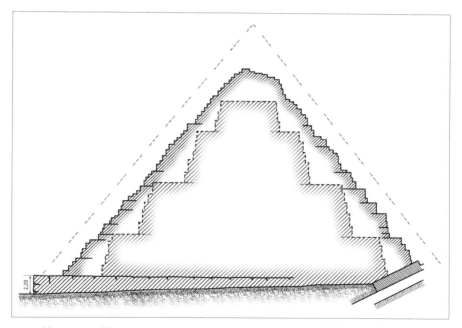

Abb. 2.2.2 Verkleidungsmauerwerk der Königinnenpyramide G III a des Mykerinos

Äußere Verkleidungsschicht

Damit werden die Verbindungssteine zwischen dem Verkleidungsmauerwerk und der Außenverkleidung bezeichnet. Diese Schicht ist deutlich bei der Chephrenpyramide zu erkennen.[24] Ihre Steine werden auch als »Backing Stones« (Hintermauerungssteine) zum Einbau bzw. zur Anpassung der Steinblöcke der Außenverkleidung bezeichnet (Abb. 2.2.3).

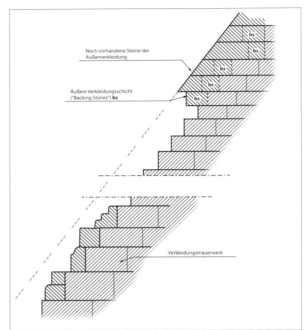

Abb. 2.2.3 Backing Stones (mit bs gekennzeichnet) an der Spitze der Chephrenpyramide

Außenverkleidung aus Kalkstein oder Granit

Darunter wird die äußerste Verkleidungsschicht der Pyramiden aus Granit bzw. feinem Kalkstein verstanden (Abb. 2.2.3 links oben als Außenverkleidung bezeichnet). Die einzelnen Steinblöcke bzw. Steinplatten wurden auf der Baustelle vor dem Transport zum Einbauort auf der Pyramide in ihren horizontalen Auflageflächen plan bearbeitet. Anschließend erfolgte mittels Sägen die Trennung in die gewünschten Breiten. Die so »benachbarten Steine« wurden gekennzeichnet und in der gleichen Steinschicht eingebaut. Die Außenflächen wurden als Bossen unbearbeitet belassen. Die Neigung wurde gekennzeichnet. Als abschlie-

---

24 Maragioglio V Addenda, TAV. 6, fig. 8.

ßende Baumaßnahmen an der Pyramide wurden die Bossen von der Pyramidenspitze aus nach unten geglättet.[25]

2.3 Längenbezeichnungen

Unter dem Begriff Basislänge wird die Basiskante der fertig verkleideten Pyramide verstanden (Fertigmaß). Andere Basislängen werden mit Zusatz wie z. B. »Kernmauerwerk« versehen.

Ab der frühen 4. Dynastie entspricht die Länge einer Elle 52,5 cm[26] mit ganz geringen Abweichungen.[27] Die Baumaße einzelner Pyramiden – angegeben in Ellen, Handbreiten und Fingern[28] – können somit zu unterschiedlichen Werten in m und cm führen. Es ist daher notwendig, stets neben den Angaben in Ellen etc. auch solche in m bzw. cm aufzuführen.

2.4 Festlegungen

Für die Orts- und Pyramidennamen wird die Schreibweise des LÄ übernommen. Die angegebenen Regierungszeiten und die Reihenfolge der Herrscher beziehen sich, soweit nicht anders vermerkt, auf die Angaben in »Chronologie des pharaonischen Ägypten« von v. Beckerath.[29] Längen und Winkel werden in auf- oder abgerundeten ganzzahligen Einheiten genannt.

---

25 Dies zeigen die unteren Lagen der Außenverkleidung aus Granit der Pyramide des Mykerinos und die der E 3 Phase bei der Pyramide in Meidum (Arnold, Pyramidenbau, S. 24).

26 Lepsius, Elle, S. 10 ff.; LÄ III, S. 1209; Arnold, Baukunst, S. 74.

27 Dorner, Genauigkeit, S. 55: Bei der Cheopspyramide beträgt die Ellenlänge 52,36 cm, bei der Chephrenpyramide 52,51 cm und bei der Pyramide des Unas 52,46 cm.

28 Eine Elle (»Königselle«) wird in 7 Handbreiten; eine Handbreit in vier Finger unterteilt.

29 v. Beckerath, Chronologie.

3. Zeitliche Entwicklung des Pyramidenbaus im Alten und Mittleren Reich

Der Bau der Pyramiden in der 3. bis 6. Dynastie umfasst einen Zeitraum von ca. 470 Jahren.[30] Während dieser Epoche wurde mit dem Bau von 25 großen Pyramiden und einer königlicher Mastaba, einer Reihe von Königinnenpyramiden und weiterer Grabbauten begonnen, von denen die Mehrzahl auch fertiggestellt wurde. Im Durchschnitt wurde etwa alle 18 Jahre eine Königspyramide geplant und deren Bau zumindest begonnen. Man kann daher von einem ununterbrochenen Planungs- und Baugeschehen ausgehen.

In die nachfolgende Auflistung wurden nur Königinnen/Könige mit den dazugehörenden Pyramiden bzw. Grabbauten sowie ihren Regentschaftsjahren aufgenommen.[31] Vollständige Darstellungen – auch mit den dazugehörigen Kult- und Königinnenpyramiden – sind in neueren Publikationen enthalten.[32] Aufgeführt wurden weiterhin die Könige der 12. Dynastie, die als Grabstätte ebenfalls wieder Pyramiden errichten ließen.

Die Bezeichnungen Stufenmastaba, Schichtpyramide und Stufenpyramide gemäß vorstehend getroffenen Definitionen werden in der nachfolgenden Aufstellung nur dort aufgeführt, wo die entsprechende Bauweise archäologisch nachgewiesen ist. Ausführliche Angaben dazu sind im Kapitel 5 »Archäologische Befunde an Pyramiden« enthalten.

3. Dynastie

Herrscher	Regierungszeit		Regierungsdauer in Jahren
Djoser	2690/2640–2670/2620	Stufenmastaba/Schichtpyramide Saqqara Nord	20
Sechemchet	2670/2620–2663/2613	Schichtpyramide (unfertig) Saqqara Nord	7

---

30 Djoser (2690/2640–2670/2620) bis Pepi II. (2279/2229–2219/2169).

31 Zahl der Regierungsjahre, der Regierungsdaten und der Reihenfolge der Herrscher nach v. Beckerath; auf eine neuere Zeittafel nach Krauss und Warburton (Hornung, Chronology, S. 490 ff.) wird hingewiesen.

32 Lehner, Geheimnis; Stadelmann, Pyramiden und Verner, Pyramiden.

Chaba] Mesochris] Huni]	2663/2613–2639/2589	Schichtpyramide (unfertig) Saujet el-Arjan	50

4. Dynastie

Herrscher	Regierungszeit		Regierungsdauer in Jahren
Snofru	2639/2589–2604/2554	Schichtpyramide Meidum Knickpyramide Dahschur (Bauweise nicht feststellbar) Rote Pyramide Dahschur (Bauweise nicht feststellbar)	35[33]
Cheops	2604/2554–2581/2531	Gisa Stufenpyramide (?)	23[34]
Djedefre	2581/2531–2572/2522	Abu-Roasch Stufenpyramide (?)	9
Chephren	2572/2522–2546/2496	Gisa (Bauweise nicht feststellbar)	26
Bicheris (?)[35]	2546/2496–2539/2489	(unfertig) Saujet el-Arjan (Bauweise nicht feststellbar)	7
Mykerinos	2539/2489–2511/2461	Stufenpyramide Gisa	28[36]
Schepseskaf	2511/2461–2506/2456	Stufenmastaba Saqqara Süd	5
Thamphthis	2506/2456–2504/2454	keine Pyramide bekannt	2

5. Dynastie

Herrscher	Regierungszeit		Regierungsdauer in Jahren
Userkaf	2504/2454–2496/2446	Stufenpyramide Saqqara Nord	8

---

33 Krauss und Warburton sprechen sich nach ihrer neuesten Untersuchung (Hornung, Chronology, p. 485) für eine Regierungszeit des Snofru von 33 Jahren aus. Gleiche Jahreszahl findet sich bei Ramsey, Radiocarbon.

34 Nach Ramsey, Radiocarbon, neuerdings 29 Jahre.

35 Oder Nebka oder Baka (ältester Sohn von Djedefre).

36 Krauss und Warburton sprechen sich nach ihrer neuesten Untersuchung (Hornung, Chronology, p. 485) für eine Regierungszeit des Mykerinos von nur 6 Jahren aus und verweisen auf die Übereinstimmung mit den archäologischen Befunden, wonach der Pyramidenkomplex des Mykerinos (Totentempel, Verkleidung der Pyramide, Aufweg etc.) zu Lebzeiten des Mykerinos nicht fertig gestellt wurde. Ramsey u. a. sprechen sich aufgrund umfangreicher C 14 Untersuchungen (Ramsey, Radiocarbon) für einen Regierungsantritt von Schepseskaf erst nach einer Regierungszeit des Mykerinos von 25 Jahren aus. Gundacker (Mykerinos) spricht sich nach Auswertung und Beuerteilung aller bekannten Quellen für eine Regierungszeit von mindestens 24 Jahren aus und hält die Angaben des Turiner Königspapyrus – ergänzt zu 28 Jahren – für wahrscheinlich. Jánosi (Giza 4. Dynastie, S. 73) hält eine Regierungsdauer von 28 Jahren – wenn auch mit Bedenken – für nicht undenkbar.

Sahure	2496/2446–2483/2433	Stufenpyramide Abusir	13
Neferirkare	2483/2433–2463/2413	Stufenpyramide Abusir	20
Schepseskare	2463/2413–2456/2406	unvollendete Stufenpyramide Abusir	7
Neferefre	2456/2406–2445/2395	unvollendete Stufenpyramide Abusir	11
Niuserre	2445/2395–2414/2364	Stufenpyramide Abusir	31
Menkauhor	2414/2364–2405/2355	bisher keine Pyramide zugeordnet[37]	9
Djedkare Asosi	2405/2355–2367/2317	Stufenpyramide Saqqara Süd	38
Unas	2367/2317–2347/2297	Stufenpyramide Saqqara Nord	20

6. Dynastie

Herrscher	Regierungszeit		Regierungsdauer in Jahren
Teti	2347/2297–2337/2287	Stufenpyramide Saqqara Nord	10
Pepi I.	2335/2285–2285/2235	Stufenpyramide Saqqara Süd	50
Merenre I.	2285/2235–2279/2229	Stufenpyramide Saqqara Süd	6
Pepi II.	2279/2229–2219/2169	Stufenpyramide Saqqara Süd	60
Nemtiemsaf II.	2219/2169–2218/2168	keine Pyramide bekannt	1
Nitokris	2218/2168–2216/2166	keine Pyramide bekannt	2

12. Dynastie

Herrscher	Regierungszeit		Regierungsdauer in Jahren
Amenemhet I.	1976–1947	Pyramide mit Stützmauern Lischt	29
Sesostris I.	1956–1911/1910	Pyramide mit Stützmauern Lischt	45
Amenemhet II.	1914–1879/1876	Pyramide mit Stützmauern Dahschur	35
Sesostris II.	1882–1872	Pyramide mit Stützmauern Illahun	10
Sesostris III.	1872–1853/1852	Ziegelpyramide Dahschur	19
Amenemhet III.	1853–1806/1805	Ziegelpyramide Dahschur Ziegelpyramide Hawara	47
Amenemhet IV.	1807/1806–1798/1797	unfertige Pyramide Masghuna (?)	9
Kgn. Nefrusobek	1798/1797–1794/1793	unfertige Ziegelpyramide Masghuna (?)	4

---

37 Nähere Ausführungen dazu in Kapitel 5.1.2.14 »Die Pyramide des Menkauhor«.

4. Bautechnik im Alten Reich

Im AR gab es keine exakten und wissenschaftlich fundierten Kenntnisse der Gesetze der Statik und der Mechanik sowie ihrer Anwendung. Statische Berechnungen, wie sie heute üblich sind, existierten nicht. Handwerkliche und bautechnische Fähigkeiten haben sich aufgrund langjähriger Beobachtungen der Natur und daraus gewonnener Erfahrungen ergeben und wurden stetig weiter vervollkommnet. Die Technik der Herstellung von Säulen, Architraven, Obelisken etc. sowie die entsprechenden Bau- und Transporttechniken waren daher von großer Kontinuität und stetiger evolutionärer Weiterentwicklung geprägt. Sie fanden im NR ihren Höhepunkt. Neue bzw. veränderte Arbeits- und Bauverfahren entwickelten sich aufgrund gemachter Erfahrungen und des Einsatzes neuer Werkstoffe. Generell ist jedoch von »einfacher Technik« und daraus sich ergebenden »einfachen Lösungen« auszugehen.

Borchardt hat in diesem Zusammenhang einmal formuliert:

»Die Pyramiden sind einfache, klare Bauwerke, entworfen mit den einfachen Hilfsmitteln der Ägypter der damaligen Zeit«.[38]

Dieser Feststellung kann auch aus heutiger Sicht uneingeschränkt zugestimmt werden.

Andererseits ist der Bau der Pyramiden ohne gründliche Planung sowie ohne das Erstellen detaillierter Baupläne, ohne einen exakt ausgearbeiteten Ablaufplan und ohne ein hoch entwickeltes logistisches Transportwegesystem nicht vorstellbar. Der Pyramidenbau war eine logistische Herausforderung aller ersten Ranges. Die Auswahl der Standorte geeigneter Steinbrüche sowie des Transporthafens, das Vermessen und die Ausrichtung der Pyramidengrundfläche, das ständige Vermessen des Bauwerks, die Berechnung der erforderlichen Materialmengen, deren »Bestellung« und Herstellung sowie der Transport der Baumaterialien und deren Zwischenlagerung erforderten große Erfahrung und eingehende Überlegungen[39] sowie eine gut funktionierende Administration.[40]

Aus dem MR ist bekannt, dass die Steinblöcke mit genauen Kontrollmit-

---

38 Borchardt, Zahlenmystik, S. 35.
39 Becker, Chephren 3; Hinkel, Königspyramiden.
40 Otto, Pyramiden.

teilungen (Herstellungsdatum, Handwerkerbenennung, Transportwege, Lagerstätte etc.) versehen wurden.[41] Auch aus der Zeit des AR ist die Beschriftung eines Steinblocks mit einem Herstellungsvermerk in schwarzer Farbe im Steinbruch von Tura nachgewiesen.[42] Ebenfalls aus dem MR sind Aufzeichnungen auf Papyri bekannt, die über Arbeitsorganisation und die Beschaffung der Arbeitskräfte berichten.[43]

Die Arbeitsvorbereitung im gesamten Baubezirk musste sehr gut organisiert werden. Das gilt auch für den später beim Bau genau einzuhaltenden Zeitplan, nach dem die Materialien aus dem Steinbruch und vom Hafen anzuliefern sowie die Arbeitskräfte einzusetzen und zu versorgen waren. Mit Blick auf die Anzahl der zu verbauenden Steine und die Bauzeit selbst muss es eine Art »Just-in-time«-Prinzip zwischen Steinbruch, Transporthafen, Zwischenlager und Baustelle selbst gegeben haben. Leider liegen aus der 3. und 4. Dynastie keinerlei »Bauberichte« vor.[44] Erst gegen Ende der 5. Dynastie ist aus einer Darstellung im Grab des königlichen Baumeisters $\dot{s}n\underline{d}m\text{-}jb/Int$ zu entnehmen, dass er u. a. den Plan für den Pyramidenbezirk des Königs Djedkare Asosi erstellt hat.[45] Dagegen sind aus verschiedenen Privatgräbern umfangreiche Darstellungen von Bautätigkeiten und Handwerksarbeiten bekannt.

Pläne hat es vermutlich für alle Bauwerke und Bauplanungen gegeben.[46] Durch Sammlung der Grundrisse und Beschreibungen in den Archiven verfügten die Baumeister über eine Bibliothek, in der die Informationen über die Ausführung der Bauten im Detail gespeichert waren.[47] Abgesehen von Aufrissen in der Mastaba Nr. 17 in Meidum aus der 3. Dynastie, die Petrie entdeckte, sind keine Planzeichnungen für Bauwerke aus dieser Zeitepoche erhalten.[48] Die Anlage des Schachtes zwischen dem absteigenden und aufsteigenden Korridor und die Ausführung des Grabräubertunnels in der Cheopspyramide mit der Umgehung des vermutlich mit Blockiersteinen aufgefüllten absteigenden Gangs[49] und

---

41 Arnold, Controll Notes, p. 14 ff.

42 Charlton, Tura.

43 Grajetzki, Urkunden.

44 Stadelmann, Pyramiden, S. 217.

45 Stadelmann, Große Pyramiden, S. 248.

46 ebenda, S. 248.

47 Heisel, Baubezeichnungen, S. 78.

48 Petrie, Meidum; Heisel, Baubezeichnungen, S. 79–80; Goyon, La construction, p. 96..

49 Haase, Fallsteinsystem, S. 32–33 und Fußnote 7.

der drei Blockiersteine aus Granit[50] am unteren Ende des aufsteigenden Ganges zur Galerie[51] zeigen nach Haase, dass es in Archiven genaue Pläne und Unterlagen über das Gang- und Kammersystem der Pyramide gegeben haben müsse, in deren Besitz die Grabräuber in der ersten Zwischenzeit gelangt seien[52]. Dem kann entgegen gehalten werden, dass es bei Vorhandensein der Pläne viel einfacher gewesen wäre, die Decke des Originaleingangs in Höhe des Beginns des zur Großen Galerie aufsteigenden Gangs waagerecht zu durchgraben (Entfernung ca. 12 m). Der Aufwand hätte nur 25 % der für den eigentlichen Grabräuberstollen benötigten Arbeit erfordert. Hat es also doch keine genauen Pläne im Besitz der Grabräuber gegeben?

In einem Papyrus aus der Ramessidenzeit (pLeiden 344), dessen inhaltliche Quelle vermutlich in die Erste Zwischenzeit datiert,[53] heißt es:[54]

> »...Wahrhaftig, die ḥnr t ḏsr t, weggenommen sind die Schriftrollen, entblößt ist die geheime Stätte – -?- -. Wahrhaftig, Zaubersprüche sind enthüllt, šmw- und šḥnw-Sprüche sind unwirksam gemacht, weil die Menschen sie kennen.«

Entsprechend einer Veröffentlichung von Das Gupta soll der Durchbruch zu den drei Blockiersteinen am Ende des Grabräubertunnels aber erst im Jahr 832 n. Chr. erfolgt sein.[55] Bis dahin sei er ein Blindstollen gewesen. Vielleicht wurde auch nur die Einbruchstelle antiker Räuber erweitert. Haase verweist auf arabische Quellen, wonach der Tunnel dem Kalifen Abdullah al-Ma'mun zugeschrieben wird.[56]

Haase erwähnt auch den Fund eines Grabräubertunnels am unteren Ende des absteigenden Korridors in der Pyramide des Djedefre in Abu Roasch.[57] Der Verlauf dieses Tunnels zeige seiner Meinung nach, dass die Grabräuber genaue Kenntnisse des unterirdischen Aufbaus des Kammersystems gehabt haben müssten; die Plünderung der Pyramide erfolgte vermutlich bereits in der Ersten Zwi-

---

50 Borchardt, Dritte Bauperiode, S. 6.
51 Maragioglio IV Addenda, TAV. 1, fig. 4.
52 Haase, Vermächtnis, S. 221; Haase, Cheops, S. 118 ff.; Haase, Fallsteinsystem, S. 32.
53 Haase, Fallsteinsystem, S. 44.
54 Burkard, Literaturgeschichte.
55 Gupta, Das, Einbrüche.
56 Haase, Fallsteinsystem, S. 32.
57 Haase, Djedefre, S. 59 ff.

schenzeit. Aus späterer Zeit sind über den Bau der Tempelanlagen in Edfu und Dendera Archivmaterialien mit einer Fülle einzelner Informationen zum Bau bekannt.

Mit Blick auf die Lebenserwartung der Menschen im AR und die Ungewissheit der Lebensdauer der Herrscher dürfte es für die Baumeister zeitlich sehr enge Vorgaben für die Planung und Errichtung der Pyramidenkomplexe gegeben haben. Dies hat sicherlich auch Auswirkungen auf das gewählte Bauverfahren gehabt. Arbeiten mussten daher soweit als möglich zeitlich parallel ausgeführt werden. Dies dürfte – wie später ausführlich dargelegt wird – zu einem Bauverfahren geführt haben, welches die Errichtung der Pyramide mit Tangentialrampen auf allen vier Seiten zeitgleich ermöglichte. Auch die arbeitsintensive Bearbeitung der Steine für die Außenverkleidung aus Kalkstein bzw. Granit dürfte nicht erst auf der Pyramide, sondern an anderer Stelle vorgenommen worden sein. Der Faktor Wirtschaftlichkeit beim Bau einschließlich Zahl der eingesetzten Arbeitskräfte trat gegenüber einer möglichst kurzen Bauzeit in den Hintergrund.

Eine Fülle von Informationen und Darstellungen über handwerkliche Tätigkeiten ist aus den Gräbern verschiedener Privatleute – oft Vertraute des Königs – überliefert.[58] Aus vielen Reliefdarstellungen kann in Verbindung mit archäologischen Funden der Gebrauch heute vergessener Techniken erkannt und nachvollzogen werden. Die sich daraus ergebenden und im AR genutzten Bautechniken werden nachstehend im Einzelnen unter Bezug auf die entsprechenden archäologischen Befunde und Quellen beschrieben.

4.1 Baumaterial

4.1.1 Steingewinnung und Steinbearbeitung

Die Steingewinnung in den Kalksteinbrüchen auf dem Gisa-Plateau sowie in Saqqara, Abusir und an anderen Orten geschah durch Anbringen senkrechter Trennfugen und anschließendes Ausheben der Blöcke von der Unterseite her bzw. durch unmittelbares Aufbrechen der in waagerechten Lagen angeordneten

---

[58] Bekanntestes Beispiel für derartige Darstellungen ist das Grab des Rechmire, eines Wesirs aus der 5. Dynastie (Davies, Rechmire).

Steinformationen. Diese waren meist durch Schichten weniger festen, kalkhaltigen Mergels in unterschiedlichen Höhen getrennt (Abb. 4.1.1.1).[59]

Die Trennfugen wurden so breit angelegt, dass in ihnen gerade ein Mann arbeiten konnte.[60] Sie wurden mit Spitzmeißeln geschlagen.[61] Entsprechende Schlagspuren an den Steinoberflächen sind immer wieder zu beobachten.[62] Eine weitere Bearbeitung (Grobschlichtung) für die Verwendung im Kernmauerwerk war – im Gegensatz zu den Steinen für das Verkleidungsmauerwerk und die äußere Verkleidungsschicht (»Backing Stones«) – nicht erforderlich.

Um einen Stein für das Kernmauerwerk mit den durchschnittlichen Abmessungen von 0,7 m Höhe, 1,3 m Breite und 1,3 m Tiefe (Volumen 1,2 m^3) durch Trenngänge mit einer Breite von 0,5 m aus der Steinschicht herauszumeißeln, müssen etwa 1,0 m^3 Gestein zerschlagen werden. De Haan berechnet dafür unter Zugrundelegung der Ergebnisse des NOVA Experiments von Lehner[63] eine Leistung von ca. 0,025 m^3 pro Arbeitsstunde.[64] Das Herausmeißeln des beschriebenen Steinblocks hat demnach 40 Stunden erfordert. Hinzu kommt noch eine Zeit für das Heraushebeln aus der Steinschicht durch mehrere Arbeiter. Dafür werden weitere 2 Stunden angesetzt. Bei 10 Stunden täglicher Arbeitszeit im Schichtbetrieb erfordert die Produktion eines Steines durchschnittlicher Größe für das Kernmauerwerk (1,2 m^3) demnach ca. 2 Arbeitstage bzw. die Kapazität von 6–8 Arbeitern (Durchschnittliche Arbeitszeit ohne Pausen 6–7 Stunden). Bei dieser Betrachtung wird davon ausgegangen, dass an zwei Seiten des Steinblock zeitgleich Trennfugen geschlagen werden.

Haase gibt die Leistung eines Arbeiters bei der Steingewinnung (Herstellen der Trenngräben) mit ca. 0,065 m^3/Stunde an.[65] In einer Veröffentlichung des Vereins »Hobby-Ägyptologen« wird eine tägliche Leistung von 0,06–0,07 m^3

---

59 Klemm und Klemm, Steine, S. 72; Clarke und Engelbach, Egyptian, p. 11–22; Perring, Pyramids II, Pl. VII.

60 So sind nach Maragioglio VI, p. 32, im nordwestlichen Bereich der Mykerinospyramide Gänge zwischen nicht herausgebrochenen Steinen mit einer Breite von 70 cm zu beobachten.

61 Klemm und Klemm, Steine, S. 320.

62 Arnold, Building, p. 34.

63 Lehner, Geheimnis, S. 206 ff.

64 Haan, de, Egyptian Pyramids, p. 10.

65 Haase, Cheops, S. 29.

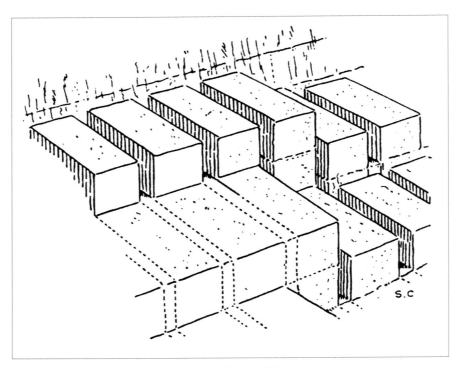

Abb. 4.1.1.1 Steinproduktion

(Kalkstein) genannt.[66] Daraus ergibt sich die Zahl der notwendigen Arbeiter zur Produktion eines Steins mit 3,5–5.

Im Gegensatz zum Kalkstein für das Kernmauerwerk wurde der feinkörnige, weißgraue bis graugelbe Kalkstein für die Außenverkleidung ab der 4. Dynastie in Tura auf dem Ostufer des Nil unterirdisch in Galerien abgebaut.[67] Die einzelnen Gesteinsschichten zwischen 0,8 und 1,5 m Höhe waren ebenfalls durch tonige Zwischenlagen getrennt und ermöglichten so durch seitliche Abtrennung eine einfache Steingewinnung.[68] Offensichtlich war es möglich und mit Blick auf eine exakte horizontale Vermessung jeder einzelnen Schicht (siehe Kapitel 4.4.1 »Während der Bauarbeiten durchzuführende Vermessungsarbeiten«) auch notwendig, größere Mengen an Steinen mit derselben Höhe zu abzubauen, wie die im oberen Teil der Pyramide des Chephren noch erhaltene Außenverkleidung

---

66 Ägyptische Pyramiden 2, S. 94.

67 Urkunden I, 19–21.

68 Klemm und Klemm, Steine, S. 65 ff.

mit jeweils gleicher Höhe der Steine in den einzelnen Schichten zeigt.[69] Der bei Abbau noch relativ weiche Kalkstein konnte gesägt werden.[70] Eine Aushärtung fand unter atmosphärischem Einfluss erst nach der Verbauung statt.

Die metallurgische Gewinnung und Bearbeitung von Kupfer beherrschten die Ägypter bereits am Ende der prädynastischen Zeit. Sie konnten damit Äxte, Meißel, Sägen etc. herstellen.[71] Eine Härtung des Kupfers durch Hämmern ermöglichte es, Steine zu sägen und Bohrungen herzustellen. Aus der 5. Dynastie ist dazu eine Darstellung auf einem Relief in der Mastaba des Wepemnofret bekannt.[72] Die immer wieder geäußerte Behauptung, es müsse bereits im AR spezielle Härtungsverfahren für Kupfer gegeben haben, wodurch dieses mit der Härte von Eisen vergleichbar sei, ist nicht belegt.[73] Gleiches gilt für Aussagen, dass es bereits zu Cheops' Zeiten Eisenwerkzeuge gegeben habe.[74] Auch Lepsius weist darauf hin, dass es in allen bildlichen Darstellungen aus dem AR mit der Farbe blau dargestellte – also aus Eisen gefertigte – Werkzeuge offensichtlich nicht gab; überall sei das Metall der Waffen und der Arbeitsgeräte in roter oder hellbrauner Farbe (Kupfer) wiedergegeben.[75]

Im Gegensatz zu Kalk- und Sandsteinen, die aus Gesteinslagen gewonnen und bei einer weiteren Verarbeitung mit Sägen aus Kupfer bzw. Bronze bearbeitet werden konnten, mussten die für den Bau benötigten Hartgesteine wie Granit, Basalt und Granodiorit beim Abbau und bei weiteren Verarbeitungsschritten wegen der sehr dichten Kornbindung nach den Methoden der Steingefäßherstellung und bei Glättungsarbeiten mit Dolerithämmern bearbeitet werden.[76] Arnold verweist auch auf Sägespuren am Besaltpflaster des Totentempels des Cheops.[77] So ergab es sich zwangsläufig, dass in den Gebieten, in denen entsprechende Steinbrüche ausgebeutet wurden, anschließend von den Gesteinsspezialisten auch die Bearbeitung der Rohlinge erfolgte. Damit wurde erreicht, dass auf den Baustellen der Pyramidenkomplexe nicht auch noch die Bearbeitung von

---

69 Hawass, Schätze, S. 45.
70 Arnold, Baukunst, S. 217.
71 Lucas, Egyptian, p. 200.
72 Weinstein, Annealing p. 23.
73 Lauer, Geheimnis S. 243; Edwards, Pyramids, p. 250.
74 Illig, Cheopspyramide, S. 142; Herodot (Quelle: v. Bissing, Diodor, S. 15).
75 Lepsius, Metalle, S. 112.
76 Klemm und Klemm, Steine, S. 321.
77 Arnold, Baukunst, S. 217.

Hartgesteinen in größerem Umfang vorgenommen werden musste. Außerdem wurde so auch das Risiko eines Materialbruchs bei der Bearbeitung auf den Bereich vor der Verschiffung begrenzt. Darüber hinaus verringerte sich natürlich auch das zu transportierende Gewicht durch die Bearbeitung bereits im Steinbruch. Zumindest großformatige Bauteile und Werkstücke wurden so an Ort und Stelle bis hin zu den Dekorationen – z. B. die Palmsäulen im Pyramidenkomplex des Unas – weitgehend fertiggestellt. Dies zeigen Funde (Abschlagsplitter, feiner Granitgruß aus scharfkantigen Partikeln) in den Steinbrüchen.[78] Diese Arbeitsteilung erforderte natürlich eine genaue Planung der Bauten und eine detaillierte Bestellung der Werkstücke in den Steinbruchbetrieben.

Ausführliche Untersuchungen von Stocks am Sarkophag des Cheops, der erstmals in der Geschichte des AR aus Granit bestand[79], ergaben, dass für die äußere Formgebung Kupfersägen unter Beimischung von Sand als Schleifmittel verwendet wurden.[80] Stocks führte darüber hinaus verschiedene eigene Untersuchungen mit Sägen durch.[81] Eine sehr ausführliche und mit vielen Darstellungen sowie Belegen versehene Veröffentlichung seiner Versuche und Beobachtungen beinhaltet umfangreiches Material zur Steinbearbeitung.[82]

Moores zeigt in einer hypothetischen Darstellung die Bedienung einer Steinsäge aus der Zeit der 4. Dynastie.[83] Allerdings dürfte eine derartige Säge aus einem Kupferblatt ohne Sägezähne bestanden haben. Die Weichheit des Kupferblattes, die die Sandkörner in dem Metall sich festsetzen ließ, begünstigte dieses Schneideverfahren.[84] Die Aushöhlung des Sarkophages des Cheops geschah durch den Einsatz von Rohren aus Kupfer, wie von Stocks nachgewiesen wurde.[85]

Bohrer sind aus verschiedenen Darstellungen aus der Zeit des AR bekannt. So weist Borchardt auf die Abbildung eines Bohrers aus der 4. Dynastie zum Aushöhlen von Gefäßen hin.[86] Dieser besteht aus einem unten gegabelten Stiel, in den je nach gewünschtem Durchmesser Feuersteine unterschiedlicher Länge ein-

---

78 Klemm und Klemm, Steine S. 328.
79 Stocks, Antiquity.
80 Richter, Kupfer.
81 Richter, Hartgesteinbearbeitung.
82 Stocks, Experiments.
83 Moores, Stone-Cutting, p. 147.
84 Goyon, G., Cheopspyramide S. 84.
85 Stocks, Handwerker, S. 7–8.
86 Borchardt, Bohrer.

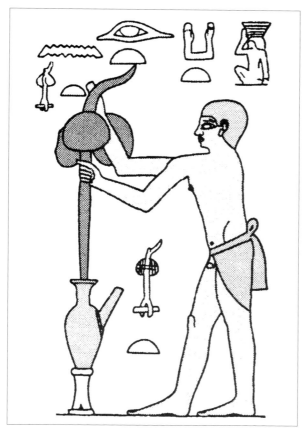

Abb. 4.1.1.2 Umzeichnung einer Handwerkerdarstellung aus dem Grab des Ti

gesetzt werden. Am oberen Ende befinden sich eine gebogene Kurbel zum Drehen und drei mit Stricken befestigte Steine, die gleichzeitig Auflast und Schwungrad bilden. Dabei müssen, wie Nachbauten gezeigt haben, die Drehgeschwindigkeit und der Druck auf das Werkstück gut aufeinander abgestimmt sein, um einerseits mit hoher Drehgeschwindigkeit eine senkrechte Bohrung zu erreichen und andererseits ein Zerstören des Steines bei zu geringer Drehgeschwindigkeit zu vermeiden.[87] Bei gleichmäßigem Druck zentrieren die Schwungsteine die Triebstange sehr genau. Die Darstellung eines Handwerkers im Grab des Ti in Saqqara aus der 5. Dynastie zeigt einen derartigen Bohrer (Abb. 4.1.1.2).[88]

Röhrenbohrer bestanden aus einen Zylinder aus Kupfer. Dabei umschlingt

---

[87] Sauerbier, Bohrwerkzeuge.
[88] Steindorff, Grab des Ti.

ein Seil das Kupferrohr und wird an beiden Enden in einen Bogen eingespannt. Als Schleifmittel wurde trockener Quarzsand verwendet.[89]

Die Konstruktion der Bohrer zeigt, dass bereits im AR die Prinzipien der Kurbel sowie der Walze und damit die Kraftübersetzung bekannt waren und eingesetzt wurden.

4.1.2 Steinverarbeitung an der Baustelle

Für die unterschiedlichen Verwendungen und Verbauungen von Steinen gab es ganz verschiedene Bearbeitungsvorgänge. In vielen Fällen (Steine im Inneren des Kernmauerwerks, Steine des Verkleidungsmauerwerks) genügte eine relativ grobe Bearbeitung, da die Steine, durch ein Mörtelbett bzw. ein Sand-Schotter Gemisch getrennt, aufeinandergeschichtet verlegt wurden. Dabei dienten kleinere Steine zum Niveauausgleich.[90] Dagegen mussten Steine für die äußeren Schichten der Mauern der Stufen des Kernmauerwerks und für die äußere Verkleidungsschicht exakt bearbeitet werden. Die möglichst fugenlose Verlegung der Steine, deren Stoßstellen oft kaum sichtbar sind, erforderte eine große Maßgenauigkeit. Die Kalksteinblöcke (bzw. Kalksteinplatten) aus den Steinbrüchen in Tura wurden in den unterschiedlichen Schichtdicken an den Seitenflächen nur grob bearbeitet angeliefert und erst an der Baustelle weiterbearbeitet. Dort wurden die Unter- und Oberseiten sehr genau geglättet. Die Trennung in einzelne Steine erfolgte durch Sägen. Im Gegensatz zum Glätten größerer Flächen (Abb. 4.4.9.2) kam es beim Sägen zu unterschiedlichen Neigungswinkeln, ohne dass dafür eine Regel erkennbar ist.[91] Es war daher notwendig, die auseinander gesägten Steine bzw. die zueinander gehörenden Flächen zu kennzeichnen und beim Einbau wieder aneinander zu setzen, um die Trennfugen so klein als möglich zu halten. Archäologische Befunde aus ägyptischen Bauwerken bis in die Spätzeit zeigen immer wieder diese Vorgehensweise. In derselben Steinlage kommen daher unterschiedliche Neigungswinkel der Fugen vor. Für die Bauausführung kam es offensichtlich nur darauf an, immer gut schließende Fugen zu erhalten. Weiterhin ist zum Bau der äußeren Verkleidungsschicht zu bemerken, dass die einzelnen Lagen Blöcke sowohl unterschiedlicher Abmessungen (Abb. 4.1.2

---

89 Richter, Hemutiu.
90 Arnold, Baukunst, S. 86.
91 ebenda, S. 86.

Abb. 4.1.2 Äußere Verkleidungsschicht der Knickpyramide, bestehend aus unterschiedlichen Steinformaten

Verkleidung der Knickpyramide) als auch in weiten Bereichen – wie im oberen, nicht zerstörten Bereich der Chephrenpyramide zu sehen – in nahezu gleichem Format verwendet wurden.

So gelten der Mauerverbund mit Blockfugen unterschiedlicher Neigung, das Bearbeiten einzelner Stoßflächen unmittelbar an der Baustelle vor dem Transport zur Verbauung und die Verwendung von Steinen mit stets unterschiedlichen Formaten als dauerhaftes Charakteristikum der ägyptischen Bautechnik und Architektur.[92]

Rings um die Außenseiten der Steinblöcke der äußeren Verkleidungsschicht, die in Bosse stehen gelassen wurden (d.h. die äußere Fläche war noch nicht geglättet), wurde ein schmaler Rahmen abgearbeitet, dessen Böschung die Neigung

---

92 Goyon, J.-C., Karnak, S. 109.

der Pyramidenaußenseite aufwies. Dadurch wurde es möglich, bei der Steinverlegung die Neigung der Außenflächen stets einzuhalten und beim späteren Abarbeiten der Bossen (nach Fertigstellung der Pyramide von deren Spitze nach unten bis zur Basis) die Außenseiten der Steine exakt plan abzuarbeiten.

Dem Vorschlag von Davidovits, wonach beim Bau der Pyramiden im AR die Steinblöcke künstlich hergestellt (gegossen) worden seien,[93] kann nicht zugestimmt werden. In den Kernmauerwerken der Pyramiden des AR gibt es unendlich viele, in Form und Abmessungen unterschiedliche Steinblöcke. Dafür Gussformen herzustellen, erscheint als riesiger Aufwand. Die mit verschiedenen wissenschaftlichen Methoden vorgenommen Untersuchungen der unterschiedlichsten Kalksteine widersprechen zudem der von Davidovits vorgelegten Hypothese grundsätzlich.[94] Wieso sind dann die großen Steinbrüche vorhanden?

4.1.3 Ungebrannte Ziegel

Neben Steinen für königliche Bauten war der luftgetrocknete Lehm- bzw. Nilschlammziegel das am weitesten verbreitete Baumaterial in Alten Ägypten. Damit wurden Mastabas, Festungen, Häuser, Paläste, Umfassungsmauern und teilweise auch Tempel erbaut. Verwendung fanden luftgetrocknete Ziegel auch beim Rampenbau.[95]

Rohmaterial dafür sind feuchte Tonschichten im Nilschlamm.[96] Um ein Reißen der getrockneten Ziegel zu vermeiden bzw., deren Festigkeit zu erhöhen, muss der durchfeuchtete Lehm mit Sand und Häcksel (Schnittstroh) angereichert werden. Ziegel mit diesen Zusatzstoffen erreichen eine hohe Festigkeit.[97] Entscheidend kommt es darauf an, dass der Häcksel einige Tage vor der Ziegelfertigung im Wasser liegt, um die entsprechende, etwas schleimige Konsistenz anzunehmen.[98] Goyon, G., berichtet von bis zu 14 m dicken Wänden aus Ziegeln

---

93 Davidovits, Histoire.

94 Klemm und Klemm, Steine, Kapitel 3.

95 Arnold, Baukunst, S. 282 ff.

96 ebenda, S. 167.

97 Dieses Prinzip wird heute beim Betonieren mit der Verwendung von Betonstahl (Matten, Stäbe) ebenfalls angewandt. Der beigemischte Sand entspricht der heutigen Beigabe von Sand und Kies zur Betonmischung.

98 Goyon, G., Cheopspyramide, S. 87–88.

in Tanis, wobei alle 4–5 Lagen eine Schilfmattenlage als horizontale Verstärkung eingebracht wurde. Außerdem wurden Baumstämme oder Rüststangen quer zur Mauerrichtung als Armierung mit eingebaut.[99] Luftgetrocknete Ziegel widerstanden mit einem Verputz – angereichert mit noch mehr Stroh und länger eingeweicht – auch Wind und Regen.[100]

Für große Bauwerke mussten Hunderttausende Lehmziegel in unmittelbarer Umgebung der Baustelle hergestellt werden. Auf einem Wandbild im Grab des Rechmire (TT 100 in Gurna), Wesir unter Thutmosis III.,[101] ist die Ziegelherstellung in einzelnen Etappen dargestellt (Abb. 4.1.3.1).[102] Vier Arbeiter konnten nach Arnold pro Tag 3000 Ziegel des heutigen (kleineren) Formats herstellen,[103] was einer Leistung von ca. 11 Ziegeln pro Minute entspräche. Das Standardwerk für Ziegel hat Spencer veröffentlicht.[104]

In dem Bildausschnitt links unten sind das Aufhacken des Nilschlamms und das Vermischen mit den Beigaben sowie das Stampfen mit den Füßen dargestellt. Ein weiterer Arbeiter transportiert den Lehm zu dem Arbeiter, der die Holzform auf den Boden setzt und mit Lehm füllt rechts oben im Bild). Es handelt sich dabei um einen rechteckigen Kasten aus Holz ohne Boden, versehen mit einem Griff, also um einen einfachen Holzrahmen. Die Form wurde unmittelbar nach Einfüllen der Ziegelmasse abgenommen. Anschließend trockneten die Ziegel an der Sonne in der Luft. Nach diesem Verfahren ließen sich in kurzer Zeit große Mengen an Lehmziegeln herstellen.[105] Es gab z. T. sehr unterschiedliche Formate und für spezielle Anwendungen auch Formziegel, z. B. für den Bau von Gewölben bereits ab der 4. Dynastie.[106] Ziegellagen wurden in Nilschlamm oder in Sand verlegt. Die Verwendung von Mörtel ist selten zu beobachten.

Größere Ziegelrampen konnten so unter Einsatz vieler Arbeiter in kurzer Zeit vor Ort gebaut werden. Das dadurch mögliche Bauverfahren von Ziegelrampen für den Transport auch schwerer Lasten auf Schlitten ist typisch und kennzeichnend für das ägyptische Bauwesen vom AR bis in die Römerzeit. Der Arbeitsauf-

---

99 ebenda, Cheopspyramide, S. 88.
100 ebenda, Cheopspyramide, S. 87.
101 LÄ V, S. 180.
102 Davies, Rechmire, Pl. LVIII.
103 Arnold, Baukunst, S. 282.
104 Spencer, Brick Architecture.
105 Arnold gibt das spezifische Gewicht von Lehmziegeln mit ca. 1,5 t/m³ an.
106 Arnold, Baukunst, S. 85 und 92.

wand für die Ziegelherstellung und deren Transport ist zwar groß, aber das Transportverfahren selbst ist wegen des geringen Gewichtes des einzelnen Ziegels einfach und bot daher beträchtliche Vorteile.[107] Ein weiterer Vorteil beim Bau von Ziegelrampen ist darin zu sehen, dass nach einem Rückbau der Rampen nahezu kein Abraum übrig bleibt, da die zerkleinerten Lehmziegel in der Landwirtschaft als Düngematerial Verwendung fanden.

Abb. 4.1.3.1 Herstellung von Lehmziegeln; Grab des Rechmire

4.2 Hebeeinrichtungen

4.2.1 Balken, Stangen

Die einfachste Hebeeinrichtung, die seit dem AR archäologisch belegt ist, besteht aus einem Holzbalken, dessen kurzes Ende unter die Last geschoben wird und auf einer Unterlage (Stein, Holzbalken) liegt. Die Hubkraft wird am längeren Hebelarm nach unten angesetzt. Dabei ist es möglich, mittels des längeren Teiles des Hebels ein am kürzeren Teil anliegendes großes Gewicht mit vergleichbar kleiner Kraftanstrengung zu bewegen. Der Hebelarm wirkt dabei ähnlich wie bei einer Balkenwaage und der Druck kann sehr genau definiert und bestimmt werden.[108] Durch Unterlegen von Steinen bzw. Holzbohlen ist es möglich, auch große Steinblöcke auf diese Weise auf eine höheres Niveau zu heben. In den Steinbrüchen in Gisa wurden damit die Steine herausgehebelt.[109]

Beim Bau der Verkleidung der Pyramiden wurden die vorbereiteten und an

---

107 Goyon, J.-C., Karnak, S. 104 ff.
108 Fitchen, Leiter, Strick, S. 254.
109 Klemm und Klemm, Steine, S. 56.

den Seitenflächen genau zugeschnittenen Verkleidungsblöcke mittels Hebel (Balken, Stangen) auf einer dünnen Mörtelschicht zum leichten Gleiten aneinander geschoben.[110] Als Beispiel dafür sei die Verlegung der Verkleidungssteine in den unteren Reihen der Cheopspyramide genannt. Für das Verlegen und das Einpassen der Steinblöcke der Außenmauern des Kernmauerwerks wurde dasselbe Verfahren angewandt.

Das Prinzip der Hebelwirkung und damit das der Kraftverstärkung war im AR bekannt und wurde vielfältig eingesetzt. Verschiedene Hypothesen zum Bau der Pyramiden nehmen den Einsatz von Hebeln zum Anheben der Steine an (siehe Kapitel 7 »Analyse und Bewertung der bisher bekannt gewordenen Bauhypothesen«). Die Verwendung von Hebeln zeigen auch verschiedene Darstellungen von Stand- und Handwaagen aus der 5. Dynastie.[111]

Holzbalken wurden nachweislich auch an anderen Stellen beim Pyramidenbau eingesetzt: Die Baugerüste in der Großen Galerie der Cheopspyramide[112] und die in situ in der oberen Grabkammer der Knickpyramide gefundenen Reste der Verschalung der Wände mit Zedernholzbalken, die nach Stadelmann entweder zum Abstützen der Wände der Grabkammer eingebaut wurden oder als Baugerüst zum Glätten des Gewölbes stehen gelassen wurden,[113] seien dafür als Beispiele genannt.

Während der Herrschaft des Königs Snofru (Jahr x +2) wird auf dem Palermostein vom Bau von »...hundertelligen *dw3-Bwj*-Schiffen aus *mr*-Holz...«[114] und vom »...Bringen von 40 Schiffen aus (?) Zedernholz...« berichtet.[115] König Snofru schloss deswegen ein Bündnis mit dem König von Byblos im Libanon. Dieser lieferte daraufhin so umfangreich Zedernholz, das es bis zum Ende der folgenden Generation ausreichte.[116] Die Libanonzedern erreichten Größen bis zu 40 m Höhe und 4 m Durchmesser. Zedernholz zeichnet sich besonders durch Härte, Festigkeit und dennoch eine gute Bearbeitungsmöglichkeit aus.

---

110 Stadelmann, Pyramiden, S. 110; Haase, Cheops, S. 25, Abb. 27.

111 LÄ VI, S. 1082.

112 Borchardt, Dritte Bauperiode, S. 7 ff.; Arnold, Building, p. 222, fig. 5.11.

113 Stadelmann, Pyramiden, S. 94.

114 Schiffe aus *mr*-Holz, das noch im NR vielfach und zu den gleichen Zwecken wie das Zedernholz verarbeitet wird, kommen auch an anderer Stelle – auf den Täfelchen aus Abydos, wie Petrie berichtet – vor.

115 Schäfer, Annalen, S. 30; Urkunden I, 236,12.

116 Goyon, G., Cheopspyramide, S. 32.

Auch aus dem »Wald von Koptos« wurde *mr*-Holz für den Schiffsbau verwendet. Eine weitere Möglichkeit für den Bezug von Bauholz ergab sich aus den Wäldern, die im Bereich des Blauen und Weißen Nils noch vor 200 Jahren bis zum 10./12. Breitengrad südlich von Khartum reichten.[117] Mittels Flößen konnte das Holz bis nach Oberägypten transportiert werden.

Geeignete Werkzeuge zur Holzbearbeitung waren im AR vorhanden. Malereien im Grab des Hesire aus der 3. Dynastie zeigen umfangreiche Werkzeuge wie Äxte, Sägen, Beitel, Drillbohrer etc. für Zimmerleute, Schreiner und Tischler.[118]

4.2.2 Anheben und Absenken schwerer Lasten

Auch das Anheben und Absenken schwerer Lasten ist im Alten Ägypten vielfach belegt. Anhand einiger Beispiele soll darauf näher eingegangen werden:

4.2.2.1 Seilumlenkung

Als ältester archäologischer Beleg zum Aufrichten von Bauteilen mittels Seilumlenkung hat mit der Fund einer steinernen Seilumlenkeinrichtung im Areal des Taltempels (Hafenanlage?) des Mykerinos aus dem AR zu gelten (Abb. 4.2.2.1.1):[119]

Eine denkbare Verwendung in einem Holzgestell schlägt Arnold vor.[120]

Für das AR ist darüber hinaus aufgrund archäologischer Befunde in der Cheopspyramide nachgewiesen, dass es mit der in halbrunde Vertiefungen eingelegten (nicht beweglichen Walze, Abb. 4.2.2.3.2) die Möglichkeit der Kraftumlenkung gab. Andererseits sind bewegliche Scheibenräder aus der Zeit der 5. Dynastie belegt (Kapitel 4.3.4 »Transport von Leitern mittels Scheibenrädern«, Abb. 4.3.4). Es kann daher nicht ausgeschlossen werden, dass es auch bereits im AR bewegliche Seilrollen aus Holz gab.

Die Vermutungen von Stadelmann im Zusammenhang mit den Blockiersteinen in der Fallsteinkammer der Cheopspyramide (Kapitel 4.2.2.3 »Das Fallsteinsystem im Korridor zur Grabkammer des Königs in der Cheopspyramide«),

---

117 Meyers Lexikon von 1899.
118 Quibell, Saqqara, p. 21 ff. und Pl. 16.
119 Reisner, Mykerinos, p. 276, Pl. A.
120 Arnold, Building, p. 283.

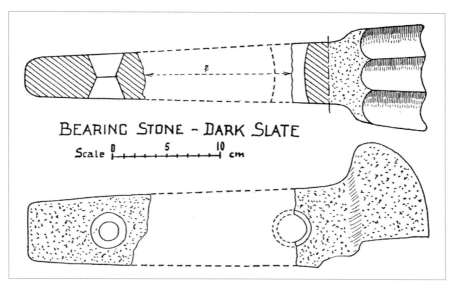

Abb. 4.2.2.1.1 Steinerne Seilumlenkeinrichtung

dass »... das Prinzip des Flaschenzugs den alten Baumeistern durchaus bekannt war ...« könnten zutreffen. Wie im Kapitel 4.2.2.1 »Seilumlenkung« näher ausgeführt, ist die Anwendung des Prinzips des Flaschenzuges im AR zwar nicht belegt, kann jedoch nicht ausgeschlossen werden.[121]

In einem Grab in Lischt-Nord wurden drei hölzerne Seilrollen für die Führung von je zwei Seilen gefunden (Abb. 4.2.2.1.3), die von Arnold ursprünglich in die späte 12. Dynastie und damit ins MR datiert wurden.[122] Danach dienten sie zum Absenken einer Kalksteinplatte, die zwei Bohrungen zur Befestigung der Seile hatte. Damit ist zum ersten Mal die Seilumlenkung mittels einer auf einer Walze drehbar angeordneten Rolle nachgewiesen. Die heute im Metropolitan Museum in New York befindliche Seilrolle wird in der Beschreibung in die 19.–20. Dynastie datiert.[123] Eine C 14 Untersuchung zur genaueren Altersbestimmung wird angestrebt.

Mit derartigen Rollen lässt sich das Prinzip des Flaschenzugs realisieren.

Weitere vergleichbare Seilrollen – auch größeren Formats – sind aus dem NR

---

121 Stadelmann, Große Pyramiden, S. 135.

122 Arnold, Building, p. 71 und Teil der FN 56, p. 103, deren Text jedoch zur FN 55 gehört.

123 http://www.metmuseum.org/works_of_art/collection_database/egyptian_art/block/objectview.aspx? Dezember 2010.

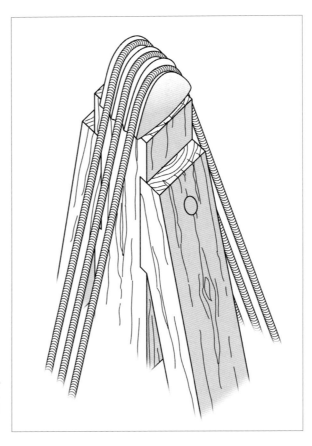

Abb. 4.2.2.1.2 Einsatz einer steinernen Seilumlenkeinrichtung nach Arnold

bekannt (Abb. 4.2.2.1.4).[124] In einem anonymen Grab (Nr. 1353) aus der 18. Dynastie in Deir el-Medine wurde eine ebenfalls auf einer Walze drehbar angeordnete Seilrolle bzw. Winde mit einem Seil aus Palmfasern gefunden.

Für die Seilumlenkung wurde auch eine im Pyramidenbezirk des Djoser in Saqqara gefundene Seilrolle aus Holz – wiederum auf einer Walze drehbar angeordnet – eingesetzt, die Lauer beschreibt (Abb. 4.2.2.1.5):[125] Clarke und Engelbach vertreten dazu die Auffassung, dass diese Umlenkrolle aus römischer Zeit stamme.[126] Arnold ordnet sie der Saitenzeit (26. Dynastie) zu.[127]

---

124 Bruyère, Deir el Médineh, p. 122, fig. 54.
125 Lauer, La Pyramide à Degrés, p. 52.
126 Clarke und Engelbach, Egyptian, p. 44, FN 2.
127 Arnold, Building, p. 71.

Abb. 4.2.2.1.3 Holzrolle mit zwei Führungsrillen für Seile (12. bzw. 19./20. Dynastie)

Auf einem Rundholz von ca. 8 cm Durchmesser drehbar angeordnet, diente sie als eine Art Lager für ein umzulenkendes Seil. Das Rundholz selbst war vermutlich links und rechts der Seilrolle abgestützt, sodass sich für nachstehend aufgeführte Berechnung eine lichte Weite von ca. 60 cm ergibt.

Für die Berechnung der mit einem Seil über diese Seilrolle umzulenkenden Kraft wird von einer Belastungsobergrenze (maximale Biegespannung, Biegungsfestigkeit) von 1000 kg/cm² für Hartholz[128] bzw. von 750 kg/cm² für Holz der Nilakazie[129] ausgegangen. Wegen der Breite der Seilrolle und deren gleichmäßiger Auflage auf dem Rundholz kann man einen Gesamtdurchmesser von ca. 10 cm annehmen. Bei einem minimal erforderlichen Widerstandsmoment von 125 cm³ ([Radius 5 cm]³) in der Mitte der Seilrolle berechnet sich dann für Hartholz bzw. für Holz der Nilakazie ein Biegemoment von 125 000 bzw. 93 750 kgcm.[130] Daraus lässt sich die umzulenkende Kraft mit maximal 4167 kg bzw. 3125 kg ermitteln.[131] Für eine Umlenkrolle mit innerer Walze und einem an-

---

128 Santos, Bautechnik; Croon beziffert die Biegungsfestigkeit von afrikanischem Bulletrie-Holz auf ca. 2000 kg/cm² (Croon, Lastentransport, S. 42).

129 Croon, Lastentransport, S. 42 ff.

130 Biegemoment = Widerstandsmoment × Biegungsfestigkeit.

131 Die maximal umzulenkende Kraft ergibt sich aus der Division der Biegefestigkeit (125 000 bzw. 93 750 kgcm) geteilt durch die halbe Länge der lichten Weite (30 cm).

Abb. 4.2.2.1.4 Seilrolle bzw. Winde (18. Dynastie)

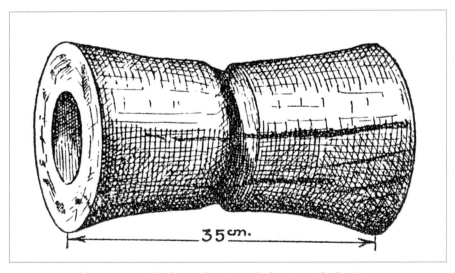

Abb. 4.2.2.1.5 Seilrolle aus dem Bereich der Pyramide des Djoser

genommen Durchmesser von 15 cm ergeben sich die maximal umzulenkenden Kräfte mit 14 067 bzw. 10 547 kg.

Derart gestaltete Seilrollen in unterschiedlichen Ausführungen (Abmessungen) wurden im Alten Ägypten für die Umlenkung auch großer Kräfte bzw. Lasten auf schiefen Ebenen eingesetzt.

4.2.2.2 Seile

Bereits im AR wurden Seile für vielfältige Anwendungen genutzt. Sie können aus Gras, Palmfiber (Palmbast), Hanfgras (Desmostachya bipinnata), Papyrus oder Leder angefertigt sein. Die Ägypter hatten eine große Fertigkeit in der Herstellung von Seilen entwickelt.[132] Aus einer Reihe von Abbildungen in Gräbern ab dem AR ist die Technik der Seilherstellung gut zu erkennen und nachzuvollziehen:[133] Zuerst werden einzelne Fasern zu einem Garn (Litze) meist links herum (S-twisted) zusammengedreht. Dann werden mehrere – oft drei Garne – wieder miteinander zu einem Seil verdreht (»geschlagen«), diesmal jedoch rechts herum (Z-twisted). Je nach gewünschter Seilstärke wird dieser Vorgang mit drei oder vier Seilen wiederholt, sodass ein Seil mit größerem Durchmesser entsteht. Im Prinzip werden Seile auch heute nach ähnlichen Verfahren hergestellt.[134] Mackay hat eine Darstellung über die Seilherstellung aus der Zeit Thutmosis III. publiziert.[135]

Eine Vermessung der im Britischen Museum vorhandenen Seile aus dem Alten Ägypten ergab u. a. an einem Seil aus der griechisch-römischen Zeit einen Durchmesser von 7,6 cm.[136] Ein Seil mit einem Durchmesser von 1 cm, bestehend aus drei Garnen (Litzen), wurde auch von Reisner in Naga ed-Der in Unterägypten im Grab 284 (6.–12. Dynastie) gefunden (Abb. 4.2.2.2.1).[137]

Perring und Vyse fanden bei ihren Untersuchungen des Grabganges der Knickpyramide ein herabhängendes Seil aus Papyrusfasern.[138] Aus vielen anderen

---

132 LÄ V, S. 827–828.
133 Teeter, Rope-Making.
134 Brockhaus, Seile.
135 Mackay, Tomb 260.
136 Ryan, Old Rope.
137 Domning, Ropework, p. 50.
138 Quellenangabe nach Wolf, Blockierungssysteme, S. 38: Perring & Vyse, Appendix to the Operations carried on at the Pyramids of Gizeh, London 1842, p. 68.

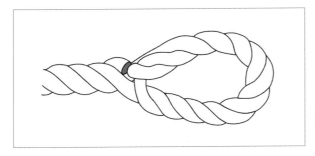

Abb. 4.2.2.2.1 Seilschlinge aus drei Garnen (Litzen)

Funden, die von Domning beschrieben wurden, ist die geschickte Art der Verknüpfung und Verbindung von Seilen ersichtlich. Aus Abbildungen von Booten und Schiffen in Reliefdarstellungen und in Gräbern des AR ist zu entnehmen, dass auch Seile größeren Durchmessers verwendet wurden. Jones zeigt dies an mehreren Beispielen.[139]

Ein weiteres Beispiel ist die Darstellung eines Schiffs im Grab des *Jpuj* in Saqqara.[140] Greiss erwähnt in seiner Beschreibung von Museumsexponaten ein »dickes« Seil aus Papyrusmaterial aus der 1. Dynastie.[141] Eine Schätzung des Seildurchmessers aufgrund der Abbildung ist nur schwer möglich (1–2 cm?).

Beim Bau der Sonnenbarke des Cheops, die nach dem Fund in einer der Bootsgruben der Cheopspyramide wieder zusammengesetzt wurde und sich heute im Museum an der Südseite der Pyramide befindet, wurden auch Hanfseile mit den Durchmessern von 13, 8 und 5 mm verwendet.[142] Hanfseile haben eine höhere Festigkeit als solche aus Palmbast und konnten zum Ziehen auch großer Lasten eingesetzt werden.[143] Nour berichtet von einem Seil, bestehend aus fünf Strängen, welches beim Boot des Cheops verwendet wurde.[144]

---

139 Jones, Boats p. 36–43.
140 Clarke und Engelbach, Egyptian, p. 41.
141 Greiss, Plant.
142 Landström, Schiffe, S. 29; Riedl, Pyramidenbau, S. 17.
143 Die Mindestbruchkräfte für Hanfseile betragen bei Durchmessern von 1 cm Ø 700 kg, 2 cm Ø 2780 kg und 3 cm Ø 6180 kg. (Quelle: www.kanirope.de).
144 Nour, Cheops Boats, Pl. 38.
145 Bochardt, Sahure Wandbilder.

Abb. 4.2.2.2.2 Verwendung eines dicken Seils zum Spannen[145]

4.2.2.3 Das Fallsteinsystem im Korridor zur Grabkammer des Königs in der Cheopspyramide

Borchardt hat sich in seinen »Anmerkungen zur Dritten Bauperiode« eingehend auch mit dem System der Fallsteine in der Blockiereinrichtung vor der Königskammer in der Cheopspyramide befasst (Abb. 4.2.2.3.1).[146] Maragioglio und Rinaldi haben die Fallsteinkammer ebenfalls vermessen und ihre Funktionsweise analysiert.[147] Mit dem Fallsteinsystem in der Cheopspyramide wurde die Blockierung der Zugänge zur Grabkammer erstmals nach wesentlich sichereren Kriterien als in der vorhergehenden Epoche unter Snofru vorgenommen.[148]

Oberhalb des Gangs zur Grabkammer befindet sich eine kleine Kammer, die

---

146 Borchardt, Dritte Bauperiode, S. 14 ff. und Tafeln 2, 3, 4, 10 und 12.
147 Maragioglio IV, p. 44–48; p. 126–128 und Addenda, TAV. 7, fig. 1–9.
148 Birell, Portucullis Stones, p. 25; Wolf, Snofru; Haase, Fallsteinsystem, S. 36 ff.

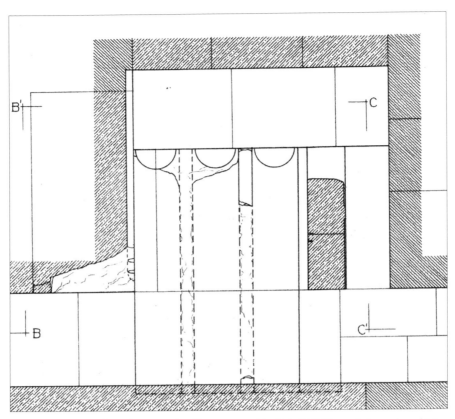

Abb. 4.2.2.3.1 Fallsteinkammer der Cheopspyramide (Schnitt S-N von links nach rechts)

ebenso wie der untere Teil des Gangs mit großen Granitplatten verkleidet ist. Aus ihr wurden drei Fallsteine aus Granit an Seilen herunter gelassen. Die Abmessungen dieser Fallsteine betrugen 147 cm in der Höhe, 114 cm in der Breite und 53 cm in der Tiefe. Die Steine waren mit vier Bohrungen mit Durchmessern zwischen 7,1 und 7,6 cm versehen.[149] Die Kammer ist mit ca. 30 cm auf der Ostseite und 30 cm auf der Westseite breiter als der Gang zur Grabkammer. An der Ost- und Westwand des Ganges zur Grabkammer unterhalb der Fallsteinkammer befinden sich von Süden aus gesehen jeweils drei Führungsrinnen mit einer Breite von 55 cm und einer Tiefe von 8 cm zum Herablassen der Fallsteine.[150] Das

---

149 Haase, Blockierstein; Haase, Fallsteinsystem, S. 38.
150 Maragioglio IV, p. 46 und Addenda, TAV. 7, fig. 6.

lichte Maß zwischen Ost- und Westwand beträgt ca. 120 cm bei einer Gangbreite von 104 cm. Diese Führungsrinnen reichen etwas in den Gangboden hinein.[151]

Zwei weitere Führungsrinnen – auf beiden Gangseiten je eine – befinden sich auf der Nordseite der Kammer. Ihre Breite beträgt jedoch nur 43 cm. Sie enden 111 cm über dem Gangboden. In diesen beiden Führungsrinnen befinden sich noch heute zwei Granitsteine mit einer Gesamthöhe von 133 cm und einer Dicke zwischen 38 und 42 cm. Am unteren Ende des oberen Steins, 13 cm vom unten, ist eine Nase (2,5 cm hervorstehend, Durchmesser 13 cm) angebracht.[152] Die Oberkante des oberen Steins ist abgerundet.

An der südlichen Wand der Fallsteinkammer befinden sich oberhalb des Ganges 4 senkrechte, halbkreisförmige Führungsrinnen für eine Seilführung mit einer Tiefe von 10,5 cm.[153] Diese Rinnen enden 12 cm über der Gangdecke abgerundet nach unten.

Die Gesamthöhe der Fallsteine berechnet sich somit zu ca. 147 cm (110 cm Ganghöhe, 12 cm Südwand ohne Vertiefung für die Seile, Bohrung 8 cm, Abstand Bohrung zur Oberkante ca. 17 cm).[154] Haase gibt für die Höhe 149 cm an.[155] In einer neueren Veröffentlichung spricht er von 144 cm.[156] Die von Borchardt angenommene Höhe der Fallsteine von 120 cm[157] ist – wie auch Maragioglio und Rinaldi feststellen[158] – zu gering angesetzt, als dass damit der Gang sicher zu verschließen gewesen wäre. Das Abmeißeln des Granitblockes an der Gangdecke im südlichen Anschluss an die Fallsteinkammer bis zu einer Tiefe von ca. 18 cm dürfte beim Zerstören des südlichen Fallsteines entstanden sein.[159] Im Gegensatz zu Borchardts Vermutungen des Einbringens der Fallsteine nach Fertigstellung der Fallsteinkammer[160] müssen diese aufgrund oben genannter Abmessungen bereits beim Bau senkrecht von oben mit eingebracht worden sein, falls sie aus einem Stück bestanden. Für das Einbringen während des Baus sprechen auch die

---

151 Maragioglio IV Addenda, TAV. 7, fig. 9.
152 Arnold, Building, p. 227, fig. 5.15. und Maragioglio IV Addenda, TAV. 7, fig. 2 und 3.
153 Haase, Blockierstein und Maragioglio IV Addenda, TAV. 7, fig. 3 und 6.
154 Wolf, Blockierungssysteme, S. 164.
155 Haase, Cheops, S. 40, Abb. 42.
156 Haase, Fallsteinsystem, S. 39 und FN 26.
157 Borchardt, Dritte Bauperiode, Tafel 10.
158 Maragioglio IV, p. 126.
159 Maragioglio IV Addenda, TAV. 7, fig. 3.
160 Borchardt, Dritte Bauperiode, S. 15 und Tafel 10.

weit in den oberen Teil der Fallsteinkammer hinein reichenden und senkrecht verlaufenden Führungsrinnen sowie der geringe Abstand zwischen diesen und den Fallsteinen.[161] Auf der Westseite der Fallsteinkammer befinden sich oberhalb der Führungsrinnen für die Fallsteine drei halbkreisförmige Vertiefungen.

Borchardts Vermessungen der Fallsteinkammer ergaben in Korrektur zu den Angaben von Perring,[162] dass die Unterkanten der drei halbkreisförmigen Vertiefungen mit einem Durchmesser von 45 cm auf der Westseite in genau der gleichen Höhe wie die Unterkante der Kammer auf der Ostseite ohne Vertiefungen liegen.[163] Messungen durch Maragioglio und Rinaldi zeigen jedoch, dass die Unterkante der Kammer auf der Ostseite um 3 cm tiefer als die Unterkante der halbkreisförmigen Vertiefung auf der Westseite liegt.[164]

Die drei Fallsteine waren demnach mit je vier Seilen über Walzen – aller Wahrscheinlichkeit nach aus Holz – aufgehängt und wurden beim Verschließen des Ganges zur Grabkammer um die Ganghöhe von 120 cm abgesenkt. Unklar ist, warum die halbkreisförmigen Vertiefungen nicht auch auf der Ostseite erhalten sind. Dort fand Borchardt Abarbeitungen im Stein vor. Petrie hat die halbkreisförmigen Vertiefungen ebenfalls untersucht.[165] Er hat sie exakt vermessen und deren Verlauf im Abstand von je einem Zoll aufgenommen (Abb. 4.2.2.3.2).

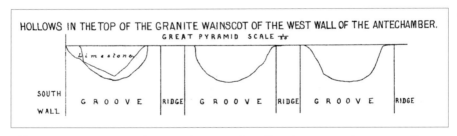

Abb. 4.2.2.3.2 Vermessung der Vertiefungen in der Fallsteinkammer nach Petrie (verkleinert)

Aus dieser Darstellung ist ersichtlich, dass die halbkreisförmigen Vertiefungen nicht gleichmäßig ausgearbeitet waren. Die Walzen mit einem geringeren

---

161 Der Abstand zwischen Fallstein und der Innenkante der Führungsrinnen beträgt in der Breite jeweils nur 2 × 3 cm; in der Tiefe jeweils nur 2 × 1 cm.
162 Perring, Pyramids I, p. 2 zu Pl. 3 und 4.
163 Borchardt, Dritte Bauperiode, S. 14.
164 Maragioglio IV, p. 126 Observation No. 28.
165 Petrie, Pyramids, p. 77 und Pl. XII.

Durchmesser als 45 cm lagen offensichtlich in den Vertiefungen nur auf. Auf der Ostseite waren sie vermutlich mit Keilen gegen ein Drehen gesichert.[166]

Die während der Bauzeit der Pyramide bzw. bis zur Beerdigung des Königs Cheops mit Holzbalken abgestützten Fallsteine schlossen mit ihrer Unterseite bündig mit der Decke des Ganges ab und reichten mit ihrer Oberseite etwa bis an die darüber liegende Walze. Borchardts Darstellung der Aufhängung stimmt somit nicht.[167] Die Abstände zwischen den drei Fallsteinen betrugen je 15 cm, der zu den vorstehend genannten zwei übereinander angeordneten Steinen 8 cm.

Eine Berechnung ergibt, dass das Gewicht jedes der Fallsteine ca. 2,5 t beträgt. Die Bohrungen mit einem Durchmesser von etwas mehr als 7 cm[168] legen den Schluss nahe, dass durch sie Seile von oben herab und wieder nach oben zurückgeführt wurden.[169] Bei 4 Bohrungen muss dann jedes der Seile auf beiden Seiten des Fallsteins eine Last von ca. 0,31 t (⅛ von 2,5 t) tragen. Bei einem angenommenen Durchmesser der Seile von 5 cm ergibt sich eine Belastung von ca. 15 kg/cm². Die seinerzeit gebräuchlichen Palmbaststricke dürften dieser Belastung standgehalten haben.[170] Bei Verwendung von ebenfalls im AR nachgewiesenen Hanfseilen größerer Festigkeit (siehe Kapitel 4.2.2.2 »Seile«) reicht auch ein Seildurchmesser von 1–2 cm aus.

Der geringe Abstand zwischen der Breite der Führungsrinnen mit 55 cm und der Dicke der Fallsteine mit 53 cm sowie zwischen dem Abstand zwischen den Führungsrinnen mit ca. 120 cm und der Breite der Fallsteine mit 114 cm führt zu einer weiteren Schlussfolgerung: Das Absenken der Fallsteine kann nicht durch einfaches Loslassen der Seile, sondern nur durch ein sehr gleichmäßiges und kontrolliertes Nachlassen aller vier Seile geschehen sein. Nur so sind Verkantungen bzw. Beschädigungen der Fallsteine beim Herablassen zu vermeiden. Das Herablassen könnte auf folgende Weise erfolgt sein: Die Walzen mit einer Länge von ca. 150–160 [171] cm waren mit einer rauen Oberfläche bzw. mit nicht geglätteten

---

166 Maragioglio IV, p. 126–128.

167 Borchardt, Dritte Bauperiode, Tafel 10.

168 Haase, Fallsteinsystem.

169 Die Annahme von Borchardt für die Aufhängung (Borchardt, Dritte Bauperiode, Tafel 10) trifft nicht zu.

170 Berechnungen zur Festigkeit und Bruchlast sind nicht bekannt; die Annahme wurde aufgrund der Darstellung von Seilen in Reliefs und Grabdarstellungen getroffen. Siehe auch Borchardt, Dritte Bauperiode, S. 15.

171 Nachdem an den Wänden der Kammer keine Abarbeitungen für das Einbringen der Walzen vorhanden sind, müssen diese – in Abhängigkeit ihres Durchmessers – eine geringere Länge als die Breite

Rillen für die Seilführung versehen, um die Reibung, d. h. die Haftung des Seils auf der Walze, zu erhöhen. Eine Mehrfachumschlingung scheidet wegen der geringen Breite der senkrechten Führungsrillen an der Südwand (12,5 cm) aus.

Nach Absenken der Fallsteine ist ein erneutes Einführen von Seilen in die Bohrungen nicht mehr möglich. Der Zugang zur Grabkammer ist somit gesichert.

Die Seile dürften erst kurz vor dem Herablassen montiert und fest angespannt worden sein, um eine jahrelange Belastung zwischen Bau der Fallsteineinrichtung und dem Herablassen der Fallsteine zu vermeiden. Maragioglio und Rinaldi vertreten die Auffassung, dass die Seile erst kurz vor dem Herunterlassen der Steine montiert worden seien und dass deshalb die Kammer notwendig gewesen sei.[172]

Haase vertritt die Auffassung, dass von Arbeitern (im oberen Teil der Fallsteinkammer und an dem nördlichen Zugang zur Fallsteinkammer) die Fallsteine an Seilen, die um die Holzwalzen geführt waren, bei gleichzeitigem Entfernen der Holzstützen unterhalb der Fallsteine herabgelassen wurden.[173] Ohne ein vorheriges Spannen der Seile und leichtes Anheben der Fallsteine zum Entfernen der Holzstützen scheint dies nur schwer möglich zu sein. Ähnliches gilt für die von Goyon, G.[174], Arnold[175] und Lauer[176] gemachten Vorschläge für das Herablassen der Blockiersteine. Das geringfügige Anheben der Blockiersteine zur Entfernung der Holzstützen unter den Blockiersteinen kann durch eine Hebebalkenkonstruktion vorgenommen worden sein.

Dorka befasst sich ebenfalls mit dem Herablassen der Fallsteine und verweist darauf, dass die »Gegengewichtstechnik« als Hebetechnik für unterschiedliche Lasten im Alten Ägypten wiederholt beobachtet werden kann.[177]

Der Einsatz von fest installierten Walzen zum kontrollierten Herablassen (Seilumlenkung) von Blockiersteinen begegnet uns bei der Cheopspyramide zum ersten Mal. Daneben wird im aufsteigenden Gang der Großen Galerie ein Haltesystem aus einer Holzbalkenkonstruktion für Blockiersteine eingesetzt, wie es schon von der Knickpyramide und deren Nebenpyramide bekannt ist. Wie Wolf feststellt, haben sich dort jedoch nach Entfernen der Holzstützen

---

der Kammer (165 cm) gehabt haben.

172 Maragioglio IV, p. 126, Observation No. 28.
173 Haase, Fallsteinsystem, S. 43.
174 Goyon, G., Cheopspyramide S. 160.
175 Arnold, Baukunst, S. 195.
176 Lauer, Geheimnis, S. 180, Abb. 51.
177 Dorka, Seilwaagen.

nicht alle Blockiersteine gelöst, sodass die Blockiereinrichtungen nur teilweise funktionierten.[178]

4.2.2.4 Das Fallsteinsystem im Korridor zur Grabkammer der Pyramide des Mykerinos

Im Zugang zu den Grabkammern der Pyramide des Mykerinos befindet sich nach der Gangkammer mit den 26 Nischen ebenfalls ein Blockiersystem mit Fallsteinen, welches dem der Cheopspyramide sehr ähnlich ist (Abb. 4.2.2.4).[179] Die Fallsteinkammer ist ebenso wie der untere Teil des absteigenden Korridors aus dem Fels herausgeschlagen und weist ab 167 cm über dem Boden des Ganges auf der Westseite und ab 170 cm auf der Ostseite eine Erweiterung nach Westen zwischen 80 und 130 cm und nach Osten mit 23 cm auf.[180] Die lichte Höhe der oberen Fallsteinkammer beträgt bis zu 180 cm. In der Fallsteinkammer befinden sich in die Ost- und Westwand jeweils gegenüber eingearbeitet insgesamt je drei Löcher mit Durchmessern von etwa 30 cm für Walzen (Rundhölzer), allerdings auf der Westseite mit einem leicht rechteckigen Querschnitt. Die Vertiefungen der Löcher betragen auf der Westwand in den Löchern a und c je 18 cm und im Loch b 24 cm. Die Löcher a und c weisen darüber hinaus Abarbeitungen an der Wand auf, um das Einführen der Rundhölzer zu erleichtern. Auf der Ostseite betragen die Lochtiefen für a 30 cm, b 16 cm und c 27 cm; eine Abarbeitung ist in der Wand zum Loch b hin zu erkennen. Daraus kann geschlossen werden, dass die Walzen in genau der Länge zugeschnitten wurden, damit sie gerade über die Abarbeitungen in die Wandvertiefungen geschoben werden konnten. Die nicht kreisförmige und völlig unebene Ausführung der Löcher lässt wie beim Fallsteinsystem der Pyramide des Cheops den Schluss zu, dass diese Vertiefungen keine Lager für ein leichtes Bewegen der eingebrachten Walzen waren. Wenn die Walzen nicht beweglich angeordnet waren, könnte ein langsames Herablassen der Fallsteine erreicht worden sein, indem die Seile mehrfach um die Walzen gewickelt wurden und so aufgrund der größeren Reibung eine Verringerung der benötigten Kraft zum Halten der Seile erreicht wurde.

---

178 Wolf, Blockiersysteme, S. 37 und 39.

179 Borchardt, Dritte Bauperiode, S. 18 ff. und Tafel 12; Maragioglio VI, p. 40 ff. und Addenda, TAV. 5, fig. 2.

180 Maragioglio IV Addenda, TAV. 5, fig. 2; Borchardt, Dritte Bauperiode, Tafel 12.

In die Längsseiten des unteren, schmalen Kammerteils sind in ungefähr gleichen Abständen direkt unter den Löchern für die Walzen je drei senkrechte, etwa 16 cm bis 18 cm tiefe Führungen mit rechteckigem Querschnitt mit Breiten zwischen 30 und 41 cm eingearbeitet.[181] Die Abmessungen der Innenflächen der Führungen zwischen den beiden Gangseiten wurden mit 143 bzw. 144 cm ermittelt. Am nördlichen Eingang zum Blockiersystem gab es in der Kammerdecke eine Abschrägung über dem Türsturz, um die Seile für das Senken der Fallsteine zu führen.

Bei der aus dem Felsen geschlagenen Fallsteinkammer der Pyramide des Mykerinos können die Fallsteine entweder durch den von außen kommenden Gang mit den kanonischen Abmessungen 105 cm in der Breite und 120 cm in der Höhe oder über den oberen Zugang zur Grabkammer (Abb. 5.1.2.6.1), dessen Eingang später überbaut wurde, in den Gang unter der Fallsteinkammer transportiert worden sein.[182] Die von Borchardt vorgeschlagene Rekonstruktion der Fallsteine kann so nicht zutreffen. Monolithische Blöcke mit den Abmessungen von 137 cm (Breite),[183] ca. 180 cm (Höhe) und 24–35 cm (Dicke) kommen als Fallsteine kaum infrage, da Steine mit diesen Abmessungen nicht durch den Zugangskorridor – auch nicht schräg verkantet – zu transportieren gewesen sind. Die Dicke eines Fallsteines hätte für diesen Fall weniger als 20 cm betragen müssen. Den Angaben von Maragioglio und Rinaldi zufolge sind die Grabzugänge und der Zugang von der Grabkammer zur Fallsteinkammer aus dem Fels herausgearbeitet und können so auch während der Bauarbeiten keinen größeren Querschnitt besessen haben.[184]

Die Fallsteine müssen also entweder aus mehreren Teilen bestanden haben oder ihre Dicke betrug maximal ca. 20 cm, womit ein Transport durch den Zugangskorridor gerade noch möglich erscheint. Mit Blick auf die Schwierigkeiten des Einbringens eines schräg angeordneten Steines (hohe Reibung an den Wänden, Gefahr eines Verkeilens) bietet sich eine Lösung an, wonach jeder Fallstein aus zwei Teilen von maximal 85 cm Höhe bestand – auch wenn sich eine derartige Lösung von den meisten anderen Blockiersystemen in Pyramiden des AR unterscheidet. Das Gewicht eines solchen Steines betrug dann ca. 0,75 t. Bei der Gangbreite von 105 cm ist ein Transport ohne Weiteres möglich. Bei einer

---

181 Maragioglio IV Addenda, TAV. 7, fig. 2 und 3.
182 Maragioglio IV Addenda, TAV. 5, fig. 1 und 3.
183 Breite 143–144 cm abzüglich 2 × 3 cm Abstand wie bei der Cheopspyramide.
184 Maragioglio IV, p. 38.

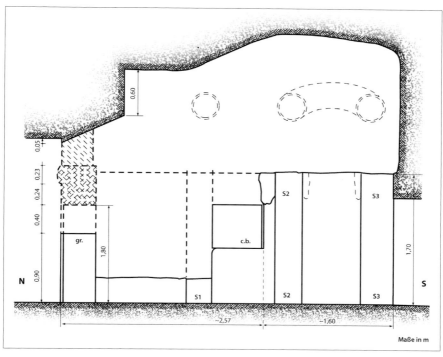

Abb. 4.2.2.4 Ostseite der Fallsteinkammer der Pyramide des Mykerinos

Höhe der Führungsrinnen von 167 cm passen dann beide Steine übereinander. Steine mit geringeren Abmessungen sind auch leichter von oben aus in die Führungsrinnen einzusetzen, was bei Fallsteinen aus einem Stück nur schwer möglich erscheint – es sei denn, diese haben nur eine geringe Dicke. In jedem Fall mussten die Fallsteine in der Pyramide des Mykerinos – ob sie nun aus einen Stück bestanden oder geteilt hergestellt waren – im Gegensatz zu denen in der Cheopspyramide beim Einbringen angehoben werden, um dann von oben in die Führungsrinnen eingesetzt zu werden.

Vergleicht man die Blockiersysteme der Cheopspyramide und der Pyramide des Mykerinos, lassen sich folgende Feststellungen treffen:

Bei beiden Fallsteinsystemen wurden Balken zum Anheben und Rundhölzer zum Absenken der einzelnen Fallsteine verwendet. Die Prinzipien der Kraftumlenkung, des Hebels zur Kraftübersetzung und der Reibung können demnach bereits als im AR bekannt und bei der Errichtung von Bauwerken als Verfahren angenommen werden. Auch die in Kapitel 4.1 »Baumaterial« geschilderten Bohrer (Abb. 4.1.1.2) arbeiteten nach diesem Prinzip.

Für das Prinzip der Seilwinde, deren Einsatz vom Autor in seiner Dissertation 2008 vorgeschlagen wurde, und auch für das des Flaschenzugs gibt es jedoch keine archäologischen Befunde. Auch Darstellungen aus Gräbern sind nicht bekannt. Beide Prinzipien finden daher bei dem Vorschlag für eine neue Hypothese zum Pyramidenbau (Kapitel 8 »Eine neue Hypothese zum Pyramidenbau im Alten Reich«) keine Berücksichtigung.

4.2.2.5 Aufrichten von Pfeilern sowie Statuen und Heben von Steinblöcken

Hölscher beschreibt in seiner Veröffentlichung »Das Grabdenkmal des Königs Chephren« in den Abschnitten III »Totemtempel« und IV »Zur Technik der Bauausführung« seine Überlegungen zum Aufrichten der monolithischen Granitpfeiler, der Statuen des Königs Chephren und der Granitquader in dessen Pyramidenbezirk.[185]

Die Pfeiler im Statuenhof des Totemtempels wurden danach aufgrund der archäologischen Befunde in im Untergrund abgearbeitete Vertiefungen eingesetzt, die nach vorn über eine Kante hinweg etwas erweitert wurden.[186] Nach Aufrichten des Pfeilers wurden der vordere Teil der Vertiefung mit einem passenden Stein verschlossen und die Fugen mit Gips vergossen.

Hölscher rekonstruiert das Aufrichten der Pfeiler und Statuen mittels Holzgerüsten aufgrund archäologisch nachgewiesener kreisförmiger Löcher (ca. 25 cm Durchmesser) mit etwa 25 cm Tiefe im Unterpflaster des Hofes.[187] Wie in Abb. 4.2.2.5.1 dargestellt, kann das Aufrichten jedoch nur schwerlich vorgenommen worden sein:[188]

Die 5–7 t schweren Statuen an einer Umlenkrolle hochzuziehen – und Gleiches würde für das Aufrichten der schweren Granitpfeiler gelten – dürfte technisch kaum möglich sein.[189] Das Aufstellen der Objekte auf diese Weise würde große Kräfte und enormes Geschick erfordern. Denkbar ist eigentlich nur eine Lösung, wonach zuerst die Statue bzw. der Pfeiler durch Hebel und mehrfaches

---

185 Hölscher, Chephren, S. 56 ff und 71 ff.

186 Hölscher, Chephren, S. 73.

187 Hölscher, Chephren, Blatt XVIII, Ausschnitt.

188 Hölscher, Chephren, S. 77.

189 Reisner, Mycerinos, p. 272.

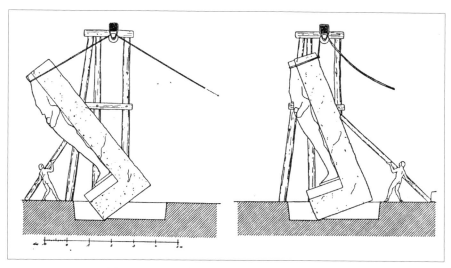

Abb. 4.2.2.5.1 Aufrichten von Statuen nach Hölscher

Erhöhen einer Unterlage in eine gewisse Schräglage gebracht wird, da ansonsten die Zugkraft zu groß wäre, und dann die Zugkraft für das weitere Aufrichten mittels eines Seils, welches über eine auf einem Holzgestell angeordnete Umlenkwalze lief, erbracht wurde. Die von Hölscher nachgewiesenen Löcher zeigen, dass links und rechts von jeder Statue bei deren Aufrichten Holzgestelle verankert worden sein könnten. Die Zugkraft kann über eine Zugmannschaft oder durch Gegengewichte aufgebracht worden sein. Durch eine Mehrfachumschlingung des Seils um die Seilumlenkrolle kann die Zugkraft ohne Schlupf auch sehr genau geregelt werden. Dies ist erforderlich, da zum Zeitpunkt der senkrechten Stellung des Pfeilers keine Zugkraft mehr einwirken darf, um ein Überkippen des Pfeilers zu vermeiden.

Reisner hält die Vorschläge von Hölscher für nicht zutreffend. Er bezweifelt den Einsatz der Vertiefungen wegen ihrer angeblichen Unregelmäßigkeit für den Bau von Gerüsten.[190] Maragioglio und Rinaldi vertreten dazu die Auffassung, dass die Löcher im Untergrund des Statuenhofes im Totentempel für das Aufstellen von Gerüsten für Handwerker zum Glätten der Innenwände gedient hätten.[191] Ähnlich äußert sich später Goyon, G.,.[192] Dem kann entgegen gehalten

---

190 Reisner, Mycerinos, p. 272.
191 Maragioglio V, p. 126.
192 Goyon, G., Cheopspyramide, S. 48–49.

werden, dass für das Aufstellen von Arbeitsbühnen (Gerüsten) derartig tief eingelassene Löcher – auch in der gefundenen Anzahl – nicht notwendig waren.

Hölscher weist außerdem darauf hin, dass entlang der Wände im Statuenhof des Chephren Taltempels im Unterpflaster in großem Umfang weitere Löcher sowohl vor als auch hinter den Wandsteinen aus Granit zu finden sind, die größtenteils sorgfältig mit Steinstücken und Gips wieder geschlossen wurden und daher aus der Zeit des Baus der Anlagen stammen müssten (Abb. 4.2.2.5.2).

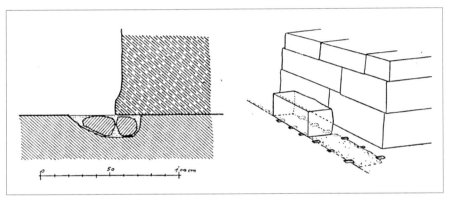

Abb. 4.2.2.5.2 Schnitt durch ein Versetzloch im Unterpflaster unter der Kante eines Pfeilers und Darstellung eines Granitquaders mit seinen Versatzlöchern vor dem Mauerwerk nach Hölscher

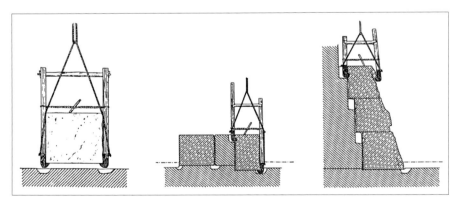

Abb. 4.2.2.5.3 Granitquader in der Zange und verschiedene Anwendungsarten der Versatzzange nach Hölscher

An manchen Stellen betrug der Zwischenraum zwischen den Granitsteinen und dem äußeren Mauerwerk aus Kalkstein nur 80 cm, sodass die Löcher nicht zum Versetzen der Granitblöcke mittels Stangen verwendet worden sein konnten. Hölscher schließt daraus, dass Blöcke mit einer Art Zange bzw. Hebeeinrichtung versetzt wurden. Aufgrund unterschiedlicher Anordnungen der Löcher stellt Hölscher verschiedene Arten, Blöcke zu heben, vor:[193]

Reisner lehnt auch diese Darstellung von Hölscher unter Hinweis auf seine Untersuchungen an der Pyramide des Mykerinos ab. Goyon, G., verweist auf vergleichbare Beobachtungen in Tanis, die seiner Meinung nach ein Verklemmen der Seile während der Verlegungsarbeiten verhindern sollten.[194] Borchardt weist auf an vielen Steinblöcken in Gise und Abusir noch sichtbare Spuren von zangenartigen Hebeeinrichtungen hin. Darüber hinaus zeigen die an vielen Blöcken noch stehenden Bossen, dass Stricke zum Heben verwendet wurden.[195]

Dorka befasst sich – ausgehend von der Untersuchung einer bisher stets falsch gedeuteten Darstellung der Waage des Kairer (Abb. 4.2.2.5.4) – mit dem Prinzip der altägyptischen Seilwaage und dessen Einsatz für das einfache Heben auch schwerer Lasten.[196]

Er deutet überzeugend die Darstellung als Seilwaage, bei der bei gleichen Gewichten an beiden Enden des Seils sich dieses nicht bewegt – unabhängig von der Führung und auch einer unterschiedlichen Höhe der beiden Gewichte. Der Vorteil dieser Konstruktion liegt darin, dass bei entsprechender mechanischer Konstruktion der Waage auch größere Lasten (wie z. B. Kupferbarren zur Kontrolle ihres spezifischen Gewichts und damit ihrer metallurgischen Reinheit und auch ganze Schlittenladungen) ausgewogen werden können. Für große Gewichte musste jedoch die Seilführung an den beiden Enden des Waagekalkens speziell ausgebildet werden. Dorka schlägt dafür den Einsatz der im Taltempel des Mykerinos gefundenen steinernen Umlenkeinrichtung (Abb. 4.2.2.1.1) vor.

Dorka vertritt weiterhin die Auffassung, dass das Prinzip des Gegengewichts im AR nicht nur bei Waagen, sondern auch bei dem Verladen von Lasten auf Schiffe und ganz allgemein zum Heben von Lasten Anwendung fand. Dabei deutet er die Abbildungen von Nilschiffen des AR nicht richtig.[197]

Das Prinzip des Gegengewichts könnte nach Dorka im AR auch beim Bau von Tempelanlagen und anderen Großbauten – so auch bei den Pyramiden – an-

---

193 Hölscher, Chephren, S. 74–75.
194 Goyon, G., Cheopspyramide, S. 49.
195 Borchardt, Re-Heiligtum, S. 62.
196 Dorka, Seilwaagen.
197 Müller-Römer, Schiffbau.

Abb. 4.2.2.5.4 Wage des Kairer

gewendet worden sein. Auf seinen Vorschlag, Hebeeinrichtungen auch beim Bau der Pyramiden einzusetzen, wird im Kapitel 7.5.8 »Schrägaufzug nach Dorka« näher eingegangen.

Munt plädiert für eine Abänderung des Vorschlages von Arnold (Abb. 4.2.2.1.2) und den Einsatz der Seilumlenkung am oberen Ende einer Holzkonstruktion (Abb. 4.2.2.5.5).[198] Diese ist an ihrem unteren Ende in einem Gelenk in Form der Oberfläche einer »negativen« Walze eingesetzt und wirkt auf diese Weise wie ein Kran.[199] Strub-Roessler und Tompkins[200] hatten bereits früher auf eine derartige Konstruktion hingewiesen.

Höhn schlägt für den Steintransport von Stufe zu Stufe einen Winkelheber

---

198 Munt, Kemet 4/2002, S. 61.
199 Reisner, Mycerinos, Pl. A (6).
200 Strub-Roessler, Pyramiden; Tompkins, Große Pyramide, S. 225.

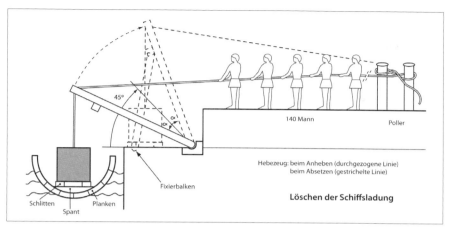

Abb. 4.2.2.5.5 Hebekran nach Munt

vor,[201] mittels dessen ein Gewicht von 3 t mit einer nur kurzzeitig aufzubringenden Zugkraft von knapp 1000 kp um etwa 90 cm hochgehoben werden könne. Abb. 4.2.2.5.6 und 4.2.2.5.7 zeigen entsprechende Darstellungen. Ein archäologischer Beleg für einen derartigen Winkelheber ist nicht bekannt.

All diese Vorschläge stellen interessante Lösungen – wenn auch archäologisch nicht belegt – für Umlenk- bzw. Hebeeinrichtungen dar.

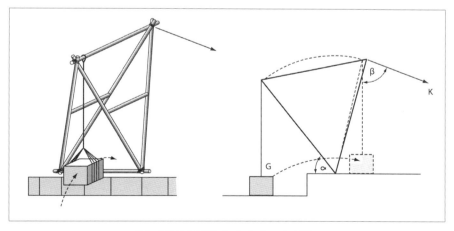

Abb. 4.2.2.5.6 Winkelhebel nach Höhn

---

201 Höhn, Winkelheber.

Abb. 4.2.2.5.7 Pyramidenbau mit Winkelhebeln nach Höhn

4.2.2.6 Zusammenfassung: Hebeeinrichtungen und Seilumlenkung

Die Beobachtungen von Hölscher und seine Schlussfolgerungen für den Einsatz von Hebeeinrichtungen stellen sich in einem ganz anderen Licht dar, wenn die Verwendung von Umlenkeinrichtungen, Rollen bzw. Walzen sowie die Seilreibung an einer Walze in die Überlegungen für das Heben und Senken von Lasten mit einbezogen wird. Bisher wurde dieser Zusammenhang zwischen den unterschiedlichen archäologischen Belegen nicht hergestellt. Damit wird deutlich, dass im AR ein funktionierendes System von Hebewerkzeugen zum Anheben bzw. Herablassen größerer Steinblöcke existiert hat.

Die Errichtung der Giebeldächer in der Cheopspyramide sowie der in offener Bauweise angelegten Grabkammern der Pyramiden der 5. und 6. Dynastie – vielleicht auch schon des Giebeldachs der Grabkammer in der Pyramide des Djedefre in Abu Roasch[202] – ist ohne den Einsatz von Hebe- bzw. Umlenkein-

---

202 Vallogia, Im Zeichen des Re.

richtungen in Verbindung mit der schiefen Ebene kaum vorstellbar. Borchardt weist auf Vertiefungen in Steinen für den Einsatz von Hebeeinrichtungen in den Pyramiden in Abusir hin.[203]

Der schräg nach oben gerichtete Transport schwerer Baumaterialien über die schiefe Ebene mittels Kraftumlenkung über die Rolle bzw. eine drehbar angeordnete Walze und auf diese Weise mit einer abwärtsgerichteten Kraft unter Einbeziehung des Körpergewichts der Zugmannschaft kann als Stand der Technik im AR angenommen werden.

Die in vielen Veröffentlichungen zum Pyramidenbau vorgeschlagenen Hebeeinrichtungen nach dem Prinzip des Schaduf werden nicht näher in Betracht gezogen, da der Schaduf erstmals in der Amarnazeit und dann regelmäßig ab der 19. Dynastie in Abbildungen in Gräbern dargestellt wird und somit erst ab dem NR nachgewiesen ist.[204]

Der von Stadelmann für das Absenken des 3 t schweren Verschlusssteins aus Granit über dem Grab des Djoser vermutete Flaschenzug ist archäologisch nicht belegt,[205] jedoch nicht auszuschließen. Auch bei Durchsicht der Veröffentlichung »Schiffe der Pharaonen«[206] ergab sich aus keiner der darin enthaltenen Abbildungen ein Hinweis auf den – heute in der Schifffahrt üblichen – Flaschenzug. Es waren im Alten Ägypten offensichtlich nur die Öse[207] bzw. Umlenksteine als Umlenkeinrichtung oder eben auch Walzen bzw. Seilrollen bekannt. Lehner weist auf einen in situ im Südgrab des Djoser gefundenen Hebebalken aus Holz mit vorhandenen Seilspuren zum Abseilen des Granitpfropfens hin.[208]

Haase geht ebenfalls von einer Verwendung des Prinzips des Flaschenzuges beim Bewegen der ca. 2,6 t schweren Granitsteine in der Fallsteinkammer aus[209] und meint damit, wie Neubacher ausführt, wohl die Umlenkung des rückgeführten Seils ebenfalls über eine Walze.[210]

---

203 Borchardt, Niuserre, S. 150–151.

204 Croon, Lastentransport; Carpiceci, Kunst und Geschichte; LÄ V, S. 520–521: Arnold, Pyramiden, S. 103, FN 53.

205 Lauer, Pyramide à Degrés 2 , Pl. VII; Stadelmann, Pyramiden, S. 43 und Tafel 4.

206 Landström, Schiffe.

207 ebenda, S. 51, Abb. 143; Seile werden durch Ösen geführt (6. Dynastie).

208 Lehner, Geheimnis, S. 92, jedoch ohne weitere Quellenangabe.

209 Haase, Rätsel des Cheops, S. 192.

210 Neubacher, Cheopspyramide, S. 101.

4.3 Transporteinrichtungen

Eine der Grundregeln ägyptischer Bautechnik bestand darin, größere und schwere Steinblöcke möglichst zu ziehen und nur aufzurichten. Dies galt sowohl für den Transport zur Baustelle als auch für das Einbringen in das Bauwerk.[211] Rampen waren also im altägyptischen Bauwesen – so wie in vielen anderen Kulturen vergleichbarer Zeitepochen – übliche Hilfsmittel, um Lasten auf ein höheres Niveau zu transportieren.[212]

4.3.1 Schiefe Ebene

4.3.1.1 Zugkräfte (Gleitreibung)

Bei dem Transport von Lasten auf der schiefen Ebene nach oben treten folgende Kräfte auf:

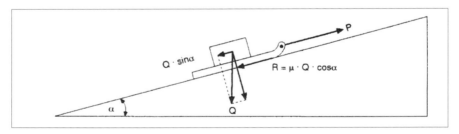

Abb. 4.3.1.1.1 Kräfteverteilung auf der schiefen Ebene

Dabei sind
- P die erforderliche Zugkraft
- Q die Last (Gewichtskraft der Masse) – z. B. Stein, Schlitten und Seile
- R die Reibungskraft
- α der Neigungswinkel der Ebene (Rampe) und

---

211 Goyon, J.-C., Karnak, S. 100.
212 Lehner, Architektonische Evolution, S. 451.

μ   die Gleitreibungszahl: Hartholz auf Hartholz, gefettet 0,04–0,12[213]
Holz auf Holz 0,2–0,4[214]
Holzschlitten auf nassem Untergrund aus Erde und Schotter 0,25[215]
Holz auf Beton 0,3[216]
Holzschlitten auf grob poliertem Kalkstein 0,05–0,1
Steinblock, behauen, auf grob poliertem Kalkstein 0,25
Kalkstein, geglättet, mit nasser Mörtelschicht auf Kalkstein, geglättet 0,14[217]
Holzschlitten auf Sandschüttung oder auf Kugeln aus Dolerit 0,05
Holzschlitten auf festem, glattem Untergrund mit nassem Nilschlamm als Auflage 0,05[218]

Die erforderliche Zugkraft ergibt sich wie folgt:

$$P = Q \times \sin\alpha + \mu \times Q \times \cos\alpha$$

Aus dieser Formel ist ersichtlich, dass Arbeit eine physikalische Größe ist: Kraft mal Weg. Die Rampe teilt die Last Q in die sogenannte Normalkraft, die den Köper senkrecht auf die Rampe drückt (Abb. 4.3.1.1.1) und in die sogenannte Hangabtriebskraft $Q \times \sin\alpha$, welche die Last Q parallel zur Rampe abwärts zieht.

---

213 Stöcker, Physik, S. 227; der niedrigere Wert gilt für die Gleitreibung bei Verwendung von quer unter dem Schlitten fest angeordneten Rundhölzern.

214 www.chemgapedia.de/vsengine/vlu – Gleitreibung; Tafelwerk, S. 93.

215 Lattermann, Pyramidenbau, S. 20; Croon in: Borchardt, Meidum, S. 28.

216 Containerhandbuch, Kapitel 4.4.5.

217 Stocks, Steinobjekte, S. 41.

218 Nach Goyon, J.-C., Karnak, S. 100 ff. wurden im Jahr 1934 von Henri Chevrier, seinerzeit Projektleiter der Arbeiten im Karnaktempel, Transportversuche mit schweren Lasten durchgeführt (Chevrier, Technique). Dabei wurde ein Holzschlitten nach dem Vorbild eines in Gisa gefundenen altägyptischen Originals gebaut und mit einem Steinblock von ca. 2 m³ (5 t) beladen. Insgesamt 6 Arbeiter konnten den Schlitten mit der Last auf einer festgestampften, feuchten Nilschlammfläche ziehen. Bei 6 mal 40 kp Zugkraft ergibt sich eine Gleitreibungszahl von 0,05.

Gegen diese Kraftkomponente und gegen die Haftreibungskraft μ × Q × cos α muss die Zugkraft P aufgebracht werden. Die Gleitreibungskraft Q × cos α ist immer <u>un</u>abhängig von der Fläche des zu transportierenden Gegenstandes und von der Zuggeschwindigkeit.

Für das Ziehen von Lasten auf Rampen durch Zugmannschaften oder Tiere ist Voraussetzung, dass die Haftreibungskraft R (μ [Haftreibungszahl][219] × Q [Last] × cos α [Neigungswinkel der schiefen Ebene]) größer als die Hangabtriebskraft ist, damit bei einer kurzen Pause der Zugmannschaft oder beim Reißen eines Zugseils der Schlitten automatisch zum Stehen kommt und nicht die Rampe rückwärts rutscht (Abrutschsicherheit). Mit dem Haftreibungsgesetz

$$R < \text{bzw.} = \mu \text{ (Haftreibung)} \times Q \times \cos\alpha$$

ergibt sich als notwendige Bedingung

$$\mu \text{ (Haftreibung)} > \text{bzw.} = \tan\alpha.$$

Die Haftreibung des zu transportierenden Gegenstandes, die von der Beschaffenheit der Kontaktflächen und der Normalkraft, die der Gegenstand auf die Unterlage ausübt, abhängt, muss etwa 20 % größer als die Gleitreibung sein. Durch eine kurzzeitige zusätzliche Schubkraft oder durch ein Anhebeln kann sie jedoch einfach überwunden werden. Die Haftreibung wird daher bei den Modellrechnungen für die Zugkraft nicht berücksichtigt.

Damit ergibt sich unter Berücksichtigung der für den Steintransport auf Rampen mit Sand- bzw. Schotterbelag anzusetzenden Gleitreibungszahl eine maximale Neigung der Rampe von ca. 15°.[220] Transportrampen mit einer geringeren Gleitreibungszahl (glatte Steinoberfläche, nasser Untergrund oder quer zur Zugrichtung verlegte Rundhölzer[221] zum Ziehen großer Lasten mit Ochsengespannen) müssen mit Blick auf die genannte Abrutschsicherheit Neigungswinkel unterhalb von 8° besitzen. So beträgt der Neigungswinkel der Rampe zum

---

[219] Die Haftreibungszahl beträgt für eine glatte Oberfläche bei Holz auf Stein 0,6 und bei Stein auf Sand und Kies 0,3.

[220] Dörnenburg, Pyramidengeheimnisse, S. 148.

[221] Ähnlich wie Einsenbahnschwellen, liegen auch Rundhölzer stabil in einem Schotterbett (Kalksteinspitter, kleinere, scharfkantige Steine) und können eine große Last tragen, da der Schotter durch Verkanten der Steine einen stabilen Untergrund darstellt und auch nicht zur Seite wegrutscht.

Totentempel des Mykerinos etwa 7°. Der Aufweg zwischen Taltempel des Chephren und dessen Pyramide hat einen solchen von 6°[222] und der Neigungswinkel der von Süden aus dem Steinbruch kommenden und auf die Cheopspyramide zuführenden Rampe beträgt 6° (Steigung ca. 10 %).[223] Der Transport der bis zu 200 t schweren Steinblöcke zum Totentempel des Mykerinos und der bis zu 425 t schweren Steinblöcke zum Totentempel der Chephrenpyramide[224] erschient auf diese Weise mit Ochsengespannen ohne Weiteres möglich: Es konnte jederzeit eine Ruhepause eingelegt werden, ohne dass eine gefährliche Situation entstand. Die Haftreibung verhinderte ein Zurückrutschen der Steine.

Für verschiedene Neigungswinkel ergeben sich für beladene Schlitten mit Hartholzkufen (einschließlich Seilgewicht) und Gewichten von 4,5 t, 3 t und 1,5 t und einer angenommenen Gleitreibungszahl μ von 0,05 (glatter Kalkstein mit Sandschüttung[225] oder quer zur Transportrichtung verlegte Rundhölzer [Querstreben][226] bzw. Holzschlitten auf festem Untergrund mit nassem Nilschlamm oder Kugeln aus Dolerit) die in Tabelle 4.3.1.1.1 aufgeführten Zugkräfte.

Für den unmittelbaren Transport roh behauener bzw. aus einer Steinlage herausgebrochener Steinblöcke gleichen Gewichts (einschließlich Seilgewicht) auf einer grob geglätteten Kalksteinoberfläche mit der Gleitreibungszahl μ von 0,25 ergeben sich die in Tabelle 4.3.1.1.2 aufgeführten Werte.

Damit ist die Bandbreite, innerhalb deren die Zuggewichte für die Gleitreibung angenommen werden müssen, beschrieben. Bei den späteren Berechnungen für den Bauvorschlag der Pyramide des Mykerinos (Kapitel 8.2.1. »Bau des Kernmauerwerks«) werden beide Gleitreibungszahlen betrachtet.

Ein Neigungsverhältnis von 2:1 (26° 33' 54") wird mit nur geringen Abweichungen von der exakten Gradzahl bei den Pyramiden der 4. Dynastie für abwärts- und aufwärtsgerichtete Korridore verwendet und ist somit im AR belegt.[227]

---

222 Stocks, Steinobjekte, S. 42.

223 Lehner, Cheops Project.

224 Maragioglio V, p. 64 ff.

225 Eine Art Rollreibung liegt vor, wenn zwischen einen zu transportierenden Gegenstand und einer glatten Untergrundfläche feinkörniger Sand gestreut wird. Dieser wirkt dann wie viele kleine Kugeln und vermindert die Gleitreibung beträchtlich.

226 Eine derartige Anordnung nutzte Lehner 1992 für den Steintransport bei seinem NOVA-Experiment (Lehner, Geheimnis, S. 209); danach konnten 20 Arbeiter einen Stein im Gewicht von 2 t samt einem Schlitten eine Rampe hochziehen. Die Angabe über die Neigung der Rampe fehlt jedoch.

227 Becker, Pyramidenkorridore.

Vermutungen, wonach die Verlängerung dieser Neigung der Korridore zum Himmelspol führen, widerlegt Krauss.[228]

Tabelle 4.3.1.1.1 Erforderliche Zugkräfte für unterschiedliche Neigungswinkel und eine Gleitreibungszahl µ von 0.05

Steigung (Basis zu Höhe)	Neigungswinkel	Last		
		4,5 t	3 t	1,5 t
Gerade Ebene	0°	225	150	075 kp
10 : 0,5	2,9°	455	307	153 kp
10 : 1	5,7°	685	457	228 kp
10 : 1,3	10°	1005	670	335 kp
10 : 2,7	15°	1380	921	460 kp
10 : 3,7	20°	1750	1168	579 kp
10 : 5	**26,5°**	**2215**	**1478**	**739 kp**
10 : 5,4	30°	2445	1630	815 kp
10 : 6,4	35°	2765	1844	922 kp
10 : 7,4	40°	3065	2043	1022 kp
10 : 10	45°	3225	2150	1075 kp

Tabelle 4.3.1.1.2 Erforderliche Zugkräfte für unterschiedliche Neigungswinkel und eine Gleitreibungszahl µ von 0.25

Steigung (Basis zu Höhe)	Neigungswinkel	Last		
		4,5 t	3 t	1,5 t
Gerade Ebene	0°	1050	750	375 kp
10 : 0,5	2,9°	1350	900	450 kp
10 : 1	5,7°	1566	1044	522 kp
10 : 1,3	10°	1889	1259	630 kp
10 : 2,7	15°	2250	1500	750 kp
10 : 3,7	20°	2595	1730	865 kp
10 : 5	**26,5°**	**3015**	**2010**	**1005 kp**
10 : 5,4	30°	3225	2150	1075 kp
10 : 6,4	35°	3503	2335	1168 kp
10 : 7,4	40°	3755	2503	1251 kp
10 : 10	45°	3978	2652	1326 kp

---

228 Krauss, Pyramidenkorridore.

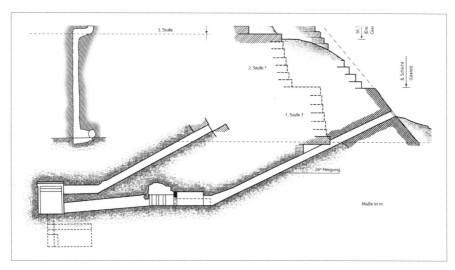

Abb. 4.3.1.1.2 Grabkammereingang in der Pyramide des Mykerinos

Abb. 4.3.1.1.2 zeigt als Beispiel den Grabkammerkorridor in der Pyramide des Mykerinos. Durch diesen Korridor mit einer Neigung von ca. 26° und einem Querschnitt von 1,20 m Höhe und 1,06 m Breite[229] wurden aus dem Fels beim Bau der Grabkammern herausgebrochenes Material nach oben und die Verkleidungssteine (Granit) für die Grabkammer nach unten transportiert. Diese Steinblöcke hatten Abmessungen bis zu 4,2 m mal 0,6 m mal 0,9 m bei einem Gewicht von ca. 6,5 t.[230] Sie können in einem Korridor mit dem Neigungsverhältnis von 2:1 nur langsam hinabgelassen werden. Die Seile, an denen die Steinblöcke befestigt waren, mussten am Eingang des Grabkorridors in einer Biegung nach außen geführt und dort gehalten bzw. langsam nachgelassen werden. Dabei wurde vermutlich die Umlenkung über eine Walze ausgeführt, um ein Scheuern der Seile an Stein zu vermeiden. Entsprechend Tabelle 4.3.1.1.2 beträgt die »Bremskraft«, d. h. die negative Zugkraft, die aufgebracht werden muss unter Berücksichtigung der Reibung (Gleitreibungszahl 0,25) etwa 4000 kp. Dafür wären mindestens ca. 80 Arbeiter (je 50 kp Kraft) erforderlich. Es bietet sich daher auch hier – wie bei dem Absenken der Fallsteine in den Fallsteinkammern der Pyramiden des Cheops und des Mykerinos – als Lösung an, eine Mehrfachumschlingung um

---

229 Maragioglio VI Addenda, TAV 6, fig. 1.
230 ebenda, TAV 5, fig. 1 und 2.

eine Walze zu verwenden, um mit einer »handhabbaren« Anzahl von Arbeitern vor dem Eingang in den Grabkorridor auszukommen.

Ein weiteres Beispiel für eine Rampe mit dem Steigungsverhältnis von 2:1 aus dem AR zeigt eine Abbildung in der Mastaba Debeheni in Gisa aus der frühen 5. Dynastie (Abb. 4.3.1.1.3).[231]

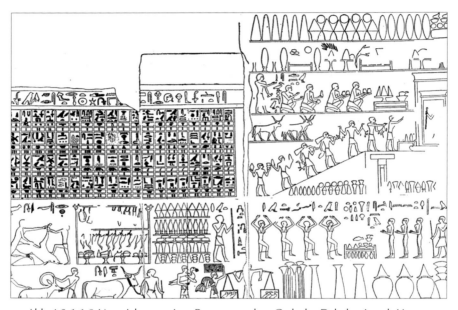

Abb. 4.3.1.1.3 Umzeichnung einer Rampe aus dem Grab des Debeheni nach Hassan

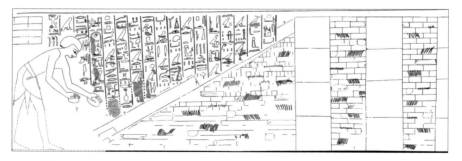

Abb. 4.3.1.1.4 Umzeichnung einer Ziegelbaurampe aus dem Grab des Rechmire[232] nach Davis

---

231 Hassan, Gisa I.

232 Davies, Rechmire, Pl. LX.

Ebenfalls eine weitere vergleichbare Rampendarstellung – allerdings aus der 18. Dynastie – ist im Grab des Rechmire (TT 100 in Theben West) zu sehen (Abb. 4.3.1.1.4).

Dabei werden in der rechten Bildhälfte drei Mauern (oder Säulen) dargestellt, deren Abstände mit Ziegeln aufgefüllt sind. Von links führt eine Rampe auf das im Bau befindliche Gebäude zu, über welche Steinblöcke für die nächste Lage nach oben transportiert werden. Die Neigung der Rampe beträgt 10:5 bzw. 2:1 (26,5°).

Eine Baurampe aus Lehmziegeln ist an der Rückseite des südlichen Turms des I. Pylon des Amun-Tempel von Karnak – allerdings aus der 30. Dynastie – noch vorhanden.[233] Goyon, J.-C. weist weiterhin auf eine Ziegelrampe im Tempel der Nechbet in el-Kab hin.[234]

4.3.1.2 Zugkräfte (Rollreibung)

Rollreibung liegt vor, wenn der Körper (z. B. eine Walze oder ein Rad) auf einer ebenen Unterlage nicht gleitet, sondern rollt. Die Rollreibung ist abhängig von der Belastung, dem Raddurchmesser sowie dem Material von Rad und Untergrund. Sie wird mit wachsendem Raddurchmesser geringer und hat die Dimension einer Länge. Sie ist darüber hinaus geschwindigkeits<u>ab</u>hängig:

$$Z = (f/R) \times G$$

Dabei sind Z die Zugkraft, R der Raddurchmesser, G die Normalkraft (Gewicht) und f die Rollreibungszahl, welche um ein bis zwei Größenordnungen unter der Gleitreibungszahl liegt.[235] In Tabelle 4.3.1.2.1 sind Rollreibungszahlen für verschiedene Materialien aufgeführt.

---

[233] Goyon, J.-C., Karnak, S. 102.
[234] Goyon, J.-C., La construction, p. 209.
[235] Stöcker, Physik, S. 52; Wikipedia Rollwiderstand..

Tabelle 4.3.1.2.1 Rollreibungszahlen

Holz auf Holz	f/(cm)	= 0,5 ... 0,8
Gummi auf Asphalt	f/(cm)	= 0,10
Gummi auf Beton	f/(cm)	= 0,15 [236]
Rundholz bzw. Walze auf Beton	f/(cm)	= 0,02 [237]
Steinblock auf Rundholz bzw. Rundholz auf grob geglätteter Steinoberfläche	f/(cm)	= 0,05 [238]

Für den Transport von Steinblöcken vorstehend genannter Gewichte (einschließlich Seilgewicht) über Rundhölzer mit einem Durchmesser von 15 cm auf einer grob geglätteten Kalksteinoberfläche mit einer Rollreibungszahl f/(cm) von 0,05 und geringer Geschwindigkeit ergeben sich unter Berücksichtigung der Kräfteaufteilung auf der schiefen Ebene (Abb. 4.3.1.1.1) und des doppelten Rollwiderstands einerseits zwischen dem zu transportierendem Stein gegenüber dem sich drehenden Rundholz und andererseits zwischen Rundholz und der Steinrampe die in Tabelle 4.3.1.2.1 aufgeführten Werte nach der Formel

$$Z = G \times \sin\alpha \; \frac{2 \times 0{,}05}{15\,\text{cm}} \times G \times \cos\alpha$$

Im Vergleich zum ungünstigen Fall des Transports der Steine direkt auf einer Steinoberfläche verringern sich beim Einsatz von unter Steine gelegter Rundhölzer die Zugkräfte um fast ein Drittel. Bei den späteren Berechnungen für den Bauvorschlag der Pyramide des Mykerinos (Kapitel 8.2.1. »Bau des Kernmauerwerks«) wird neben dem ungünstigen Fall mit einem Gleitreibungsfaktor von 0,25 sowie einem Gleitreibungsfaktor von 0,05 auch die erforderliche Zugkraft bei einer (doppelten) Rollreibung f/(cm) = 2 × 0,05 mit einbezogen.

---

[236] Werte für Holz auf Holz, Gummi auf Asphalt und Gummi auf Beton nach Stöcker, Physik, S. 226.

[237] Werte nach Neuhaus, www.jdn.de/service_area_windenanwendungen_schiefe-ebenen_reibungsbeiwerte.

[238] Vom Autor gemittelter Wert.

Tabelle 4.3.1.2.1 Erforderliche Zugkräfte beim Steintransport mit untergelegten Rundhölzern

Steigung (Basis zu Höhe)	Neigungswinkel	erforderliche Zugkraft		
		4,5 t Last	3 t Last	1,5 t Last
Gerade Ebene	0°	60	40	20 kp
10 : 0,5	2,9°	285	190	115 kp
10 : 1	5,7°	505	337	168 kp
10 : 1,3	10°	843	562	281 kp
10 : 2,7	15°	1126	813	409 kp
10 : 3,7	20°	1586	1058	528 kp
10 : 5	**26,5°**	**2061**	**1374**	**687 kp**
10 : 5,4	30°	2302	1534	768 kp
10 : 6,4	35°	2615	1742	871 kp
10 : 7,4	40°	2926	1950	974 kp
10 : 10	45°	3224	2149	1073 kp

4.3.1.3 Über eine Walze abwärtsgerichtete Zugkraft

Wird eine Last an einem Seil auf einer schiefen Ebene nach oben gezogen und erfolgt eine Kraftumlenkung über eine drehbare Walze nach unten, so kann das Körpergewicht der Zugmannschaft, welches dann nach unten gerichtet ist, mit berücksichtigt werden. Dabei gilt für die – in diesem Fall abwärtsgerichtete – Zugkraft bei Gleitreibung (Kapitel 4.3.1.1 »Zugkräfte [Gleitreibung]«) die Formel

$$P = Q \times (\sin\alpha + \mu \times \cos\alpha) \times \frac{(1 + \mu')}{(1 - \mu')}$$

und bei Rollreibung (Kapitel 4.3.1.2) die Formel

$$Z = G \times (\sin\alpha + (f/R) \times \cos\alpha) \times \frac{(1 + \mu')}{(1 - \mu')}$$

In beiden Fällen bedeutet μ' den Reibungswert des Lagers der Walze.[239] Unter Zugrundelegung eines Gleitreibungswertes von 0,04 ergibt sich dadurch ein zu-

---

[239] Die Reibungszahl μ' für das Drehen einer Holzwalze auf Holzgestell (gefettet) wird mit ca. 0,04 angenommen.

sätzlicher Kraftaufwand von ca. 8 % pro Umlenkwalze zu den in den Kapiteln 4.3.1.1 und 4.3.1.2 berechneten Zugkräften.

4.3.1.4 Zugleistung von Arbeitern
4.3.1.4.1 Aufwärtsgerichtete Zugleistungen von Arbeitern

Für das Erbringen von Zugleistungen durch Menschen entlang einer schiefen Ebene bzw. Rampe nach oben müssen zwei Bedingungen beachtet werden:

- Die erreichbare aufwärtsgerichtete Zugkraft P eines Arbeiters hängt direkt von dessen Körpergewicht G (60 kp), der Neigung der Rampe α und von deren Gleitreibungszahl μ ab. An einer gewissen Steilheit der Rampe und einer bestimmten Gleitreibungszahl kommt der Arbeiter ins Rutschen und die Zugleistung erreicht den Wert Null. Es ergibt sich daher folgender Zusammenhang:

$$P = G \times (\mu \times \cos\alpha - \sin\alpha)$$

- In Abhängigkeit der Neigung verringert sich die Zugkraft eines Arbeiters auch durch die zunehmende Gewichtskomponente seines Körpergewichts. Dabei ergibt sich folgender Zusammenhang:

$$P = 48\,\text{kp}^{240} - 60\,\text{kp} \times \sin\alpha$$

In Tabelle 4.3.1.4.1 sind die jeweiligen Maximalwerte miteinander kombiniert. Daraus ist ersichtlich, dass die möglichen Zugleistungen von Arbeitern bei Verwendung einer gestuften Rampe über denjenigen einer Rampe mit gleichmäßig geneigter Oberfläche liegt.

---

240 Dieser Wert entspricht den in der Praxis ermittelten menschlichen Zugkräften (Kapitel 4.3.3 »Steintransport auf der geraden und schrägen Ebene«) unter Zugrundelegung durchschnittlicher Reibungswerte.

Tabelle 4.3.1.4.1 Aufwärtsgerichtete Zugleistungen von Arbeitern

Neigung (Basis zu Höhe)	Neigung α	μ = 0,05	μ = 0,25	Treppe
Gerade Ebene	0°	48 kp[241]	48 kp	----
10 : 05	2,9°	0 kp	12 kp	45 kp
10 : 1	5,7°	---	9 kp	42 kp
10 : 1,3	10°	---	4 kp	38 kp

4.3.1.4.2 Aufwärtsgerichtete Zugleistung von Rindern

Wie in Kapitel 4.3.4 »Steintransport auf der geraden und schieden Ebene« dargestellt ist, gibt es einen Beleg aus dem AR (5. Dynastie) für den Transport einer Statue auf einem Schlitten, der von zwei Rindern gezogen wird (Abb. 4.3.3.2). Unter den Annahme einer Zugleistung von 500 kp pro Rind mit einem Gewicht von 1500 kp auf ebener Fläche ergibt sich bei einer angenommenen Gleitreibungszahl μ von 0,5 (für Tiere geeignete Oberfläche der Rampe) für eine Neigung der Transportrampe mit 5,7° eine Zugleistung von ca. 600 kp.

4.3.1.4.3 Abwärtsgerichtete Zugleistungen von Arbeitern

Für einen Arbeiter mit einem Körpergewicht von 60 kp ergeben sich zu erbringende Zugkräfte wiederum nach der Formel

$$P \text{ bzw. } Z = 48 \text{ kp}^{242} + 60 \text{ kp} \times \sin\alpha.$$

In Tabelle 4.3.1.4.3 sind die Zugkräfte für unterschiedliche Neigungen angegeben:

---

[241] Dieser Wert entspricht entspricht den in Kapitel 4.3.1.4.1. zugunde gelegten Fakten..

[242] Dieser Wert entspricht den in der Praxis ermittelten menschlichen Zugkräften (Kapitel 4.3.3 »Steintransport auf der geraden und schrägen Ebene«) unter Zugrundelegung durchschnittlicher Reibungswerte.

Tabelle 4.3.1.4.3 Abwärtsgerichtete Zugleistungen von Arbeitern

Neigung (Basis zu Höhe)	Neigungswinkel	Zugkraft eines Arbeiters
Gerade Ebene	0°	48 kp
10 : 0,5	2,9°	51 kp
10 : 1	5,7°	54 kp
10 : 1,3	10°	58 kp
10 : 2,7	15°	64 kp
10 : 3,7	20°	69 kp
10 : 5	**26,5°**	**75 kp**
10 : 5,4	30°	78 kp
10 : 6,4	35°	82 kp
10 : 7,4	40°	85 kp
10 : 10	45°	90 kp
10 : 12	50°	94 kp
10 : 17	60°	100 kp

4.3.2 Rampen

Im Zusammenhang mit dem Pyramidenbau im AR und im MR lassen sich nur wenige Rampen archäologisch nachweisen. Darauf wird im Folgenden einzeln eingegangen:

4.3.2.1 Die Pyramide des Sechemchet

Goneim berichtet von mehreren Dämmen oder Rampen an der Ost-, Süd- und Westseite der Pyramide.[243] An der Westseite seien die Reste der großen zum Steinbruch führenden Hauptrampe gefunden worden.[244]

Maragioglio und Rinaldi befassen sich ausgiebig mit den Aussagen von Goneim und stellen dazu fest, dass es sich nicht um Baurampen gehandelt haben kann.[245] Die Reste dieser »Rampen« werden von ihnen vielmehr als Verstärkung

---

243 Goneim, Pyramide, S. 152–153.
244 Goneim, Horus Sechemchet, fig. 25, Pl. XV.
245 Maragioglio II, p. 21 und Observation No. 9.

der Südflanke, die auf einem etwa 6–7 m niedrigeren Niveau als die Nordflanke gegründet ist, gedeutet.

4.3.2.2 Die kleinen Schichtpyramiden des Alten Reiches

An der kleinen Schichtpyramide in Sinki (Abydos Süd) fanden Dreyer und Swelim 1980 auf allen vier Seiten kleine Rampen (Abb. 4.3.2.2.1),[246] die als Baurampen gedeutet werden. Diese schließen senkrecht an die Pyramide an und erreichen das Mauerwerk der zweiten Schale.[247] Sie bestehen aus einer Kiesschüttung,

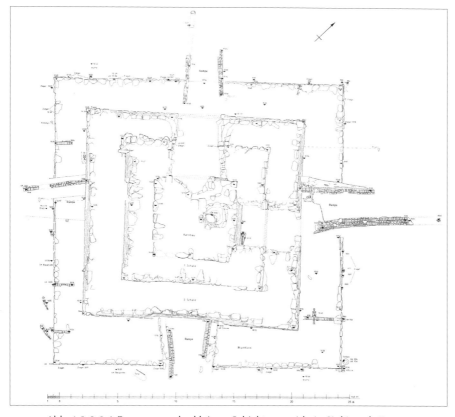

Abb. 4.3.2.2.1 Rampen an der kleinen Schichtpyramide in Sinki nach Dreyer

---

246 Dreyer, Sinki, S. 90.
247 Dreyer, Sinki, S. 42 ff.

die seitlich mit Ziegelmauern bzw. einer Steinpackung und darüber angeordneten Ziegelmauern befestigt sind. Am besten erhalten ist die Rampe auf der Ostseite. Dort erreicht sie noch eine Höhe von 1,35 m und steht bis zur 6.Steinlage an. Die Neigung gibt Dreyer mit 15°–16° an.

Diese Rampen sind der einzige archäologische Befund von senkrecht an eine Pyramidenseite anschließenden Rampen. Sie erreichen keine große Höhe; ein Transport von Baumaterial wäre lediglich für die ersten Steinlagen der verschiedenen Schalen möglich gewesen (Abb. 4.3.2.2.2).

Es erscheint durchaus zweifelhaft, ob es sich um Baurampen gehandelt hat. Die Rampen könnten auch beim Abbau der Pyramide entstanden sein, um Material abzutransportieren. Aus der Anordnung der Rampen an der Pyramide in Sinki Schlussfolgerungen über die Bautechnik anderer Schichtpyramiden des AR zu ziehen, erscheint nicht zulässig.

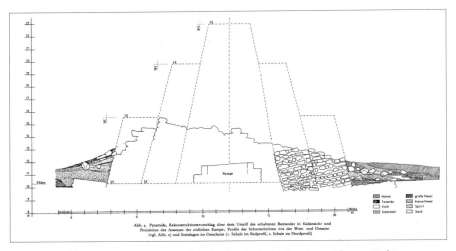

Abb. 4.3.2.2.2 West – Ost Schnitt durch die kleine Pyramide von Sinki

4.3.2.3 Die Pyramide des Snofru in Meidum

Borchardt berichtet ausführlich[248] über von Petrie an der östlichen Außenseite der 5. und 6. Stufe der Schicht E 2 gefundenen Vertiefungen,[249] die auch von Wainwright[250] als Spuren einer Baurampe gedeutet wurden. Diese Vertiefungen verlaufen fast senkrecht über die glatten Außenflächen und markieren an der 6.Schicht eine Breite von 5,36 m und an der 5. Schicht eine von 4,95 m. Ein Foto davon wurde von Arnold veröffentlicht.[251] Wainwright fand weiterhin eine in 318 m Entfernung von der Pyramidenmitte beginnende ca. 70 cm dicke Rampe aus luftgetrockneten Ziegeln mit einer Gesamtbreite von ca. 4 m.[252] Diese Rampe steige genau in Richtung der genannten Vertiefungen mit einem Neigungswinkel zwischen 10° zu Beginn und 17° weiter oben an (Abb. 4.3.2.3).

Borchardt selbst berichtete, eine weitere, auf eine Ecke zuführende Rampe gefunden zu haben.[253] Bei dem Bauabschnitt E 2 führe sie nur bis zur Höhe der 4. Stufe. Für die drei höheren Stufen müsste das Material auf den an diesen Stufen anliegenden Umhüllungsrampen weiter hochgebracht worden sein. Er verweist darüber hinaus in diesem Zusammenhang auf seine Untersuchungen am Unterbau des Sonnenobelisken von Abu Gurab, wo ebenfalls Baurampen gefunden wurden (Kapitel 4.3.2.6 »Das Sonnenheiligtum des Niuserre).[254]

Die Beobachtungen und archäologischen Befunde lassen die Vermutung zu, dass zumindest in den unteren Bereichen der Pyramide von Meidum senkrecht auf die Pyramide zuführende Rampen benutzt worden sein könnten und im oberen Teil auf den einzelnen Stufen umlaufende Rampen den Materialtransport ermöglichten.

Die von Borchardt beschriebenen Vertiefungen könnten dem sicheren Halt der schmalen Rampe gedient haben und bei der später ausgeführten Glättung der Außenschicht infolge einer größeren Tiefe nicht mehr ausgeglichen worden sein. Allerdings wären für eine derartige Rampe – so Borchardt selbst – gewaltige Mengen an Baumaterial erforderlich gewesen. Aus diesem Grund bezweifeln

---

248 Borchardt, Meidum, S. 20 ff.
249 Petrie, Meidum, p. 10 und Pl. 2.
250 Petrie, Meidum III, p. 6 ff. und Pl. 1–3.
251 Arnold, Building , p. 83, fig. 33.1.
252 Petrie, Meidum, Pl. II.
253 Borchardt, Meidum, S. 24
254 Borchardt, Re-Heiligtum 1, Der Bau, S. 61.

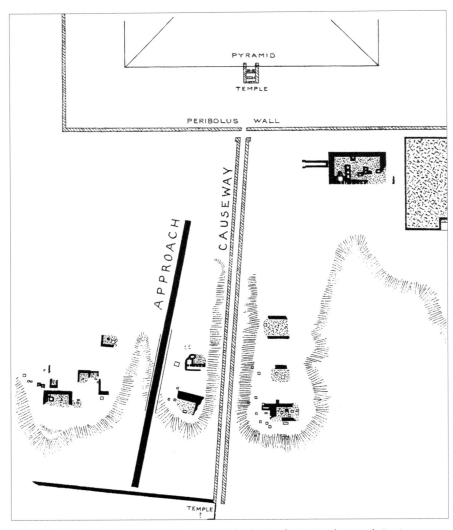

Abb. 4.3.2.3 Baurampe an der Pyramide des Snofru in Meidum nach Petrie

auch Maragioglio und Rinaldi eine Bauweise mittels senkrecht auf die Pyramide zuführender Rampen mit einer Höhe von ca. 65 m.[255] Auch Arnold stellt eine derartige Bauweise infrage.[256] Die in Abb. 4.3.2.3 als Approach dargestellte Trans-

---

255 Maragioglio III, p. 38.
256 Arnold, Building, p. 82.

portrampe dürfte nach Stadelmann zum Materialtransport für die Schicht E3 (äußere Verkleidung) gedient haben.²⁵⁷

4.3.2.4 Die Rote Pyramide in Dahschur

Vom Fruchtland bzw. vom Taltempel der Roten Pyramide aus führen zwei Transportrampen, die sich noch teilen, zur Ostseite der Pyramide.²⁵⁸ Gleiches gilt für zwei Transportwege aus dem Gebiet der nordwestlich gelegenen Steinbrüche. Um eigentliche Baurampen hat es sich dabei nicht gehandelt (Abb. 4.3.2.4).²⁵⁹ Keine der Rampen führt senkrecht auf die Pyramide zu.

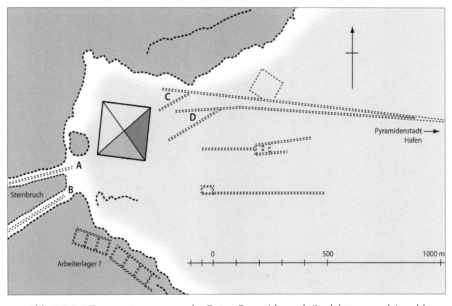

Abb. 4.3.2.4 Transportrampen an der Roten Pyramide nach Stadelmann und Arnold

---

257 Stadelmann, Pyramiden, S. 82.
258 Stadelmann, MDAIK 38, S. 381.
259 Arnold, Building, p. 81.

4.3.2.5 Cheopspyramide

In Gisa sind verschiedene kleinere Rampen archäologisch nachgewiesen, die jedoch nach Lehner dem Materialtransport dienten.[260] Dabei bezieht er aufgrund umfangreicher Untersuchungen die topografische Situation um die Cheopspyramide mit ein und schließt längere senkrecht auf die West-, Nord- und Ostseite der Pyramide zulaufende Rampen aus. Mit Blick auf die Lage der Steinbrüche sei von zwei – wie auch immer konstruierten – Rampen südlich und östlich der Pyramide mit einer Neigung von 6° auszugehen. Dabei führt die von Süden kommende Rampe auf die SW-Ecke zu und die von Osten herkommende Rampe verläuft parallel zur Südseite der Pyramide.[261] Dies gilt wohl auch für die von Lehner beschriebene Transportstraße zwischen der Cheopspyramide und dem Sphinx.[262]

Petrie entdeckte 1881 eine 388 m lange und bis zu 9,5 m breite Mauer.[263] Diese aus großen Kalksteinen errichtete Mauer verläuft nördlich der Chephrenpyramide und begrenzt den Westfriedhof in Gisa. Die Orientierung verläuft in west-östlicher Richtung. Die optische Verlängerung dieser Mauer trifft etwa die SW-Ecke der Cheopspyramide. An der Südseite dieser Mauer stellte Petrie kleine Stützmauern fest. Hawass entdeckte 1993 an der Südwestecke der Cheopspyramide das östliche Ende dieser Mauer; Grabungsergebnisse wurden bisher nicht veröffentlicht.

Haase äußerte 2007 die Auffassung, wonach es sich bei den Resten dieser großen Mauer um den Rest einer Baurampe (»Tangentiale Westrampe«) handeln könne, die zur Errichtung der Cheopspyramide gedient habe.[264] Im Jahr 2010 befasste er sich erneut mit dieser Frage.[265] Seine Schätzung geht von einer Basisbreite von 30–40 m, einem Transportweg von etwa 20 m Breite[266] mit mehreren Schleppbahnen und einer Länge bis zu 700 m aus. Die Steigung soll 6,3° (Neigungsverhältnis 1:11) betragen haben. Die Basis dieser auf Gelände südlich des Westfriedhofs gelegenen Rampenkonstruktion hätte sich bereits etwa 22 m

---

260 Lehner, Schätze, S. 40.
261 Lehner, Cheops Project, S. 127.
262 Lehner, Cheops Projekt, S. 121.
263 Petrie, Pyramids, p. 33.
264 Haase, Rampe für Schwertransporte.
265 Haase, Megalithische Mauer.
266 Eine Nachrechnung ergibt bei einer Basisbreite von 40 m und einer im AR üblichen Neigung der Stützmauer von 80° in 66 m Höhe eine Breite von 18 m.

über dem Basisniveau der Pyramide befunden. Über eine derartige Rampe wären – so Haase weiter – bis zu einer Höhe von 66 m der Cheopspyramide sowohl die schweren Granitquader als auch teilweise Kalksteine für den eigentlichen Bau transportiert worden. Damit sei auch eine Entkopplung zu den anderen Transportwegen aus den südlichen Steinbrüchen möglich gewesen. Zwischen der Rampe und der Osthälfte der Südflanke der Pyramide sei auf diese Weise eine Arbeitsplattform entstanden. In 66 m Höhe seien darüber hinaus ca. 83 % des Materials der Pyramide verbaut. Nach der Fertigstellung der Pyramide sei diese Rampe – zusammen mit anderen vermuteten Rampen – wieder abgebaut worden; die nördliche Stützmauer sein dann bis zu einer Höhe von 7 m als Begrenzung des Westfriedhofs[267] stehen gelassen worden. Die zur Zeit des Cheops auf dem Westfriedhof errichteten Mastabagräber wurden von der nördlichen Mauer bzw. von einer Rampe nicht tangiert. Der Vorschlag von Haase erscheint auf den ersten Blick interessant; er hat jedoch zumindest zwei große Nachteile: Zum einen hätte die Rampe unter Einschränkung ihrer Transportkapazität ständig in ihrer Höhe dem Baufortschritt der Pyramide entsprechend angepasst werden müssen und zum anderen liegt die Baufläche der Pyramide in Höhe von 68 m nicht mehr in der Fluchtlinie der Rampe. In dieser Höhe berührt sie die Pyramide nicht mehr, wie aus Satellitenaufnahmen zu erkennen ist.[268] Die Arbeitsplattform müsste also den Abstand zwischen Rampe und Südflanke der Pyramide ausgefüllt haben. Offen bleibt, wohin später die gewaltigen Steinmassen »entsorgt« wurden. Keine Aussage wird auch zu der Frage getroffen, von welchem Hafen aus und auf welchem Weg die über den Nil transportierten Granitsteine zum Anfang der Rampe transportiert sein könnten. Ein entsprechender Vorschlag für den Bau der Cheopspyramide unter Nutzung der von Haase beschriebenen Rampe sollte darüber auch eine Berechnung der sich aus dieser Transportmethode ergebenden Bauzeit beinhalten. Wie später im Kapitel 8 »Eine neue Hypothese zum Pyramidenbau im Alten Reich« gezeigt werden wird, ist es mit Blick auf die historisch belegte Bauzeit der Cheopspyramide erforderlich, an allen Seiten zeitgleich zu bauen. Irgendwelche Reste einer großen, senkrecht auf die Cheopspyramide zuführenden Baurampe wurden darüber hinaus nicht gefunden.[269]

---

267 Haase, Cheops, Abb. 89a..

268 Bárta, Pyramidenfelder von oben, S. 62.

269 Klemm und Klemm, Steinbruch, S. 36–37.

2010 wies Haase in einer Veröffentlichung[270] auf die Überreste einer Transportrampe nordöstlich der Pyramide hin, die beim Bau der Pyramide Verwendung gefunden haben könnte (Abb. 4.3.2.5). Außerdem skizziert er weitere mögliche Transsporttrassen, deren archäologischer Nachweis jedoch teilweise aussteht.

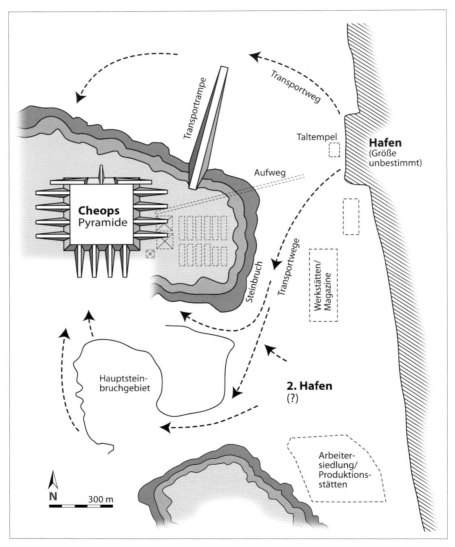

Abb. 4.3.2.5 Nordöstliche Transportrampe nach Haase

---

270 Haase, Transportrampe.

Bemerkenswert ist, dass bei dieser Darstellung der Vorschlag einer Transporttrasse westlich der Pyramide (siehe weiter oben) nicht wieder aufgegriffen wird und dass Haase nicht mehr den Vorschlag der Bauweise der Pyramide nach Lehner[271] mittels einer spiralförmig angelegten Rampenkonstruktion (Kapitel 7.4.2 »Rampensystem nach Lehner«), sondern den Vorschlag von Stadelmann mit senkrecht auf den unteren Teil der Pyramide zuführenden Rampen (Kapitel 7.3.2 »Vorschlag von Stadelmann für ein Rampensystem«) aufgreift.

Saleh berichtete von einer Rampe aus der 4. Dynastie in der Nähe der Cheopspyramide,[272] welche eine Breite von 5.4–5.7 m aufwies und an deren Seiten je ein Steinwall errichtet war.[273] Die Steine waren mit Mörtel vermauert. Die Rampe war durch Quermauern in Abschnitte mit Längen zwischen 10 und 21 m unterteilt. Damit ist bereits im AR erstmals die Bauweise einer Transportrampe bzw. Transportstraße nachgewiesen, wie sie später im MR (siehe Kapitel 4.3.2.7 »Die Pyramiden des Mittleren Reiches«) und im NR wiederholt angewendet wurde.

4.3.2.6 Das Sonnenheiligtum des Niuserre

Borchardt berichtet über in den Fundamenten des Sonnenheiligtums des Niuserre in Abu Gurab und unter dem Hofpflaster gefundene Baurampen (»Gerüstrampen«) in Ziegelbauweise mit einer Breite zwischen 2,5 und 5 m sowie Steigungen bis zum Verhältnis Höhe zu Basis von 1:4.[274] Dies entspricht einem Neigungswinkel von 14°. Über Rampen mit dieser relativ großen Steigung wurden Steinlasten größeren Ausmaßes transportiert. Die von Borchardt am Fundament des Totentempels der Pyramide des Niuserre an dessen NO-Ecke beobachteten geringen Reste einer Ziegelrampe[275] werden von Maragioglio und Rinaldi als für Fundamentierungsarbeiten errichtet gedeutet.[276]

---

271 Haase, Cheops, S. 19.

272 Saleh, Mycerinos Pyramid p. 137.

273 Arnold, Building, p. 84, fig. 3.33.

274 Borchardt, Sonnenheiligtum, S. 59 ff.; Grundriss Blatt 6.

275 Borchardt, Niuserre, S. 149.

276 Maragioglio VII, p. 40 und p. 52.

4.3.2.7 Die Pyramiden des Mittleren Reiches

Für den Materialtransport zu den Baustellen der Pyramiden des Amenemhet I., Sesostris I. und Sesostris II. (MR, 12. Dynastie,) wurden regelmäßig Rampen angelegt und verwendet, die aus zwei Seitenmauern, einem Fundament und quer zur Transportrichtung verlegten Rundhölzern bestanden.[277] Eine typische Ausführung stellt die Rampe zwischen Taltempel und Pyramide des Amenemhet I. in Lischt mit einer Breite von etwa 6,5 m und seitlichen Mauern von 90 cm Dicke dar.[278] Die Vertiefungen für die quer zur Transportrichtung verlegten Holzbohlen sind deutlich zu erkennen. Eine andere Ausführungsart einer Transportrampe befindet sich im Steinbruch der Pyramide des Sesostris II.[279]

Ebenfalls aus der 12. Dynastie ist aus der Zeit der Regentschaft des Sesostris III. eine Transportstraße für Schiffe zur Umgehung des zweiten Katarakts bekannt. Während der UNESCO-Rettungsarbeiten in Nubien entdeckten 1964 französische Archäologen unweit der Festung Mirgissa die Überreste dieser Transporttrasse.[280]

Aus der Veröffentlichung darüber ist ersichtlich, dass dieser Transportweg (Abb. 4.3.2.7) aus zwei seitlich aufgeschütteten Böschungen und quer zur Transportrichtung verlegten runden Holzbohlen sowie einer dicken Schlammschicht über den Bohlen zwischen den beiden Böschungen bestand.[281] Die Gleitreibungszahl μ einer derartigen feuchten Gleitbahn ist außerordentlich gering und liegt nur bei etwa 0,01, sodass auch große Lasten (Schiffe) mit relativ wenig Kraftaufwand von Zugmannschaften links und rechts der Gleitbahn gezogen werden konnten. Eine ähnlich geringe Gleitreibungszahl besitzt z. B. ein feuchter Knüppeldamm in einem Moor.

Der Bau größerer Rampen mit Außenmauern und einer Füllung aus Schotter ist erst in der Mitte der 18. Dynastie unter Amenhotep III. belegt.[282] Im pAnastasi I befindet sich unter den drei technischen Aufgaben, die dem königlichen Schreiber Amenemopet vorgelegt werden, auch eine, die sich auf eine große Bau-

---

277 Einzelheiten bei Arnold, Building, p. 86–93.
278 Arnold, Building, p. 87, Fig. 3.37.
279 Arnold, Building, p. 92, Fig. 3.44.
280 Vercoutter, Mirgissa, p. 204 ff.
281 Vogel, Nilschifffahrt, S. 267.
282 Arnold, Building, p. 93–94.

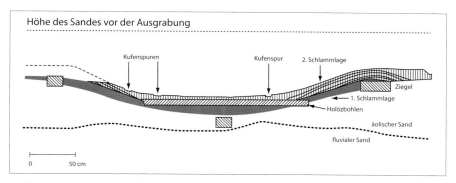

Abb. 4.3.2.7 Schnitt durch den stromabwärts erhaltenen Teil der Gleitbahn von Mirgissa nach Vogel

rampe mit der Basislänge 730 und der Höhe 60 Ellen, also einer Steigung von knapp 5°, bezieht.[283]

4.3.2.8 Zusammenfassung: Verwendung von Rampen beim Pyramidenbau

Abgesehen von den senkrecht auf die kleine Schichtpyramide in Sinki zulaufenden Baurampen aus Nilschlammziegeln konnten bisher bei keiner anderen Pyramide Rampen für den direkten Bau des Pyramidenkörpers – abgesehen von Transportrampen zum Bauplatz – archäologisch nachgewiesen werden. Es wurden auch keine entsprechenden Mengen eines Rampenmaterials in den Nekropolen – auch nicht bei den nur begonnenen und nicht zu Ende gebauten Pyramiden – gefunden.[284] Eindeutig identifizierte Schutthalden im Umfeld der Pyramiden in Gisa bestehen im Wesentlichen aus einem Gemisch aus Kalksteinfragmenten, Gips und Tafla ohne sichtbare Anteile von Nilschlamm und werden als Materialabfall, der beim Bau der Pyramiden durch Steinbearbeitung entstand, gedeutet.[285] Aus diesen archäologischen Gegebenheiten kann der Schluss gezogen werden, dass es eine Bauweise für die Pyramiden im AR gegeben hat, die von außen senkrecht auf den Baukörper zulaufende und ständig zu erhöhende Rampen mit entsprechend großem Materialaufwand vermeidet.

---

283 Gardiner, Texts, p. 281–282.
284 Stadelmann, Pyramiden, S. 226.
285 Lehner, Cheops Project, S. 124 und S. 132.

Haase weist in diesem Zusammenhang auf einen interessanten Aspekt hin:[286] Betrachtet man die Cheopspyramide als größtes Pyramidenbauwerk, so wurden bis zu einer Höhe von 50 m bereits ca. 71 % des gesamten Materials verbaut. Bei 120 m sind es 99,4 % und für die restlichen 27 m Höhe verbleibt eine Baumasse von weniger als einem Prozent (siehe auch Kapitel 6 »Bauzeiten der Pyramiden und Personalbedarf«). Ähnlich argumentiert Croon:[287] Für die letzten 5 Meter der Pyramide sind noch 106 m³ Steinmaterial erforderlich, zu deren Transport über eine senkrecht zur Pyramide verlaufende Rampe (im Vergleich zu einer um 5 m weniger hohen Rampe) 240 000 m³ Rampenmaterial zusätzlich verbaut werden müssten.

Aufgrund dieser Berechnungen, die mit ihren mathematischen Kenntnissen auch die damaligen Baumeister angestellt haben dürften, wird sofort klar, dass der enorme Materialaufwand für eine senkrecht auf die Cheopspyramide zulaufende Rampe mit einer Höhe von 147 m, der ein Mehrfaches der Masse der eigentlichen Pyramide ausgemacht hätte, in keinem Verhältnis zu der Materialmenge für den oberen Pyramidenbereich steht. Auch aus diesem Grund muss es ein anderes Bauverfahren als senkrecht auf die Pyramide zuführende Rampen gegeben haben.

Verschiedentlich laufen die Transportrampen nicht direkt auf die Pyramidenflanke zu, sondern tangieren diese an der Basis. Diese Beobachtung wurde bei der Roten Pyramide in Dahschur (siehe Abb. 4.3.2.4), bei der Cheopspyramide und bei der Königinnenpyramide G I c in Gisa gemacht. Diese Anordnung lässt den Materialtransport bis zur Basis der Pyramiden bzw. bis zu einer gewissen Höhe parallel zu einer Seite zu. Das Ausmaß einer Rampe zur Überwindung des Höhenunterschiedes von etwa 60 m zwischen einem Wadi im Norden und der Pyramidenbasis zeigt sich im Aufweg zur Pyramide des Djedefre in Abu Roasch.[288]

Zusammenfassend lässt sich feststellen, dass es eine einheitliche Methode zum Einsatz von Rampen beim Pyramidenbau offensichtlich nicht gab. Es müssen immer einzelne Zeitepochen getrennt betrachtet werden.

---

286 Haase, Vermächtnis, S. 99.
287 Croon, Lastentransport, S. 23.
288 Siehe Abbildung in Sokar 13, S. 29.

4.3.3 Steintransport auf der geraden und schrägen Ebene

Die unterschiedlichen Vorschläge und Ideen für den Transport von Steinmaterial zur Baustelle und beim Bau werden im Folgenden dargestellt, ohne auf die sich daraus ergebenden Bauhypothesen einzugehen. Letztere werden in Kapitel 7 »Analyse und Bewertung der bisher bekannt gewordenen Bauhypothesen« beschrieben, analysiert und bewertet.

Das Gewicht der im AR in den Pyramiden bei der Errichtung des Kernmauer- und Verkleidungsmauerwerks verbauten Steine schwankt jeweils zwischen einigen 100 kg (Pyramide des Djoser) und 4,5 t (maximales Gewicht der Steine in den Außenmauern der Stufen des Kernmauerwerks bei der Pyramide des Mykerinos).[289] Die Granitbalken oberhalb der Königskammer in der Cheopspyramide (Abmessungen 1,3 × 1,8 × 8 m) haben ein Gewicht von je 50–60 t.[290] Einige Steine in der megalithischen Mauer westlich der Cheopspyramide wiegen über 40 t.[291] Die Pfeiler im Taltempel des Chephren wiegen etwa 14–19 t, die beiden Sphingen je 80 t.[292] Einige der Kalksteinblöcke der Außenwand des Totentempels des Mykerinos haben ein Gewicht von ca. 200 t[293] und Steinplatten im Totentempel des Chephren werden von Hölscher auf ein Gewicht von bis zu 425 t geschätzt.[294] Die Kalksteinblöcke der Giebeldächer der Grabkammern in den Pyramiden der 5. Dynastie wiegen bis zu 90 t.[295]

Um derartig schwere Lasten zu transportieren, muss es befestigte Wege bzw. Straßen gegeben haben. Die älteste bisher gekannt gewordene befestigte Straße führt von dem aus der 5. bzw. 6. Dynastie datierenden Widan el-Faras Steinbruchgebiet zum Moeris-See. Auf ca. 12 km Länge ist sie zu verfolgen. Der Höhenunterschied beträgt 140 m bei Steigungen bis zu 4°.[296] Die Pflasterung der ca. 2 m breiten Straße besteht aus eng aneinandergelegten Platten anstehenden Gesteins bzw. aus versteinertem Holz ohne Fundamentierung. An den Resten

---

289 Nähere Ausführungen dazu im Kapitel 8.1 »Baudaten der Pyramide des Mykerinos«.
290 Arnold, Building, p. 60.
291 Haase, Megalithische Mauer.
292 Hölscher, Chephren, S. 71 ff.
293 Lehner, Geheimnis, S. 136; Maragioglio V, p. 66.
294 Hölscher, Chephren, S. 52.
295 Borchardt, Niuserre, S. 103.
296 Köpp, Straßen der Pharaonen.

der Straße wurden keine durch Schlittenkufen hervorgerufene Spuraushöhlungen gefunden.

Im Zusammenhang mit der Entwicklung der Verkehrswege im Alten Ägypten sind auch Fragestellungen wie »Welche Fortbewegungs- und Transportmittel benötigten überhaupt Landwege?«, »Konnte man mit Streitwagen querfeldein fahren oder waren sie nur auf Straßen einsetzbar?«, »Gab es im Alten Ägypten bereits ein durchgehendes Trassennetz?« etc. von Interesse.[297] Zusammenfassend ist festzustellen, dass im pharaonischen Ägypten ein vergleichsweise hoher Standard im Trassenbau und bei der Wegmarkierung erkennbar ist.

Im Südgrab des Djoser wurde eine Trage aus Holz mit 3 m Länge gefunden (Abb. 4.3.3.1), auf der Gegenstände mit maximal Abmessungen von 0,6 bis 1,9 m transportiert werden konnten.[298] Ähnliche Tragen sind für den Transport kleinerer Steine beim Pyramidenbau denkbar.

Aus Beamtengräbern des AR sind verschiedene Bilddarstellungen bekannt, auf denen der Transport von Statuen und Gütern auf Schlitten bzw. Holzuntersätzen gezeigt wird.[299] Auf einige davon soll beispielhaft hingewiesen werden:

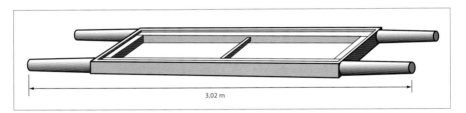

Abb. 4.3.3.1 Holztrage nach Lauer

- Darstellung des Transportes einer Sitzstatue aus dem Grab des Ti,[300] eines hohen Hofbeamten der 5. Dynastie (Sahure, 2496/2446–2483/2433).[301] Die Sitzstatue befindet sich auf einer Unterlage vermutlich aus Holz (Holzschlitten?) und wird von 6 paarweise angeordneten Männern mit einem Seil ge-

---

297 Köpp, Altstraßenforschung

298 Lauer, Histoire monumentale, p. 240, fig. 67.

299 Als Holzarten für die Herstellung von Schlitten kommen nach Croon, Lastentransport, (S. 41) an heimischen Holzarten die Dattelpalme (phoenix dactylifera), die Sykmore (ficus sycomorus) und die Nilakazie (acacia nilotica) und von importierten Hölzern die Zeder aus dem Libanon infrage.

300 Steindorff, Grab des Ti, Tafel 64.

301 LÄ VI, S. 551–552.

zogen, welches unmittelbar an der Statue befestigt zu sein scheint. Die Holzunterlage wird durch ihre Kufe, die sich vor der Statue befindet, geführt. Die Statue ist mit einem Holzgerüst gegen Verschieben auf dem Schlitten während des Transports gesichert. Ein weiterer Mann feuchtet die Zugbahn unmittelbar vor dem Schlitten mit einer Flüssigkeit an, um den Gleitfaktor zu verringern.

- Transport einer Statue aus dem Grab des Hetepherachti,[302] eines hohen Offiziers aus Memphis (5. Dynastie).[303] In dieser Darstellung (Abb. 4.3.3.2) ziehen zwei Rinder die auf einer (Holz?) – Unterlage stehende und ebenfalls gegen Umstürzen bzw. Verschieben gesicherte Statue. In weiteren Darstellungen aus dem Grab ziehen wiederum Männer eine auf einer Unterlage befindliche Sitzstatue[304] und eine stehende Statue.[305]
- Darstellung des Transports zweier mit Federn geschmückter Behälter durch drei Männer aus dem Doppelgrab der Königinnen Nebet und Chenut, 5. Dynastie, Saqqara.[306]
- Auf dem Fragment eines Reliefs vom Aufweg der Pyramide des Sahure sind 15 Männer mit Seilen in den Händen zu erkennen, die, wie eine unvollständige Überschrift oberhalb der Darstellung verrät, das Pyramidion der Pyramide ziehen.[307]
- Im Grab des Kagemni, Wesir unter Teti zu Beginn der 6. Dynastie, sind Reliefdarstellungen erhalten, auf denen der Transport schwerer Lasten mittels Schlitten gezeigt wird. Die Fahrbahn vor dem Schlitten wird dabei angefeuchtet.[308]

Im Ägyptischen Museum in Kairo befindet sich ein 4,21 m langer Schlitten, der ins MR datiert wird (Fundort in der Nähe der Pyramide Sesostris III.) und der verschiedene Aussparungen und Vertiefungen besitzt, die wahrscheinlich zur Befestigung der zu transportierenden Last – nach Reisner u. U. auch von Schiffen –

---

302 Mohr, Mastaba, S. 39, Fig. 3.
303 Mohr, Mastaba, S. 1.
304 Mohr, Mastaba, S. 40, Fig. 6.
305 Mohr, Mastaba, S. 41, Fig. 7.
306 Munro, Unas S. 66 und Tafel 38.
307 Hawass/Verner.
308 Myśliwiec, K. in: Hawass, Schätze, S. 298; Araldo De Luca, Archivio White Star in: Hawass, Schätze.

Abb. 4.3.3.2 Transport einer Statue mittels Ochsengespann; Grab des Hetepherachti.

dienten (Abb. 4.3.3.3).[309] Unterberger weist darauf hin, dass die Querbalken an der Unterseite des Schlittens etwa 1–2 cm hervor stünden. Der Schlitten würde auf den Querbalken und nicht auf den Kufen liegen. Entweder wurde er falsch zusammengebaut oder es handele sich bei der Konstruktion nicht um die eines Schlittens.[310] Andererseits gibt es weitere Exponate, die eindeutig als Schlitten einzuordnen sind.[311]

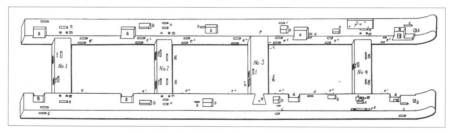

Abb. 4.3.3.3 Schlitten aus dem MR

Schlitten mit größeren Lasten erfordern für ihren Transport einen festen Untergrund, da ansonsten durch das Einsinken der Kufen eine wesentlich größere Reibung entsteht und eine unvergleichlich höhere Zugkraft erforderlich ist.[312] Als

---

309 Reisner, Catalogue General, No. 4928, p. 88; Reisner, Ships, p. 88/89.

310 Unterberger, Tricks, S. 132.

311 Arnold, Building, p. 276, fig. 6.36; Schlitten für den Transport eines Schreins aus der Pyramide von Sesostris I. aus Lischt; MMA Nr. 24 18 4.

312 Riedl, Pyramidenbau, S. 78.

Untergrund kommen daher entweder glatte Steinflächen, wie sie von Herodot für die Transportwege beschrieben werden, quer zur Transportrichtung auf den Untergrund verlegte Rundhölzer oder in halbkugelförmigen Vertiefungen drehbar angeordnete Steinkugeln (Dolerit) infrage. Befeuchtung vermindert zusätzlich die Reibung.

Bei einer angenommenen und mit Funden in etwa übereinstimmenden Größe eines Schlittens von 3 m mit 30 cm breiten Kufen (siehe Abb. 4.3.3.3) ergibt sich eine maximale Auflagefläche (auf einem glatten Untergrund) von ca. 18 000 cm². Bei einem Gewicht eines Steins beim Bau der Pyramide des Mykerinos (siehe Kapitel 8.1 »Baudaten der Pyramide des Mykerinos«) von 4,5 t und einem Eigengewicht des Schlittens von 200 kg ergibt sich pro Quadratzentimeter ein Druck von 261 Gramm. Dieser Druck pro Flächeneinheit wäre noch wesentlich größer, wenn der Schlitten über quergelegte Holzrollen gezogen würde, und führte sehr schnell zu einer starken Abnutzung der Holzkufen. Es ist daher anzunehmen, dass schwere Steine ohne Schlitten direkt über Holzrollen, Steinkugeln oder direkt auf Steinuntergrund transportiert wurden.

Charlton berichtet in diesem Zusammenhang von einem in situ in den Kalksteinbrüchen von Tura gefundenen Steinblock für den Pyramidenbau, der noch auf hölzernen Rollen lag.[313] An einer Seite befand sich noch eine Bauinschrift in schwarzer Farbe. Damit ist für das AR der Einsatz von Walzen bzw. Rundhölzern für den Transport schwerer Güter belegt.

Goyon, G. weist aufgrund seiner Beobachtungen auf die besondere Eignung quer zur Zugrichtung verlegter Stämme aus Palmholz hin.[314] Die poröse Beschaffenheit des Palmholzes führe dazu, dass diese das Wasser der Befeuchtung der Transportbahn aufnähmen und so dem Schlamm als Schmiermittel die notwendige Feuchte gäben. Allerdings ist mit einer schnellen Abnutzung derartiger Rundhölzer beim Transport schwerer Lasten zu rechnen, sodass dieses Prinzip auf geraden Flächen nur selten zur Anwendung gekommen sein dürfte.

Croon weist auf eine Mitteilung von Hölscher ihm gegenüber hin, wonach dieser bei Ausgrabungen in Ägypten größere Mengen an Kugeln aus Dolerit[315]

---

313 Charlton, Tura. Leider gibt es nur eine verbale Beschreibung ohne weitere Angaben über Größe des Steinquaders und der Holzrollen.

314 Goyon, Cheopspyramide, S. 130.

315 Als Dolerit wird ein grauer bis schwarzgrüner, besonders körniger und harter Basalt mit einem spezifischen Gewicht von 3 bezeichnet (Arnold, Baukunst, S. 70). Fundorte sind in den Steinbrüchen von Assuan (Klemm und Klemm, Steine, S. 314–315) und im Gebel el-Ahmar in der Nähe von Heliopolis

mit einem Durchmesser von 15–20 cm – eine davon noch fest im Mörtel verhaftet – gefunden habe.[316] Die Kugeln seien teilweise sehr abgeschliffen gewesen, sodass angenommen werden könne, dass sie unter schweren Lasten bewegt wurden. Es ist einleuchtend, das das Drehen von Schlitten bzw. Steinen und das seitliche Verschieben derselben auf unebenem Untergrund sehr schwer zu bewerkstelligen ist und großer Kraftanstrengungen bedarf. Steinkugeln wurden daher offensichtlich verwendet, um über Rampen angelieferte Steine auf der Arbeitsebene zum Einbau- bzw. Ort der Verlegung auch auf unebenem Untergrund mit wenig Kraftaufwand zu verschieben. Mit Kugeln werden Unebenheiten im Untergrund viel leichter als mit Kufen (Schlitten) oder Rollen überwunden.

Auch Arnold berichtet von verschiedenen Funden von Kugeln aus Dolerit aus dem AR und MR.[317] Das Verfahren, derartige Steinkugeln für das waagerechte Verschieben schwerer Lasten zu benutzen, sei bereits im AR bekannt und eingesetzt gewesen. Klemm und Klemm weisen darauf hin, dass in den Granitsteinbrüchen von Assuan eine Fülle rund abgeschliffener Dolerithämmer zu finden sei.[318] Wurden diese nicht mehr nutzbaren Werkzeuge dann als Kugeln für einen waagerechten Transport eingesetzt oder handelt es sich um Kugeln aus Dolerit zum Transport schwerer Lasten von den Steinbrüchen in Assuan zu den Verladestellen am Nil bzw. zu den Verladestellen an den Kanälen in der Nähe der Steinbrüche?

Hassan berichtet von Abraumfunden im Inneren tiefer gelegener Mastabas vom Ende der 4. Dynastie in Gisa, in denen ebenfalls Steinkugeln enthalten waren.[319] Goyon, G. vermutet dabei die Reste früherer Ziegelrampen.[320]

Junker beschreibt einen Fund in der Mastaba I des südlich der Cheopspyramide gelegenen Friedhofes der 4. Dynastie.[321] Dort befanden sich am Boden der unterirdischen Grabkammer Steinkugeln aus Dolerit von 6 cm Durchmesser, mit denen nach Junker wohl der Sarg mit einem Gewicht von 4,2 t an die geplante Stelle gerollt wurde. Mithilfe dieser Steinkugeln gelang es Junker, den Sarg mü-

---

nördlich von Kairo (LÄ II, S. 433). Doleritknollen kommen in diesen Lagerstätten in der Wüste als »Rundlinge« offenliegend vor.

316 Croon, Lastentransport, S. 56.
317 Arnold, Building, p. 262.
318 Klemm und Klemm, Steine, S. 313.
319 Hassan, Gisa.
320 Goyon, Cheopspyramide, S. 174.
321 Junker, Gisa, Band X, 1951, S. 16.

helos zu bewegen. Es ist zu vermuten, dass diese Steinkugeln von Grabräubern im AR eingesetzt wurden, um den Sarg zu verschieben. Aus einem Grab wären die Kugeln wahrscheinlich bereits vor der Bestattung des Toten entfernt wurden.

Firth und Quibell berichten vom Fund mehrerer Kugeln aus Kalkstein mit Durchmessern zwischen 10 und 40 cm.[322] Sie nehmen an, dass diese Steinkugeln u. U. zum Versetzen größerer Steine genutzt worden sind.

Anlässlich der Öffnung des nördlichen Luftschachtes der Königinnenkammer in der Cheopspyramide im Jahr 1872 wurden dort mehrere Gegenstände gefunden, die bereits während der Bauzeit dorthin gebracht sein müssen.[323] Darunter befand sich auch eine Steinkugel aus Dolerit mit einem Durchmesser von 6,9 cm. Steinkugeln aus Dolerit bzw. Diorit wurden im AR demnach in großem Umfang verwendet.[324] Little berichtet vom Fund mehrerer Steinkugeln aus Diorit in den »Chephren-Steinbrüchen« bei Toshka, die aus dem dortigen Dioritsteinmaterial gefertigt waren und von Kugeln aus Dolerit, die aus der Gegend von Assuan oder aus anderen Lagerstätten der Ostwüste stammten und die alle als Werkzeuge zur Steinbearbeitung in den Steinbrüchen gedient hatten.[325] Die Fertigung und der Einsatz von Steinkugeln aus sehr hartem Material waren im AR demnach üblich.

Das Prinzip der im Vergleich zur Gleitreibung viel geringeren Rollreibung zwischen zwei Flächen mit dazwischen befindlichen Kugeln oder auch feinkörnigem Sand war offensichtlich bereits im AR bekannt und wird auch heute noch in Kugellagern in vielfältigster Art verwendet.

Im Zusammenhang mit denkbaren Transportmöglichkeiten für große Steine beim Pyramidenbau gibt es vielerlei Untersuchungen und Vorschläge zu den erforderlichen Zugkräften, von denen einige hier erwähnt werden sollen:

---

322 Firth, Step Pyramid.

323 Haase, Cheops, S. 50.

324 Als Diorit wird ein dunkelgraues, mittel- bis grobkörniges basaltisches Tiefengestein mit einem spezifischen Gewicht von etwa 2,8 bezeichnet (Little, »Chephren Diorite«, S. 78). Vorkommen u. a. in der Westwüste 60 km nordwestlich von Toshka in einem nur wenige km² großen Gebiet inmitten des sonst üblichen Sandsteins. Diorit wird auch als Dioritgneis (»Chephren-Gneis«) bezeichnet (Klemm und Klemm, Steine, S. 423). Diorit wurde dort im AR und im MR abgebaut, wovon verschiedene Stelen etc. zeugen (LÄ, Band VI, S. 369), und für Skulpturen verwendet.

325 Little, Chephren Diorite.

- Lehner ermittelte in seinem NOVA-Experiment, dass auch schwere Lasten über eine Rampe mit quer gelegten Rundhölzern mit relativ geringer Kraftanstrengung gezogen werden können.[326]
- Lattermann hat sich ausgiebig – auch in eigenen Versuchen – mit möglichen Zugleistungen von Bauarbeitern beschäftigt.[327] Er kommt im Gegensatz zu der von Borchardt und Croon[328] sowie Mendelsohn[329] genannten 15 kp Zugkraft pro Mann zu Zugleistungen von durchschnittlich 45–60 kp pro Mann und sieht damit die von Arnold genannten Werte bestätigt.[330] Mit Blick auf die große Zahl benötigter Arbeiter für den Steintransport auf Rampen hält Lattermann den Einsatz menschlicher Arbeitskraft als Zugkraft für unzweckmäßig und zu aufwendig.[331] Er vertritt die Auffassung, dass für den Transport der Lasten Rinder eingesetzt wurden. Aufgrund verschiedener Untersuchungen nennt er eine Zugleistung von 500 kp pro Rind.[332]
- Fernau stellte eine Berechnung der notwendigen Zugleistungen am Beispiel des Statuentransportes in der Nekropole von el-Berscheh an. Dieser Transport ist als Relief im Grab des Djehuti-hotep (NR) dargestellt.[333] Die Berechnungen ergeben eine Zugleistung (Dauerleistung) von ca. 45 kp pro Mann. Fernau hat damit nachgewiesen, dass die Zahl der auf dem Relief genannten Arbeiter realistisch ist und für den Statuentransport ausreichend bemessen war.
- Illig und Löhner schlagen vor, für den Transport der mit Steinen beladenen Schlitten Schienen aus Holz sowie eine Seilumlenkrolle anzunehmen, um die Zugrichtung umzukehren.[334] So würde das nach unten gerichtete Gewicht der Arbeiter zusätzlich genutzt. Insgesamt sei so mit einer wesentlich geringeren

---

326 Lehner, Geheimnis, S. 208 ff.

327 Lattermann, Pyramidenbau, S. 20 ff.

328 Borchardt, Pyramide, S. 25–31.

329 Mendelsohn, Rätsel, S. 178.

330 Arnold, Building, p. 64.

331 Seiner Berechnung nach müssten bei einer Rampenneigung von 20°, einer Gleitreibungszahl μ von 0,25 und dem Gewicht eines Steinblocks von 2,3 t mindestens 22 Arbeiter als Zugkräfte tätig sein. Der Bau der Cheopspyramide mit 6 Mio. t Steingewicht (einschließlich der Rampe) hätte demnach den Einssatz vieler Menschen erfordert.

332 Lattermann, Pyramidenbau, S. 24.

333 Fernau, Statuentransport.

334 Illig, Cheopspyramide, S. 68 ff.

Gesamtzuglast auszukommen. Ausführliche Beschreibung erfolgt in Kapitel 7.5.3 »Vorschlag von Löhner für den Bau der Pyramide mit Seilrollenböcken«.
- Ebenfalls eine Idee der Kraftumlenkung zum Heben von Steinen beschreibt Abitz mit seinem Vorschlag für einen Schrägaufzug; darauf wird im Kapitel 7.5.6 »Der Schrägaufzug nach Abitz« näher eingegangen.[335]
- Munt verwendet für seinen Vorschlag eines Hebezug-Paternosters Umlenkwalzen auf den einzelnen Stufen und der jeweils obersten Bauplattform der Pyramide.[336] (Siehe Kapitel 7.5.7 »Hebezug-Paternoster nach Munt«).
- Der immer wieder – so auch von Choisy und Legrain und später von Lauer[337] – zitierte und als Transportmittel genannte Schaukelaufzug (Wippe)[338] wird für den Pyramidenbau und den Transport größerer Steine nicht in Betracht gezogen. Diese Schlittenart taucht das erste Mal als Grabbeigabe im NR (18. Dynastie) auf und ist im AR archäologisch nicht belegt.[339] Eine Fotografie im Metropolitan Museum of Art in New York zeigt einen Fund von 36 Wippen aus den Grabbeigaben der Hatschepsut.[340] Croon hat sich ausgiebig mit dieser Art von Hebeeinrichtung befasst und schließt aufgrund detaillierter Berechnungen den Kippschlitten insbesondere wegen seiner geringen Transportkapazität aus.[341]
- Zu dem Vorschlag von Parry sowie neuerdings von Winkler,[342] mittels zwei bzw. vier dieser (wesentlich vergrößerten) Wippen eine Art Rad zu bilden und damit Steine zu transportieren, wird in Kapitel 7.5.11 »Vorschlag eines rollenden Steintransports nach Parry« eine Aussage getroffen werden.

Es ist also mit Sicherheit davon auszugehen, dass der Transport schwerer Lasten im AR auch auf Schlitten bzw. Holzunterlagen durch Rinder bzw. durch Menschen als Zugkräfte erfolgte. Rindergespanne wurden zum Transport von Steinen auf Zubringerrampen geringer Neigung vom Hafen bzw. Steinbruch

---

335 Abitz, Pyramidenbau.
336 Munt, Cheopspyramide.
337 Lauer, Geheimnis, S. 251.
338 Goyon, G., Cheopspyramide, S. 44–45.
339 Arnold, Building, p. 271.
340 Arnold, Building, p. 288–289.
341 Croon, Lastentransport, S. 48.
342 Winkler, Pyramidenbau, S. 46.

zur Baustelle an der Pyramide[343] und menschliche Arbeitskraft an der Pyramide selbst eingesetzt.

Das Drehen und seitliche Verschieben von Lasten auf einer Ebene mittels Steinkugeln stellte ein gängiges Verfahren dar und fand auch beim Bau von Pyramiden Anwendung.

4.3.4 Transport von Leitern mittels Scheibenrädern

Das Wagenrad existierte im AR nicht. Aus der 5. Dynastie ist jedoch eine Darstellung bekannt, in der eine Leiter mit Scheibenrädern zum Erstürmen von Mauern abgebildet ist (Abb. 4.3.4).[344] Für den Transport schwerer Lasten wurden fahrbare Einrichtungen mit Rädern offensichtlich nicht eingesetzt. Es gibt dafür zumindest keinerlei Hinweise bzw. archäologische Belege.

4.4. Vermessungstechnik

Im AR und MR kam der Vermessungstechnik bei der Bauplanung und Bauausführung der Pyramiden eine besondere Bedeutung zu. Sowohl die exakte Ausrichtung der Achsen nach den vier Himmelsrichtungen als auch die der Grabkammern und Grabkorridore erforderten große vermessungstechnische Kenntnisse. Gleiches gilt für die waagerechte Nivellierung der Fundamente der Basis der Außenverkleidung und deren einzelner Schichten bis zum Pyramidion sowie für die exakte Bestimmung von Strecken.

Über die beim Bau im AR angewandten Messtechniken gibt es keine schriftlichen und auch keine bildlichen Quellen. Die erhaltenen Messgeräte stammen aus späterer Zeit; ihr Gebrauch ist oft als unsicher einzustufen. Es ist daher unumgänglich, zur Ermittlung der Messtechniken und der dabei verwendeten Instrumente von den errichteten Bauten und der dabei mit der heutigen Mess-

---

343 Die Breite des Transportweges an der Roten Pyramide soll ca. 15–20 m und an der Mastaba el-Faraun ca. 12–15 m betragen und ist somit für entsprechende Transport ausreichend; Angaben nach Abitz, Pyramidenbau, S. 63.

344 Quibell, Teti, inneres farbiges Deckblatt; prinzipielle Darstellung bei Arnold, Building, p. 282.

Abb. 4.3.4 Leiter mit Scheibenrädern zum Erstürmen von Mauern

technik feststellbaren Genauigkeit auszugehen und daraus auf Messverfahren zu schließen. Dabei sind der teilweise sehr schlechte Erhaltungszustand der Pyramiden und fallweise auch Ungenauigkeiten bei der damaligen Bauausführung zu berücksichtigen.

4.4.1 Während der Bauarbeiten durchzuführende Vermessungsarbeiten

Entscheidend für den Bau und die erfolgreiche Fertigstellung einer Pyramide ist, dass von der Nivellierung des Baugrundes angefangen auch während des Baus ständig verschiedene, vor Baubeginn festgelegte Parameter eingehalten und stets auf ihre Richtigkeit hin überprüft werden:[345]

- Festlegen der Maßeinheiten
- Der Baugrund und die einzelnen Steinschichten der äußeren Verkleidungsschicht (»Backing Stones«) und Außenverkleidung aus feinem Kalkstein bzw. Granit müssen bis zur Spitze der Pyramide hin waagerecht ausgerichtet sein (»Waagerechte Nivellierung«). Ist das nicht der Fall, kommt es zu einer Verformung der Pyramide in Form eines Horns (Abb. 4.4.1.1):

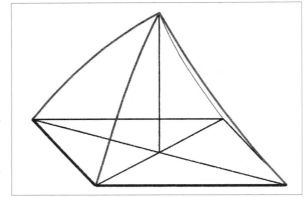

Abb. 4.4.1.1 Baufehler infolge nicht waagerecht angeordneter Steinschichten des Verkleidungsmauerwerks nach Unterberger[346]

- Die Steinlagen einer Schicht des Verkleidungsmauerwerks müssen über die vier Seiten der Pyramide gesehen in sich nicht nur einen quadratischen Grundriss bilden – also jeweils die gleiche Länge aufweisen (»Streckenmessung«) – und waagerecht angeordnet sein, sondern auch stets nach der an der Basis festgelegten Richtung ausgerichtet sein (»Ausrichtung nach den Himmelsrichtungen«). Andernfalls verformt sich die Pyramide schraubenförmig (Abb. 4.4.1.2):

---

345 Müller-Römer, Vermessungstechnik.
346 Unterberger, Tricks, S. 19.

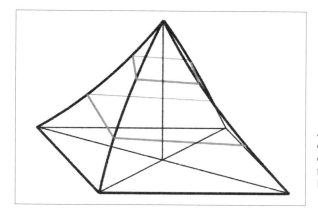

Abb. 4.4.1.2 Baufehler einer Pyramide mit nicht exakter Ausrichtung an die festgelegten Richtungen der Basis nach Unterberger

- Unterschiedlich ausgeführte Seitenneigungen führen trotz Vermeidung vorstehend genannter Baufehler zu Verzerrungen des Baukörpers (Abb. 4.4.1.3 bis 4.4.1.5):

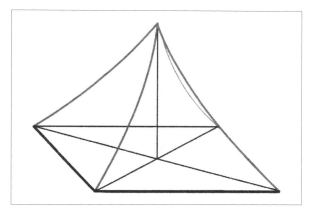

Abb. 4.4.1.3 Durchhängen der Seitenflächen bei unterschiedlicher Seitenneigung nach Unterberger

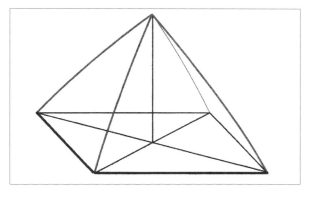

Abb. 4.4.1.4 Die Pyramide wird bauchig nach Unterberger

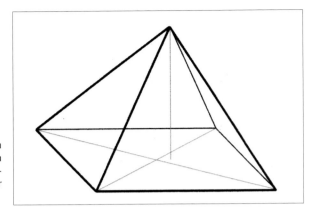

Abb. 4.4.1.5 Die Eckkanten treffen sich nicht über dem Mittelpunkt des Basisquadrates, nach Unterberger

Die für die genannten Vermessungsarbeiten notwendigen Werkzeuge und Verfahren müssen den archäologischen Befunden entsprechen bzw. daraus gefolgert werden können und auf der Baustelle beim Bau des Verkleidungsmauerwerks und der Außenverkleidung überall einsetzbar sein.

4.4.2 Maßeinheiten

Bereits in der 1. und 2. Dynastie weisen Länge und Breite der Umfassungsmauern einiger Königsgräber Abmessungen in ganzzahligen Ellen auf. Im AR – spätestens ab der 4. Dynastie –[347] betrug das Maß für die Elle zwischen 52,3 und 52,5 cm[348] und differierte von Pyramide zu Pyramide.[349] Die Abmessungen wurden stets in Ellen, Handbreit und Finger angegeben, wobei eine Elle in 7 Handbreiten und eine Handbreit in 4 Finger unterteilt wurden. Davon abweichende Maße sind beim Bau der Grabkammereingänge verschiedener Pyramiden im AR festzustellen.[350]

Wie Winkler anhand der Pyramidenspitze (Pyramidion) der Roten Pyramide und der von Amenemhet III.. in Hawara zeigt,[351] stehen die Werte der Basislänge des Pyramidion in einem glatten Verhältnis zur Basislänge der Pyramide selbst.

---

347 Dorner, Genauigkeit, S. 55.
348 Arnold, Baukunst, S. 74.
349 Dorner, Genauigkeit, S. 55.
350 Kraus, Pyramidenkorridore.
351 Winkler, Pyramidenbau, S. 16 ff.

Die Maße des Pyramidion werden in ganzzahligen Handbreiten oder Fingern ausgedrückt (Tabelle 4.4.2).

Tabelle 4.4.2 Verhältnis von Basislänge des Pyramidion zu derjenigen der Pyramide

Rote Pyramide:	21 Handbreit zu 420 Ellen	1 H Pyramidion zu 20 E Pyramide
	3 Ellen zu 420 Ellen	1 E Pyramidion zu 140 E Pyramide
Amenemhet III:	25 Handbreit zu 200 Ellen	1 H Pyramidion zu 8 E Pyramide
	pRhind (aus dem Papyrus heraus gemessen)	1 H Pyramidion zu 1 E Pyramide
Südpyramide[352]	3 Ellen zu 150 Ellen	1 E Pyramidion zu 50 E Pyramide

Mit Blick auf eine eindeutige Vergleichbarkeit werden bei der Beschreibung der archäologischen Befunde an den Pyramiden (Kapitel 5 »Archäologische Befunde an Pyramiden«) die Abmessungen sowohl in Ellen auch in Metern aufgeführt.

4.4.3 Streckenmessung

Verschiedene Messungen an der Cheopspyramide – insbesondere durch Borchardt und Cole – ergaben, dass die vier Seiten nur ganz geringfügig von dem Soll der Basiskante von 440 Ellen (230,34 m) abweichen: Nordgrundkante −9 cm, Westgrundkante +1 cm, Südgrundkante +11 cm und Ostgrundkante +5 cm.[353] Dorner nahm eine neuerliche Nachmessung vor. Danach beträgt auf der Südseite die Differenz 1,2 cm und auf der Nordseite 3,2 cm.[354] Am Beispiel der Cheopspyramide wird deutlich, mit welch hoher Präzision die damaligen Längen ausgemessen und umgesetzt wurden.

Die regelmäßig wiederkehrenden Überschwemmungen des Fruchtlandes erforderten vom Beginn der landwirtschaftlichen Nutzung des Niltals an einfach durchzuführende Landvermessungen, um die Felder neu einzuteilen. Dafür sind

---

[352] Südwestlich der Chendjer-Pyramide in Saqqara Süd gelegener Unterbau einer unfertigen Pyramide; Jéquier, Deux Pyramides, p. 58 ff.; Lehner, Geheimnis, S. 187.

[353] Borchardt, Längen, S. 7 ff.

[354] Dorner, Orientierung.

Kenntnisse der Geometrie unerlässlich, auch wenn uns heute darüber aus dem AR keine urkundlichen Nachweise vorliegen. Für eine Neuvermessung benötigte man verschiedene Fixpunkte, die vom Nilhochwasser nicht überflutet wurden. Die Strecken zwischen diesen Punkten wurden dann entsprechend der Zahl der zu berücksichtigenden Bauern unterteilt.

Die jeweiligen Längen der Basis einer Pyramide und die Kantenlängen des Kernmauerwerks einschließlich der Diagonalen wurden mit Messstricken bzw. Messlatten abgesteckt. Die als Knotenstricke bezeichneten 100 Ellen langen Messstricke mit je einem Knoten pro Elle Länge müssten wegen der Abnutzung und ihrer unterschiedlichen Länge (Dehnung bei feuchter Witterung und bei Belastung durch eine hohe Spannung) ständig auf ihre Genauigkeit kontrolliert und mit einer dem Urmeter vergleichbaren Länge der aktuellen Elle (Holz, Kupfer?) verglichen worden sein. Sie eignen sich daher mehr für eine Landvermessung als für den Pyramidenbau. Wie Dorner darlegt, kann eine Streckenmessung (z. B. der Basislänge einer Pyramide) auch mittels zweier gleich langer Messstäbe (4 oder 8 Ellen) erfolgt sein, die abwechselnd aneinandergelegt wurden.[355] Der zufällige Fehler, der jeweils beim Anlegen der Latte entstand, kann kaum größer als 0,3 mm gewesen sein. Damit ergibt sich für eine Strecke von 400 E der zu erwartende Fehler von +3 cm bzw. +1,5 cm, je nachdem es sich um einen 4 oder 8 E langen Messstab gehandelt hat. Diese Fehlertoleranz deckt sich mit o. g. gemessenen Abweichungen von exakt 440 Ellen Basislänge.

Die Bestimmung einer Geraden – z. B. einer Achse – konnte einem Vorschlag von Bassermann zufolge so geschehen:[356] Durch ein Instrument, bei dem man mit dem Auge durch den senkrechten Schlitz der Palmrippe blickt und mit der Hand den Elfenbeinstab mit dem senkrecht angeordneten Lot hält, kann eine gerade Linie bestimmt werden. Eine weitere Person stellt in der entsprechenden Entfernung einen Stab auf Zuruf so auf, dass eine gerade Sichtverbindung entsteht. Derartige Instrumente wurden im AR insbesondere bei dem Abstecken von Gebäudeachsen benutzt.[357] Es erscheint mehr als zweifelhaft, ob auf diese Weise mit der erforderlichen Zuverlässigkeit längere Geraden ermittelt werden konnten. Die von Dorner für die Basislänge der Cheopspyramide nachgewiesene Übereinstimmung bei der Ermittlung einer waagerechten Linie durch eine Setzwaage mit 4 Ellen Länge bei den gemessenen Differenzen lässt auch den Schluss

---

355 Dorner, Genauigkeit, S. 51.

356 Bassermann-Jordan, Zeitmessung, Tafel 16.

357 Bassermann-Jordan, Zeitmessung, S. 53 ff.

zu, dass vergleichbare Längen mit einem quer anstelle senkrecht angeordneten Messstab festgelegt werden konnten (siehe Abb. 4.4.4.2).

Die Kontrolle einer Geraden z. B. entlang der Markierungen, die auf der auf der Oberseite jeder Steinlage der Außenverkleidung angebracht war (Abb. 4.4.3) konnte durch eine Peilung zwischen zwei an den Ecksteinen senkrecht angeordneten Peilstäben vorgenommen werden.

Nach der Fertigstellung jeder Steinschicht der Außenverkleidung, wobei zuerst die Ecksteine gesetzt wurden,[358] waren neben der Kontrolle deren waagerechten Verlegung auch die vier Seiten der Pyramide zu vermessen. Haben diese dieselben Längen und stimmen die Fluchtwinkel der vier Eckkanten mit den in der Basisschicht festgelegten Richtungen überein, treffen sich beim Abschluss der Bauarbeiten die vier Fluchtlinien der Eckkanten exakt in einem Punkt und das Pyramidion »passt«. Die Zuverlässigkeit der Messungen war für den erfolgreichen Abschluss des über viele Jahre dauernden Bauvorhabens von entscheidender Bedeutung.

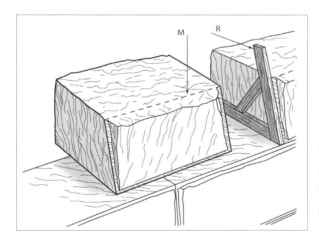

Abb. 4.4.3 Kennzeichnung der Außenkante und des Neigungswinkels der Außenverkleidung einer Pyramide nach Goyon, J.-C. La construction

4.4.4 Messverfahren zur waagerechten Nivellierung

Am Beispiel der Cheopspyramide wird deutlich, wie genau die Oberfläche des Pflasters, auf welchem die erste Steinreihe der Kalksteinverkleidung aufgesetzt wurde, geglättet und waagerecht nivelliert wurde. Der größte Höhenunterschied,

---

358 Hodges, Pyramids, p. 76.

den Cole im Verlauf seiner Vermessungen feststellte, betrug 21 mm.[359] Der Felsuntergrund unter dem Pflaster wurde ebenfalls relativ genau eingeebnet; die größte Differenz beträgt hier – ebenfalls nach Cole – 19 cm. Die Unterschiede zwischen den Böden der Eckpfannen betragen höchstens 47,9 cm und zwischen den Unterlagen der gewöhnlichen Pflasterplatten 6,1 cm.[360]

Bei der Chephrenpyramide wurde die Oberkante der untersten Steinlage der Granitverkleidung als Referenzlinie ausgewählt. Auch hier liegen die Differenzen in derselben Größenordnung.

Verblüffend ist darüber hinaus die Genauigkeit, mit der die Steinreihen der äußeren Verkleidungsschicht (»Backing Stones«) stets in nahezu gleicher Höhe über der Basis der Cheopspyramide verlegt wurden.[361] Petrie hat die Höhen und Oberkanten dieser Steinreihe an der NO- und der SW Ecke – also an zwei gegenüberliegenden Ecken – vermessen und miteinander verglichen.[362] Im Ergebnis weichen die Höhen der vergleichbaren Steinoberkanten maximal 2–3 Zoll (ca. 5–7 cm) voneinander ab. In verschiedenen Schichten (Nr. 33, 37, 38, 45, 49, 59, 59, 67, 125 und 126) stimmen sie auf $^{1}/_{10}$ Zoll überein. Die ständig durchgeführten Vermessungen der Schichthöhen erlaubten so eine regelmäßige Korrektur.

Die Geräte, die es ermöglichen, waagerechte und senkrechte Oberflächen herzustellen bzw. auszumessen, enthalten eine Lotschnur und sind allgemein unter den Namen Setzwaage sowie Richtlot bekannt (Abb. 4.4.4.1).[363] Aus Meidum stammende Gewichte für die Lotschnur hat Petrie veröffentlicht.[364] Sie werden in die 3. Dynastie datiert.

Arnold zeigte, dass mit einer auf einer Unterlage angeordneten Setzwaage und einem in einer Entfernung bis ca. 45 m aufgestellten Stab eine waagerechte Nivellierung möglich ist (Abb. 4.4.4.2). Für die Nivellierung der Pyramidenbasis bzw. für das Vermessen der Steinschichten der Außenverkleidung auf ihre waa-

---

359 Cole, Determination.

360 Borchardt, Längen, S. 7.

361 Die Cheopspyramide ist die am besten (und meisten) vermessene Pyramide im Alten Ägypten und kann daher immer wieder zur Beschreibung und Erforschung der einzelnen Bauabschnitte herangezogen werden.

362 Petrie, Pyramids, Pl. VIII, Angaben in Zoll (1″ = 2,54 cm).

363 Stocks, Handwerker.

364 Petrie, Tools, p. 42 und Pl. XLVII, No. B 64 und 65.

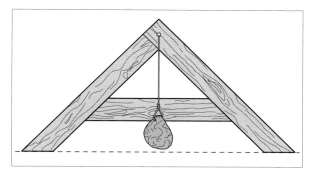

Abb. 4.4.4.1 Setzwaage[365]

gerechte Anordnung hin müssten nacheinander mehrere Messschritte gemacht werden. Auch Goyon, G. beschreibt eine derartige Messanordnung.[366]

Dorner weist in seiner Dissertation am Beispiel der Cheopspyramide ebenfalls nach, dass die dort von Borchardt und Cole gemessenen Differenzen in der waagerechten Ausrichtung der Basis von maximal 2,1 cm mit einer Setzwaage von 4 Ellen Länge erreicht werden können.[367]

Bei den unterschiedlichsten Bauwerken im AR sind immer wieder Nivellierlinien am Mauerwerk festzustellen. Diese waren erforderlich, um die gewünschten

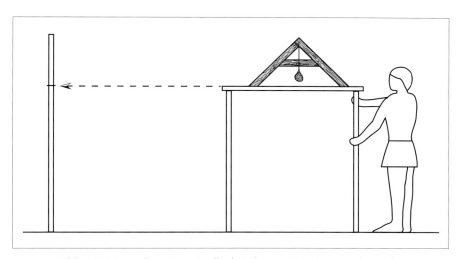

Abb. 4.4.4.2 Erstellen einer Nivellierlinie bis zu 45 m Länge nach Arnold

---

365 Goyon, J.-C., La construction, p. 390.

366 ebenda, p. 92.

367 Dorner, Orientierung, S. 103.

Abb. 4.4.4.3 Nivellierlinien auf dem Kernmauerwerk an der Ostseite der SO-Ecke der Pyramide des Niuserre nach Borchardt

Böschungen der Wände etc. exakt bauen zu können. So weist Borchardt bei der Pyramide des Niuserre auf die Nivellierlinien auf dem Kernmauerwerk an der Ostseite (SO-Ecke) hin (Abb. 4.4.4.3).[368]

Die Zählung beginnt in Höhe des Pflasters (gestrichelte Linie bei 0). Jede Nivellierlinie ist mit einem nach unten gerichteten Dreieck und der danebenstehenden Höhenangabe bezeichnet. Der horizontale Strich der siebten Elle ist durch ein volles, auch in der Fläche rot gemaltes Dreieck gekennzeichnet. Weitere Beispiele sind u. a. bei Arnold zu finden.[369]

Eine andere Art, Nivellierangaben vorzugeben, haben Maragioglio und Rinaldi an der nördlichen Königinnenpyramide (G I a) der Cheopspyramide gefunden (Abb. 4.4.4.4).[370] Dabei ist unter der zerstörten Verkleidungsschicht auf der zweiten Steinreihe der ersten Stufe des Kernmauerwerks von oben gesehen eine Mauer aus kleineren Steinen errichtet, auf die mit roter Farbe der Rücksprung und

---

368   Borchardt, Niuserre, S. 154.
369   Arnold, Building, p. 6 ff.
370   Maragioglio IV Addenda, TAV. 12, fig. 10 und 11; Jánosi, Königinnen, S. 80, Abb. 28.

die Basishöhe der nächsten Stufe bzw. mit 8 Ellen die Höhe der Stufe 1 angezeichnet sind. Damit soll eine genaue Kontrolle ermöglicht werden. Eine ähnliche Mauer wurde an der Nordostecke der Pyramide G I b festgestellt.[371] Jánosi macht dagegen Bedenken geltend.[372] Bei Fertigstellung der ersten Stufe sei die kleine Mauer mit den Messmarken überbaut worden und daher für Prüf- und Korrekturzwecke nicht mehr nutzbar gewesen. Dagegen kann eingewendet werden, dass nach den Angaben dieser Messmauer durchaus die oberste Steinlage der untersten Stufe neben der Messmauer und unter Einbeziehung der dort vermerkten Maße hätte errichtet werden können. Für die Kontrolle der Höhe der Stufe (ob die Steine mit den richtigen Abmessungen geliefert wurden) und das Einhalten des Rücksprungs ist eine stabile Einrichtung – eben die kleine Mauer – erforderlich. Nach maßgerechter Versetzung der ersten Steinlage der zweiten Stufe konnte dann die Messmauer überbaut werden. Ein Hinweis auf eine Schalenbauweise – wie Jánosi meint – kann in dieser Bauweise der Messmauer nicht gesehen werden.

Die Kennungen an den einzelnen mit den gewünschten Abmessungen im Steinbruch bestellten Blöcken sowie die Nivellierlinien lassen den Schluss zu,

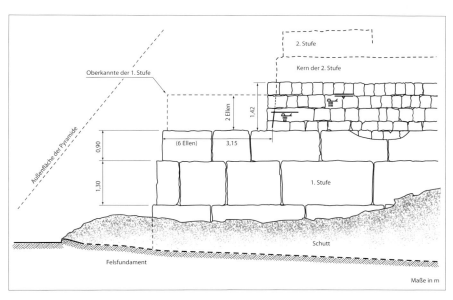

Abb. 4.4.4.4 Nivellierangaben an der nördlichen Königinnenpyramide (G I a) des Cheops nach Maragioglio und Rinaldi

---

371 Maragioglio IV, p. 178.

372 Jánosi, Königinnen, S. 80–81.

dass nach genau festgelegten Grundrissen und Höhenplänen gearbeitet wurde. Während der Bauausführung erfolgte eine ständige Kontrolle der Vorgehensweise anhand dieser Pläne.

Eine andere, immer wieder vorgetragene Hypothese zur Herstellung größerer Nivellierlängen sieht vor, entlang des Bauwerks bzw. um die Basis der Pyramide herum, einen Wassergraben zu errichten. Hodges schlägt vor, einen Wassergraben von z. B. 10 oder 20 m anzulegen und an den beiden Enden je eine gleich lange Messlatte oberhalb des Wasserspiegels anzuordnen. Durch optische Peilung entlang der Oberkanten dieser Messlatten könne dann die Nivellierlinie auch über unebenes Gelände fortgesetzt und mit weiteren Messlatten markiert werden.[373]

Dorner weist in seiner Dissertation nach, dass zum Versetzen der teilweise tonnenschweren Blöcke der untersten Schicht der Außenverkleidung ein genaues Nivellement erforderlich war. Ein Wassergraben hätte die Arbeiten ständig behindert.

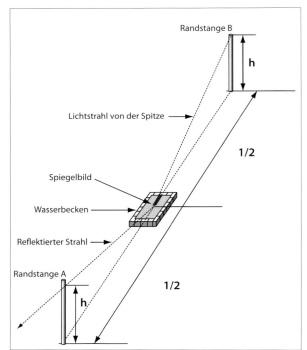

Abb. 4.4.4.5 Vorschlag für eine optische Nivellierung nach Unterberger

---

373 Hodges, Pyramids, p. 43.

Zum Vermessen einer Waagerechten schlägt Unterberger eine »optische Nivellierung« vor (Abb. 4.4.4.5):[374] Genau in der Mitte zwischen zwei Stangen wird ein Wasserbecken aufgestellt. An der Randstange A wird nun so lange visiert, bis das Spiegelbild der Spitze der Randstange B im Wasserbecken zu sehen ist. Die Stelle an der Fluchtstange A, wo das Spiegelbild der Fluchtstange B zu sehen ist (Auge des Vermessers) wird markiert. Diese Stelle und die Spitze der Fluchtstange B befinden sich nun exakt auf der gleichen Höhe. Durch »Herausrechnen« der Längen der Fluchtstangen (bei A bis zu der angebrachten Markierung) lässt sich nun ermitteln, ob die Fußpunkte der Fluchtstangen auf einer waagerechten Linie stehen bzw. wie groß eine Differenz ist. Unterberger erprobte seinen Vorschlag in der Praxis und stellte im Vergleich zur Messung mit einem modernen Nivelliergerät über eine Entfernung von 240 m lediglich einen Höhenunterschied von 0,5 cm fest.[375]

Diese Genauigkeit steht im Widerspruch zu den vorstehend genannten Messungen der Differenz der Oberkanten der Steinschichten der äußeren Verkleidungsschicht durch Petrie.

Es liegt daher der Schluss nahe, dass ein anderes Verfahren eingesetzt wurde: Eine Steinbearbeitung mit immer gleicher Steinhöhe je Stufe und Vermessung der Waagerechten mit einer Messeinrichtung, wie von Arnold vorgeschlagen (Abb. 4.4.4.2).

4.4.5 Winkelmessung

Im Alten Ägypten war die heute benutzte Definition des Winkels als Verhältnis zwischen Kreisbogen und Radius nicht bekannt. Für die Winkelberechnung mussten daher Streckenverhältnisse eingesetzt werden. Umso bemerkenswerter ist die Genauigkeit, mit der die vier 90°-Winkel zwischen den Seiten der Cheopspyramide ausgeführt wurden: Die Abweichungen betragen zwischen der Nord- und Westseite 00° 00′ 02″, zwischen der Nord- und Ostseite 00° 00′ 58″, zwischen der Süd- und Ostseite 00° 00′ 19″ und zwischen der Süd- und Westseite 00° 00′ 16″.[376] Die Konstruktion der Winkel und ihre Kontrolle mussten wegen des Felskerns im Inneren der Cheopspyramide ohne Diagonalmessungen vorgenommen werden.

---

374 Unterberger, Tricks, S. 31.
375 ebenda, S. 35.
376 Dorner, Orientierung, S. 76.

Dorner vertritt die Auffassung, dass unter dieser Voraussetzung und mit Blick auf die erzielte Genauigkeit (maximaler Winkelfehler kleiner als 1 Minute) nur die Halbkreismethode infrage kommt: Auf einer Geraden werden in gleichem Abstand vom Punkt P die Markierungen A und B abgesteckt und von diesen aus auf einer Seite der Geraden mit einem größeren Radius zwei Kreisbögen geschlagen und zum Schnitt gebracht. Die Verbindungslinie durch den Schnittpunkt S und den Punkt P steht dann senkrecht auf der Verbindungslinie AB.[377] In Abb. 4.4.5.1 ist dieses Verfahren dargestellt. Dorner berechnet die notwendige

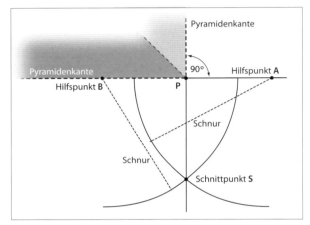

Abb. 4.4.5.1 Ermitteln eines rechten Winkels mit Messschüren nach Unterberger

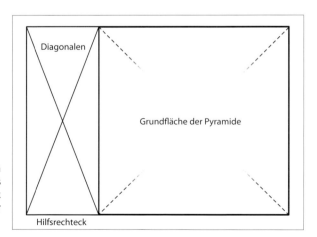

Abb. 4.4.5.2 Ermitteln eines rechten Winkels mittels Hilfsrechteck nach Unterberger

---

377   ebenda, S. 105 ff.

Messgenauigkeit bei Einsatz eines Messstricks von 100 m Länge mit 1,4 cm bzw. kleiner. Es ist bisher nicht nachgewiesen, ob die damals üblichen Messstricke unter Spannung diese Toleranz einhielten.

Unterberger schlägt daher vor, die Methode des Hilfsrechtecks anzunehmen (Abb. 4.4.5.2).[378] Danach wird auf einer geeigneten Seite der Pyramide ein großes Rechteck über dessen Diagonalen exakt eingemessen (Messlatten). Die Verlängerungen der Seitenlinien des Rechtecks mittels Peilung ergeben dann die Grundlinien der Pyramide. Eine Berechnung der notwendigen Messtoleranzen legt Unterberger nicht vor.

4.4.6 Ausrichtung der Pyramiden nach den Himmelsrichtungen

Bei der Cheopspyramide beträgt die Abweichung der Nord-Süd-Achse von der Nordrichtung 00° 03' 06" (null Grad, drei Bogenminuten und sechs Bogensekunden). Dies entspricht einer Länge von ca. 25 cm auf 230 m. Die Konstruktion der Winkel und ihre Kontrolle mussten wegen des Felskerns im Inneren der Cheopspyramide ohne Diagonalmessungen vorgenommen werden.

Zur exakten Bestimmung der Himmelsrichtungen, insbesondere der Nordrichtung, gibt es eine Reihe von Vorschlägen. So führt Edwards, basierend auf einer Idee Borchardts, aus, dass die Bestimmung durch Vergleich der Punkte für Aufgang und Untergang eines Sternes in der Nordrichtung auf einer exakten Geraden erfolgt sei (Abb. 4.4.6.1).[379] In der Mitte zwischen den beiden Markierungen liegt dann die Nordrichtung. Um die unterschiedlich hohen Horizonte im Westen und Osten von Gise zu umgehen, schlägt Edwards den Bau einer Mauer als Messhorizont vor. Dorner weist in seiner Dissertation nach, dass diese Methode der Orientierung durch Beobachtung des Auf- bzw. Untergangs oder der Kulmination nicht zu Messergebnissen mit der erforderlichen Genauigkeit führt.[380]

Nach dem gleichen Prinzip kann die Nord-Süd-Richtung auch durch einen Vergleich gleich hoher Sonnenstände (z. B. Schatten eines Stabes) ermittelt werden. Diese Methode führt jedoch wegen des großen Durchmessers der Sonne

---

378 Unterberger, Tricks, S. 81.
379 Edwards, Pyramiden, S. 179.
380 Dorner, Orientierung, S. 129 ff.

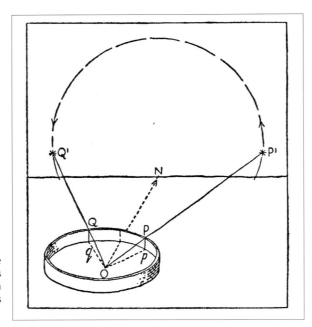

Abb. 4.4.6.1 Methode zur Bestimmung des wahren Nordens nach Borchardt/Edwards

und der Beugung des Lichts am Stab zu größeren Ungenauigkeiten und ist daher nicht geeignet.

Krauss, der sich intensiv mit astronomischen Fragestellungen befasst hat, wies 1996 nach, dass die Methode, die Nordrichtung als Winkelhalbierende von Aufgangs- und Untergangsstelle eines Fixsterns zu bestimmen, mit den damit verbundenen Ungenauigkeiten unterschiedlicher Horizonthöhen im Niltal nicht mit der bei den Pyramiden in Gisa belegten Genauigkeit übereinstimme und daher nicht infrage komme.[381]

Wie in Abb. 4.4.1.2 dargestellt, führt eine Ausrichtung der 4 Seitenflächen nach unterschiedlichen Richtungen zu einer Verdrehung der Kanten und damit der Pyramide. Ein sehr genaues Anfertigen und Versetzen der Ecksteine der Außenverkleidung, ein ständiges Kontrollieren und ggf. eine Korrektur der Ausrichtung ist daher während des Baus der Pyramide notwendig.

1981 entwickelte Dorner in seiner Dissertation eine andere Methode zur exakten Bestimmung der Nordrichtung, deren Ausrichtung durch Beobachtung der

---

381 Quelle nach Haase, Vermächtnis, S. 61 ff: Krauss, Die Orientierung der Pyramiden, Vortrag am 15.11.1996 im Planetarium Mannheim. Ebenfalls diesbezügliche Mitteilung von Krauss vom 03.02.2010 an den Autor.

Zirkumpolarsterne, die in den Pyramidentexten als Ziel der nächtlichen königlichen Himmelfahrt erscheinen, geschah.[382] Als Zirkumpolarsterne werden die Sterne bezeichnet, die aus Sicht des Beobachters während des gesamten Jahres zu sehen sind, weil sie östlich und westlich des Meridians – also der Nord-Süd-Richtung – nicht unter dem Horizont verschwinden. Wenn es gelingt, die beiden »Wendepunkte« der Sternbewegung, nämlich deren äußersten Azimut, genau zu bestimmen, der auch als größte Digression bezeichnet wird, und den Mittelwert zu bilden, erhält man ohne durch geografische Gegebenheiten beeinflusst zu werden, die exakte Nord-Süd-Richtung. Durch eigene Versuche zeigt Dorner, dass auf einer geraden Fläche mit einem mit dem Fixpunkt durch ein Seil verbundenen Messstab die beiden Wendepunkte genau festgestellt werden können. Durch wiederholtes Messen und Schlagen von Bögen, die sich überschneiden müssen, von den beiden Wendepunkten aus ergibt sich dann die Nord-Süd-Richtung. Dorner zeigt, dass mit einiger Erfahrung eine Genauigkeit zu erreichen ist, welche den Ausrichtungen der Cheopspyramide und der Chephrenpyramide entspricht. Im Übrigen deckt sich diese Messmethode auch mit den Beschreibungen des »Schnurspannens« bei Grundsteinlegungen, z. B. mit einer Darstellung auf einem Steinblock des Sonnenheiligtums in Abu Gurab (5. Dynastie).

Unterberger stellt für die Kontrolle des Einhaltens der Himmelsrichtungen einen Vorschlag zur Diskussion, wonach zur Bestimmung der Richtung der Seiten einer Pyramide der Auf- bzw. Untergang eines äquatornahen Sternes benutzt wird.[383] Diese Sterne beschreiben bei ihrer Bewegung am Himmel exakte Kreise, die in der Nähe des Himmelsäquators jedoch nur zum Teil sichtbar sind. Wenn Aufgangs- und Untergangspunkt im gleichen Abstand und gleichen Höhenwinkel markiert, dann ist die Verbindung zwischen beiden Markierungspunkten die Ost-West-Achse (Abb. 4.4.6.2). Durch zwei gleich hohe Fluchtstangen, die länger als der Visierstab sind, kann ein künstlicher Horizont geschaffen werden. So wird die unterschiedliche Höhe des natürlichen Horizonts umgangen.

Um dem zweiten Problem zu begegnen, wonach der Auf- und Untergang eines äquatornahen Sterns während ein- und derselben Nacht nur im Winter möglich ist, da es sonst entweder am Abend oder am Morgen zu hell ist, schlägt Unterberger vor, nur den Aufgangspunkt des Sterns und die Richtung des Stern-

---

382 Dorner, Orientierung, S. 137 ff.
383 Unterberger, S. 48 ff.

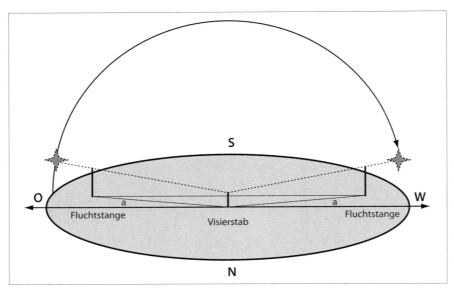

Abb. 4.4.6.2 Herstellen eines künstlichen Horizonts zur Messung des Aufgangs- und Untergangspunkts eines äquatornahen Sterns nach Unterberger

bildes des großen Bären zu messen.[384] Er nennt dies die Astro-Aszensions-Methode (Abb. 4.4.6.3).

Während des Baus der Pyramide kann diese Methode für die Kontrolle der korrekten Ausführung der Richtungen der Seitenflächen nur eingesetzt worden sein, wenn der Fluchtstab außerhalb der Steinschicht der Außenverkleidung auf der Arbeitsplattform (Kapitel 8.2.2 »Anbringen des Verkleidungsmauerwerks«) aufgestellt wurde. Die Längen für a und b werden nach Unterberger an einem geeigneten Ort ohne Erhebungen des Horizonts ermittelt.

Als Stern für diese Messungen kommt nach Unterberger nur der Antares infrage, da es sich bei ihm um einen beim abendlichen Aufgang hellen Stern handle. Die Verwendung nur einer Aufgangs- bzw. Untergangsposition für die Messungen habe jedoch zu Folge, dass sich dieser Punkt im Lauf der Jahre durch die Präzession (Taumelbewegung) der Erdachse langsam verschiebt.[385] Nur bei Messung beider Punkte hebt sich die Verschiebung auf. Nach Unterberger bewegte sich

---

384 Unterberger, Tricks, S. 51 ff.

385 Unter Präzession versteht man das Vorrücken des Himmelsnordpols. Dieser wandert von Sternbild zu Sternbild und befindet sich augenblicklich beim Polarstern im Sternbild Kleiner Bär.

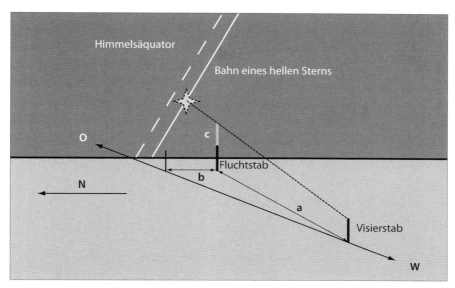

Abb. 4.4.6.3 Astro-Aszensions-Methode nach Unterberger

der Aufgangspunkt des Sterns Antares zur fraglichen Zeit innerhalb von 10 Jahren um 3,9 Bogenminuten im Uhrzeigersinn.

Petrie hat bei der Vermessung der Chephrenpyramide festgestellt, dass die Eckkanten der Pyramide im oberen Teil, der noch die Außenverkleidung besitzt, eine Richtungsänderung gegenüber den Grundkanten aufweisen.[386] Er meint dazu, dass es sich dabei um eine Absicht der Baumeister gehandelt habe. Die Verdrehung betrage in der Mitte der Seiten +0°1′40″. Auf die Grundkanten bezogen ergibt sich ein Wert von − 3′50″. Petrie weist dabei explizit auf mögliche Ungenauigkeiten bei der Messung hin, da die Entfernung etwa ¼ Meile betragen hätte.

Aus diesen Messungen von Petrie folgert nun Unterberger, dass die Vermessung der Außenkanten der Seiten während des Baus nach dem Aufgang des Antares erfolgt sei und sich über die Bauzeit gesehen, diese Orientierungsbasis geändert habe. Dabei wird übersehen, dass es sich bei der von Petrie angegebenen Drehung um einen Durchschnittswert aller vier Seiten handelt und die Eckkanten um unterschiedliche Werte abweichen. Die größte Abweichung beträgt an der NO Ecke 1,7 Zoll – also gerade etwa 3 cm und kann auch auf Toleranzen beim Bau selbst zurückzuführen sein. Petrie weist auf die kleinen Ungenauig-

---

386 Petrie, Pyramids, p. 97; die Verdrehung der Eckkanten betrugen an der NO Ecke + 1,7 Zoll, an der SO Ecke + 0,6″, an der SW Ecke + 0,3″, an der NW Ecke + 0,3″ und somit durchschnittlich 0,7 Zoll.

keiten bei der Ausrichtung der Basiskanten und der Festlegung des exakten Quadrats an der Basis hin.[387]

Wenn die Ost-West-Richtung (nach Unterberger) oder die Nord-Süd-Richtung (nach Dorner) ermittelt wurde, so musste davon jeweils im Winkel von 90° die Ausrichtung für die beiden anderen Seiten der Pyramide festgelegt werden. In jedem Fall muss es ein Mess- bzw. Kontrollverfahren gegeben haben, welches auch während des Baus eine exakte Kontrolle zu Ausrichtung aller vier Seiten ermöglichte. Die bisher gemachten Vorschläge erscheinen dafür nicht praktikabel zu sein.

Eine Möglichkeit, dieses Problem zu umgehen, bestand darin, die Steine für die Außenverkleidung so exakt herzustellen und zu verlegen, dass die Ausrichtung der Seiten ausgehend von der genau nach den Himmelsrichtungen vermessenen Basisschicht nahezu konstant blieb und es nur zu geringfügigen Abweichungen – wie bei der Chephrenpyramide festgestellt – kam. Wie bei der Knickpyramide zu beobachten ist, wurden die Ecksteine des nachträglich angebrachten Steinmantels wechselnd als Läufer und Binder verlegt.[388] In derselben Art und Weise wurde die Außenverkleidung der Chephrenpyramide errichtet. Die Ecksteine haben dabei im oberen Bereich, in dem die Außenverkleidung erhalten blieb, Abmessungen von etwa 2,5 m Länge, 0,5 m Tiefe und 0,5 m Höhe.[389] Ecksteine mit einer Länge von 2,5 m erlauben in den einzelnen Schichten eine sehr genaue Peilung, sodass eine Kontrolle der Seitenrichtungen im Vergleich zu den Richtungen der Seiten an der Basis durch ständiges Messen der Himmelsrichtungen aufgrund einer sehr genauen Bauausführung nicht nötig erscheint.

4.4.7 Einhalten der festgelegten Neigung der Seitenflächen der Pyramide

Der Rücksprung des Verkleidungsmauerwerks beträgt bei der Cheopspyramide 5 ½ Handbreit (22 Finger) auf eine Elle[390] und bei der Chephrenpyramide 5 ¼ (21 Finger) auf eine Elle.[391] Die Rücksprünge wurden – wie auch nach Abbau der

---

387 ebenda.

388 Stadelmann, Pyramiden, Taf. 26 und Arthus-Bertrand, Bild S. 71.

389 Hölscher, Chephren, S. 62 und vergleichende Messung mit Arthus-Bertrand, Bild S. 70 unten links sowie Hawass, Schätze, S. 45; Abmessungen vom Autor geschätzt.

390 Stadelmann, Pyramiden, S. 108.

391 Hölscher, Chephren, S. 61.

äußeren Verkleidungsschicht und der Außenverkleidung unschwer zu erkennen ist – sehr genau eingehalten. Die sich aus dem genannten Rücksprüngen ergebenden Böschungswinkel von knapp 52° bzw. etwas über 53° führten zu Höhen der Pyramiden von 280 Ellen (146,6 m) bzw. 273 Ellen (143,5 m).

Die beim Bau der Pyramiden verwendeten Maße für die Rücksprünge waren, da als Verhältnisse von Fingern zu Ellen festgelegt, messtechnisch einfach umzusetzen: Dafür wurden Winkellehren aus Holz mit dem entsprechenden Rücksprung bzw. für Kontrollmessungen ein »Seket-Messgerät« (siehe weiter unten, Abb. 4.4.7) verwendet.[392] Durch Einsatz derartiger Winkellehren bei dem Zurichten der Steine der Außenverkleidung ist es auch möglich, Steinlagen mit unterschiedlichen Höhen zu verbauen und dennoch den vorgegebenen Rücksprung einzuhalten.

Im Gegensatz zu den Steinen des (inneren) Verkleidungsmauerwerks mit unterschiedlichen Formaten und meist nur grob behauen sind die »Backing Stones« (äußere Verkleidungsschicht) genauer bearbeitet. An den Stoßkanten zu den Steinen der Außenverkleidung werden sie z. B. bei der Cheopspyramide auf deren Höhe angepasst.[393] Wegen der Kontrollmessungen müssen die Steine der Außenverkleidung einer Steinlage stets die gleiche Höhe aufweisen.

Die Steine der Außenverkleidung aus Kalkstein bzw. Granit sind bereits vor dem Transport zum Einbauort in ihren horizontalen Auflageflächen plan bearbeitet; die Vorderseiten stehen in Bossen, d. h., die Außenfläche ist noch nicht geglättet. An den Stoßflächen zu den Nachbarsteinen wird seit dem AR nur ein schmaler Streifen entsprechend der festgelegten Neigung (Rücksprung) geglättet, um für die spätere Glättung der Außenfläche diesbezügliche Markierungen und eine Auflage für das Seket-Messgerät zu haben (siehe Abb. 4.4.3). Auf der oberen Auflagefläche ist eine Markierung angebracht, die eine exakte Positionierung des zu verlegenden Steines auf der Markierung der darunter liegenden Steinschicht ermöglicht.

Für die Vermessung vorgegebener Rücksprünge schlägt Winkler einen anderen Einsatz des »Merchet« genannten Messgerätes vor als Stadelmann und Goyon, J.-C., die es für astronomische Beobachtungen verwendet wissen wol-

---

392 Der Vorschlag von Winkler für ein Seket-Messgerät ist am Beispiel der Außenverkleidung erläutert. Das Gerät ist nach demselben Prinzip und leicht modifiziert auch für den Bau des Verkleidungsmauerwerks und der äußeren Verkleidungsschicht einsetzbar.

393 Unterberger, Tricks, S. 117 ff.

len.³⁹⁴ Er verweist in diesem Zusammenhang auf die Hieroglyphe zum Wort *mrḫ.t*:

Die Bezeichnung »astronomisches Gerät«, die Ermann und Grapow im Ägyptischen Handwörterbuch dafür verwenden, sei irreführend.³⁹⁵ Die Hieroglyphe stelle vielmehr ein Gerät zum Vermessen von Rücksprüngen dar: Es besteht aus einer Holzleiste mit einem angeleimten Holzklötzchen an einem Ende, in dessen

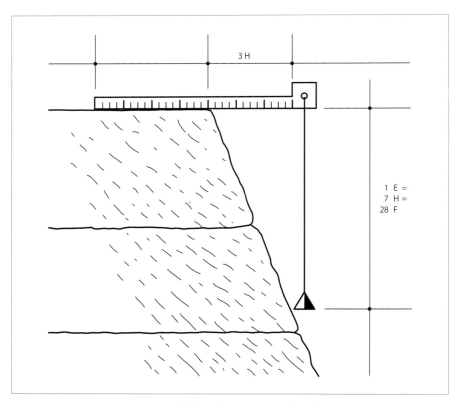

Abb. 4.4.7 Seket-Messgerät nach Winkler

---

394 Winkler, Pyramidenbau, S. 37 ff.
395 Ermann, Wörterbuch, S. 68

Mittelbohrung eine Schnur mit herunterhängendem Lot angebracht ist. Winkler schlägt nun vor, dieses Gerät als »Seket-Messgerät« anzusehen (Abb. 4.4.7; im Bild eingestellter Rücksprung von 3 H auf eine E bzw. für das Verhältnis 3 zu 7). Eine auf der waagerechten Leiste angebrachte Setzwaage ermöglicht dann die exakte Vermessung eines Rücksprungs. Goyon, J.-C. u. a. schließen sich dieser Auffassung an.[396]

Das Einhalten der Neigung der Pyramidenflächen ist nur im Zusammenhang mit dem regelmäßigen Nachmessen der Seitenlängen, der waagerechter Anordnung der Steinreihen und der Ausrichtung der Seitenflächen nach den Himmelsrichtungen möglich.

4.4.8 Vermessen der Grabkammerkorridore

Einen Beitrag zum Einmessen von Grabkammern, die in Ost-West-Richtung angeordnet sind,[397] veröffentlichte Becker.[398] Mit Ausnahme der Roten Pyramide konnte aufgrund der schwierigen Geländeverhältnisse nirgendwo die Lage der Grabkammer durch Vermessung über Diagonalen oder Kanten der abgesteckten Pyramidenbasis bestimmt werden. In diesen Fällen führten exakt nach Norden ausgerichtete Korridore mit einem Neigungswinkel von 26° 33'54" (mit Abweichungen unter +/− 30 Bogenminuten) und z. T. nach Osten versetzt über längere Strecken hinab. Dieser Winkel entspricht einem Neigungsverhältnis von 2:1 und ist damit messtechnisch leicht umzusetzen. Aus der Summierung der horizontalen Teilstrecken waren die Entfernung von der Nordkante der Pyramide und somit die Ost-West-Achse genau zu bestimmen. Wie exakt die jeweiligen Neigungswinkel eingehalten wurden, zeigt die über 70 m lange Felspassage des absteigenden Gangs in der Cheopspyramide mit einer Abweichung von nur 1 cm! Ein weiteres Beispiel für die überaus exakte Nordausrichtung der Grabkammerzugänge im Vergleich zu den Grundkanten der Pyramide ist der nördliche Grabkorridor der Knickpyramide. Er weicht nur eine Bogenminute von der Nordrichtung ab.[399]

---

396 Goyon, J.-C., La construction, p. 227.

397 Es sind dies die Pyramiden von Cheops, Djedefre, Chephren, Nebka (?) und Mykerinos sowie die Mastaba der Chentkaus.

398 Becker, Pyramidenkorridore.

399 Dorner, Knickpyramide, S. 54.

Bereits Vyse stellte zusammen mit Perring diese Neigungswinkel fest und vermutete, dass die Verlängerung der Korridorwinkel zu einem Punkt unterhalb des Nordpols führte.[400] In einer Untersuchung stellt Krauss fest, dass es keinen hellen Stern gab, der sich zu der Zeit des Pyramidenbaus in einer Position befand, welche der Verlängerung der Grabkorridore entsprach.[401] Die Fragestellung, warum die Grabkorridore der Pyramiden der 4. Dynastie stets leicht unterschiedliche Neigungswinkel und Rücksprünge haben,[402] konnte bisher keiner Klärung näher gebracht werden.

4.4.9 Kontrollmessungen ebener Flächen

Zur Kontrolle einer geglätteten Fläche bzw. bei deren Herstellung wurde ein Instrument, bestehend aus drei gleich langen Stäben von je 12,6 cm (mit einer Ungenauigkeit von nur ±0,005 cm),[403] benutzt, von dem Petrie eines fand (Abb. 4.4.9.1).[404] Die beiden äußeren Stäbe waren durch eine Schnur mit einem Durchmesser von 2 mm, die gespannt wurde, miteinander verbunden. Der dritte, gleich große Stab diente dann zum Messen des Abstandes zwischen der geglätteten Steinoberfläche und der Schnur.[405] Wenn man diese Messmethode in verschiedenen Richtungen immer wieder über die gesamte Blockfläche anwandte, konnte eine völlig ebene Oberfläche erreicht werden.[406]

Stocks konnte nachweisen, dass die auf Zug beanspruchten Seile von 2 mm Durchmesser bei einer Länge von 1,2 und 2 m um 0,25 mm durchhängen.[407] Dies sind Abweichungen, die Petrie an den Verkleidungsblöcken gemessen hat. Stocks stellte im Jahr 2004 eine ähnliche Genauigkeit an den Steinblöcken der ersten Lage der Cheopspyramide fest.[408]

Die Abarbeitung der in Bossen stehenden Steine der Außenverkleidung aus

---

400 Vyse, Operations, p. 105 ff.
401 Krauss, Pyramidenkorridore, S. 159.
402 ebenda, S. 153 Tabelle 1.
403 Stocks, Handwerker
404 Petrie, Kahun, Pl. IX.
405 Stocks, Handwerker, S. 6.
406 Stocks, Werkzeugkonstrukteure, S. 79
407 Stocks, Great Pyramid.
408 Stocks, Handwerker, S. 6.

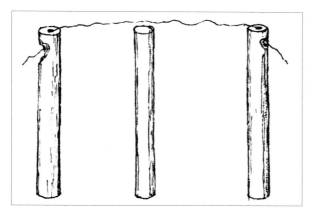

Abb. 4.4.9.1 Messinstrument für glatte Flächen

Granit oder Kalkstein zu einer exakt glatten Fläche kann – neben der in Abb. 4.4.9.2 dargestellten Methode – auch mit einer einfachen Böschungslehre (mit Lot oder einfacher Wasserwaage) durchgeführt worden sein. Pitlik machte dafür einen Vorschlag.[409]

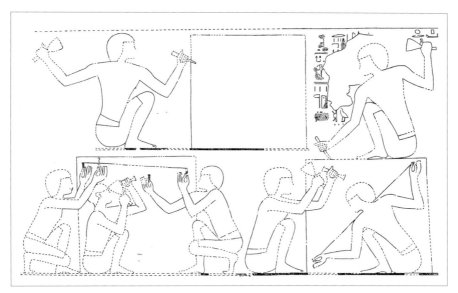

Abb. 4.4.9.2 Bearbeiten und Glätten von Steinflächen; Darstellung aus dem Grab des Rechmire

---

409 Pitlik, Baustelle, S. 8.

4.4.10 Zusammenfassung Vermessungstechnik

Im Gegensatz zur Errichtung des inneren Kernmauerwerks kam dem exakten Bau der Außenverkleidung eine ganz besondere Bedeutung zu. Nur so konnte sichergestellt werden, dass sich die vier Eckkanten auch tatsächlich in der Pyramidenspitze trafen.

Durch Vermessen der Seitenlängen einer fertiggestellten Steinschicht der Außenverkleidung des Pyramidenstumpfes von Eckstein zu Eckstein mittels Messstäben und Kontrolle der waagerechten Verlegung sowie der Peilung einer Geraden zwischen den genau rechtwinklig und mit der festgelegten Neigung der Eckkante vorgefertigten Ecksteinen entlang der Kennzeichnungen der Außenkanten auf der Oberseite der Steine konnte sichergestellt werden, dass die Pyramide ohne Verdrehungen und Verkantungen errichtet werden konnte. Eventuell notwendige Feinkorrekturen aufgrund der vorgenommenen Kontrollmessungen konnten dann bei Bau der nächsthöheren Steinschicht durchgeführt werden.

Die bisher vorgelegten Hypothesen zum Pyramidenbau (Kapitel 7 »Analyse und Bewertung der bisher bekannt gewordenen Bauhypothesen«) müssen die geschilderten Messungen während der Bauarbeiten ermöglichen. Damit scheiden verschiedene Bauvorschläge wie senkrecht auf die Pyramide zuführende Rampen und Spiralrampen aus. Nur Hypothesen, die außen an die Pyramide angebaute Baurampen bzw. Baugerüste in waagerechter Anordnung vorsehen, können weiterhin in Betracht gezogen werden.

Die Errichtung der Cheopspyramide als größtes Bauwerk im Alten Reich zeigt, dass trotz des im Inneren vorhandenen Felssporns – also ohne Möglichkeiten einer Diagonalmessung – die Festlegung der Basis und die Herstellung der Außenflächen mit großer Genauigkeit unter Zugrundelegung der erläuterten Messverfahren möglich waren. Auch dabei handelt es sich um eine Meisterleistung der Baumeister im Alten Ägypten.[410]

---

410 Müller-Römer, Vermessungstechnik.

4.5 Mathematische Kenntnisse

Bereits im ausgehenden 4. Jahrtausend v. Chr. besaßen die Ägypter mathematische Kenntnisse und Methoden zur Bewältigung tagtäglicher Anforderungen, welche die quantitativen Verhältnisse und räumlichen Beziehungen in der objektiven Realität betrafen.[411] So sind zugleich mit den frühesten Belegen für die Benutzung der Hieroglyphenschrift auch die ersten Zahlenzeichen nachweisbar, die das ägyptische Zahlensystem als voll ausgebildetes Dezimalsystem[412] – allerdings ohne eine Positionswertbeschreibung und ohne die Ziffer 0 – kennzeichnen.[413] Für die Zahlenwerte 1, 10, 100, 1000, 10 000, 100 000 und 1 000 000 gab es jeweils ein Zeichen. Eine Ziffer »0« wurde für die Darstellung beliebiger Zahlenwerte nicht benötigt. Dennoch musste immer wieder ein »Nichtvorhandensein« von Dingen ausgedrückt werden.[414]

Nach der Reichseinigung wurden etwa bis zur 3. Dynastie aufgrund der Anforderungen seitens der Staatsverwaltung die für die ägyptische Mathematik erforderlichen Entdeckungen gemacht und die entsprechenden Rechenverfahren bildeten sich heraus. Später erfolgten nur noch Verfeinerungen.

Die ägyptische Geometrie orientiert sich stets an der Praxis. Die mathematischen Kenntnisse beruhten ausschließlich auf Erfahrungswerten. Es wurden nicht irgendwelche abstrakten Figuren, sondern dreieckige oder quadratische Felder berechnet. Den Ägyptern ging es nicht um mathematische Beweise, sondern immer um Rechenvorschriften, um »Rechenrezepte« mit mehr oder weniger guten Näherungswerten.[415] Die Entwicklung der Geometrie war eng mit den Bedürfnissen der Praxis verknüpft und an den Erfordernissen der Feldeinteilung und -vermessung, der Architektur und des Bauwesens sowie an der Messung von Rauminhalten orientiert.

Das ägyptische Zahlensystem mit der Basis 10 erleichterte zwar das Rechnen, aber das Fehlen des Positionssystems führte zu einer schwerfälligen Rechentechnik – insbesondere mit Brüchen. Es wurde mit Brüchen mit dem Zähler 1, wie z. B. ½, ¼, die auch zusammengesetzt werden konnten (¼ + ½ = ¾), aber auch

---

411 LÄ III, S. 1237 ff. und LÄ VI, S. 1306.
412 LÄ II, S. 1072 ff. ; Reineke, Mathematik, S. 70.
413 Reineke, Mathematik, S. 70 und 74.
414 Hoffmann, Kleinigkeiten.
415 Morenz, S. Die Begegnung Europas mit Ägypten, Berlin 1968, S. 74 ff.

mit einzelnen weiteren Brüchen wie ¾, d. h. 1 – ¼ gerechnet. Es konnten also viele Teilungsmöglichkeiten verwendet werden, um auch kleine Einheiten und Winkelunterschiede darzustellen. Die mit der damaligen Rechentechnik gefundenen Lösungen sind bewundernswert. Obwohl der Wissenschaft über die ägyptische Geometrie nur wenig Quellenmaterial zur Verfügung steht, schneidet diese im Vergleich zur mesopotamischen Geometrie besser ab, als dies bei der Arithmetik der Fall ist.

Im Gegensatz zu Funden derselben Zeitepoche aus Mesopotamien sind aus Ägypten aus dem Alten Reich nur wenige mathematische Berechnungen belegt. So ist in einer Grabinschrift (Grab des Metjen in Saqqara)[416] aus dem Übergang von der 3. zur 4. Dynastie die Berechnung der Fläche eines Rechtecks überliefert.[417]

Erst aus der Zeit der 2. Hälfte des MR sind aus verschiedenen Papyri – insbesondere aus dem pRhind – umfangreiche mathematische und geometrische Aufgabenstellungen und deren Lösungen wie Flächenberechnung eines Dreiecks, eines Trapezes und des Kreises bekannt, die größtenteils ebenfalls praxisorientiert waren. Flächeninhalte von Feldern wurden spätestens seit dem MR nach einer Formel berechnet, die nur bei Annahme einer Rechtwinklichkeit stimmt (pKahun, 12. Dynastie).[418] Auch Volumenberechnungen konnten durchgeführt werden.[419] Am bekanntesten aus dem pRhind sind wohl die Aufgaben 56 und 57,[420] welche die Berechnung des Rücksprungs einer Pyramide[421] bzw. die Berechnung der Höhe einer Pyramide[422] zum Inhalt haben.

Zu der oft behandelten Frage, ob der Lehrsatz des Pythagoras bereits im AR bzw. im MR bekannt war und angewandt wurde, ist anzumerken, dass es keinen eindeutigen Beweis dafür gibt. Der pKahun enthält eine Tabelle, die aus vier

---

416 LÄ, Band IV, S. 118 ff.

417 Pichot, Wissenschaft, S. 173.

418 ebenda, S. 197.

419 der pMoskau stammt aus der Zeit vom Ende des MR und enthält 19 mathematische Aufgabenstellungen, darunter 4 geometrische, unter denen sich auch die Berechnung eines quadratischen Pyramidenstumpfes befindet (Pichot, Wissenschaft, S. 194).

420 Pichot, Wissenschaft, S. 196–197.

421 Abmessungen 360 Ellen (E) Basisseite und 250 E Höhe (Ergebnis ist 5 $\frac{1}{25}$ Handbreiten bei 7 Handbreiten gleich einer E).

422 140 E Basisbreite und einem Rücksprung von 5 Handbreiten und 1 Finger (eine Handbreit entspricht vier Fingerbreiten) (Ergebnis 93 ⅓ E).

Quadratzahlen besteht, die jeweils als Summe zweier anderer Quadratzahlen dargestellt sind, und deren erste lautet:

$6^2 + 8^2 = 10^2 \quad (36 + 64 = 100)$

Der für die Feldvermessung benutzte Strick, der durch Knoten als Markierungen in Maßeinheiten unterteilt war, hatte wahrscheinlich eine Länge von 100 Ellen.[423] Mittels mehrerer Messstricke war so die Konstruktion rechtwinkliger Dreiecke möglich.

Nachdem die Funde der Papyri aus dem späten MR Rechenaufgaben beinhalten, die auch Aufgabenstellungen des AR betreffen, und sehr viel an Unterlagen in der ersten Zwischenzeit verloren ging, ist davon auszugehen, dass die genannten mathematischen und geometrischen Kenntnisse schon im AR bekannt waren. Die regelmäßig wiederkehrenden Überschwemmungen des Fruchtlandes im Niltal erforderten ausgedehnte Landvermessungen und großartige Wasserbauten. Dazu sind mathematische Kenntnisse unerlässlich, auch wenn uns heute darüber keine urkundlichen Nachweise vorliegen.

Die ägyptische Mathematik und Rechentechnik haben offensichtlich einen beachtlichen Einfluss auf die Herausbildung einer mathematischen Wissenschaft in der griechischen Welt ausgeübt. Sie wurden von den griechischen Historikern hoch gerühmt und als Quelle ihrer eigenen Kenntnisse betrachtet.[424] Bereits Herodot berichtete im 5. Jahrhundert v. Chr., dass die Griechen die Geometrie von den Ägyptern und die Astronomie von den Babyloniern erlernten.[425]

Platon, griechischer Philosoph im 4. Jahrhundert v. Chr., befasste sich eingehend mit dem Zusammenhang zwischen Mathematik und Musiktheorie, den er δεσμός – das Band – nannte. In seinen »Nomoi«[426] führte er dazu aus, dass die drei Wissensgebiete Arithmetik, Geometrie und Musiktheorie miteinander als eine Einheit verbunden seien.[427] Platon hielt sich einige Monate zu Studien in Heliopolis auf und sprach von den mathematischen Kenntnissen im damaligen Ägypten voller Hochachtung.

---

423 LÄ, Band IV, S. 115.

424 Reineke, Mathematik, S. 67.

425 Horneffer, Herodot, II, Ziff. 109; Kleppisch, Willkür, S. 3.

426 http://www.textlog.de/platon-nomoi-gesetze.html.

427 Horneffer, Herodot, Bd. VII, Kapitel 27.

Der Goldene Schnitt[428] stellt eine für die menschliche Wahrnehmung sehr angenehme und wohltuende Proportion dar. Streckenverhältnisse im Goldenen Schnitt werden in der Kunst und Architektur oft als ideale Proportion und als Inbegriff von Ästhetik und Harmonie angesehen. Darüber hinaus tritt das Verhältnis auch in der Natur in Erscheinung und zeichnet sich durch eine Reihe interessanter mathematischer Eigenschaften aus.[429]

Wie Reinecke feststellt, ermöglichte das im AR bekannte Knotenseil die Konstruktion rechter Winkel und das Vermessen des Goldenen Schnitts.[430] Dass im Alten Ägypten derartige Zahlenverhältnisse bekannt waren und bewusst für die Konstruktion der Bauwerke eingesetzt wurden, darf als gesichert gelten.

Kleppisch erwähnt in diesem Zusammenhang, dass bereits im alten Indien der pythagoreische Lehrsatz lange vor Pythagoras bekannt war.[431] Wie an anderer Stelle erwähnt, wurde auch im Alten Ägypten mit rechtwinkligen Dreiecken gerechnet. In einer Betrachtung weist Kleppisch darauf hin, dass die Gesamtoberfläche der Cheopspyramide nach dem Goldenen Schnitt derart geteilt erscheint, dass sich die Grundfläche zur Mantelfläche wie die Mantelfläche zur Gesamtoberfläche (3:4:5) verhält.[432]

Dörnenburg zeigt auf, dass bei verschiedenen Pyramiden im AR[433] mit einem Rücksprung von 21 Fingern auf eine Elle (28 Finger) – also einem Seket von 5 ¼ – der Satz des Pythagoras aufscheint: Die Basis des Rücksprungs beträgt 3, die Höhe 4. Nachdem es sich um einen rechten Winkel handelt, hat die Außenfläche nach dem Satz des Pythagoras den Wert 5 ($3^2 + 4^2 = 5^2$). Zufall oder Absicht? Warum wurde dann bei anderen Pyramiden (z. B. Meidum, Cheops) ein Seket von 5 ½ gewählt?

Fest steht jedoch, dass die für das menschliche Auge angenehmsten Neigungswinkel von Pyramiden zwischen 23 F zu einer E und 19 F zu einer E liegen.[434]

---

428 Zwei Strecken stehen im Verhältnis des Goldenen Schnitts, wenn sich die größere zur kleineren Strecke verhält wie die Summe aus beiden zur größeren. Der Verhältniswert beträgt etwa 1,618.

429 Wikipedia, Goldener Schnitt.

430 Reineke, Mathematik, S. 74.

431 Kleppisch, Willkür, S. 6.

432 ebenda, S. 8.

433 Pyramiden des Chephren, Usekaf, Djedkare, Teti, Pepi I. und Pepi II.

434 Dörnenburg, Pyramidengeheimnisse, S. 84.

5. Archäologische Befunde an Pyramiden

5.1 Die Entwicklung der Bauweise von Pyramiden

In diesem Kapitel werden aufgrund der einschlägigen archäologischen Befunde an den Pyramiden des AR die Bauweise und Struktur der Königspyramiden, der Königinnenpyramiden sowie der Mastaba el-Faraun aufgezeigt. Bezüglich der Grundrisse, Ansichten und Detailzeichnungen der einzelnen Pyramiden wird auf die einschlägige Literatur verwiesen.[435] Eine Zusammenfassung sowie eine Darstellung des Wechsels vom Prinzip der Bauweise der Schichtpyramiden zu der Bauweise der Stufenpyramiden und ein Ausblick auf die grundsätzlichen Bauweisen der Pyramiden im MR schließen dieses Kapitel ab.

Entsprechend dem altägyptischen Maßsystem (Elle, Handbreite und Finger) werden die Abmessungen der beschriebenen Pyramiden in Ellen und Metern, die Neigungen als Rücksprung und in Winkelgraden angegeben.

5.1.1 Schichtpyramiden

5.1.1.1 Die Pyramide des Djoser

Saqqara Nord
  Höhe: 114 E zuzüglich 5 E für den gerundeten Abschluss/62,5 m[436]
  Länge der Basis: 208 auf 231 E/119 auf 121 m

Mit der Errichtung der Pyramide des Djoser endete die Epoche der Mastaba-Gräber für Könige der 1. und 2. Dynastie und es begann der Bau der Pyramiden als königliche Grabstätte. Zugleich wurde die Jahrhunderte alte Sitte aufgegeben,

---

435 Lehner, Geheimnis; Maragioglio; Stadelmann, Pyramiden; Tietze, Pyramide, Siliotti, Ägyptische Pyramiden, Hawass (Hrsg.) Die Schätze der Pyramiden sowie diverse Bildbände.

436 Alle Höhen- und Längenangaben beziehen sich auf die ursprünglichen Pyramidenabmessungen und fußen – soweit nicht anders angegeben – auf Stadelmann, Pyramiden, Lehner, Geheimnis bzw. Winkler, Pyramidenbau.

im oberägyptischen Abydos ebenfalls eine Grabstätte zu errichten.[437] Künftig beinhalten die Pyramidenkomplexe im südlichen Bereich wie bei Djoser und Sechemchet ein Südgrab bzw. ab Snofru Kultpyramiden.

Die Entwicklung des Pyramidenbaus wurde durch die Einführung der Steinbauweise durch Djosers Baumeister Imhotep möglich, der damit die bisherige Bauweise der Mastaba-Bauten mit ungebrannten Lehmziegeln verließ.[438] Die für den Bau benötigten Gesteine – auch die für die Außenverkleidung[439] – wurden mit Ausnahme derjenigen für die Grabkammern und sonstigen Verkleidungen im Pyramideninneren aus den in der nächsten Umgebung vorhandenen Gesteinsformationen abgebaut. Diese haben Schichtdicken zwischen 20 und 60 cm. Die im Vergleich zu Gisa relativ kleinen Abmessungen der verbauten Steine sind darauf zurückzuführen. Der Aussage verschiedener Ägyptologen, die bei der Steinmastaba der Pyramide des Djoser verwendeten kleineren Steinformate entsprächen einer »Weiterentwicklung« der Lehmziegelformate früherer Mastaba-Bauten,[440] kann der geologische Befund entgegengehalten werden, wonach die Steinbrüche in unmittelbarer Umgebung der Pyramide des Djoser meist nur Steinlagen geringer Dicke enthielten.[441] Ähnliches gilt für das Argument, dass aufgrund der noch geringen bautechnischen Erfahrung mit der neuen Steinbauweise nur kleine Steine verwendet worden sind. Der Pyramidenbezirk des Djoser wurde in direkter Nähe und unter Berücksichtigung der Oberbauten der Königsgräber der 2. Dynastie mitten auf dem Felsrücken von Saqqara Nord errichtet.[442]

Die Pyramide des Djoser entstand in mehreren Bauabschnitten:[443] Zuerst wurde eine Mastaba mit einem quadratischen Querschnitt (M 1) mit der Basislänge 120 Ellen[444] in Steinbauweise errichtet. Diese wurde später zweimal erweitert (M 2 und M 3) und erhielt damit eine Stufenform und einen rechteckigen

---

437 Die Frage nach der Bedeutung der Grabstätten in Abydos und der Grabstätten in Saqqara in der Zeit vor Djoser wird neuerdings wieder – zum Teil sehr kontrovers – diskutiert: Autuori, Mastaba tombs und Wilkinson, Funerary. Siehe auch LÄ III, »Königsgrab«, S. 496 ff, Anmerkung 5.

438 Steine wurden auch bei Ziegelbauten an Stellen, an denen es auf besondere Tragfähigkeit ankam (Bodenpflaster, Türeinfassungen, Fallsteinsysteme) bereits in der 1. und 2. Dynastie verwendet. Lauer, Geheimnis, S. 239.

439 Klemm und Klemm, Steine, S. 72; im Gegensatz zu Stadelmann, Pyramiden, S. 41 und S. 52.

440 Stadelmann, Pyramiden, S. 40; Verner, Pyramiden, S. 138; Dereser, Djoser.

441 Klemm und Klemm, Steine S. 72.

442 Stadelmann, Pyramide und Sonnenheiligtum.

443 Verner, Pyramiden, S. 138; Lauer, Pyramiden, Pl. 10.

444 Lauer, Geheimnis, S. 69.

Grundriss. Dieses Bauwerk wurde aus waagerecht abwechselnd als Läufer und Binder verlegten Steinschichten mit nach innen gebößter Außenmauer errichtet.[445] An der Südostecke der Pyramide ist dies noch deutlich zu erkennen. Dort fehlt ein Stück der äußeren, später beim Bau der Pyramide angebrachten Schicht. Die geneigt ausgeführten Steinlagen der Schichten sind ebenfalls gut zu erkennen.

Zu einem späteren Zeitpunkt wurde die Mastaba M 3 in zwei wahrscheinlich sehr kurz aufeinanderfolgenden Bauphasen zu einer nicht quadratischen angelegten, sondern rechteckigen vier- bzw. sechsstufigen Pyramide (P 1 bzw. P 2) umgebaut. Über die Gründe für diese Erweiterung gibt es vielerlei Vermutungen und Thesen.[446] Für die Bautechnik war von entscheidender Bedeutung, dass der Bau der Pyramide in der Weise geschah, dass nach innen geneigte »Schichtmauern« errichtet wurden, deren Höhe nach oben von außen nach innen hin zunimmt. Diese Bauweise bestimmt das Erscheinungsbild der Pyramide. Geneigte, an einen Kern angelehnte Schichtmauern weisen eine wesentlich höhere Stabilität als waagerecht verlegte Steinlagen aus nicht flächig bearbeiteten Steinen kleineren Formats auf, deren Stabilität gegen Rutschen und Verschieben nur durch die Reibung zwischen den Steinen bedingt ist. Andererseits besteht bei schräg angeordneten Steinschichten die Gefahr des Abrutschens ganzer Schichten bei mangelhafter Verbindung (Reibung bzw. Haftung) untereinander. Durch Verstrebungen zwischen zwei Schichten kann dem entgegengewirkt werden. An der Ostseite der Pyramide des Djoser sind zwei derartige Verstrebungen aus Holz noch zu erkennen. Die schräge Anordnung der Schichten führt jedoch zu einem erhöhten Druck auf den zentralen Kern und zu einer Gewichtskomponente in Richtung der Schichtlage. Die beiden Pyramiden P 1 und P 2 wurden mit Steinen wesentlich größeren Formats gebaut. Ist dies ein Beispiel für den Zuwachs an bautechnischer Erfahrung oder für die Erschließung neuer Steinbrüche?

Die Pyramide wurde von Lauer eingehend erforscht und in ihrer Baustruktur dargestellt (Abb. 5.3.3).[447] Leider gibt es keine Aussagen über eine Untersuchung der Oberkante des Kernbaus, ob dieser aus weiteren Schichten bestand. Wie Stadelmann ausführt, war die oberste Stufe der Pyramide aufgrund gefundener

---

445 Mendelsohn, Rätsel, S. 121.

446 Altenmüller, Bauphase; Verner, Pyramiden; Stadelmann, Pyramiden. Vielleicht hängt die zweite Erweiterung auch mit der Forderung nach einer Sichtverbindung vom Fruchtland aus auf die Pyramide über die Umfassungsmauer hinweg zusammen.

447 Lauer, Pyramide à Degrés.

Verkleidungsblöcke gerundet und bildete mit der Kernschicht dann eine ebene Fläche.[448] Danach hat es offensichtlich keine Pyramidenspitze gegeben.

Die Neigung der einzelnen Schichten beträgt nach Stadelmann 72°,[449] nach Goneim 74°;[450] die Schichtdicke jeweils 5 Ellen.[451] Diese Bauweise prägt den Begriff »Schichtpyramide«. Die genaue Zahl der Schichten ist nicht zu ermitteln; lediglich von außen sind auf den Stufen Schichten zu erkennen. Lauer gibt neben den Kernbauten für die vier- bzw. sechsstufige Pyramide 7 bzw. 11 Schichten ohne die äußerste Verkleidungsschicht an.[452] Goneim nennt insgesamt 12 Schichten und zählt dabei vermutlich die äußerste Verkleidungsschicht mit.[453]

Lauer vertritt die Auffassung, dass die Verkleidungsschichten der Baustufen P 1 und P 2 jeweils erst nach Fertigstellung der Schichten bzw. Stufen angelegt wurden.[454] Der »Rohbau« der Pyramide P 1 sei daher vorher vollständig errichtet worden. Die ägyptische Bauforschung sei dieser Auffassung bisher – so Stadelmann – einheitlich gefolgt.[455] Stadelmann stellt allerdings aufgrund seiner Ausgrabungen und Bauuntersuchungen an der Roten Pyramide in Dahschur[456] fest, dass

> »… Kernbauschichten und die Verkleidung ineinander verzahnt sind, d. h. gleichzeitig gebaut und geglättet wurden …«

Eine nachträgliche Anbringung der Verkleidung an der Pyramide des Djoser ist nach seiner Auffassung bei einer Breite der Schale von 3–5 Ellen (1,52–2,60 m) bis zu einer Höhe von 60 m auch technisch unmöglich.[457] Stadelmann äußert dazu weiterhin die Auffassung, dass

---

448 Stadelmann, Pyramiden, S. 54 und Zeichnung S. 45.

449 Stadelmann, Pyramiden, S. 51.

450 Goneim, Pyramide, S. 65.

451 Mendelsohn, Rätsel, S. 120.

452 Lauer, Pyramiden Pl. 10 und 11.

453 Goneim, Pyramide, S. 65.

454 Lauer, Geheimnis, S. 17.

455 Stadelmann, Pyramiden, S. 53.

456 Stadelmann, MDAIK 39, S. 234.

457 Anmerkung: Auf die Fragen der Anbringung der Verkleidung der Pyramiden wird an anderer Stelle im Kapitel 8 »Eine neue Hypothese zum Pyramidenbau im Alten Reich« noch ausführlich eingegangen.

>»... der 2. Abschnitt der Erweiterung der Stufenpyramide durch die Annahme einer erst nachträglichen Verkleidung unnötig kompliziert und verunklärt worden ist ...«[458]

Am Fuß der ersten, untersten Schicht sind an der Ostseite deutliche Fundamentreste einer geglätteten Verkleidung aus Kalkstein aus einem nicht mehr zu identifizierenden Steinbruch in unmittelbarer Nähe zu erkennen (Abb. 5.1.1.1).[459] Ob es sich dabei nur um eine äußere Verstärkung und Verkleidung lediglich der untersten Stufe oder um einen Teil einer Gesamtverkleidung handelt, muss offenbleiben. Wäre die gesamte Pyramide mit einer geglätteten Außenverkleidung versehen worden, wie es Lauer für die Schichten P 1 und P 2 vorschlägt, müssten davon auf allen Seiten an der untersten Schicht bzw. an den Fundamenten Reste davon vorhanden sein. Wie anlässlich einer Inaugenscheinnahme durch

Abb. 5.1.1.1 Fundament der äußeren östlichen Verkleidungsschicht der Pyramide des Djoser (rechts im Bild)

---

458 Stadelmann, Pyramiden, S. 53.
459 Dieser Kalkstein hat nach Klemm und Klemm, Stones, eine wesentlich höhere Beständigkeit gegen Verwitterung als das Material der Stufen der Pyramide des Djoser.

den Autor im Herbst 2007 festgestellt werden konnte, zeigen an der NW-Ecke und an der W-Seite durchgeführte Ausgrabungen jedoch keinerlei Reste einer Kalksteinverkleidung an der Basis der Pyramide.

Schuttablagerungen einer beim Bau senkrecht zu einer Pyramidenseite angeordneten und später wieder abgebrochenen Baurampe sind nicht belegt.

5.1.1.2 Die Pyramide des Sechemchet

Saqqara Nord
    Geplante Höhe: ca. 70 m
    Länge der Basis: 230 E/120 m

Sechemchet begann als Nachfolger von Djoser mit dem Bau seiner Pyramide südwestlich des Pyramidenbezirkes seines Vorgängers. Die Reste dieser Pyramide, deren Bau nie vollendet wurde[460] und deren Stumpf in späteren Zeiten offensichtlich als Steinbruch diente, fand Goneim 1952.[461] Die Basislänge der quadratischen Grundfläche beträgt 230 Ellen bzw. 120 m.[462] Goneim gibt die geplante Höhe mit 70 m an. Die Pyramide wäre somit höher als die des Djoser geworden. Die Fundamentierung der Pyramide erfolgte direkt auf den Felsgrund. Das Mauerwerk besteht aus Kalksteinen kleineren Formats, wie sie in unmittelbarer Umgebung vorkommen. Die Abmessungen jedoch etwas größer als diejenigen der Steine der Pyramide des Djoser. Die Pyramide wurde wie früher bei der Lehmziegelbauweise der Mastabas durch lagenweise Anordnung der Steine als Binder und Läufer errichtet.

Goneim gibt die Zahl der Schichten mit 14 und deren Dicke mit 2,60 m (5 Ellen) und 3 m an, die mit einem Neigungswinkel zwischen 71 und 75° errichtet worden sind und sich um einen quadratischen Kern gruppieren. Lauer schließt sich dieser Auffassung an und geht entsprechend seiner Beobachtungen bei der Pyramide des Djoser von zwei Schichten je Stufe aus.[463] Diese Annahme erscheint schlüssig.

---

460 Maragioglio II, p. 20.
461 Goneim, Pyramide.
462 Goneim, Pyramide, S. 64.
463 Lauer, Pyramiden, Pl. 26.

Maragioglio und Rinaldi untersuchten Anfang der 60er Jahre des vergangenen Jahrhunderts auch den Stumpf der Pyramide des Sechemchet und fertigten exakte Unterlagen an.[464] Dabei fanden sie lediglich zwei Schichten vor und trafen keinerlei Aussagen zu dem eigentlichen Pyramidenkern.[465] Wie bei der Pyramide des Djoser muss auch hier die Frage nach der Bauweise des Kernes, an den sich die Schalen anlehnten – insbesondere nach Art und Weise der Steinverlegung (waagerecht oder auch schräg) –, offenbleiben. Reste einer Verkleidung wurden nicht gefunden.

Die von Goneim beschriebenen Baurampen wurden von Maragioglio und Rinaldi eingehend einer kritischen Betrachtung unterzogen. Beide kamen zu dem Ergebnis, dass es sich dabei nicht um eigentliche Baurampen handelt.[466]

5.1.1.3 Die Pyramide des Chaba

Saujet el-Arjan
   Geplante Höhe: unbekannt
   Länge der Basis: 150 E/ca. 79 m

Ein weiterer Nachfolger Djosers, wahrscheinlich Chaba, begann in Saujet el-Arjan, südwestlich von Gisa und 10 km nördlich von Saqqara gelegen, während seiner kurzen Regierungszeit mit dem Bau einer Schichtpyramide. Seit der ersten Untersuchung durch Perring im Jahr 1839 wurde die unvollendete[467] Pyramide mehrfach, im vergangenen Jahrhundert u. a. durch Reisner[468] sowie durch Maragioglio und Rinaldi,[469] ausführlich untersucht.

Reisner berichtet von einem quadratischen Kern von 11 m Kantenlänge und von 14 ihn umgebenden, nach innen mit einem Winkel von 68° geneigten Schichten mit Abmessungen von je 2,6 m (5 Ellen). Die Basislänge der Pyramide wird mit 83,8 m angegeben. Verwendet wurden wiederum Kalksteine kleinerer Abmessungen (0,8–1 m Länge, 0,4–0,6 m Breite und 0,15–0,2 m Höhe), die aus einem Stein-

---

464 Maragioglio II Addenda.
465 Maragioglio II, p. 20 und Addenda, TAV. 4.
466 Maragioglio II, p. 31 ff. und Addenda, TAV. 3.
467 Maragioglio II, p. 47 ff.
468 Reisner, Chaba.
469 Maragioglio II, p. 41 ff.

bruch in unmittelbarer Nähe stammen.[470] Leider gibt es auch für diese Pyramide keine Angaben zu der Verlegungsart der Steinschichten im Kern der Pyramide.

Maragioglio und Rinaldi machen in ihren Untersuchungen folgende Angaben:[471] Die Bauweise mit insgesamt 14 Schichten entspricht weitgehend derjenigen der Pyramide des Sechemchet. Die Schichten sind außen relativ eben; die Steine wurden wohl vor dem Verlegen gut geglättet.[472] Von der äußersten, der 14. Schicht, wurden lediglich an der Ostseite Reste gefunden. Beide glauben daher, dass nur 13 Schichten vorhanden waren und dass die Basislänge somit 150 Ellen bzw. 78,45 m betrug. Sie weisen darüber hinaus nach, dass die Schichten zeitlich parallel und nicht nacheinander gebaut wurden.[473]

Lauer nennt ebenfalls wie Reisner 14 Schichten.[474] Ausgehend von der Bauweise der Pyramide des Djoser berechnet er daraus 5 Stufen mit einer Gesamthöhe der Pyramide von ca. 42–45 m. Aus dem archäologischem Befund der Pyramide des Chaba ergibt sich, dass die inneren Schichten mit zunehmender Höhe »zusammenwachsen«. Ob dies in Form mehrere »Kerne«, wie von Lauer angenommenen, oder durch direktes Zusammenwachsen der Schichten geschah, ist offen. Die Bauweise mit einem sehr kleinen Kern unterscheidet die Pyramide des Chaba jedoch von denen des Djoser und Sechemchet.

Schuttablagerungen einer beim Bau senkrecht zu einer Pyramidenseite angeordneten und später wieder abgebrochenen Baurampe sind nicht belegt. Auch für eine äußere Verkleidungsschicht gibt es keinerlei Hinweise bzw. archäologische Belege.

5.1.1.4 Die kleinen Schichtpyramiden des Alten Reiches

Im AR wurden entlang des Nils zwischen Athribis (Delta)[475] und Elephantine (Erster Katarakt) eine Reihe kleinerer Pyramiden ohne irgendwelche Kammersysteme bzw. erkennbare Hinweise auf funeräre oder andere funktionale Aspekte

---

470 Klemm und Klemm, Stones.

471 Maragioglio II, p. 43 ff. und Addenda, TAV. 6.

472 Lehner, Geheimnis, S. 95; Maragioglio, II Addenda, TAV. 6.

473 Maragioglio II, p. 48, Observation No..5.

474 Lauer, Pyramiden, Pl. 27.

475 Die Pyramide von Athribis (Delta) wird in diese Betrachtungen nicht mit einbezogen: Sie war aus Lehmziegeln errichtet und entspricht daher offensichtlich nicht den ansonsten übereinstimmenden

und ohne Nebenanlagen (mit Ausnahme der Pyramide in Seila) gebaut. Alle weisen jedoch gewisse Gemeinsamkeiten in ihrer Bauweise sowie in Dimensionen und Anordnungen auf. Dreyer und Kaiser haben 1979 dazu umfassende Untersuchungen angestellt.[476]

Die sieben kleinen Pyramiden sind alle nach dem Prinzip der Schichtpyramiden (Djoser, Sechemchet, Chaba) mit einem quadratischen Grundriss, einem Kern und zwei Schichten (je 4 Ellen Dicke) gebaut. Außenverkleidungen wurden mit Ausnahme bei der Pyramide in Saujet el-Meitin bei Minja nicht gefunden.[477] Die Basislänge der Pyramiden beträgt 35 bzw. ca. 45 (Seila und Saujet el-Meitin) Ellen. Die Ausrichtung erfolgte fast immer zum Nil hin. Aufgrund archäologischer Funde in Elephantine wird heute die Pyramide in Saujet el-Meitin Huni zugeschrieben; dies dürfte dann auch für die anderen Pyramiden (außer Seila, s. u.) gelten. Nähere Angaben und Grundrisspläne sind in verschiedenen Veröffentlichungen zu finden.[478] Pläne der kleinen Schichtpyramide in Sinki sind in Abb. 4.3.2.2.1 und 4.3.2.2.2 dargestellt.

5.1.1.5 Die Pyramiden des Snofru

Unter Snofru als erstem König der 4. Dynastie wurden drei große Pyramiden – z. T. zeitlich auch parallel – in Meidum und Dahschur gebaut.[479] Dabei handelt es sich um sehr unterschiedliche Bauwerke, die nach verschiedenen Bauverfahren errichtet wurden. Während der Regierungszeit des Snofru wurden – wie an anderer Stelle ausgeführt ist – wesentliche Änderungen der Bauverfahren für Pyramiden vorgenommen. Durch den unterschiedlichen Grad ihrer Zerstörung durch Teileinsturz sowie durch innere Schäden lassen sich interessante Schlüsse auf die Entwicklung des Pyramidenbaus während der mehr als 30-jährigen Herrschaft des Snofru ziehen.

Baumerkmalen der anderen bekannten kleinen Pyramiden des frühen AR. Von ihr sind keinerlei Reste mehr erhalten.

476 Dreyer 1.

477 Die unterste, außen geglättete Schicht, die Lauer nennt (Lauer, Geheimnis, S. 225–227 und Lauer, Pyramiden, Pl. L), stellt Dreyer infrage. Auch Maragioglio und Rinaldi haben wohl Zweifel (Maragioglio II, p. 14–15 und Addenda, TAV. 9).

478 Stadelmann, Pyramiden, Tafel 21b; Bock, Stufenpyramiden; Maragioglio II Addenda TAV. 9; Verner, Pyramiden, S. 198; Dreyer 2, Abb. 1.

479 Gundacker, Snofru, S. 19.

Nach dem derzeitigen Stand der Forschung zum Bau der kleinen Pyramide in Seila wird diese Snofru zugeordnet[480] und ihr Bau zeitgleich mit den beiden ersten Bauphasen (E 1 und E 2) der Pyramide in Meidum angesetzt.[481]

5.1.1.5.1 Meidum

Höhe: 175 E/ca. 92 m
Länge der Basis: 275 E/144,32 m
Rücksprung/Neigungswinkel: 22 Finger auf eine Elle/51° 50' 34"

Die Pyramide in Meidum wurde als Erstes der drei großen Pyramidenbauwerke noch als Schichtpyramide mit quadratischem Grundriss in insgesamt mehreren Bauabschnitten (zwei- bzw. dreistufige Mastaba oder Stufenpyramide,[482] Baustufen E 1 und E 2[483]) auf Felsgrund[484] gebaut (siehe auch Abb. 5.3.4 und 5.3.5). Sie erhielt erst später in einem weiteren Bauabschnitt eine Verkleidung (Schicht E 3) mit einem gleich bleibenden Neigungswinkel von 51° 50' 34" (Seket 5½ bzw. 22 Finger auf eine Elle)[485] und einer Außenverkleidung aus Mokattam-Kalkstein.[486] Diese Verkleidungsschicht, in der die Steine waagerecht verlegt und deren Fundamente durch in den sandigen Untergrund übereinandergelegte Kalksteinplatten gebildet wurden,[487] reichte nach Berichten aus griechischer Zeit noch bis zur Höhe des heutigen Pyramidenstumpfes (Abb. 5.1.1.5.1.1).[488]

---

480 Bock, Stufenpyramiden, S. 25: 1987 wurden zwei Stelen an der Ostseite der Pyramide – eine davon mit dem Namen des Königs Snofru – sowie eine Opfertafel und auf der Nordseite ein Altar und Reste einer (mutmaßlich königlichen) Sitzstatue aus Alabaster gefunden; Stadelmann, MDAIK 43, S. 231.

481 Gundacker, Snofru, S. 13.

482 Auf die Vermutung von Borchardt, ein allererster Bauabschnitt vor Bau der Schichtenpyramide E 1 könne eine zwei- oder dreistufige kleine Mastaba – ähnlich einer Stufen- oder Schichtenpyramide – sein, soll hingewiesen werden. Borchardt, Meidum, S. 10 und 39; Obadalek, Meidum, verweist auf große, sichtbare Steinblöcke (1,5 × 2,0 m) an der Ostseite, die zu der Mastaba gehören könnten; Maragioglio III, p. 12.

483 Maragioglio III Addenda TAV. 2, fig. 2.

484 Lehner, Geheimnis, S. 98.

485 Seked 5½ bedeutet einen Rücksprung von 5½ Handbreiten oder 22 Finger auf eine Elle Höhe.

486 Aufgrund der erschöpften Lagerstätten des in Saqqara abgebauten hochwertigen Verkleidungsmaterials aus feinem Kalkstein wurde Kalkstein aus Mokattam erstmals beim Pyramidenbau eingesetzt (Klemm und Klemm, Steine, S. 72).

487 Mendelssohn, Rätsel, S. 124.

488 Maragioglio III Addenda, TAV. 2, fig. 6.

In der zweiten Baustufe (E1) bestand die Schichtpyramide aus einem Kernbau (überbaute Mastaba oder Kern aus grob behauenen Steinen)[489] und sechs Schichten mit je 10 Ellen Dicke – also einer Verdopplung der Schichtdicke gegenüber den anderen bisher beschriebenen Schichtpyramiden (Kapitel 5.1.1.1. »Die Pyramide des Djoser« bis 5.1.1.3 »Die Pyramide des Chaba«). Die äußeren Steine der sichtbaren Außenseiten der einzelnen Schichten bestanden aus einem feinen, weißen Kalkstein, der in einem bezüglich seiner Lage bisher nicht identifizierten Steinbruch in Gisa gewonnen wurden.[490] Die Länge der Basis der Pyramide betrug 210 Ellen.[491]

Wie schon bei der Pyramide des Djoser wurde vor Fertigstellung des Bauwerks eine Erweiterung beschlossen – wahrscheinlich als das Königsgrab durch eine genügend große »Baumasse« ausreichend gesichert schien. Ob dieser Beschluss zur Erweiterung um eine weitere Baustufe (E2) nach Fertigstellung – oder wie

Abb. 5.1.1.5.1.1 Pyramide des Snofru in Meidum

---

489   Maragioglio III, p. 36 ff..

490   Klemm und Klemm, Steine S. 72; Klemm und Klemm, Stones, fig. 43.

491   Maragioglio III Addenda, TAV. 2, fig. 3.

Stadelmann vermutet[492] – bereits während des Baus der Pyramide E 1 getroffen wurde, muss dahin gestellt bleiben. Auch die Schichtpyramide E 2 bestand in ihrem Äußeren aus feinem Kalkstein aus Gisa, der geglättet wurde.[493]

Der Bau der Pyramide in Meidum (Baustufen E 1 und E 2) fügt sich also völlig in die bisherige Bauweise der Schichtpyramiden – allerdings mit größerer Schichtdicke und einer Verkleidung mit außen geglättetem Kalkstein – ein. Eine Darstellung der verschiedenen Schichten ist aus Abb. 5.3.4 ersichtlich.

Die Frage, wann mit der Verkleidung der Schichtpyramide E 2 und damit dem Umbau zur äußeren Form einer »klassischen« Pyramide mit einem Neigungswinkel von 22 Fingern auf eine Elle (51° 50′ 34″)[494] begonnen wurde, wird kontrovers diskutiert:

- Wie Gundacker ausführt,[495] sei aufgrund von in Meidum auf ungeglätteten Blöcken aus dem Kernmauerwerk (Nordwest-Ecke) gefundenen Graffiti davon auszugehen, dass zeitgleich mit dem Beginn der Bauarbeiten an der Knickpyramide in Dahschur Süd mit der Erweiterung der Pyramide in Meidum um die äußere Verkleidungsschicht (E 3) und damit mit dem Umbau zu einer Pyramide mit einer Verkleidung mit konstanter Neigung begonnen wurde. Er bezieht sich dabei auf Angaben von Petrie.[496]
- Stadelmann dagegen vertritt die Auffassung,[497] dass aufgrund der Inschriften auf den Rückseiten der Steine der Schicht E 3 der Umbau um die Jahre 15–17 der Zählungen begonnen wurde. Dies entspricht in etwa dem Baubeginn der Roten Pyramide.[498] Diese Auffassung Stadelmanns dürfte zutreffen, da Petrie von Verkleidungssteinen mit späteren Jahresangaben berichtet als Gundacker annimmt.

Mendelsohn entwickelte eine Hypothese, wonach die Pyramide von Meidum ihre heutige äußere Gestalt durch eine Baukatastrophe erhalten habe:[499] Durch

---

492 Stadelmann, Pyramiden, S. 84–85.
493 Foto von M. Haase in Sokar 11, 2/2005, S. 12.
494 Maragioglio III Addenda, TAV. 2 fig. 2.
495 Gundacker, Snofru, S. 13.
496 Petrie, Meidum, p. 9.
497 Stadelmann, Pyramiden, S. 86.
498 Stadelmann, Pyramiden, S. 95.
499 Mendelsohn, Rätsel; Mendelsohn, A Building Desaster.

Wegrutschen der nachträglich angebrachten äußeren Verkleidung und durch Nachrutschen einzelner Schichten sei es zum Einsturz gekommen.

Dieser Auffassung wurde verschiedentlich – so eingehend von Lauer – widersprochen.[500] Obadalek begründet seine ablehnende Auffassung mit dem unbeschädigten Eingang auf der Nordseite, der durch alle drei Schichten (E 1, E 2 und E 3) unbeschädigt hindurchführt und keinerlei Verschiebungen der Außenschichten, die sich bei der Mendelsohn'schen Hypothese hätten ergeben müssen, erkennen lässt.[501]

Darüber hinaus zeigt eine Untersuchung der Nordseite der Pyramide, dass einige der höher gelegenen Schichten der Verkleidung besser erhalten sind als die unteren, was offensichtlich auf die ungleiche Qualität des verwendeten Materials oder durch ungleichmäßiges Eindringen von Regenwasser in das Gemäuer zurückzuführen sei (Abb. 5.1.1.5.1.2).

Winkler führt den Einsturz auf eine zu große Belastung des Untergrunds (Bodenpressung) zurück.[502] Danach sei der innere Kern der Pyramide durch sein Ge-

Abb. 5.1.1.5.1.2 Nordseite der Pyramide in Meidum

---

500 Lauer, J.-P., CdE 51 (1976), p. 72–89; Edwards, I.E.S., JAE 60 (1974), p. 251–252; Obadalek, Meidum.
501 Maragioglio III Addenda, TAV. 3, fig. 5.
502 Winkler, Pyramidenbau, S. 69 ff.

wicht, welches zu einer sehr großen Bodenpressung geführt habe, die weit über dem für den dortigen Untergrund zulässigen Wert liege, langsam nach unten abgesunken und habe die Steinschichten des Untergrundes im Außenbereich der Pyramide – insbesondere unter der nachträglich an die geglätteten Außenflächen der Baustufe E 2 angebrachten Verkleidung E 3 – nach oben gedrückt. Diese sich dadurch immer mehr aufgebaute Spannung innerhalb der Pyramide habe dann – ausgelöst vielleicht durch ein Erdbeben – zu einer Zerstörung der Pyramide innerhalb weniger Sekunden geführt. Auch dieser Einsturzhypothese kann entgegengehalten werden, dass es dabei ebenfalls zu einer Verschiebung im Grabkorridor zwischen den Baustufen E 3 und E 2 hätte kommen müssen, was jedoch nicht der Fall ist. Gleiches gilt für die nicht beschädigte Grabkammer und deren Vorräume. Die sicherlich sehr hohe Bodenpressung scheidet daher als alleiniger Grund für die Beschädigungen aus. Weiterer Steinraub, Gesteinsverwitterungen und Einstürze infolge von Erdbeben führten dann zum heutigen Zustand der Ruine.

Architektonische Neuerungen gegenüber den Schichtpyramiden der 3. Dynastie sind einmal der hoch in der Nordseite symmetrisch zur Mitte hin angelegte Eingang und zum anderen die Anordnung der Grabkammer zum Teil im Untergrund und zum Teil im Baukörper der Pyramide. Möglich wurde diese Bauweise durch die Erfindung der Abdeckung von Gewölben durch horizontal angeordnete Kragsteine (Kraggewölbe): Die Wandblöcke eines Raumes (oder einer Galerie) wurden von unten nach oben hin in Richtung Raummitte vorstehend übereinander errichtet, bis sie sich in der Mitte trafen und so ein Gewölbe bildeten. In den Grabkammern der Knickpyramide entstanden so bis zu 15 m hohe Deckenkonstruktionen. Ähnliche Abmessungen sind in den Grabkammern der Roten Pyramide zu finden.

Neben der Pyramide befand sich die älteste bekannte Kultpyramide, die ebenfalls als Schichtpyramide errichtet wurde und zeitlich den Bauabschnitten E 1 bzw. E 2 zugeordnet wird.[503]

---

503 Jánosi, Kultpyramiden. S. 7; Maragioglio III, p. 26 und 46 sowie Observation No..25 und Addenda TAV. 7.

5.1.1.5.2 Knickpyramide

Dahschur Süd
Höhe: 200 E/105 m (unterer Teil 49 m, oberer Teil 56 m)[504]
Länge der Basis: 360 E/188 m
Neigungswinkel: 55° bzw. 45°

Bereits vor Fertigstellung der Baustufe E 2 der Pyramide in Meidum wurde mit der Planung der zweiten großen Pyramide des Snofru, der Knickpyramide in Dahschur Süd, begonnen.[505] Snofru verlegte nach dem 15. Regierungsjahr seine königliche Residenz nach Memphis. Der Bau einer neuen Pyramide in Dahschur dürfte damit in unmittelbarem Zusammenhang stehen.[506] Über die Gründe für diese Entscheidungen sind viele Vermutungen angestellt worden. Die Knickpyramide ist eine der äußerlich am besten erhaltenen Pyramiden Ägyptens. An den Ecken, in den unteren Bereichen der Seitenflächen und im oberen Bereich ist sie beschädigt.[507] Die restlichen Flächen sind im ursprünglichen Zustand erhalten. Aufgrund ihrer äußeren Form mit zwei unterschiedlichen Rücksprüngen (Neigungswinkeln)[508] und zwei voneinander unabhängigen Grabkammern fand sie ein besonderes Interesse bei Ägyptologen und Archäologen.

Das Material des Kernmauerwerks bzw. des Verkleidungsmauerwerks besteht aus Kalkstein und stammt aus der Nähe der Pyramide. Wie in Saqqara und Abusir sind auch in Dahschur im Gegensatz zu Gise keine Spuren größerer Steinbrüche auffindbar, obwohl das Steinmaterial nachweislich in unmittelbarer Nähe abgebaut wurde.[509] Der Grund liegt in der plattenförmigen Struktur des Untergrundes, der aus Schichten von 20–60 cm dicken Kalksteinbänken besteht, die von Mergelschichten getrennt sind. Größere Steinmengen konnten so – ohne Steinbrüche zu erschließen – abgebaut werden. Der feine Kalkstein der Außenverkleidung wurde in Tura-Maasara gebrochen.[510]

Untersuchungen und Vermessungen durch Dorner ergaben neuere, exakte

---

504 Abmessungen nach Maragioglio III Addenda TAV. 8, fig. 3.
505 Gundacker, Snofru, S. 13.
506 Stadelmann, Pyramiden, S. 87.
507 Foto bei Lehner, Geheimnis, S. 103.
508 Stadelmann, Pyramiden, S. 90–91; Maragioglio III Addenda TAV. 9, fig. 1.
509 Klemm und Klemm, Steine, S. 72.
510 Klemm und Klemm, Stones, fig. 56–58.

Maße gegenüber den Angaben von Perring (1837) und Petrie (1887):⁵¹¹ Die geringfügigen Unterschiede in den Kantenlängen und Böschungen sollen auf starke Bauwerksetzungen schon während der Bauzeit zurückzuführen sein. Gleiches gilt für die Verformungen (Ausbuchtungen) verschiedener Bereiche der Außenverkleidung,⁵¹² an denen deutlich Reparaturstellen erkennbar sind.

Abb. 5.1.1.5.2.1 Knickpyramide (Blick von NO)

Über die innere Baustruktur der Knickpyramide ist nichts bekannt; zur Bauweise und Verlegungsart der Steine kann daher keine Aussage getroffen werden. Maragioglio und Rinaldii haben aufgrund ihrer Untersuchungen der Verschiebungen der Achsen des nördlichen und des östlichen Zugangskorridors zu den Grabkammern vermutet, dass eine ältere, unvollendet gebliebene Pyramide durch einen äußeren Steinmantel verstärkt wurde.⁵¹³ Dieser soll sich nach Fertigstellung – wohl aufgrund unzureichender Fundamentierung⁵¹⁴ – gesenkt haben.⁵¹⁵ Die Bruchstellen der Verkleidungen der beiden Grabkorridore weisen unter-

---

511 Dorner, Knickpyramide.

512 Dorner, Form der Knickpyramide.

513 Maragioglio III, p. 98 ff. und Addenda, TAV. 11, fig. 5.

514 Dorner berichtet, dass nur die Ecken der äußeren Verkleidungsschicht auf Fundamenten ruhen, während die Seitenkanten auf flach verlegten Steinsockeln aufliegen (Dorner, Knickpyramide, S. 45–46).

515 Haase, Knickpyramide 1: Im nördlichen Grabkorridor, befindet sich ca.12,6 m vom Eingang entfernt die um etwa 30 cm abgesunkene Schnittstelle zwischen dem ursprünglichen Pyramidenbau und dem nachträglich gebauten Steinmantel.

schiedliche Neigungswinkel zur Horizontalen auf.[516] Dorner hat die Vermutung von Maragioglio und Rinaldi durch weitere Berechnungen vertieft[517] und geht von einer inneren Pyramide mit Basislänge von 300 Ellen und einer Außenfläche mit gleich bleibender Neigung von 57,3° aus.[518] Er verweist in diesem Zusammenhang einerseits auf die völlig »ungeraden« Abmessungen der »äußeren« Pyramide und andererseits auf Abmessungen des inneren Bauwerkes mit Maßen und Neigungswinkeln, die in ihren »runden« Abmessungen typisch erscheinen.

Die Aussage von Dorner, wonach die innere Pyramide eine geglättete Außenfläche mit gleichmäßiger Neigung besessen hat, ist eine mögliche, jedoch nicht

Abb. 5.1.1.5.2.2 NO-Ecke der Knickpyramide

---

516 Maragioglio III Addenda, Tav. 10, fig. 1.
517 Dorner, Knickpyramide, S. 55 ff.
518 Dorner, Knickpyramide, S. 56–57.

zwingend die einzige Erklärung: Die Verbindungslinien der beiden Bruchstellen der Verkleidungssteine der Grabkorridore lassen allein keine Rückschlüsse auf das dahinter liegende Mauerwerk und dessen Bauform (geglättete Oberfläche oder Schichten unterschiedlicher Höhe) zu. Die unterschiedlichen Winkel der Bruchstellen der Verkleidungssteine[519] in den Zugängen zu den Grabkammern an zwei verschiedenen Seiten der Pyramide zeigen nur, dass es zu einer Setzung des äußeren Steinmantels kam.

Nachdem erste Risse und Setzungen auftraten, sollte offensichtlich mit einem von außen angebrachten und nach innen mit einem geringen Neigungswinkel vorgebauten Mantel aus grob behauenen Steinen (Abb. 5.1.1.5.2.2) ganz unterschiedlicher Formate (Abb. 5.1.1.5.2.3) und mit viel Kalksteingeröll und gelblichen Mergelton[520] (Tafla) dazwischen sehr schnell eine Verstärkung und Sicherung des Bauwerkes erreicht werden. Diese mit einer Innenneigung zwischen 7–12° verlegten Steinlagen[521] des Steinmantels haben dann zu einer zusätzlichen Gewichtsbelastung geführt (siehe Kapitel 5.3 »Der Wechsel von der Schicht- zur Stufenbauweise der Pyramiden im Alten Reich«), die die Schwierigkeiten mit einem ohnehin instabilen Untergrund und einer eventuell zu geringen Fundamentierung verstärkt haben. Die von Dorner vermessenen Ausbuchtungen in der Verkleidungsschicht und ein »Fließen« der inneren Schichten nach außen könnten davon die Folge gewesen sein. An den noch vorhandenen Stellen der Außenverkleidung sind verschiedene Reparaturen sichtbar. Diese müssen bereits beim abschließenden Glätten von oben nach unten aufgrund der während des Baus im Verkleidungsmauerwerk aufgetretenen Bauschäden vorgenommen worden sein. Es muss darüber hinaus bereits beim inneren Bau der Pyramide Probleme gegeben haben, da frühzeitig die Entscheidung für die obere Grabkammer und einen weiteren höher gelegenen Zugang vom Westen her getroffen wurde. Bald auch dort auftretende Risse wurden mit Gipsmörtel nachgebessert und der Innenausbau der oberen Grabkammer nicht zu Ende geführt. Aufgrund dieser Schwierigkeiten wurde die Knickpyramide zu einem nicht genau bestimmbaren Zeitpunkt verschlossen. Dabei erfolgte die Ausmauerung der oberen Kammer und des Korridors mit massiven Steinquadern. Gleiches geschah mit der unteren Kammer.[522]

---

519 Maragioglio III Addenda, TAV. 8, fig. 3.
520 Arnold, Baukunst, S. 167.
521 Haase, Pyramidenzeitalter.
522 Fakhry, Snofru, Vol. I, Pl. XX B und p. 52 ff. sowie Pl. XI–XIV.

Abb. 5.1.1.5.2.3 Nordseite der Knickpyramide

Der Grund für die genannten Bauschäden liegt nach Winkler[523] wiederum in Absenkungen des Untergrundes infolge einer zu hohen Bodenpressung durch das Gewicht der inneren Pyramide und des äußeren Steinmantels für den zu weichen Untergrund und in einer Fundamentgründung nur an den Pyramidenecken. Seit Längerem ist bekannt, dass sich im Bereich der Knickpyramide unter einer dünnen Schicht aus gefestigtem Kiesel und Sand eine mächtige, von West nach Ost verlaufende Ablagerung von Tonschiefer befindet.[524] Durch die Absenkung des äußeren Steinmantels kommt es nach Winkler in dessen Ecken zu Spannungen, die eines Tages zu deren Beschädigung im unteren Bereich führen: Die Ecken seien regelrecht abgesprengt worden (Abb. 5.1.1.5.2.2).

Die Hypothese Winklers zur Entstehung der Bauschäden durch eine zu hohe Bodenpressung kann bei der Knickpyramide als Grund für die Beschädigungen infrage kommen: Das Gewicht des Baukörpers war für die Stabilität des Untergrunds wahrscheinlich zu hoch. Eine Absenkung nur unter dem Pyramidenkern und ein Anheben im Außenbereich der Pyramide erscheinen daher wahrscheinlich. Haase führt für eine mögliche Instabilität die tiefe Ausschachtung der unteren Grabkammer an und verweist auf eingestürzte Hohlräume im Gestein unter-

---

523 Winkler, Pyramidenbau, S. 75 ff.
524 Stadelmann, Pyramiden, S. 89.

halb der Pyramide als möglichen weiteren Grund.⁵²⁵ Senkungen des Baugrundes bei der etwa 800 Jahre später östlich der Knickpyramide errichteten Ziegelpyramide des Amenemhet III. haben zu ähnlichen Problemen und zu einer Aufgabe des Grabbaus geführt. Aber auch Auswirkungen durch Erdbeben sind nicht auszuschließen.

Nachdem das Steinmaterial an den beschädigten Ecken der Pyramide kaum Verwitterungsspuren aufweist, ist eher vom Steinraub in jüngerer Zeit als von einem Einsturz nach der Winkler'schen Hypothese auszugehen.

Die Eckfundamente haben entsprechend des unterschiedlichen Geländeniveaus verschieden tiefe Gründungen. Der äußere Mantel weist an den Ecken unter der z. T. durch Setzung eingestürzten äußeren Verkleidungsschicht eine Bauweise auf, die darauf schließen lässt, dass er gemeinsam mit der dahinter liegenden Steinschicht ausgeführt wurde. Die Kalksteine sind vor der Verlegung an der Ober- und Unterseite plan bearbeitet worden. Die Tiefe der Steine der Außenverkleidung und ihre Abmessungen sind unterschiedlich groß. Die Steine wurden daher wahrscheinlich nach außen als Bossen stehend ohne eine geglättete Außenseite verbaut.

Die Glättung erfolgte erst zu einem späteren Zeitpunkt. Der Weiterbau der Knickpyramide wurde ab einer Höhe von 47 m mit einem von 55° auf 45° verringerten Neigungswinkel und in einer anderen Bauweise vorgenommen: Es wurden kleinere Steine als beim unteren Außenmantel zuerst mit stufenweise abnehmender Neigung und dann mit horizontal verlegter Schichtung verbaut.⁵²⁶ Diese Vorgehensweise erfolgte offensichtlich, um das Bauwerk zwar fertigzustellen, auf der anderen Seite aber dafür weniger Baumaterial mit einem insgesamt verringerten Gewicht einzusetzen. Als Begräbnisstätte kam die Knickpyramide wegen der einsturzgefährdeten Grabkammern ohnehin nicht mehr in Betracht.

Nachdem noch während der Bauphasen der Pyramide in Meidum mit dem Bau der Knickpyramide begonnen wurde und zu diesem Zeitpunkt beim Bau der Pyramide in Meidum offensichtlich keine Schwierigkeiten auftraten, ist davon auszugehen, dass auch der Bau der Knickpyramide nach dem Prinzip der Schichtpyramiden begonnen wurde.

Schuttablagerungen einer beim Bau senkrecht zu einer Pyramidenseite angeordneten und später wieder abgebrochenen Baurampe sind nicht belegt.

Über den Zeitpunkt der Vollendung der Knickpyramide gibt es nur Vermu-

---

525 Haase, Knickpyramide.
526 Stadelmann, Pyramiden, S. 94; Bilder Arthus–Bertrand, S. 71; Bertinetti, S. 112–113.

tungen. In diesem Zusammenhang muss auf die Größe und Bauart der südlichen Nebenpyramide näher eingegangen werden. Diese mit einer Basislänge von 100 Ellen[527] für eine Kultpyramide sehr groß angelegte Pyramide hat mit 44°30' fast denselben Neigungswinkel wie der obere, später errichtete Teil der Knickpyramide.[528] Auch die anschließend gebaute Rote Pyramide besitzt mit einen Winkel der Verkleidung von 45° eine ähnliche Neigung. Zum Bau der Kultpyramide wurden ebenfalls Steine kleineren Formats verwendet, die in waagerechten Schichten verlegt wurden.[529] Die Kultpyramide weist also Merkmale des oberen Teils der Knickpyramide auf und dürfte demnach erst nach Beendigung der Arbeiten an deren unterem Teil gebaut worden sein. Aber wozu – so fragt Gundacker zu Recht – sollte noch eine Kultpyramide und dazu noch mit diesen Abmessungen nach Einstellung der Arbeiten an der Knickpyramide errichtet worden sein?[530] Er vermutet daher, dass mit dem Bau der Nebenpyramide einschließlich absteigendem und aufsteigendem Gang im Inneren und mit der Möglichkeit, vier Verschlusssteine unterzubringen, sowie einer anschließenden Korridorerweiterung zu einer Galerie und Grabkammer eine neue Baumethode bzw. Anordnung erprobt werden sollten, um die dabei gewonnen bautechnischen Ergebnisse bei der etwa im 25. (?) Regierungsjahr des Snofru (13. Zählung) begonnenen Planung der Roten Pyramide zumindest teilweise einzusetzen zu können. Die Ähnlichkeit der Anordnung der Grabkammer in der Kultpyramide mit der der Roten Pyramide und auch mit derjenigen der Cheopspyramide ist in jedem Fall verblüffend. Vielleicht wurde die Nebenpyramide auch errichtet, um im Falle eines plötzlichen Todes des schon betagten Herrschers einen fertigen Grabbau »in Reserve« zu haben. Die Nebenpyramide trägt als Einzige ihrer Art im AR einen Namen, der sich von dem der Hauptpyramide unterscheidet.[531]

---

527 Im Vergleich dazu: Die Pyramide des Unas als kleinste Königspyramide des AR hat eine Basislänge von 110 Ellen.

528 Jánosi, Kultpyramiden.

529 Maragioglio III Addenda, TAV. 15, fig. 6.

530 Gundacker, Snofru, S. 16.

531 ebenda.

5.1.2 Stufenpyramiden
5.1.2.1 Die Rote Pyramide

Dahschur Nord
    Höhe: 210 E/110 m[532]
    Länge der Basis: 420 E/220 m
    Rücksprung 28 Finger auf eine Elle/Neigungswinkel: 45°[533]

Die Grundsteinlegung der Roten Pyramide in Dahschur Nord erfolgte im 15. Mal der Zählung.[534] Sie weist in ihrer äußeren Bauweise unter der geglätteten Kalksteinverkleidung, deren untere Lagen an der Ostseite bei Ausgrabungsarbeiten gefunden wurden,[535] wie die Nebenpyramide der Knickpyramide eine waagerechte Steinverlegung in Schichten auf.[536] Die Steine des Verkleidungsmauerwerkes, der äußeren Verkleidungsschicht und der Außenverkleidung sind an den Lagerflächen und Stoßfugen sauber bearbeitet. Die Zwischenräume zwischen den verlegten Steinen wurden mit Mörtelschichten aus Lehm und Kalksteinsplittern ausgegossen.[537] Über das Kernmauerwerk und dessen Bauweise (Schichten bzw. Stufen) kann mittels fehlender archäologischer Befunde keine Aussage getroffen werden.[538] Die Höhe der einzelnen Steinlagen des Verkleidungsmauerwerkes nimmt – wie schon bei der oberen Hälfte der Knickpyramide und später bei den Pyramiden in Gisa – nach oben hin ab. Es sind aber auch immer wieder Lagen mit größerer Höhe dazwischen angeordnet.[539] Das Verkleidungsmauerwerk der

---

532 Die Höhe berechnet sich aufgrund der Basislänge und des Neigungswinkels.

533 Trotz des sich rechnerisch aufgrund der Basislänge und Höhe ergebenden Neigungswinkels von 45° nennen Perring 43°36'11" und Petrie 44°20' (Maragioglio Addenda III, TAV. 18, fig. 2); Lauer ermittelte einen Winkel von 43°20' (Maragioglio Addenda III, TAV. 18, fig. 2).

534 Gundacker, Snofru, S. 16.

535 Stadelmann, Pyramiden, S. 100.

536 Siehe z. B. Haase, Cheops, S. 15, Abb. 14c.

537 Stadelmann, MDAIK 39, S. 234; nach Arnold, Baukunst, S. 167, wurde in pharaonischer Zeit ausschließlich Mörtel benutzt, der entweder aus Ton mit Kalksteinsplittern und Sand oder aus Ton und Gips sowie Sand bestand.

538 Maragioglio III, p. 126.

539 Die Steinblöcke an den Ecken sind bis etwa ⅔ der Höhe der Pyramide 100–130 cm hoch und unterscheiden sich damit von den Abmessungen der übrigen Steine des Verkleidungsmauerwerks (Stadelmann, MDAIK 38, S. 382).

Seiten ist zum Mittelpunkt der Pyramide hin etwas zurückgesetzt. Die Schichten der Pyramidenseiten sind konkav ausgeführt. Die Verwendung großformatiger Steine im Vergleich zu den bis dahin gebauten Pyramiden lässt auf einen Erfahrungszuwachs schließen und führte zu einer kürzeren Bauzeit.

Der Neigungswinkel der Seitenflächen der Pyramide beträgt 45°. Es wurde somit ein Rücksprungverhältnis von 1:1 verwendet. Dieser im Vergleich zu bisher gebauten Pyramiden und auch zu den nachfolgenden Pyramiden in Gisa verkleinerte Neigungswinkel dürfte mit der Absicht gewählt worden sein, die Gewichtsbelastung auf den Baugrund (Bodenpressung) zu verringern. Die Basislänge der Pyramide beträgt nach Reisner 422 E/221,5 m, die derzeitige Höhe 104 m. Stadelmann gibt aufgrund seiner Ausgrabungen die Basislänge der Verkleidung mit 420 E/220 m an.[540] Maragioglio und Rinaldi haben die Pyramide ebenfalls untersucht.[541]

Zum Bau der Außenverkleidung, der geglätteten Kalksteinverkleidung, deren Material aus Tura-Maasara stammt,[542] stellt Stadelmann fest, dass diese aufgrund der Befunde an den untersten Verkleidungsschichten

> »... *in einem Zug mit dem Kernmauerwerk*[543] *verbaut und verlegt worden ist* ...«.[544]

Stadelmann fand bei seinen Ausgrabungsarbeiten an der Roten Pyramide die Bruchstücke eines Pyramidion,[545] dessen Eckkanten nach einer Rekonstruktion eine leicht unterschiedliche Neigung haben. Die Basislänge beträgt 3 Ellen. Winkler weist auf den Zusammenhang zwischen Basislänge des Pyramidion und Basislänge der Pyramide hin:[546] 3 Ellen entsprechen 21 Handbreit. Somit beträgt das Verhältnis der beiden Basislängen (420 E Basislänge der Pyramide zu 3 E bzw. 21 H Basislänge des Pyramidion)

1 H Pyramidion = 20 E Pyramide.

---

540 Stadelmann, Pyramiden, S. 100.
541 Maragioglio III Addenda, TAV. 17, fig. 2.
542 Klemm und Klemm, Stones.
543 Gemeint sind die horizontal verlegten Steinschichten des Verkleidungsmauerwerkes.
544 Stadelmann, MDAIK 39, S. 234.
545 Stadelmann, Pyramiden, Taf. 29.
546 Winkler, Pyramidenbau, S. 7 ff.; siehe auch Kapitel 4.4.2 »Maßeinheiten«.

Das Pyramidion stellt demnach die im Maßstab 1:140 verkleinerte Rote Pyramide dar.

Die zwei Vorkammern und die Grabkammer befinden sich über dem gewachsenen Boden ausschließlich im Kernbau; ein Korridor führt auf der Nordseite aus der Höhe von 30 m leicht in östliche Richtung versetzt hinab.[547] Offensichtlich wollte man Instabilitäten und Setzungen durch Ausschachtungsarbeiten vermeiden. Dennoch kam es auch bei der Roten Pyramide zu teilweise größeren Setzungen im Grabkorridor und in den Grabkammern,[548] die ebenfalls auf eine zu große Bodenpressung und dadurch entstandene Instabilitäten im Untergrund zurückzuführen sind.

Zur Frage der Bedeutung der drei Kammern (erste und zweite Vorkammer, Grabkammer), die auch schon in der Knickpyramide vorhanden sind und die uns später in der Cheopspyramide (Felskammer, untere und obere Grabkammer) und in der Pyramide des Mykerinos in geänderter Anordnung wieder begegnen, äußert Stadelmann die Überzeugung, dass aufgrund neuer Forschungsergebnisse Königsgräber seit der Thinitenzeit nicht nur aus einer einzelnen Sargkammer, sondern aus einer Reihe von drei Räumen bestehen, deren Bedeutung man bisher aber nur teilweise verstehe.[549]

Aufgrund des erstmals beim Pyramidenbau im AR sichtbar gewordenen Verkleidungsmauerwerks, welches mit seinen waagerecht verlegten Steinschichten für die zeitlich folgenden Pyramiden der 4. Dynastie typisch ist, kann die Zuordnung der Roten Pyramide zu der Bauweise der Stufenpyramiden erfolgen. Andererseits ist es aber auch möglich, dass die waagerechte Verlegung der Steinschichten ohne stufenförmiges Kernmauerwerk erfolgte. Dieser Wechsel der Bauweise bei der Roten Pyramide weg von dem Prinzip der Schichtpyramide, wie es noch bei der Knickpyramide angewandt wurde, hat mit Sicherheit seinen Grund in den bautechnischen Schwierigkeiten (Bodenpressung, Verschiebung der Schichten bei Erdbeben), welche die Baumeister beim Bau der Knickpyramide erfuhren.

Für eine durchgehend schichtweise Steinverlegung ohne stufenförmiges Kernmauerwerk könnte die Tatsache sprechen, dass unmittelbar über der 12. Steinlage auf der Ostseite der Pyramide ein Backing Stone mit der Zeitangabe »15. Mal« und in der 16./17. Lage auf der Ostseite ebenfalls ein solcher mit der

---

547 Stadelmann, Pyramiden, S. 102.
548 Dorner, Rote Pyramide.
549 Stadelmann, Pyramiden 4. Dynastie, S. 123.

Zeitangabe »16. Mal« gefunden wurde.⁵⁵⁰ Wenn das Verkleidungsmauerwerk erst nach Fertigstellung eines Kernmauerwerks errichtet worden wäre, könnten die Backing Stones nicht Jahresangaben nur wenige Jahre nach Grundsteinlegung (»Jahr des 15. Mals der Zählung«)⁵⁵¹ tragen. Dabei muss jedoch berücksichtigt werden, dass der genaue Fundort der beiden Backing Stones nicht feststeht und auf beiden der Zusatz ... »der Zählung ...« fehlt und somit eine eindeutige Jahreszuordnung nicht möglich ist.

Bemerkenswert ist das mit Blick auf das fortgeschrittene Alter des Snofru notwendige hohe Bautempo für die Rote Pyramide: Aufgrund gefundener Inschriften vertritt Stadelmann die Auffassung,⁵⁵² dass die Pyramide bereits nach 2–3 Jahren eine Höhe von 10–12 m erreicht hatte. Das entspricht etwa 25–27 % der gesamten Baumasse (vergleiche Abb. 6.1). Die Fertigstellung der Pyramide erfolgte ausweislich vorhandener Baugraffiti im 23. oder 24. Jahr der Zählung. Nachdem zwischen einzelnen Zählungen gegen Ende der Herrschaft des Snofru teilweise nur ein Jahr liegt,⁵⁵³ betrug die Baudauer der Roten Pyramide zwischen »Jahr des 15. Mals« (Grundsteinlegung) und zuletzt belegter Baumaßnahmen im Jahr des 24. Mals der Zählung⁵⁵⁴ mindestens 9 Jahre. Die im Kapitel 8.3.1 »Berechnung der Bauzeit der Roten Pyramide« durchgeführte Berechnung der Bauzeit ergibt für die fertige Pyramide einen Zeitraum von 18,7 Jahren.⁵⁵⁵

Mit der Auswertung der an der Pyramide in Meidum und an der Roten Pyramide auf Steinen gefundenen Baugraffiti beschäftigt sich eingehend Gundacker.⁵⁵⁶

Schuttablagerungen einer beim Bau senkrecht zu einer Pyramidenseite angeordneten und später wieder abgebrochenen Baurampe sind nicht belegt.

---

550 Stadelmann, MDAIK 39, S. 235, Tf.74d, Abb. 6 und Tf.74b, Abb. 7.

551 Stadelmann, Pyramiden, S. 100.

552 Stadelmann, Pyramiden, S. 95.

553 24 Zählungen bei einer Regentschaftsdauer von 35 Jahren (v. Beckerath) bzw. neuerdings von 33 Jahren (Krauss in: Hornung, Chronology , S. 490).

554 Gundacker, Snofru, S. 12.

555 Ohne Vorbereitungsarbeiten ab Grundsteinlegung einschließlich Glättung der Außenverkleidung.

556 Gundacker, Baugraffiti S. 29.

5.1.2.2 Die Cheopspyramide

Gisa-Plateau
   Höhe: 280 E/146,6 m
   Länge der Basis: 440 E/230,34 m
   Rücksprung 22 Finger auf eine Elle/Neigungswinkel: 51° 50' 40"

Der größten aller Pyramiden galten seit jeher besonderes Interesse und große Aufmerksamkeit der Besucher Ägyptens, der Archäologen, Ägyptologen und auch der Hobby-Archäologen. Die gewaltigen Abmessungen des Bauwerkes und der Steine des Verkleidungsmauerwerks beeindrucken bei jedem Besuch aufs Neue. So ist es auch nicht verwunderlich, dass über die Cheopspyramide und ihre Errichtung sehr viele Publikationen und Bauhypothesen vorliegen und zur Bauweise vielfältige Vorschläge gemacht wurden. Den meisten Hypothesen zum Pyramidenbau liegt die Cheopspyramide zugrunde.

Wie üblich ließ Cheops bald nach seinem Regierungsantritt die Planungen für sein Grabmal beginnen. Wahrscheinlich auch mit Blick auf den instabilen Untergrund in Dahschur und die sich dort herausgestellten Schwierigkeiten mit dem Untergrund wurde ein stabiles, die Landschaft bestimmendes Felsplateau als Bauplatz ausgewählt, welches auch eine nahe Lage zum Fruchtland hat und den Transport auch schwerster Lasten über Wasser bis nahe an die Baustelle ermöglichte. Das Gisa-Plateau, ca. 22 km nördlich von Dahschur und 12 km südwestlich von Kairo gelegen, bot mit seinem fein- bzw. grobfossilen sehr harten Nummulitenkalkstein[557] einen festen Baugrund, der auch einer hohen Bodenpressung standhält.[558] In unmittelbarer Nähe konnten Steinbrüche erschlossen werden. Die Pyramide selbst wurde auf einem Felssporn errichtet, der einen Teil des Kernbaus bildet und so Material- und Arbeitsaufwand ersparte.[559] Sichtbar ist dies an den Ecken (mit Ausnahme der Südwestecke) und an der Südseite der Pyramide.

Abb. 5.1.2.2.1 zeigt einen Lageplan des Gisa-Plateaus mit den drei Pyramiden, den Aufwegen, Totentempeln und Steinbrüchen. Cheops wählte als Bauplatz

---

557 Klemm und Klemm, Steine, S. 53 ff.

558 Oosterhoff, Bouwtechniek, p. 6. Die Bodenpressung beträgt danach unterhalb der Pyramidenspitze $3,6 \times 10\,000\,000\,\text{N/m}^2$.

559 Haase, Cheops, S. 17.

das Areal nordöstlich nahe der Kante des Wüstenplateaus zum Fruchtland. Seine Pyramide war somit weithin sichtbar.

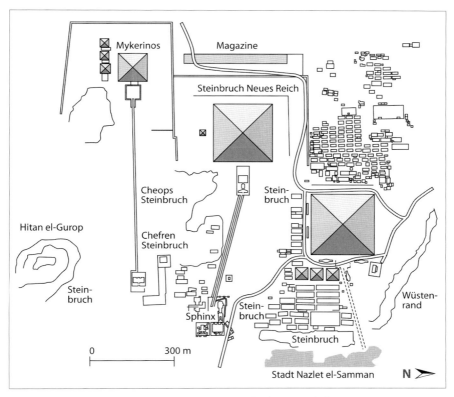

Abb. 5.1.2.2.1 Gisa-Plateau nach Klemm und Klemm

Reste des Taltempels wurden 1990 in der Siedlung Nazlet el-Samman etwa 750 m nordöstlich der Pyramide entdeckt.[560] Der Aufweg verlief von dort aus mit einem leichten horizontalen Knick an der Kante des Wüstenplateaus hinauf zum Totentempel. Die Länge betrug ca. 660 m[561] bei einer Steigung von ca. 5,7 %. Die Höhendifferenz zwischen Taltempel und Totentempel beträgt ca. 40 m.[562] Goyon, G., vermass bei Ausgrabungen 1964 die Basisbreite der ursprünglichen

---

560 Hawass, Cheopspyramide.
561 Lehner Cheops Projekt, S. 120.
562 ebenda, S. 111, fig. 2.

Abb. 5.1.2.2.2 Cheopspyramide, NO Ecke

Rampe des Aufwegs, deren Außenverkleidung aus Bruchsteinen übereinander geschichteter feiner Kalksteine bestand, mit 18,35 m. [563]

Die Cheopspyramide ist die wohl am meisten vermessene Pyramide (Vyse 1837[564], Lepsius[565], Petrie 1880–82,[566] Borchardt,[567] Cole,[568] Dorner,[569] Maragioglio und Rinaldi[570], Goyon, G. u. a.). Ihre Basislänge (Außenverkleidung) beträgt

---

563 Goyon, G., Aufweg.
564 Vyse, Operations.
565 Lepsius, Denkmäler I.
566 Petrie, Pyramids.
567 Borchardt, Dritte Bauperiode; Borchardt, Längen; Borchardt, Zahlenmystik.
568 Cole, Determination.
569 Dorner, Cheopspyramide.
570 Maragioglio IV, p. 14.

440 E/230,3 m. Bei einem Rücksprung des Verkleidungsmauerwerks von 22 Fingern auf eine Elle (Böschungswinkel von 51° 50' 40") ergab sich eine Höhe von 280 E/146,6 m.[571] Heute ist die Pyramide noch 138,8 m hoch und weist 201 Steinlagen auf. Früher sind es 210 Steinlagen gewesen.[572] Winkler äußert in diesem Zusammenhang die Vermutung,[573] dass die 9 heute fehlenden Steinlagen ausschließlich aus Tura Kalkstein bestanden und daher ebenso, wie die Außenverkleidung, als Baumaterial abgebaut wurden.

Hervorzuheben ist die Genauigkeit der Nivellierung der Pyramidenbasis, d. h. der Fundamentplattform, auf die dann die erste Reihe der Außenverkleidung aus Kalkstein gesetzt wurde. Die größte vertikale Abweichung dieser Basisplattform – gemessen über alle vier Seiten – beträgt 2,1 cm.[574] Ähnlich genau wurden die vier rechten Winkel an den Ecken bestimmt. Hierbei liegen die Abweichungen unterhalb von 0° 4'.

Die Höhe der einzelnen Schichten der äußeren Steinreihe des Verkleidungsmauerwerkes ist unterschiedlich; auf den vier Seiten der Pyramide hat jedoch jede Schicht stets dieselben vertikalen Abmessungen. Die Werte schwanken zwischen 52 cm und 150 cm.[575] Das Steinmaterial mit Ausnahme der Außenverkleidung aus feinem Kalkstein (Tura Maasara und Mokattam) ist überwiegend lokaler Herkunft und stammt aus der unmittelbaren Umgebung.[576] Der Abbau erfolgte in den Steinbrüchen aus dort vorhandenen Gesteinsschichten unterschiedlicher Dicke und bedingt so die verschiedenen Schichthöhen des Verkleidungsmauerwerks, die im Durchschnitt zur Spitze der Pyramide hin abnehmen.[577] Vermutungen, dass es sich bei mehrfach auftretenden Veränderungen der Schichthöhe zu größeren Abmessungen hin um die Deckschichten innerer Stufen handle,[578] kann entgegen gehalten werden, dass für diesen Fall die Stufenhöhen des Kernmauerwerks völlig unterschiedlich hoch wären. Dafür gibt es

---

571 Maragioglio IV, p. 12 ff; Borchardt vertritt in diesem Zusammenhang die Auffassung, dass beim Bau der Pyramiden das bestimmende Maß die Grundkante und der Rücksprung waren, woraus sich dann die Höhe automatisch ergeben habe (Borchardt, Zahlenmystik, S. 11).

572 Goyon, G., Messungen.

573 Winkler, Pyramidenbau, S. 102.

574 Borchardt, Längen, S. 7.

575 Ägyptische Pyramiden 2, S. 103; Goyon, Messungen; Petrie, Pyramids, Pl. VIII.

576 Klemm und Klemm, Stones.

577 Klemm und Klemm, Steine S. 54.

578 Brinks, Stufenhöhen.

jedoch keinerlei archäologische Belege. Die Zwischenräume zwischen den einzelnen Steinen wurden zum Druckausgleich mit Mörtel ausgegossen, der sich aus einer Mischung von Gips, Kalkmehl, Sand und Granitsplittern zusammensetzt.[579] Dadurch wurde eine hohe Stabilität über die gesamte Auflagefläche der Steine gegen Verschiebungen und bei Erschütterungen erreicht.

Von der Außenverkleidung sind insbesondere an der Nordseite noch Reste vorhanden. Sie zeigen, dass die Verkleidungssteine mit durchgehend geschlossenen Fugen aneinander gebaut wurden. Diese Art der Verlegung fordert für die Bearbeitung der Steine an 4 Flächen eine hohe Genauigkeit.[580] Die Steine sind mit der schmalen Seite nach außen – also als Binder – verlegt, und wurden mit ihrer exakt geglätteten Unterfläche mit einer dünnen Gipsschicht auf die vorhergehende Schicht aufgesetzt (geschoben).[581] Die von außen in Richtung Pyramideninneres gesehen zweite Steinreihe (Äußere Verkleidungsschicht bzw. Backing Stones) besteht ebenfalls aus feinem Kalkstein und ist in ihrer Lagerfläche sehr exakt rechtwinklig bearbeitet. Diese Steinschicht schloss unmittelbar an die äußeren Steine des Verkleidungsmauerwerks an.

Interessant ist die Tatsache, dass aufgrund der Messungen von Petrie[582] die heute sichtbaren Außenflächen der Pyramide leicht konkav nach innen vertieft geformt sind. An der Nordseite macht dies bis zu 94 cm aus.[583] Gossart hat am Tag der Sommersonnenwende die Pyramiden des Cheops und des Chephren um 18.00 Uhr (Tag- und Nachtgleiche) fotografiert und dabei diesen Einzug nur bei der Pyramide des Cheops nachgewiesen.[584] Ein vergleichbarer Einzug wurde auch bei der Roten Pyramide beobachtet.[585] Bei den nach der Cheopspyramide errichteten weiteren Stufenpyramiden wurde eine derartige Bauweise nicht mehr festgestellt. Die in diesem Zusammenhang mehrfach geäußerte Vermutung (Mendelsohn,[586] Maragioglio und Rinaldi), dass durch eine derartige Bauweise die Stabilität des Bauwerkes durch Ableitung der Kraftlinien über die Ecken erhöht werden konnte, erscheint mit Blick auf die im Verhältnis zur Seitenlänge

---

579 Stadelmann, Pyramiden, S. 109.
580 Borchardt, Längen, S. 15.
581 Arnold, Baukunst, S. 93.
582 Petrie, Pyramids, p. 43–49.
583 Maragioglio IV, p. 16.
584 Gossart, Cheops.
585 LÄ Band IV, S. 1228.
586 Mendelsohn, S. 151.

sehr geringe Einbuchtung keine ausreichende Begründung zu sein. Das Gleiche gilt für die Vermutung von Haase, dass durch eine derartige Bauweise den nach außen wirkenden Spannungen und Druckkräften entgegengewirkt werden könne.[587] Andererseits muss – aus welchen Gründen auch immer – hinter diesen Einzügen des Verkleidungsmauerwerks an zwei zeitlich unmittelbar nacheinander errichteten Pyramiden eine Absicht oder ein spezielles Bau- bzw. Messverfahren, vermutet werden.[588] Unterberger weist in diesem Zusammenhang auf die Methode der Vermessung einer Fläche über eine Peilung entlang der Fläche hin.[589]

Auch bei der Cheopspyramide ist der Eingangskorridor auf der Nordseite asymmetrisch leicht nach Osten versetzt und erreicht dann über die Große Galerie die obere Grabkammer.

Zur Bauweise des Kernmauerwerkes bei der Cheopspyramide können aufgrund verschiedener Beobachtungen folgende Aussagen getroffen werden:

- In die untere Hälfte der Südseite der Pyramide wurde 1837 von Vyse eine 9 m tiefe Bresche zwischen der 18. und 31. Steinlage gesprengt.[590] Dort war ersichtlich, dass das Mauerwerk weiter innen ebenfalls aus horizontal verlegten, meist nur grob behauenen Steinen besteht, wobei des Öfteren auch zwei Steine übereinander in einer Schicht mit viel Mörtel bzw. Füllmaterial dazwischen verbaut wurden.[591]

  In der oberen Hälfte der Bresche ist – wie von der oberen Galerie des Gebäudes der Sonnenbarke des Cheops aus durch in Inaugenscheinnahme leicht feststellbar ist (Abb. 5.1.2.2.3) – das Verkleidungsmauerwerk der Pyramide sowie wahrscheinlich danach eingebautes Steinmaterial sichtbar. Im unteren Teil könnte es sich bei den großformatigen Steinen um die Oberseite einer Stufe des Kernmauerwerks zu handeln.

  Lehner berichtet von dem Verlauf der Steinlagen an der Ostseite der Bresche, wo zwei Stufen von 1 und 1,2 m Höhe eines größeren inneren Baukörpers, die vielleicht den Mantel eines Stufenkerns bilden könnten, zu beobachten seien.[592]

---

587 Haase, Vermächtnis, S. 121.
588 Petrie, Building.
589 Unterberger, Tricks, S. 103.
590 Vyse, Operations.
591 Stadelmann, Pyramiden, S. 109.
592 Lehner, Schätze, S. 39.

Abb. 5.1.2.2.3 Bresche an der Südseite der Cheopspyramide

♦ Untersuchungen und Messungen des Autors im Jahr 2006 ergaben, dass in dem Grabräubertunnel, der – zwischenzeitlich erweitert – heute den Eingang zur Großen Galerie und der Grabkammer bildet, von außen nach innen auch eine Veränderung des Mauerwerks festzustellen ist: Abbildung 5.1.2.2.4 lässt in einer Entfernung von ca. 6 m vom Eingang an der rechten Gangseite die Schicht 6 mit 80 cm Steinhöhe und die Schicht 7 mit 100 cm Steinhöhe erkennen. Die Schichthöhen zeigen weitgehende Übereinstimmung mit den von Goyon an der Nordostecke gemessenen Werten[593] (90 bzw. 100 cm) und dürften daher dem Verkleidungsmauerwerk zuzurechnen sein.

In einer Entfernung von ca. 15 m vom Eingang ändern sich die Strukturen und Steinhöhen der Schichten 7 und 8. Wie Abb. 5.1.2.2.5 und 5.1.2.2.6

---

593 Goyon, G., Messungen.

(Detailaufnahme) zeigen, besteht dort die Schicht 7 (obere Bildhälfte) aus wesentlich flacheren Steinen (105 cm breit, 30 cm hoch; darunter 50 cm breit und 30 cm hoch; daneben 95 cm breit und 30 cm hoch). Unterschiedlich hohe Steine bilden auch in 18 m Entfernung vom Eingang die Schichten 7 (Abb. 5.1.2.2.7) und 8 (Abb. 5.1.2.2.8).

Abb. 5.1.2.2.4 Rechts die Schichten 6 und 7 ca. 6 m vom Eingang entfernt

Abb. 5.1.2.2.5 Veränderte Höhe der Steine in der Schicht 7 (obere Bildhälfte) in ca. 15 m Entfernung vom Eingang

Abb. 5.1.2.2.6 Schicht 7 (Detailaufnahme), bestehend aus flachen, übereinander angeordneten Steinen ca. 15 m vom Eingang entfernt

Abb. 5.1.2.2.7 Unterschiedlich hohe Steine in Schicht 7 ca. 18 m vom Eingang entfernt

Abb. 5.1.2.2.8 Unterschiedlich hohe Steine in Schicht 8 ca. 18 m vom Eingang entfernt

In einzelnen Schichten sind, wie auch bei dem Kernmauerwerk in der Bresche auf der südlichen Seite festgestellt wurde, flachere Steine übereinander liegend verbaut worden. Es dürfte sich dabei ab einer Entfernung von ca. 15 m vom Eingang des Grabräubergangs um das Innere eines stufenförmigen Kernmauerwerks handeln. Die von Goyon, G. gemessenen Steinhöhen des Verkleidungsmauerwerkes betragen in der Schicht 7 etwa 100 cm und in der Schicht 8 ungefähr 97 cm und haben damit wesentliche größere Abmessungen als die Steine im Inneren.

- 1987 führte ein französisches Forscherteam vom Gang zur Königinnenkammer aus drei Bohrungen mit einer Tiefe von ca. 2,5 m und einem Durchmesser von 3 cm schräg nach unten aus.[594] Dabei ergab sich, dass zwischen einzelnen Steinen des Kernmauerwerkes unterschiedlich breite Fugen (12, 52 und 83 cm) bestehen, die mit Sand und Schutt gefüllt sind.[595] Die Steine des Kernmauerwerks müssen bei einer derartigen Verlegung nicht so exakt wie beim Verkleidungsmauerwerk bearbeitet sein. Sand und Schutt sorgen darüber hinaus für exakten Druckausgleich zwischen den Blöcken unterschiedlicher Formate innerhalb der einzelnen Schichten mit der Wirkung einer Dehnungsfuge und führen so zu einer kosten- und zeitsparenden Verlegung. Diese Bauweise unterscheidet sich somit auch grundlegend von der des Verkleidungsmauerwerkes. Stadelmann weist in diesem Zusammenhang darauf hin, dass es sich bei den mit Sand gefüllten Zwischenräumen auch um den Abstand zwischen den großen Kalksteinen entlang des Ganges zur Königinnenkammer und dem übrigen Kernmauerwerk handeln könne.[596]

Damit wird an mehreren Stellen der Pyramide archäologisch deutlich sichtbar, dass die Baustruktur des Kernmauerwerkes eine andere als die des Verkleidungsmauerwerkes ist.

Die von Borchardt geäußerte Vermutung, die Cheopspyramide könnte als Schichtpyramide gebaut worden sein,[597] wurde mehrfach, so auch von Maragioglio und Rinaldi widerlegt.[598] Borchardt legte seiner Theorie die von ihm im aufsteigenden Gang zur Großen Galerie im Abstand von je 10 Ellen festgestellten »Gürtelsteine« zugrunde, die er als Begrenzung einzelner Schichten bezeichnete. Dagegen ist den Erläuterungen von Maragioglio und Rinaldi zuzustimmen,

---

594 Vermeulen, Cheopspyramide.
595 Lattermann, Pyramidenbau, S. 38.
596 Stadelmann, Pyramiden, S. 272.
597 Borchardt, Dritte Bauperiode, S. 2.
598 Maragioglio IV, p. 102.

wonach diese senkrecht angeordneten Steinplatten der Stabilität der schräg eingebauten schweren Verkleidungssteine des Ganges im ansonsten nicht sehr exakt gemauerten Kernmauerwerk – siehe oben – dienen. Trotz verschiedener Widerlegungen wurde der Vorschlag Borchardts von Brinks erneut aufgegriffen.[599] An der Spitze der Pyramide haben die Steine einer Lage ebenfalls gleiche Höhe, aber verschiedene Abmessungen in Länge und Breite (rechteckig, quadratisch). Dadurch wird zwischen den einzelnen Schichten mit jeweils unterschiedlich verlegten Steinen durch das Gewicht der darüber liegenden Steine und den dadurch erzeugten Druck ein sicherer Verbund hergestellt. Die mit Sand und Schutt aufgefüllten Zwischenräume liegen in jeder Schicht an anderer Stelle (Abb. 8.1.2).[600]

Vermutlich hat es trotz einer von Beginn an vorhandener Gesamtplanung verschiedene Bauabschnitte für den Fall gegeben, dass Cheops während der Bauzeit verstorben wäre.[601] Ähnliche Vermutungen wurden auch für den Bau der Pyramide des Snofru in Meidum geäußert.

Charakteristisch für die Bauweise der Cheopspyramide ist, dass in der Großen Galerie das bis dahin in der 4. Dynastie für Gewölbekonstruktionen übliche Kraggewölbe verwendet wurde und daneben auch erstmals Giebeldächer über den beiden Kammern und am Eingang der Pyramide gebaut wurden. Der Einsatz beider Gewölbearten ist nur bei der Cheopspyramide zu beobachten. Mit dem Verzicht auf die Errichtung von Grabkammern weit oberhalb der Basis bei den weiteren Pyramidenbauten im AR endete der Einsatz von Kraggewölben. Diese wurden durch die Giebeldachkonstruktion abgelöst, die ein neues Zeitalter in der physikalischen Beherrschung der Steinlasten oberhalb der Grabkammern einleitete.

Auf eine weitere Besonderheit beim Bau der Cheopspyramide sei nochmals hingewiesen: Absteigender sowie aufsteigender Korridor und Große Galerie haben in ihrer Anordnung eine verblüffende Ähnlichkeit mit dem Grabkammersystem der Nebenpyramide der Knickpyramide. Haben die Baumeister der Cheopspyramide nach Aufgabe der Arbeiten an der Felsenkammer auf das Grabkammerprinzip der Kultpyramide zurückgegriffen? Wahrscheinlich wurde für eine Erprobung dieser Anordnung eines Übergangs vom absteigenden in den aufstei-

---

599 Brinks, Stufenhöhen. Danach sollen die Höhensprünge des Verkleidungsmauerwerks nach Petrie die Existenz einer in der Lage darunter liegenden Kernstufenaußenkante erkennen lassen.

600 Maragioglio IV Addenda, TAV. 2, fig. 12–13.

601 Borchardt, Dritte Bauperiode, Tafel 1; Lattermann, S. 10; Haase, Vermächtnis, S. 115 ff; Winkler, Pyramidenbau, S. 104.

genden Korridor und in die anschließende große Galerie auch die »trial passage« als Modell nordöstlich der Cheopspyramide angelegt, den Petrie beschrieb.[602] Dabei sind Ein- und Ausgang von Nord nach Süd orientiert. Die Abmessungen der Gänge (Höhe und Breite) entsprechen denjenigen der Cheopspyramide; sie waren jedoch kürzer. Nach Stadelmann sollte damit die Bauweise eines absteigenden und aufsteigenden Ganges mit Übergang zu einer Galerie »getestet« bzw. erprobt werden.[603] Andere Ägyptologen vertreten die Auffassung, dass es sich dabei um den Unterbau einer weiteren Pyramide handle, da die trial passage auf der gleichen Nord-Süd-Achse wie die drei Königinnenpyramiden liegt.[604] Maragioglio und Rinaldi vertreten die gleiche Auffassung wie Stadelmann.

Viele Untersuchungen galten auch der Funktion der vier kleinen Schächte, die von den beiden oberen Grabräumen aus jeweils nördlich und südlich ansteigend durch das Kernmauerwerk verlaufen.[605] Sehr unterschiedliche Deutungen wurden formuliert: Aufstieg der Seele zum Himmel einerseits und Funktion von Belüftungsschächten während der Bauarbeiten andererseits. Kerisel hat sich darüber hinaus mit der Druckbelastung der Giebeldächer über der Grabkammer und mit einer Hypothese zur Funktion der Felsenkammer, nach der von dort aus eine Verbindung zum Wasserstand des Kanals im Fruchtland bestand, beschäftigt.[606]

Schuttmassen als Überreste größerer senkrecht auf die Pyramide zuführender Baurampen wurden in der Umgebung der Pyramide nicht gefunden. Lehner vermutet, dass eingesetzte Rampen aus Kalksteinbruch und Schutt bestanden und so später leicht abgebrochen werden konnten. Andererseits hätte – so Lehner weiter – eine Rampe vom Steinbruch bis zur Pyramidenspitze eine zu große Steigung gehabt.[607]

An den drei Königinnenpyramiden sind deren innere Strukturen als Stufenpyramiden sehr deutlich zu erkennen.[608] Der Baugrund der drei Königinnenpyramiden ist unregelmäßig und sinkt nach Süden hin ab. Jánosi weist darauf hin, dass bei gleichem Neigungswinkel der Pyramiden G I a und G I b die angestrebte gleiche scheinbare Höhe gegenüber dem umliegenden Gelände nur durch unter-

---

602 Petrie, Pyramids, Pl. 3b.
603 Stadelmann, Große Pyramiden, S. 166 ff.
604 Perring, Vyse.
605 Haase, Verschlusssteine; Kerisel, Pyramide de Khéops.
606 Kerisel, Pyramide de Khéops.
607 Lehner, Geheimnis, S. 216–217.
608 Lehner, Geheimnis, S. 124; Maragioglio IV Addenda, TAV. 14, fig. 8.

schiedlich vergrößerte Basislänge der drei Pyramiden erreicht werden konnte.[609] Die drei Königinnenpyramiden wurden ihrer Außenverkleidung, der äußeren Verkleidungsschicht und teilweise auch des Verkleidungsmauerwerks beraubt. Bei den Pyramiden G I b und G I c sind die Stufen des Kernmauerwerks erkennbar. Die Außenschichten der Stufen bestehen aus großen, rechteckig und gut behauenen Steinen, die an den Ecken abwechselnd als Binder und Läufer verlegt sind. Zumindest die Pyramiden G I b und c bestehen in ihrem Kernmauerwerk aus vier Stufen, wobei die unterste Stufe eine geringere Höhe als die anderen hat. Diese Tatsache ist später auch bei der Pyramide des Mykerinos und deren Königinnen- bzw. Kultpyramiden zu beobachten.

Zur Bauweise der 1992 an der Südostecke der Pyramide entdeckten Kultpyramide des Cheops[610] kann keine Aussage getroffen werden, da ihr Kernmauerwerk weitgehend abgetragen wurde. Das stark beschädigte Pyramidion aus Kalkstein wurde bei den Ausgrabungsarbeiten gefunden.

5.1.2.3 Die Pyramide des Djedefre

Abu Roasch
    Höhe: 66 m[611]
    Länge der Basis: 203 E/106,2 m
    Neigungswinkel: 52° (?)

Als Nachfolger des Cheops errichtete dessen Sohn Djedefre seine Pyramide etwa 8 km nördlich von Gisa in Abu Roasch auf einem exponierten Hügel. Mit einer Basislänge der Außenverkleidung von 200 E[612] und einem Neigungswinkel von 60°[613] hätte die Pyramide in etwa die Größe der Pyramide des Mykerinos gehabt. Aufgrund neuerer Untersuchungen[614] werden die Basislänge mit 202 E/106,2 m,[615] der Neigungswinkel mit 52° und die berechnete Höhe mit 66 m angegeben.

---

609 Jánosi, Königinnen, S. 78.
610 Hawass, Kultpyramide.
611 Valloggia, Egyptian Archaeology.
612 Maragioglio V, p. 32 und Addenda, TAV. 2.
613 Maragioglio V, p. 12.
614 Valloggia, Egyptian Archaeology.
615 Ein derart »ungerades« Maß für die Basis ist jedoch sehr ungewöhnlich.

Offen ist, ob die Pyramide während der nur 8-jährigen Regentschaft des Djedefre fertiggestellt wurde. Stadelmann verneint dies, da keinerlei Reste einer Kalksteinverkleidung – im Gegensatz zu der Granitverkleidung im unteren Bereich – gefunden worden seien.[616] Auch Maragioglio und Rinaldi lehnen eine Fertigstellung mit Hinweis auf ihre Untersuchungen ab.[617] Im Gegensatz dazu vertritt Valloggia aufgrund seiner Ausgrabungen und Untersuchungen an der Pyramide die Auffassung, dass diese fertiggestellt und erst in römischer Zeit demontiert wurde.[618] Auch Kühn schließt sich dieser Auffassung an.[619]

Abb. 5.1.2.3 Kernmauerwerk an der Westseite der Pyramide des Djedefre

---

616 Stadelmann, Pyramiden, S. 128.
617 Maragioglio V, p. 32.
618 Valloggia, Djedefre; Valloggia, Abu Roasch und Valloggia, Unvollendete Pyramiden.
619 Kühn, Sternenzelt.

Im Gegensatz zu der Bauweise für die Grabkammern bei der Roten Pyramide und auch bei der Cheopspyramide (erste Baustufe) errichtete man die Grabkammer bei der Pyramide des Djedefre – wie bei der Knickpyramide – in offener Bauweise: Der Schacht und die Kammer wurden aus dem Fels herausgearbeitet sowie später verkleidet und überdeckt. Damit wurde die schwierige Arbeit unter Tage über enge Gänge und bei schlecht zu bewerkstelligender Belüftung vermieden. Die großformatigen Verkleidungssteine des Korridors und der Grabkammer konnten so einfacher eingebaut werden. Der Grabkorridor verläuft genau in der Nord-Süd Achse (symmetrisch).

Aufgrund des umfangreichen Abbaus der Pyramide beträgt die Höhe des Pyramidenstumpfes heute nur noch 10–12 m. Nur wenige Schichten des Kernmauerwerkes sind neben dem Felsuntergrund in der Pyramidenmitte zu erkennen. Über die Baustruktur wurden bisher keine näheren Angaben gemacht. Aufgrund eigener Beobachtungen wird die Auffassung vertreten, dass auch bei der Pyramide des Djedefre das Kernmauerwerk z. T. aus Stufenmauern mit dahinter kleineren und willkürlich übereinander geschichteten Steinen besteht (Abb. 5.1.2.3, Westseite).

Schuttablagerungen einer beim Bau senkrecht zu einer Pyramidenseite angeordneten und später wieder abgebrochenen Baurampe sind nicht belegt.

5.1.2.4 Die Pyramide des Chephren

Gisa-Plateau
    Höhe: 273 E/143,5 m[620]
    Länge der Basis: 410 E/215,25 m
    Rücksprung 21 Finger auf eine Elle/Neigungswinkel: 53° 00' 10'

Chephren, jüngerer Bruder des Djedefre, wurde dessen Nachfolger und kehrte mit seinem Grabbau auf das Plateau nach Gisa zurück, wo er als Prinz schon ein Mastaba-Grab in der ersten Reihe des Ostfriedhofes vor der Cheopspyramide hatte errichten lassen.[621]

Die Basislänge der Pyramide misst 410 E/215,25 m und das Böschungsverhält-

---

[620] Abmessungen nach Lehner, Geheimnis, S. 17.
[621] Stadelmann, Pyramiden, S. 130.

nis beträgt 3:4,[622] welches im ägyptischen Messsystem im Verhältnis 21 F zu 28 F bzw. eine Elle ausgedrückt wird. Dies ergibt einen Neigungswinkel von 53°. Die rechnerische Höhe beträgt dann 273 E/143,5 m.[623] Auch bei dieser Pyramide trifft die Vermutung Borchardts zu, wonach die entscheidenden Maßvorgaben beim Pyramidenbau die Basislänge und der Rücksprung mit ganzzahligen Maßeinheiten waren.

Das Kammersystem ist von verblüffend einfacher Struktur; lange wurde ergebnislos nach weiteren Räumlichkeiten gesucht.[624] Offen ist jedoch, warum die Pyramide zwei Eingänge hat und einer davon im (nördlichen) Hof und damit außerhalb der Pyramide liegt. Dafür gibt es verschiedene Hypothesen:

- Die erste Planung habe eine wesentlich kleinere Pyramide vorgesehen, deren Grabkammer (die Felsenkammer) im Mittelpunkt der Pyramide angeordnet war. Die Basislänge hätte dann 200 Ellen betragen.[625] Allerdings stünden die Anordnung der Kammersysteme und der Eingänge dann nicht in Einklang mit den in der 4. Dynastie allgemein geltenden Schemata.
- Edwards vertrat die Auffassung, dass es eine erste Planung mit den Abmessungen der Pyramide gegeben habe, wobei die Grundfläche jedoch um ca. 70 m nach Norden verschoben gewesen sei.[626] Die Felsenkammer hätte dann eine zentrale Lage. Zu bemerken ist auch hier die asymmetrische Versetzung des Zugangs zur Grabkammer in östliche Richtung.
- Maragioglio und Rinaldi vertreten die Auffassung, dass der ursprüngliche Plan den Bau einer größeren Pyramide mit 470 Ellen Basislänge vorgesehen habe, da östlich der gebauten Pyramide im Bereich der nordöstlichen und südöstlichen Ecke bis zu 44,6 m von der heutigen Basislinie entfernt umfangreiche Fundamentierungen vorhanden sind.[627] Beobachtungen des Autors zeigen jedoch, dass es sich bei den »Fundamentierungen« an der SO-Ecke um eine Abstützung der Eckfundamente, die auf lockerem Gestein errichtet wurden, handelt. Die gewaltigen Steinplatten sind zum Tal hin in einem Winkel von 15–20° geneigt verlegt und kommen daher für eine Fundamen-

---

622 Petrie Pyramids, p. 97.
623 Becker, Chephren 1, S. 7.
624 Stadelmann, Pyramiden 4. Dynastie, S. 130.
625 Becker, Chephren 1, S. 7.
626 Edwars, Pyramiden, S. 100.
627 Maragioglio V, p. 118.

tierung nicht infrage. Darauf errichtete Fundamente würden abrutschen. Es erscheint viel wahrscheinlicher, dass diese Fundamentierungen der Stabilisierung des lockeren Gesteins dienen. Auch aufgrund heutiger Kenntnisse über Ausschachtungsarbeiten am nördlichen Felsrand, wonach diese erst in ramessidischer Zeit erfolgten, scheint die Hypothese für eine Pyramide mit der Basislänge 470 Ellen nicht mehr haltbar zu sein.[628]

- Die neueste Hypothese von Becker geht von einer ursprünglich größer geplanten Pyramide aus, die eine um jeweils 48 Ellen nach Norden und Osten erweiterte Grundfläche gehabt hätte.[629] Dann hätten sich der Grabgang auch genau in der Nord-Südachse und der heute im (nördlichen) Hof befindliche Eingang in der Nordwand befunden. Auch Gundacker sieht als Grund für den zweiten, außerhalb der Pyramide liegenden Eingang eine Verringerung der Pyramidengröße nach Baubeginn.[630]
- Winkler schlägt als Erklärung eine Verschiebung der Grundfläche der Pyramide um 135 E in Richtung Süden nach Beginn der Arbeiten zur unterirdischen Grabkammer, um einen rechtwinklig, mittig und breiten auf die Pyramide zuführenden Ost-West Aufweg mit daran anschließendem Totentempel anlegen zu können, ohne den Sphinx zu tangieren.[631]

Die Pyramide des Chephren ist insgesamt recht gut erhalten; an der Spitze existieren auf allen vier Seiten noch das Verkleidungsmauerwerk, die äußere Verkleidungsschicht und die Außenverkleidung (Abb. 5.1.2.4).[632] Unmittelbar darunter ist das sehr exakt verlegte Verkleidungsmauerwerk sichtbar. Im unteren Bereich und in den ersten Schichten über Grund sind die Schichten der äußeren Verkleidungsschicht (Backing Stones) zu erkennen.[633] Die Außenverkleidung wurde abgebrochen. Die gesamte Pyramidenanlage ist wohl – wie die Fertigstellung des Toten- und Taltempels sowie die weiteren Anlagen des Pyramidenbezirks vermuten lassen – zu Lebzeiten des Chephren vollendet worden.

---

628 Becker, Chephren 1, S. 12.

629 Becker, Chephren 1, S. 14.

630 Gundacker, Mykerinos, S. 37.

631 Winkler, Pyramidenbau, S. 119 ff.

632 Die Steine der äußeren Verkleidungsschicht schließen teilweise nicht bündig aneinander. Dies dürfte auf spätere Setzungen nach dem Abbau unterer Schichten und auf Erdbeben zurückzuführen sein.

633 Diese Schicht hat eine Abmessung, die z. T. wesentlich über den vergleichbaren Steinschichten der Cheopspyramide und der Pyramide des Mykerinos liegt.

Abb. 5.1.2.4 Chephrenpyramide

Über das Kernmauerwerk und seine Struktur sind keine zuverlässigen Aussagen zu treffen. Becker schätzt den Anteil des Felskerns auf 3,2 %.[634] Maragioglio und Rinaldi beschreiben zwar die z. T. lose und ohne Mörtel ausgeführte äußere Verkleidungsschicht,[635] stellen aber fest, dass es weder Anhaltspunkte für eine Schichtbauweise noch für Stufen im Kernmauerwerk gebe.[636] Becker verweist in diesem Zusammenhang auf die unregelmäßige Bauweise im Bereich des oberen Eingangs auf der Nordseite, bei dem etwas weiter ins Mauerwerk hineinreichende Lücken eine Aussage über eine andere Bauweise des Kernmauerwerks zuließen.[637] Lehner erwähnt eine Schilderung Belzonis aus dem Jahr 1818, wonach bei Freilegung eines Grabräuberganges, der auf der Nordseite angelegt war, immer wieder loses Gestein herabgestürzt sei.[638] Dabei könnte es sich nach Auffassung des Autors um Füllmaterial einer Kernstufe gehandelt haben.

Die Nivellierung der äußeren Verkleidungsschicht wurde anders als bei der Cheopspyramide vorgenommen: Die erste Steinschicht (Granit) der Außenver-

---

634 Becker, Chephren 2, S. 35.
635 Maragioglio V, p. 46.
636 Maragioglio V, p. 48.
637 Becker Chephren 2, S. 34.
638 Lehner, Schätze, S. 38.

kleidung liegt nicht auf einer nivellierten Schicht von Steinplatten, sondern direkt auf dem Felsen. Nivelliert wurde dann die Oberkante dieser untersten Schicht.[639] Ungeklärt ist die Frage, ob es nach Maragioglio und Rinaldi nur eine oder, wie Vyse meint, zwei oder nach Becker[640] sogar drei Schichten aus Granit gab.

Aufgrund der nahezu im ursprünglichen Bauzustand erhaltenen Spitze der Pyramide konnte Lepsius die Anbringung der obersten Steinlage und des Pyramidion rekonstruieren.[641]

Schuttablagerungen einer beim Bau senkrecht zu einer Pyramidenseite angeordneten und später wieder abgebrochenen Baurampe sind nicht belegt.

5.1.2.5. Die Pyramide des Bicheris (Nebka)

Saujet el-Arjan
    Höhe: unbekannt
    Länge der Basis: 410 E/215 m[642]
    Neigungswinkel: ?

Wahrscheinlich war einer der weiteren Brüder des Djedefre nach Chephren etwa 5 Jahre lang König. Sein Name wird teilweise als Baka bzw. Nebka und später als Bicheris geführt und findet sich in der großen Ausschachtung eines Pyramidengrabes in Saujet el-Arjan (Abb. 2.1; nördliche Pyramide).

Aufgrund der Abmessungen der quadratischen Pyramidengrundfläche von 204 m (einschließlich einer späteren Außenverkleidung ca. 215 m, also 410 Ellen)[643] und des erst seit Djedefre in diesem Umfang verwendeten Rosengranits zur Ausmauerung der Grabräume ist diese Pyramide der späten 4. Dynastie zuzuordnen.[644] Die Einbettung des Sarkophags in die Pflasterung und die Ähnlichkeit des Grundrisses mit der Pyramide des Djedefre sprechen ebenfalls für diese zeitliche Einordnung.[645] Die große Grabkammer, zu der ein langer offener

---

639 Maragioglio V, p. 48 und 50.

640 Becker, Chephren 2, S. 33.

641 Stadelmann, Pyramiden, S. 134; Lepsius, Denkmäler I, S. 27.

642 Maragioglio VI Addenda, TAV. 2, fig. 4.

643 Maragioglio VI Addenda, TAV. 2, fig. 4.

644 Lauer, Saujet el-Arian; Maragioglio VI, p. 16–26.

645 Valloggia, Unvollendete Pyramiden.

Schacht hinunterführt, war offensichtlich fertiggestellt. Die Abmessungen lassen den Schluss zu, dass eine ähnlich große Pyramide wie die des Cheops geplant war. Gewaltig ist auch die Fundamentierung der Grabkammer mit 4,5 m dicken Granitplatten.

Maragioglio und Rinaldi fanden von der eigentlichen Pyramide nur wenige Schichten des Verkleidungsmauerwerkes vor.[646] Für die innere Bauweise lassen sich daraus keine Schlüsse ableiten.

5.1.2.6 Die Pyramide des Mykerinos (Menkaure)

Gisa-Plateau
    Höhe: 126 E/66 m
    Längen der Basis: 200 E/104,6 m
    Rücksprung 22 Finger auf eine Elle/Neigungswinkel: 51° 50'

Mykerinos, Sohn des Chephren, errichtete sein Grabmal wiederum in Gisa. Es ist dort die kleinste der drei Königspyramiden mit einer Basislänge von 200 Ellen/ 104,6 m und einem Neigungswinkel von 51° 50'. Die ursprüngliche Höhe betrug 66 m.[647] Maragioglio und Rinaldi vertreten unter Berücksichtigung der früher durchgeführten Messungen (Perring und Vyse, Goyon) die Auffassung, dass die Basislänge 200 Ellen, also 104,6 m betrug.[648]

Als Bauplatz für die dritte Pyramide auf dem Gisa-Plateau verblieb nur noch der Bereich südwestlich der Chephrenpyramide. Maragioglio und Rinaldi untersuchten das Areal ausgiebig und wiesen auf umfangreiche Nivellierungsarbeiten vor Baubeginn hin.[649] So musste der Felsen im nordwestlichen Bereich bis zu 3 m abgearbeitet werden. Andererseits erforderten die Fundamente der Pyramide im östlichen und südlichen Bereich, insbesondere aber an der Nordostecke eine Unterfütterung bis zu drei Steinlagen. Unklar ist auch, warum die Steinbrucharbeiten im nordwestlichen Bereich der Pyramide plötzlich eingestellt wurden.

---

646 Maragioglio VI Addenda, TAV. 3 fig. 2.
647 Stadelmann, Pyramiden, S. 142.
648 Maragioglio VI, p. 96.
649 Maragioglio VI Addenda, TAV. IV, fig. 1 und TAV. VI, p. 32.

Maragioglio und Rinaldi berichten von Trennfugen von 0.7 m und Steinabmessungen (Breite bzw. Länge) von 3 bzw. 2,5m.[650]

Ähnlich wie die Pyramide des Chephren weist auch diese Pyramide zwei, wiederum leicht nach Osten hin verschobene Gänge zur Grabkammer auf. Ob es eine erste Planung einer Pyramide mit einer Basislänge von 100 Ellen gab, wie Petrie vermutet, ist nicht nachweisbar. Der innere Gang zur Grabkammer (Abb. 5.1.2.6.1), der heute keine Verbindung nach außen hat, könnte dafür ein Indiz sein. Andererseits könnte es sich bei diesem Gang um einen kombinierten Lüftungs- und Transporteingang für die Arbeiten in den Kammern handeln. Wie schon bei den Pyramiden seit Chephren wurden Gänge (teilweise) und Grabkammer mit Granit verkleidet. Das Giebeldach der Grabkammer ist erstmals bei einer Pyramide als Tonnengewölbe ausgearbeitet. Wie in Kapitel 4.3.1.1. »Zugkräfte (Gleitreibung)« erläutert, haben die Deckenbalken aus Granit für das Tonnengewölbe der Grabkammer Abmessungen bis zu 4,2 m mal 0,6 m mal 0,9m. Die Nutzung des oberen »Transportgangs« bietet sich geradezu an. Gundacker vertritt die Auffassung, dass ursprünglich eine wesentlich größere Pyramide geplant war und erst als Ergebnis mehrerer Umplanungen die Abmessungen der gebauten Pyramide festgelegt wurden.[651] Dafür könnten die nicht he-

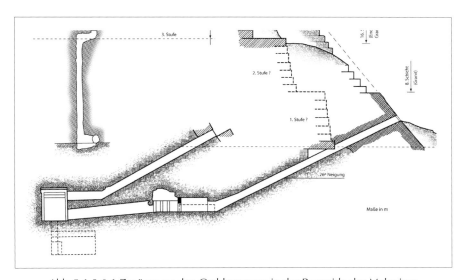

Abb. 5.1.2.6.1 Zugänge zu den Grabkammern in der Pyramide des Mykerinos

---

650 ebenda, TAV. VI, p. 32.
651 Gundacker, Mykerinos, S. 37.

rausgebrochenen Steinquader im nordwestlichen Bereich sprechen. Wegen ihrer Größe kommen sie nur für Fundamente und nicht für den Bau der Pyramide selbst infrage.

Die Außenverkleidung der Pyramide bestand von der Basis aufsteigend aus 16 Schichten weitgehend ungeglätteten Rosengranits unterschiedlicher Qualität aus Assuan (Abb. 5.1.2.6.2).[652]

Abb. 5.1.2.6.2 Verkleidung im unteren Bereich der Pyramide mit Granitsteinen

Die darüber liegenden Schichten der Außenverkleidung wurden in Kalkstein ausgeführt.[653] In die Nordseite wurde durch die Mameluken eine bis zu 8 m tiefe Bresche geschlagen, die heute einen Blick in die innere Baustruktur der Pyramide zulässt (Abb. 5.1.2.6.3).

Maragioglio und Rinaldi haben dazu eingehende Untersuchungen angestellt.[654] Daraus ergibt sich, dass das Kernmauerwerk aus einzelnen Stufen mit einem Neigungswinkel der Außenmauern von etwa 80° besteht (Abb. 5.1.2.6.4). Die äußere Schicht der einzelnen Stufen ist aus großen, gut behauenen Steinen errichtet worden. Dahinter befindet sich Mauerwerk aus kleinerem und weniger exakt behauenem Steinmaterial ganz unterschiedlicher Formate.

Beobachtungen und Untersuchungen des Autors im Jahr 2006 ergeben fol-

---

652 Maragioglio VI, p. 34.

653 Nach Stadelmann, Pyramiden, S. 142 »geglättet«; Klemm und Klemm, Stones, verweisen auf im Umfeld der Pyramide lose liegende Kalksteine der Außenverkleidung, deren Herkunft der Bereich Tura ist.

654 Maragioglio VI, p. 34 ff. und p. 94 ff. sowie Addenda, TAV. 4, fig. 2, Schnitt S-N.

Abb. 5.1.2.6.3 Nordseite der Pyramide des Mykerinos

genden Sachverhalt: In der Bresche sind die teilweise herausgeschlagenen Einfassungssteine der Stufe 3 des Kernmauerwerks und die der 4. Stufe sichtbar. Die Abb. 5.1.2.6.5 zeigt im unteren Bildteil in der Mitte die 2. und 3. Steinlage der Einfassungssteine der 3. Stufe (vergleiche Abb. 5.1.2.6.4) und darüber in der rechten Bildhälfte die nicht herausgeschlagenen Einfassungssteine der Schichten 4 bis 7 derselben Stufe. Dahinter in Richtung Pyramideninneres ist das innere Kernmauerwerk der dritten Stufe mit unterschiedlichen Steinformaten der einzelnen Lagen zu erkennen.

Die sichtbaren Stufen 3 und 4 sind jeweils in 7 Steinlagen ausgeführt. Die Höhen der Stufen 3 und 4 betragen 8,5 m bzw. 8,4 m; der Rücksprung auf der Oberkante der Stufe 2 ist mit 5 m etwas größer als derjenige auf der Oberkante der Stufe 3 mit 4,2 m. Der Zwischenraum zwischen dem stufenförmigen Kernmauerwerk und der äußeren Verkleidungsschicht – das Verkleidungsmauerwerk – ist ebenfalls mit nur grob behauenen Steinen größeren Formats ausgefüllt (Abb. 5.1.2.6.6, rechte Seite der Bresche in Stufe 4). Nach außen hin ist das Ver-

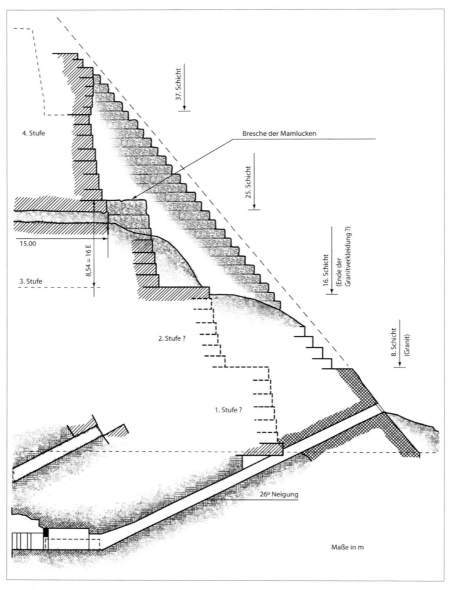

Abb. 5.1.2.6.4 Schnitt durch die Pyramide des Mykerinos nach Maragioglio und Rinaldi von Nord (rechts) nach Süd

Abb. 5.1.2.6.5 Die 2. und 3. Steinlage der 3. Stufe des Kernmauerwerks (Vordergrund) sowie (rechts) deren 4. bis 7. Steinlage. Im Hintergrund Stufe 4 des Kernmauerwerks

kleidungsmauerwerk waagerecht in Schichten verlegt (Abb. 5.1.2.6.7). Die Backing Stones sind exakt bearbeitet.

Schuttablagerungen einer beim Bau senkrecht zu einer Pyramidenseite angeordneten und später wieder abgebrochenen Baurampe sind nicht belegt.

Südlich der Hauptpyramide befinden sich die Kultpyramide (G III a) sowie zwei Königinnenpyramiden (G III b und c). Auch dort ist – wie bei den Königinnenpyramiden der Cheopspyramide – die Stufenbauweise deutlich zu erkennen.[655] Die Stufenhöhen betragen bei den Pyramiden G III b und c jeweils knapp 6 m; der Rücksprung an der Oberkante der zweiten Stufe misst 3,5 m (G III b) bzw. 3,9 m (G III c).[656] Die Blöcke der Mauern des Kernmauerwerks sind ebenfalls sorgfältig bearbeitet und an den Ecken abwechselnd als Binder und

Abb. 5.1.2.6.6 Verkleidungsmauerwerk der Stufe 4

Abb. 5.1.2.6.7 Backing Stones der Stufe 4

---

655 Maragioglio VI Addenda, TAV. 12, fig. 1–3.

656 Reisner, Mycerinos, p. 62 und Maragioglio VI Addenda, TAV. 13, fig. 3 und TAV. 14, fig. 2.

Läufer verlegt.[657] Das Füllmauerwerk der einzelnen Stufen besteht aus kleineren, ungefähr rechteckig behauenen Steinen. Die Zwischenräume sind mit Kalksteinsplittern und Mörtel aufgefüllt.

Nach Auffassung von Jánosi und Lehner ist lediglich die Pyramide G III a als Kultpyramide fertiggestellt und vollständig verkleidet gewesen, während die Pyramiden G III b und G III c nur in ihrer Kernmauerwerkstruktur errichtet und nicht verkleidet wurden. Jeglicher Hinweis darauf fehle.[658] Jánosi zieht daraus die Schlussfolgerung, dass wegen zu geringen Abstands der Pyramiden untereinander Verkleidungen in Form einer Stufen- bzw. Knickpyramide geplant waren. Der nicht ausreichende Abstand zwischen mit einem Neigungswinkel von ca. 52° verkleideten Pyramiden einschließlich der Tempel an den Ostseiten zwinge dazu. Auch Stadelmann vertrat dem Autor gegenüber die Auffassung, dass die Pyramiden G III b und G III c wahrscheinlich nur in Form der Kernstufenstruktur geplant worden seien. Dieser Auffassung kann entgegen gehalten werden, dass eine derartig gravierende Abweichung von der Form der »klassischen« Pyramide den Baumeistern der damaligen Zeit kaum unterstellt werden kann. Entweder waren die Pyramiden ohne die »klassische« Verkleidung mit gleich bleibender Neigung geplant oder es waren ursprünglich zwischen den Königinnen-Pyramiden G III b und G III c keine Totentempel vorgesehen. Die Entscheidung für diese außergewöhnliche Anordnung ist bisher nicht erklärbar. Nach Hawass wird allgemein davon ausgegangen, dass die Nebenpyramide G II b mit Kalkstein verkleidet war, auch wenn davon keine Reste gefunden wurden.[659] Die Nebenpyramide G III c sollte möglicherweise ebenfalls eine Verkleidung erhalten.

Die in der Bresche des Pyramidenmauerwerks auf der Nordseite der Pyramide des Mykerinos deutlich sichtbare Bauweise des Kernmauerwerkes zeigt, dass eine durchgehende Verlegung einzelner Steinschichten über den jeweiligen Querschnitt der Pyramide nicht erfolgte, sondern dass der Bau der Pyramide – und das gilt auch für die drei Nebenpyramiden – als Stufenpyramide (siehe Abschnitt 2.1 »Definition Baustrukturen«) mit daran anschließend erfolgtem Bau der Außenverkleidung vorgenommen wurde.

---

657 Maragioglio VI, p. 88.

658 Jánosi, Königinnen, S. 85; Lehner, Geheimnis, S. 134.

659 Hawass, Schätze, Königinnenpyramiden, S. 149/149.

5.1.2.7 Die Mastaba el-Faraun des Schepseskaf

Saqqara Süd
> Höhe: 18 m
> Grundfläche: 200 auf 150 E/99,6 auf 74,4 m
> Neigungswinkel: 70°

Schepseskaf als Sohn und Nachfolger des Mykerinos baute sein Königsgrab nicht als Pyramide, sondern als zweistufige Mastaba mit den Abmessungen von 200 mal 150 E/99.6 mal 74,4 m und einer Höhe von etwa 18 m auf der Hochebene in Saqqara Süd. Die Neigung des Kernmauerwerkes der beiden Stufen beträgt 70°. Die Außenverkleidung bestand in der Sockelschicht aus Rosengranit und weiter oben aus Kalkstein (Tura).[660]

In der Bresche am Eingang an der Nordseite kann man erkennen, dass im Inneren der Stufen des Kernmauerwerkes – ebenfalls wie bei der Pyramide des Mykerinos – weniger gut behauene Steine unterschiedlicher Größe verwendet wurden.[661]

Trotz der völlig unterschiedlichen Form einer Mastaba anstelle der einer Pyramide zeigt sich in der Bauweise dennoch eine Ähnlichkeit mit der Bauweise der Stufenpyramiden.

5.1.2.8 Die Pyramide des Userkaf

Saqqara Nord
> Höhe: 94 E/49 m
> Länge der Basis: 140 E/73,3 m
> Rücksprung 21 Finger auf eine Elle/Neigungswinkel: 53°

Userkaf, erster König der 5. Dynastie, kehrte beim Bau seines Grabmals zur Pyramidenform zurück und ließ seine Pyramide unmittelbar nordöstlich des Pyramidenbezirks von Djoser in Saqqara Nord errichten. Die Basislänge betrug 140 E/73,3 m. Bei einem Neigungswinkel von 53° ergab sich eine Höhe

---

660 Stadelmann, Pyramiden, S. 152; Klemm und Klemm, Stones; Valloggia, Unvollendete Pyramiden.
661 Maragioglio VI Addenda, TAV. 16, fig. 1.

von 94 E/49 m.⁶⁶² Mit dieser Pyramide beginnt eine Phase des Pyramidenbaus mit kleineren Abmessungen. Diese Entwicklung setzte sich bis gegen Ende der 6. Dynastie (Pepi II.) fort. Das Kernmauerwerk der Pyramide des Userkaf besteht aus Steinen größeren und auch unterschiedlichen Formats⁶⁶³ und ist (wahrscheinlich) in Stufenbauweise errichtet.⁶⁶⁴ Die Steine wurden locker und mit viel Mörtel bzw. Schutt dazwischen aufgeschichtet. Nach Abbau der Außenverkleidung aus Tura-Kalkstein trat eine starke Erosion ein, die zu einem Verfall des Verkleidungs- und des Kernmauerwerkes führte.⁶⁶⁵

Mit dem Bau der Pyramide des Userkaf trat in der 5. Dynastie auch eine Veränderung beim Bau des Verkleidungsmauerwerkes ein: Dieses wurde im Gegensatz zu den Pyramiden der 4. Dynastie, bei denen es aus Lagen gut bearbeiteter und größerer Steinformate besteht, mit Steinen kleineren und unregelmäßigen Formats ausgeführt. Die dagegen sehr gut verfugte Außenverkleidung aus Kalkstein bildete einen Mantel, der eine Verwitterung bzw. eine Erosion des Kernbaus, wie sie später nach Entfernen der Außenverkleidung eintrat, verhinderte. Eine weitere Neuerung war die Anordnung des Totentempels an der Südseite der Pyramide.

Die Kult- und die Königinnenpyramide des Userkaf sind in Stufenbauweise errichtet. Dabei sind von der Kultpyramide nur noch die beiden untersten Stufen erhalten; die Königinnenpyramide hatte ein dreistufiges Kernmauerwerk.⁶⁶⁶ Die Abmessungen dieser Pyramide stimmen fast genau mit denen der Königin Chentkaus II. in Abusir überein.⁶⁶⁷ Die Stufenbreite bei der Kultpyramide beträgt ca. 1,5 m und die Stufenhöhe 3 m.⁶⁶⁸

---

662 Maragioglio VII, p. 12.

663 Firth meint, das noch großformatige Kernmauerwerk ähnle mehr der Bauweise der 4. als derjenigen der 5. und 6. Dynastie (Firth, Exvacations, p. 68).

664 Maragioglio VII, p. 12.

665 Stadelmann, Pyramiden, Tafel 63 a.

666 Maragioglio VII, p. 22 und 22.

667 Verner, Pyramiden, S. 311.

668 Maragioglio VII Addenda, TAV. 2, fig. 1.

5.1.2.9 Die Pyramide des Sahure

Abusir
   Höhe: ca. 90 E/ 47 m
   Länge der Basis: 150 E/78,75 m
   Neigungswinkel: ca. 50°

Sahure wählte als Standort für seine Pyramide eine Stelle in der Nähe von Abusir, an der später auch weitere Herrscher der 5. Dynastie ihre Pyramiden errichten ließen (Abb. 5.1.2.9.1).

Die Basislänge der Pyramide betrug 150 E/78,75 m; der Böschungswinkel lag bei ca. 50°, sodass sich eine Höhe der Pyramide von etwa 90 E/47 m ergab. Die

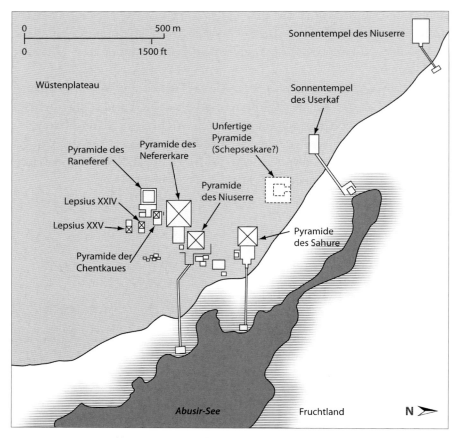

Abb. 5.1.2.9.1 Anordnung der Pyramiden in Abusir

Bauweise in 5 Stufen (oder mit einer weiteren 6. Stufe an der Pyramidenspitze)[669] mit horizontal verlegten Steinschichten (Länge 1,5–2 m, Breite 0,8–1 m und Höhe 0,15–0,4 m) entspricht derjenigen der Pyramide des Userkaf. Zur Breite der einzelnen Stufen liegen keine exakten Angaben vor; Maragioglio und Rinaldi geben in einer Rekonstruktionszeichnung die Stufenhöhe mit 7 m und die Breite mit knapp 5 m an.[670] Das Kernmauerwerk besteht, wie eigene Beobachtungen und Untersuchungen ergaben, aus locker aufgeschichteten Steinen mit viel Schottermaterial und Nilschlamm dazwischen (Abb. 5.1.2.9.2).

Zum Bauverlauf stellte Borchardt fest, dass auf der Nordseite eine T-förmige Lücke gelassen wurde, um – so seine Vermutung – den Bau des Grabkorridors und der Sargkammer zeitlich parallel mit dem Bau des Kernmauerwerkes der Pyramide zu beginnen.[671] Eine derartige Vorgehensweise ist bis dahin nur bei den Pyramiden des Djedefre in Abu Roasch und des Nebka in Saujet el-Arjan vorstellbar, wo die Eingänge zur Grabkammer und die Kammer selbst ebenfalls in »offener Bauweise« errichtet wurden.

Die Lücke über dem Grabkorridor ist mit kleinformatigem Mauerwerk aus-

Abb. 5.1.2.9.2 Pyramide des Sahure in Abusir

---

669 Maragioglio VII, p. 46.
670 Maragioglio VII Addenda, TAV. 8, fig. 4.
671 Borchardt, Sahure S. 70–71.

gefüllt.⁶⁷² Die Außenverkleidung bestand aus Kalkstein aus der Gegend Tura-Maasara; Granit wurde nicht verwendet.⁶⁷³ Auf eine bauliche Besonderheit sei noch hingewiesen: Die Ostseite der Pyramide steht südlich vom Totentempel etwa 1,6 m weiter vor als an der nördlichen Seite. Eine Erklärung dafür gibt es nicht. Andererseits ist ein derart grober Messfehler kaum vorstellbar.

Bei Grabungsarbeiten wurde in den vergangenen Jahren der Taltempel mit den Anlagestellen freigelegt und entlang des Aufwegs Steinblöcke, die zu dessen Wänden gehörten und die z. T. Reliefs aufweisen, gefunden.⁶⁷⁴ Bemerkenswert ist ein Block, auf dem das Transportieren des Pyramidion durch eine Zugmannschaft dargestellt ist und aus dessen Beschriftung hervorgeht, dass das Pyramidion mit Elektrum⁶⁷⁵ bedeckt war.

5.1.2.10 Die Pyramide des Neferirkare

Abusir
    Höhe: ca. 73 m
    Länge der Basis: 200 E bzw. 179 E/105 m bzw. 94 m
    Neigungswinkel: 54°

Neferirkare – ein Bruder des Sahure – ließ weiter südlich in Abusir auf einem Hügel seine Pyramide errichten, die in ihren Abmessungen derjenigen des Mykerinos ähnelt. Borchardt nennt als Basislänge 200 E/105 m;⁶⁷⁶ Maragioglio und Rinaldi haben dagegen die Basislänge mit nur 179 E/94 m ermittelt.⁶⁷⁷ Borchardt stellte anhand eines in situ in der untersten Reihe gefundenen Verkleidungsblocks aus Granit einen Steigungswinkel von 54° fest, der einem 5-Handbreiten-Rücksprung auf eine Elle Steigung recht nahe kommt.⁶⁷⁸ Die Höhe der fertigen Pyramide hat ca. 73 m betragen. Die heutige Höhe wurde mit 49 m vermessen. Es handelt sich wiederum um eine Stufenpyramide mit 6 – bzw. nach Verner –

---

672 Borchardt, Sahure, S. 70.
673 Borchardt, Sahure, S. 68.
674 Hawass, Schätze, Die Blöcke von Abusir, S. 260 ff.
675 Elektrum ist eine Legierung aus Gold und Silber.
676 Borchardt, Neferirkare, S. 39.
677 Maragioglio VII, p. 116.
678 Borchardt, Neferirkare, S. 39.

mit 8 Stufen. Die äußeren Schichten der Stufen des Kernmauerwerks sind aus gut bearbeiteten Steinen unterschiedlichen Formats (Höhe zwischen 50 und 70 cm) mit einem Rücksprung von ca. 10–15 cm (Neigungswinkel 77°) errichtet (Abb. 5.1.2.10).

Die Stufenbreite beträgt etwa 8 E/4 m;[679] die Stufenhöhe nimmt von unten nach oben ab (8–6 m). Das Verkleidungsmauerwerk besteht aus kleineren, nur lose aufgeschichteten Steinen;[680] Mörtel ist kaum zu finden. Nach Verner waren an der untersten Stufe bereits Stellen mit der Außenverkleidung aus Kalkstein angebracht worden, die an der Nordseite noch zu erkennen waren.[681] Andererseits berichtet Stadelmann, dass – nachdem kein Kalkstein aus Tura, sondern nur Granit zur Verkleidung der untersten Lagen gefunden wurde – angenommen werden kann, dass die Pyramide nicht fertiggestellt wurde.[682]

Abb. 5.1.2.10 Obere Stufen des Kernmauerwerks der Pyramide des Neferirkare

Die sehr gut sichtbare Struktur des Kernmauerwerks der Pyramide beschäftigte bereits Lepsius, der daran seine Theorie der geböschten Schalen als Bau-

---

679 Maragioglio VII Addenda, TAV. 9.
680 Borchardt, Neferirkare, S. 41 oben.
681 Verner, Pyramiden, S. 326.
682 Stadelmann, Pyramiden, S. 171.

weise der Pyramiden entwickelte,[683] die später Borchardt übernahm. Maragioglio und Rinaldi führten in den sechziger Jahren des vergangenen Jahrhunderts ebenfalls eingehende Untersuchung durch und berichteten von einer sichtbar doppelten Kernmauerstruktur am Eingangsbereich.[684]

Später begannen die Forschungen des tschechischen Archäologenteams unter Führung von Verner in Abusir und die Untersuchungen zur Baustruktur der Pyramide des Neferirkare. Sie führten zu einem überraschenden Ergebnis: Die Pyramide wurde in verschiedenen Abschnitten gebaut. Verner hat dazu eine Rekonstruktionsskizze veröffentlicht.[685] Der ursprüngliche Entwurf sah danach 6 Stufen vor; die unterste Stufe war doppelt so hoch als die anderen Stufen und teilweise schon mit einer Verkleidung aus feinem, weißem Kalkstein versehen. War geplant, von der Form der klassischen Pyramide zu einem stufenförmigen Äußeren zurückzukehren? Anschließend ist wohl die Entscheidung für den Umbau zu einem 8-stufigen Kern mit Verkleidungsmauerwerk für eine gleich bleibende Neigung der Außenfläche der Pyramide gefallen. Nach Verner wurde die Außenverkleidung der zweiten Bauphase nicht fertiggestellt und die Pyramide nie vollendet.[686] Die wissenschaftlichen Untersuchungs- und Forschungsergebnisse dazu liegen bisher nicht vor.

Es wäre ja auch denkbar, dass die sowohl von Maragioglio und Rinaldi als auch von Verner beobachtete doppelte Kernmauerstruktur der untersten Schicht mit einem gleichzeitigen Bau der Kernmauern und des Grabes sowie des Schachtes, wie bei der Pyramide des Sahure zu beobachten ist, in Zusammenhang gebracht werden könnte. Die Auffassungen von Perring[687] und Stadelmann,[688] wonach die Pyramide in derselben Art und Weise wie die Pyramide des Snofru in Meidum gebaut und später verkleidet wurde, lassen sich aufgrund eingehender Beobachtungen des Autors vor Ort nicht bestätigen. Zur Bauweise berichtet Borchardt, dass die Konstruktion der Ecken des Kernmauerwerkes, die an einigen Stellen gut sichtbar ist, derjenigen im Unterbau des Obelisken von Abu Gurab gleicht. Er hat dazu eine Konstruktionszeichnung erstellt.[689]

---

683 Lepsius, Bau.
684 Maragioglio VII, p. 144.
685 Verner, Pyramiden, S. 325.
686 Verner, Pyramiden, S. 326 ff. (Abb. 5.1.2.9.1). Verner, Pyramiden der 5. Dynastie.
687 Perring, Pyramids III, Appendix 19.
688 Stadelmann, Pyramiden, S. 171.
689 Borchardt, Neferirkare, S. 41 unten..

5.1.2.11 Die unvollendete Pyramide des Schepseskare

Zwischen die Regentschaft des Neferirkare und seines Sohnes Neferefre ist die wahrscheinlich nur 7 Jahre während Herrschaft des Schepseskare einzuschieben. Verner schreibt ihm den Aushub für eine Pyramide am nördlichen Rand der Nekropole von Abusir etwa in der Hälfte der Entfernung zwischen der Pyramide des Sahure und des Sonnentempels des Userkaf zu.[690] Über Planierarbeiten und den Beginn der Ausschachtung für die Grabkammer kamen die Bauarbeiten nicht hinaus. Die Flächenausmaße lassen den Schluss zu, dass diese Pyramide nach der des Neferirkare die zweitgrößte in Abusir hätte werden sollen.

5.1.2.12 Die unvollendete Pyramide des Neferefre (Raneferef)

Abusir
   Höhe: unbekannt
   Länge der Basis: 150 E/79 m
   Neigungswinkel: ?

Neferefre ließ den Bau seines Grabmals südwestlich der Pyramide des Neferirkare beginnen. Die Bauarbeiten wurden aber offensichtlich bereits vor Vollendung der ersten Stufe der Pyramide eingestellt.[691] Heute beträgt die Höhe nach Angaben von Maragioglio und Rinaldi etwa 4,5 m, nach Angaben von Verner 7 m.[692] Durch den Abbruch der Bauarbeiten ist es möglich, über die Gründung, Baustruktur und Baumethode der Pyramide durch Ausgrabungen Detailkenntnisse zu gewinnen. Die erste Stufe steht nicht auf Felsgestein, sondern nach Verner auf Lagen mächtiger Kalksteinblöcke, die nach Ausschachten der Grabkammer und des nördlichen Grabschachtes auf das planierte Gelände verlegt wurden. Maragioglio und Rinaldi berichten von <u>einer</u> sichtbaren Lage. Darauf wurden dann unter Verwendung von Mörtel die Außenmauern des Kernmauerwerks der ersten Stufe in den ersten 3–4 Lagen in etwa 1 m hohen Schichten mit Kalksteinblöcken bis zu 5 m Länge errichtet. Sie waren an den Ecken – wie bei der Pyramide

---

690 Verner, unvollendete Pyramide.
691 Stadelmann, Pyramiden, Tafel 66.
692 Maragioglio VII, p. 176 ff.; Verner, Pyramiden, S. 338 ff.

des Neferirkare – gut zusammengefügt. In den nachfolgenden Schichten wurden kleinere Steine verwendet. Die einzelnen Lagen hatten jeweils einen geringen Rücksprung. Die Mauern des Kernmauerwerkes entlang des Korridors und der Grabkammer wurden ähnlich – jedoch auch mit kleineren Steinformaten – gebaut. An der Pyramide des Neferefre werden wiederum zeitsparend gleichzeitig die Grabkammer und der Korridor mit dem Kernmauerwerk errichtet. Diese Bauweise ist seit Sahure als »Abusir-Bauweise« typisch für den Pyramidenbau. Grabkammer und Korridor der Pyramide des Raneferef wurden jedoch nicht fertiggestellt.

Aufgrund der Messungen der Länge des Kernmauerwerkes und unter Berücksichtigung des Platzes für die Verkleidung nehmen Maragioglio und Rinaldi eine Basislänge der fertigen Pyramide von 150 E/79 m an.[693] Steine der Außenverkleidung, aufgrund deren Beschaffenheit Rückschlüsse über den Neigungswinkel möglich gewesen wären, wurden nicht gefunden. Nach Verner war der Raum zwischen den beschriebenen Mauern des Kernmauerwerkes mit Bruchsteinen, Sand, feinem Schotter und Lehm gefüllt.[694] Auf die Veröffentlichung des endgültigen Grabungsberichtes durch Verner mit einer genauen Beschreibung der Bauweise sei hingewiesen.[695]

Verner vermutet, dass die anderen Pyramiden der 5. Dynastie in Abusir bzw. Saqqara nach der gleichen Methode gebaut wurden.[696] Die archäologischen Befunde über die innere Baustruktur der einzelnen Stufen des Kernmauerwerks der Pyramiden des Userkaf, des Sahure und des Niuserre sollen dies bereits früher deutlich gemacht haben. Verner berichtet weiterhin, dass die erste Stufe des Pyramidenkerns von allen Seiten mit feinem Kalkstein verkleidet worden war.[697] Aus der geplanten Pyramide soll nach dem Tod des Neferefre eine Mastaba geworden sein, deren Oberfläche als Kiesterrasse ausgebildet wurde.[698]

---

693 Maragioglio VII Addenda, TAV. 15, fig. 1.
694 Verner, S. 339; Verner, Raneferef.
695 Verner, Raneferef, S. 12 ff.
696 Verner, Pyramiden, S. 339.
697 Verner, Verlorene Pyramiden, S. 138.
698 Verner, Kongress: Ausführungen von Verner anlässlich des Kongresses am 24.5.2006 in Turin.

5.1.2.13 Die Pyramide des Niuserre

Abusir
    Höhe: ca. 98 E/50 m
    Länge der Basis: 150 E/78,90 m
    Rücksprung 22 F auf eine E/Neigungswinkel: 52°

Niuserre baute seine Pyramide aus Platzmangel auf dem Plateau von Abusir sehr nahe an die des Neferirkare. Borchardt untersuchte auch diese Pyramide eingehend und stellte aufgrund vorhandener Blöcke der untersten Verkleidungsschicht und noch vorhandener Standspuren an den Ecken die Länge der Pyramidenbasis mit 150 E/79 m und die Böschung mit knapp 52° fest.[699] Die Höhe der Pyramide betrug danach ca. 50 m. Damit besaß diese Pyramide nahezu dieselben Abmessungen wie die des Sahure und des Neferefre.

Die Ergrabung des Pyramidenfundaments an der Nordost-Ecke durch Borchardt ergab eine 1,2 m starke Fundamentschicht aus Kalksteinblöcken. Darauf lag eine weiße Pflasterschicht, auf der die unterste Schicht der Außenverkleidung (Kalkstein) aufsetzte. Es handelt sich also um eine Bauweise, wie sie bereits bei der Cheopspyramide zu beobachten ist.[700] Borchardt vermutet eine wesentlich stärkere Fundamentierung unterhalb des Pyramidenkerns.

Die Hypothese von Borchardt, wonach der Kern aus einer Reihe von Schalen (Schalenbauweise) bestehen soll, wurde aufgrund späterer Untersuchungen widerlegt: Maragioglio und Rinaldi führten aus, dass sie die betreffenden Beobachtungen Borchardts nicht nachvollziehen können, und gingen daher – wie bei den anderen Pyramiden in Abusir – von einer Stufenbauweise aus.[701] Dieser Auffassung ist zuzustimmen. Es handelt es sich mit Blick auf die gleichen Abmessungen wie bei den Pyramiden des Sahure und des Neferefre ebenfalls um einen fünf- bzw. sechsstufigen Bau. Verner geht dagegen von sieben Stufen aus.[702] Ein ausführlicher Bericht bzw. veröffentlichte Grabungsunterlagen liegen nicht vor.

Der Bau der einzelnen Stufen wurde in derselben Weise wie bei den anderen Pyramiden in Abusir vorgenommen: Die äußeren Mauern jeder Stufe waren sorgfältig gebaut (größere Steine, die mit Mörtel verbunden sind). Im Inneren

---

699 Borchardt, Niuserre.
700 Lehner, Geheimnis, S. 213.
701 Maragioglio VIII, p. 10–12.
702 Verner, Pyramiden, S. 347.

der Stufen bestand das Mauerwerk aus Steinen unterschiedlichen Formats, die völlig ungeordnet übereinander geschichtet wurden. Das Verkleidungsmauerwerk bestand ebenso aus ungeordnet aufgeschichteten Steinen verschiedener Abmessungen.[703]

Der Bau des Korridors und der Grabkammer erfolgten nach Maragioglio und Rinaldi – ebenfalls wie bei den anderen Pyramiden in Abusir – in offener Bauweise parallel zu den Bauarbeiten am Pyramidenkern, wie sich aus der Baustruktur der Bresche auf der Nordseite ergibt. Das Giebeldach der Grabkammer besteht aus großformatigen Kalksteinplatten aus den Steinbrüchen in Tura mit bis zu 1,75 m Breite, 9 m Länge und 2,5 m Höhe und einem Gewicht von ca. 90 t.[704]

5.1.2.14 Die Pyramide des Menkauhor

Nach dem Bau der Pyramide des Niuserre war auf dem Plateau von Abusir kein Platz mehr für eine weitere Pyramide mit der Größe, der dort schon errichteten. So baute der Nachfolger von Niuserre, Menkauhor, seine Pyramide an einem anderen Ort. Ob es sich dabei um die Pyramide Lepsius XXIX in Saqqara–Nord handelt, wie Maragioglio und Rinaldi[705] sowie Berlandini[706] meinen, ist nicht zweifelsfrei geklärt. Art und Weise der Struktur (Abknicken des Grabkorridors nach Osten, wie dies für alle Pyramiden der 5. Dynastie zwischen Neferirkare und Djedkare Asosi typisch ist) sowie das Fehlen von Pyramidentexten lassen nach Hawass allerdings eine zeitliche Einordnung in die 5. Dynastie mit großer Wahrscheinlichkeit zu.[707]

Die Pyramide Lepsius XXIX in Saqqara ist völlig zerstört, sodass auch eine Bestimmung der Basislänge nahezu unmöglich ist. Maragioglio und Rinaldi vertreten aufgrund ihrer Untersuchungen die Meinung, dass die Basislänge 125–130 E/65–68 m betragen habe.[708]

---

703 Borchardt, Niuserre, Blatt 17.
704 Borchardt, Niuserre, S. 103; Verner, Pyramiden, S. 348.
705 Maragioglio VIII, p. 58–60.
706 Berlandini, Menkauhor.
707 Vymazolová, König Menkauhor
708 Maragioglio VIII, p. 62.

5.1.2.15 Die Pyramide des Djedkare Asosi

Saqqara Süd
   Höhe: ca. 50 m
   Länge der Basis: 150 E/79 m
   Rücksprung 21 Finger auf eine Elle/Neigungswinkel: 52°

Djedkare Asosi ließ seine Pyramide auf einem Hügel in Saqqara Süd errichten. Baustruktur und Bauweise entsprechen denen der Pyramiden von Abusir.[709] Die Abmessungen sind die gleichen wie bei den Pyramiden des Sahure, Neferefre und Niuserre: Basislänge 150 E/79 m; Böschungswinkel der Verkleidung 52°. Das Kernmauerwerk besteht wiederum aus Stufen (vermutlich 6; heute ist der Pyramidenstumpf nur noch 24 m hoch).[710] Die Außenmauern der Stufen sind aus gut behauenen Steinen errichtet, die mit Mörtel verbunden sind.

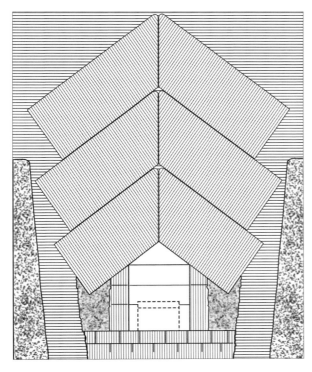

Abb. 5.1.2.15 Giebeldach der Grabkammer der Pyramide des Djedkare Asosi

---

709 Maragioglio VIII, p. 66.
710 Stadelmann, Pyramiden, Tafel 72a.

Das Innere der Stufen ist mit Steinen unterschiedlichen Formats angefüllt. Im Nordbereich der Pyramide wurden Steine der untersten Schicht der äußeren Verkleidung in situ gefunden.[711]

Wie es für die anderen Pyramiden der 5. Dynastie typisch ist, hat der Grabkorridor einen Knick nach Osten und das Giebeldach der Grabkammern besteht aus drei Lagen gewaltiger Kalksteinplatten (Abb. 5.1.2.15).[712] Die Errichtung der Grabkammer geschah in offener Bauweise.

5.1.2.16 Die Pyramide des Unas

Saqqara Nord
    Höhe: 82 E / 43 m
    Länge der Basis: 110 E / 57,75 m
    Neigungswinkel: 56°

Unas ließ seine Pyramide in Saqqara Nord errichten. Er wählte dafür einen Platz unmittelbar südlich der Pyramide des Djoser neben der Pyramide des Sechemchet.

Die Pyramide ist mit einer Basislänge von 110 E / 57,75 m die kleinste des AR. Der Böschungswinkel beträgt 56°, womit sich eine Höhe von 43 m ergibt.[713] Der Kernbau besteht wiederum aus Stufen mit innerem Steinmaterial unterschiedlichen Formats.[714] Für die Außenverkleidung wurde Tura-Kalkstein gewählt. An der Südseite ist ein größeres Stück der Außenverkleidung vorhanden, welches von der Restaurierung durch Chaemwaset, Sohn Ramses II., berichtet. Über Stufenhöhe und -breite liegen keine Angaben vor.

Bei der Pyramide des Unas sind zwei Veränderungen gegenüber den anderen Pyramiden der 5. Dynastie festzustellen: Der Grabkorridor hat keinen Knick in Richtung Osten und die Wände der Grabkammern sind erstmals mit Pyramidentexten versehen.

---

711 Ägyptische Pyramiden 1, S. 150.

712 Stadelmann, Pyramiden, S. 180.

713 Stadelmann, Pyramiden, S. 185.

714 Tietze, Pyramide, S. 59.

5.1.2.17 Die Pyramide Lepsius XXIV

Abusir
    Höhe: unbekannt
    Länge der Basis: 60 E/31,5 m
    Neigungswinkel: 58°–61°

Bei dieser Pyramide handelt es sich um ein kleines Bauwerk südlich der Pyramide des Neferefre in Abusir, welches von Lepsius mit der Nummer XXIV aufgenommen wurde. Die neueren Ausgrabungen des tschechischen Teams unter Verner erbrachten folgende Ergebnisse:[715] Aufgrund der völlig zerstörten Pyramide konnten interessante Beobachtungen über die Bauweise und das Innere des Kernmauerwerks gemacht werden.[716] Die unterste Stufe ist in ähnlicher Bauweise wie die der Pyramide des Neferefre und der Pyramide Lepsius XXV gebaut;[717] die Wände des Grabkorridors und der Grabkammer sind dort mit gut behauenen Steinen ausgeführt; das Mauerwerk dahinter besteht aus kleinen Steinen, Bruchsteinen und Schotter.

Verner gibt die Abmessungen der Basislänge der Pyramide Lepsius XXIV mit 60 E an. Der Neigungswinkel liegt aufgrund von in situ gefundenen Verkleidungssteinen zwischen 58° und 61°. Das Mauerwerk des Pyramidenstumpfes hat noch eine Höhe von ca. 5 m und umfasst die erste Stufe des Kernmauerwerks sowie die unterste Schicht der zweiten Kernstufe. Die zweite Stufe besitzt ebenso eine äußere Mauer aus gut behauenen Steinen und im Inneren an drei Ecken zum Zentrum hin verlaufende schmale Mauern. Verner zieht daraus den Schluss, dass die Bauweise der zweiten Stufe sich grundlegend von der der Ersten unterscheidet. Er weist daraufhin, dass beim Bau des Sockels für das Sonnenheiligtum des Niuserre in Abu Gurab ebenfalls diagonal ausgeführte Mauern innerhalb des Sockels nachgewiesen wurden.[718] Diese Bauweise ist dann auch wieder im MR bei den Pyramiden des Sesostris I. in Lischt,[719] des Amenemhet II. in Dahschur[720]

---

[715] Verner, Lepsius XXIV 1997; Verner, Lepsius XXIV 1998.

[716] Verner, Lepsius XXIV, 2004.

[717] Verner, Lepsius XXIV, 1998, S. 146–147.

[718] Borchardt, Re-Heiligtum, S. 33 und Fig. 20.

[719] Arnold, Sesostris, S. 66.

[720] Morgan, Dahschur, S. 29 und Fig. 63.

und des Sesostris II. in el-Lahun[721] zu beobachten. Verner stellt die Frage, ob diese Bauweise nicht auch schon bei den Pyramiden des AR angewandt worden sei.

Bei den Grabungsarbeiten wurde in der Grabkammer neben Trümmern des Sarkophags und Fragmenten der Grabausstattung auch die beschädigte Mumie einer Frau entdeckt. Die archäologischen Gegebenheiten schließen nicht aus, dass es sich um die Inhaberin der Pyramide gehandelt hat.[722] Allerdings ist bei der Mumie das Gehirn durch die durchbrochene Nasenscheidewand entnommen worden. Diese Vorgehensweise ist aber erst seit Anfang des MR belegt. Es ist daher sehr gut möglich, dass die Pyramide Lepsius XXIV erst in dieser Zeit bzw. am Ende der ersten Zwischenzeit errichtet wurde. Dies würde dann auch die Bauweise mit diagonal angelegten Kernmauern erklären. Die von Verner aufgestellte Hypothese, wonach die Bauweise mit diagonal ausgeführten Verstrebungsmauern schon im AR angewandt wurde, muss daher in Zweifel gezogen werden.

5.1.2.18 Die Pyramiden der 6. Dynastie

Saqqara
  Höhe: 100 E/52,40 m
  Länge der Basis: 150 E/78,60 m
  Rücksprung 21 Finger auf eine Elle/Neigungswinkel: 53°

Die 6. Dynastie erstreckte sich über ca. 130 Jahre, in der u. a. die Könige Teti, Userkare,[723] Pepi I., Merenre I. (Nemtiemsaf I.), und Pepi II., herrschten.[724] Beim Bau ihrer Pyramiden in Saqqara setzten sie die Tradition der Bauweise der 5. Dynastie weitgehend fort.[725]

Die Pyramiden hatten alle die gleichen Abmessungen (150 E/78,60 m Basislänge, Rücksprung 21 F auf 1 E bzw. 53° Neigung und somit 100 E/52,40 m Höhe) und waren als Stufenpyramiden (5 Stufen) errichtet. Die Steinfüllung der Stu-

---

721 Perrot, Ägypten, S. 204 und Fig. 131.
722 Verner, Pyramiden, S. 357.
723 Von ihm ist keine Pyramide bekannt; seine Regentschaft dauerte nur zwei Jahre.
724 Nemtiemsaf II. und Königin Nitokris mit insgesamt 3 Regierungsjahren werden hierbei nicht berücksichtigt. Ihre Gräber wurden bisher nicht gefunden (Verner, Pyramiden, S. 415).
725 Labrousse, Pyramiden der 6. Dynastie.

fen sowie zwischen den Stufen und der Verkleidung entsprach ebenfalls der in der 5. Dynastie entwickelten Bauweise. Die Grabkammern lagen alle mit ihrem Niveau 8 m unterhalb des Baugrundes und wurden in offener Bauweise errichtet. Gewaltige Giebeldächer ähnlich wie in der Pyramide des Djedkare Asosi (Abb. 5.1.2.15) bildeten die Abdeckung.

Bei den Grabungsarbeiten von Leclant und Labrousse im Pyramidenbezirk Pepi I.,[726] die seit 1988 regelmäßig stattfinden und in deren Verlauf insbesondere 7 Königinnenpyramiden entdeckt und teilweise rekonstruiert wurden,[727] fanden auch umfangreiche Untersuchungen an der Pyramide Pepi I. statt. Dabei konnte die Bauweise mit Kernmauerwerk, Verkleidungsmauerwerk und äußerer Verkleidungsschicht sowie Bruchsteinmaterial innerhalb des Kernmauerwerks einwandfrei nachgewiesen werden.[728]

5.1.3 Die Pyramiden der Ersten Zwischenzeit und des Mittleren Reiches

Die 8. bis 10. Dynastie umfasst einen Zeitraum von ca. 100 Jahren.[729] In diesem Zeitraum herrschte eine Vielzahl von Königen, wobei die einzelnen Herrscher jeweils nur für einige Jahre und meist nur in regional abgegrenzten Gebieten und teilweise mit anderen Königen zeitlich parallel regierten.

Nachdem Pepi II. als letzter Herrscher der 6. Dynastie seine Pyramide vermutlich in der ersten Hälfte seiner 60-jährigen Herrscherzeit errichten ließ, sind aus einem Zeitraum von ca. 130 Jahren nur je eine kleine Pyramide des memphitischen Königs Ibi und des regionalen Herrschers Chui – beide aus der 8. Dynastie[730] – bekannt.

---

726 Leclant, Pepi I.

727 Labrousse, Pyramiden der 6. Dynastie, S. 276 ff.

728 Anlässlich eines Besuches der Grabungsstätte am 20.03.2006 konnte darüber ein Meinungsaustausch geführt werden.

729 Beckerath, Chronologie, S. 188; die 7. Dynastie dauerte nach Manetho nur 70 Tage (Quelle Beckerath, Chronologie, S. 151).

730 Sie befand sich in der Nähe des Aufweges zur Pyramide Pepis II.

5.1.3.1 Die Pyramide des Ibi

Diese kleine Pyramide wurde nahe dem Aufweg zur Pyramide Pepis II. errichtet und entspricht in ihren Abmessungen (Basislänge ca. 31,5 m) den Königinnen-Pyramiden Pepis II. Der Pyramidenkern bestand aus zwei Stufen. Mit der Verkleidung ist nicht begonnen worden.[731]

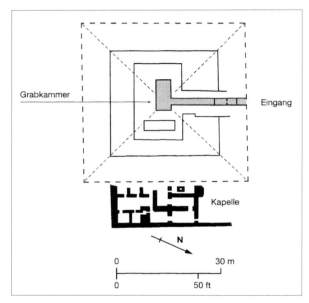

Abb. 5.1.3.1 Grundriss der Pyramide des Ibi nach Lehner

5.1.3.2 Die Pyramide des Chui

Ebenfalls aus der 8. Dynastie ist ein König Chui belegt,[732] dem eine in Kom Dara gebaute Pyramide zugeschrieben wird.[733] Der Ausgräber, Kamal, hielt sie ursprünglich für eine Mastaba.[734] Der Ziegeloberbau mit abgerundeten Ecken fiel schräg zu einer quadratischen Grundfläche mit ca. 130 m Basislänge ab.[735] Diese

---

731 Lehner, Schätze, S. 164.
732 Beckerath, Chronologie S. 151, FN 665.
733 Aufrère, Sites.
734 Fakhry, Pyramids, p. 202 ff.
735 Lehner, Geheimnis, S. 164.

Abmessung gleicht etwa derjenigen der Pyramide des Djoser. Die Bauweise entspricht nicht mehr der klassischen Bauweise im AR. Für eine Zuordnung zu den Pyramidenbauwerken spricht die Anlage einer unter dem Bodenniveau angelegten Grabkammer mit einem absteigenden Korridor (Abb. 5.1.3.2). Andererseits lassen die Ziegelbauweise und der Bau nur einer Stufe wohl auch den Schluss zu, dass das Grabmal als Mastaba angelegt wurde.

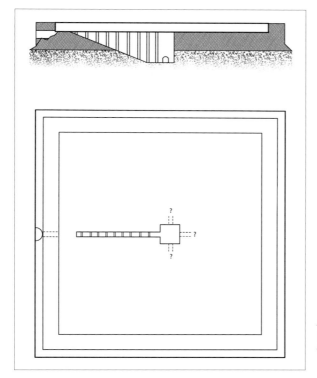

Abb. 5.1.3.2 Grundriss und Schnitt der Pyramide des Chui nach Fakhry

5.1.3.3 Wiederentdeckung der Pyramidenform im Mittleren Reich

Polz vertritt die Auffassung, dass nach dem pAbbott davon ausgegangen werden kann, dass in der thebanischen Nekropole gegen Ende der 11. Dynastie die Grabanlage des Mentuhotep II. von einer kleineren Pyramide bekrönt war.[736] Den-

---

[736] Polz, Habilitation, Kapitel 3.5, S. 286 ff.; Lehner, Geheimnis, S. 166 ff.

noch ist anzunehmen, dass über diesen langen Zeitraum hinweg die Kenntnisse über Planung und Bau großer Pyramiden – wenn überhaupt – nur theoretisch weitergegeben werden konnten.

Erst zu Beginn der 12. Dynastie im MR, als die Residenz wieder nach Norden verlegt wurde, kehrte Amenemhet I. zur Tradition des Königsgrabes in Form eines Pyramidenkomplexes zurück und errichtete in Lischt seine Pyramide.[737]

5.1.3.4 Die Pyramide Amenemhet's I.

Lischt
    Höhe: ca. 105 E/ca. 55 m
    Länge der Basis: 160 E/84 m
    Neigungswinkel: 54, 5°

Bis auf die Anordnung des Eingangskorridors, der weiterhin nach Norden ausgerichtet ist, gingen die Baumeister des MR offenbar neue Wege bei der Konstruktion und Anlage der Grabanlage.[738] So führt von der in Granit errichteten kleinen Grabkammer im Zentrum der Pyramide ein Schacht senkrecht nach unten, der wegen des anstehenden Grundwassers noch nicht erforscht werden konnte.[739] Wie Arnold feststellt, lässt eine Anzahl von architektonischen Eigentümlichkeiten und Fehlern in der Pyramidenanlage vermuten, dass die Baumeister nicht mehr über die Kenntnisse und Erfahrungen des Pyramidenbaus im AR verfügten.[740] Beim Bau der Pyramide wurde neben kleinen lokalen Kalksteinblöcken in größerem Umfang Steinmaterial aus den Taltempeln und von den Aufwegen der Pyramidenkomplexe in Gisa und Saqqara verwendet.[741] Dieses Material wurde im inneren Mauerwerk der Pyramide des Amenemhet I. verbaut.[742] Die Zwischenräume wurden mit Sand, Schutt und Ziegeln aufgefüllt.[743] Die Außenverkleidung bestand aus einer Steinschicht.

---

737 Arnold, Pyramiden, S. 327.

738 Jánosi, Amenemhet I.

739 Arnold, Pyramiden, S. 329.

740 ebenda.

741 Goedicke, Amenemhet I.

742 Ägyptische Pyramiden 1, S. 192.

743 Stadelmann, Pyramiden, S. 234.

5.1.3.5 Die Pyramide Sesostris' I.

Lischt
    Höhe: ca. 116 E/ca. 61 m
    Länge der Basis: 200 E/ca. 105 m
    Neigungswinkel: 49°24'

Bei Errichtung der Pyramide Sesostris' I. – ebenfalls in Lischt – ist eine weitere neuartige Pyramidenbauweise zu beobachten:[744] Das Kernmauerwerk besteht aus kreuzförmig angelegten Steinmauern (Rippen) mit weiteren Verzweigungen; die Zwischenräume sind mit Kalksteinsplittern, Erde und Sand aufgefüllt.

Vom Norden her führte der steil abfallende Eingangskorridor zu den Grabkammern. Ein Erforschen über die von Maspero zerstörte Blockiereinrichtung hinaus verhinderte bisher Grundwasser. Grabräuber drangen die Kammern des Königs durch einen Grabräubertunnel.[745] Offensichtlich lag der Grundwasserspiegel in früherer Zeit tiefer.

5.1.3.6 Die Pyramide Amenemhet's II.

Dahschur
    Höhe: unbekannt
    Länge der Basis: 160 E/ca. 84 m
    Neigungswinkel: unbekannt

Die Pyramide Amenemhets II. ist weitgehend zerstört und wenig erforscht. Sie wurde als Steinbruch benutzt, um den Tura-Kalkstein, aus dem die Außenverkleidung und das Innenskelett wohl bestanden, für andere Bauten zu gewinnen. Das Dach der Grabkammer bildeten riesige Giebelbalken.

---

744 Arnold, Sesostris, S. 66.
745 Arnold, Pyramiden, S. 331.

5.1.3.7 Die Pyramide Sesostris' II.

El-Lahun
    Höhe: ca. 93 E/ 48,65 m
    Länge der Basis: 200 E/ca. 105 m
    Neigungswinkel: 42, 35°

Das Fundament der Pyramide von Sesostris II. bildet ein Felshügel aus Kalkstein. Davon geht ein strahlenförmig angelegtes Mauerskelett aus Kalksteinblöcken aus, dessen Zwischenräume mit ungebrannten Nilschlammziegeln aufgefüllt wurden (Abb. 5.4.1). Der darauf aufsetzende obere Teil der Pyramide besteht ebenfalls aus ungebrannten Nilschlammziegeln. Für die Außenverkleidung wurde Kalkstein verwendet. Die neunjährige Regierungszeit reichte jedoch offensichtlich nicht aus, um die Pyramide zu vollenden. Verschiedene Aspekte der Anlage deuten darauf hin.[746]

5.1.3.8 Die Pyramide Sesostris' III.

Dahschur
    Höhe: 116 E/ca. 61 m
    Länge der Basis: 200 E/ca. 105 m
    Neigungswinkel: 56°

Sesostris III. baute seine Pyramide etwas nordöstlich der Roten Pyramide in Dahschur direkt am Rand der Hangkante zum Fruchtland. Der Ziegelkern ist in horizontaler Bauweise errichtet. Erstmals wurde auf ein Mauergerippe aus Kalkstein völlig verzichtet. Die Ziegel wurden ohne Mörtel verlegt; die Zwischenräume sind mit Sand verfüllt. Einer exakt verlegten Außenverkleidung mit Kalksteinen, die auf Dauer für den Schutz der doch sehr verwitterungsabhängigen inneren Struktur der Pyramide zu sorgen hatte, kam große Bedeutung zu. Die Blöcke der Außenverkleidung waren mit Bronzekrampen gegen Verrutschen miteinander verbunden.[747]

---

746 Arnold, Pyramiden, S. 333.
747 Arnold, Building, p. 126, fig. 4.27 und p. 178, fig. 4.109.

5.1.3.9 Die Pyramiden Amenemhet's III.
5.1.3.9.1 Die Pyramide Amenemhet's III. in Dahschur

Dahschur
   Höhe: 140 E / 73,5 m
   Länge der Basis: 200 E / ca. 105 m
   Neigungswinkel: 57°

Bereits zu Lebzeiten seines Vaters Sesostris III. begann Amenemhet III. mit dem Bau einer Ziegelpyramide in Dahschur östlich der Knickpyramide, die mit Kalkstein verkleidet wurde.[748] Mit der Ziegelbauweise ohne ein stabilisierendes Steinskelett im Inneren der Pyramide wurde ein neues Kapitel im Pyramidenbau aufgeschlagen:[749] Lehmziegel als Baumaterial waren in kurzer Zeit in nahezu beliebiger Menge herzustellen. Entscheidend für die Haltbarkeit des Bauwerks war jedoch eine fugendichte Verkleidung aus Kalkstein (siehe Abb. 5.4.2).

Aufgrund des instabilen Untergrunds[750] bzw. des großen Eigengewichts der Pyramide – vielleicht auch aufgrund von Erdbeben – traten bereits in der Bauphase statische Probleme auf. Die Giebeldächer der Kammern und Korridore bekamen gewaltige Risse und mussten abgestützt werden.[751] Als Grab kam die Pyramide daher nicht mehr in Betracht. Im Ägyptischen Museum in Kairo wird das seinerzeit bereits fertiggestellte Pyramidion ausgestellt. Seine Abmessungen betragen: 3 Ellen und 4 Handbreit (100 Finger) an der Basis und 2 Ellen und 3 Handbreit (70 Finger) in der Höhe.[752] Aus dem Verhältnis der Basislängen des Pyramidion und der Pyramide (100 Finger zu 200 Ellen oder 1 Finger : 2 Ellen) lässt sich auch die bisher unter Ägyptologen umstrittene Höhe der Pyramide ausrechnen: 70 F Höhe des Pyramidion bedeuten 140 Ellen Höhe der Pyramide.[753]

---

748 Arnold, Amenemhet III.; Lehner, Geheimnis, S. 179 ff.

749 Verner, Pyramiden, S. 462.

750 Nach Verner, Pyramiden, S. 467, handelt es sich dabei um harten Ton, in den das komplizierte und verzweigte Kammer- und Gangsystem eingebracht wurde. Durch eindringendes Grundwasser sei es zu Aufweichungen gekommen.

751 Arnold, Pyramiden, S. 344.

752 Arnold, Pyramidenbezirk, S. 15. Maße in cm: Basis 185 und Höhe 140.

753 Winkler, Pyramidenbau, S. 11.

5.1.3.9.2 Die Pyramide Amenemhet's III. in Hawara

Hawara
  Höhe: 58 m
  Länge der Basis: 200 E/ca. 105 m
  Neigungswinkel: 48°45'

Als Ersatz für die nicht nutzbare Pyramide in Dahschur wurde von Amenemhet III. dann eine weitere Ziegelpyramide – diesmal in Hawara – errichtet.[754] Der Pyramidenkern aus Ziegeln war mit einer Außenverkleidung aus Kalkstein versehen. Wie auch Snofru bei der Roten Pyramide verringerte Amenemhet III. in Hawara bei seiner zweiten Pyramide den Neigungswinkel.

Der überdimensionierte Sarg bestand aus einem einzigen Block aus Quarzit, der wannenartig ausgehöhlt und nach der Bestattung mit einem Deckel verschlossen war. Darüber bildeten Kalksteinblöcke ein Dach.[755]

5.1.3.10 Pyramiden der 13. Dynastie

Von den etwa fünfzig Herrschern der ausgehenden 12. Dynastie des MR und der 13. Dynastie der Ersten Zwischenzeit konnten bisher nur den Königen Cheder und des Ameni-Qemau Pyramiden zugeordnet werden.[756] Darüber hinaus sind zahlreiche Pyramidenanlagen aus Dahschur und Saqqara bekannt, die wahrscheinlich ebenfalls in diesen Zeitraum einzuordnen sind, deren Zuordnung zu einzelnen Herrschern bisher jedoch nicht möglich ist. Dies liegt daran, dass einerseits keinerlei philologische Quellen zur Verfügung stehen und andererseits die archäologische Situation im Grabungsareal sowie der Erhaltungszustand der Monumente derart schlecht sind, dass keine weiterführenden Schlüsse möglich sind.[757]

Die Bauweise dieser Pyramiden unterscheidet sich nicht wesentlich von denen der 12. Dynastie; allerdings waren die Abmessungen geringer. Die Pyramiden wurden ebenfalls aus Lehmziegeln mit einem äußeren Mantel aus Kalkstei-

---

754 Arnold, Hawara; Lehner, Geheimnis, S. 181 ff.
755 Arnold, Pyramiden, S. 335.
756 Theis, Pyramiden; Lehner, Geheimnis, S. 184 ff.
757 Theis, Chronologische Abfolge.

nen errichtet. Die kostengünstige und auch weniger Zeit erfordernde Bauweise – gegenüber der Bauweise der Pyramiden im AR – fand hier ihren Abschluss.

Deutliche Unterschiede sind in den Kammersystemen zu erkennen. Diese sind weitaus umfangreicher und individueller als in der 12. Dynastie üblich gestaltet. Sie zeigen eine große Perfektion, um die Begräbnisräume zu sichern. Diese Phase des Pyramidenbaus kann im Hinblick auf die Sicherungssysteme als eine sehr innovative Phase des Pyramidenbaus bezeichnet werden.

Theis beschreibt die bisher bekannt gewordenen Pyramiden dieser Zeitepoche und ordnet sie aufgrund der archäologischen Gegebenheiten in die erste Hälfte der Zweiten Zwischenzeit ein.[758]

5.2 Zusammenfassung: Archäologische Befunde und Entwicklung der Bautechniken im Alten Reich

Die Pyramide des Djoser wurde – ausgehend von einer zuerst errichteten Mastaba – in mehreren Schritten als Schichtpyramide mit zwei Schichten je Stufe gebaut. Die grundlegenden Bauverfahren der Schichtpyramiden wurden während dieser Zeit entwickelt: Um einen Kern wurden Steinschichten mit nach innen geneigten Steinlagen angefügt.

Die Pyramidenstümpfe der von den Königen Sechemchet und Chaba (?) begonnenen Bauwerke sowie die kleinen Pyramiden (Huni?) folgten diesem Bauprinzip. Geglättete Außenverkleidungen wurden nicht nachgewiesen.[759]

Auch die erste Pyramide des Snofru in Meidum wurde als Schichtpyramide in mehreren Bauphasen errichtet. Dabei wurden die sichtbaren Außenflächen der Stufen der Bauphasen E1 und E2 in Kalkstein ausgeführt und geglättet. In der letzten Bauphase wurden die Stufen der Bauphase E2 mit einer weiteren Schicht (E3) mit gleich bleibender Steigung ausgefüllt, die mit feinkörnigem Kalkstein verblendet war. Der Wechsel von der äußerlich sichtbaren stufenförmigen

---

758 Theis, Pyramiden der 13. Dynastie.

759 Eine Ausnahme bildet die Verkleidung der untersten Stufe der kleinen Pyramide in Saujet el-Meitin. Jéquier, Deux Pyramides.

Schichtpyramide zur Pyramide mit einer von außen gesehen gleich bleibenden Neigung fand in Meidum – parallel zum Bau der Knickpyramide in Dahschur Süd – statt. Auch die Kultpyramide in Meidum wurde als Schichtpyramide errichtet.

Über die Bauweise der Knickpyramide und ihre innere Struktur kann keine archäologisch belegte Aussage getroffen werden. Nachdem der Bau nur etwa 12–15 Jahre nach Baubeginn der Pyramide in Meidum begonnen wurde und zu diesem Zeitpunkt dort offensichtlich keine grundsätzlichen Schwierigkeiten mit dem Bauprinzip der Schichtpyramiden aufgetreten waren, ist davon auszugehen, dass auch der Bau der Knickpyramide nach diesem Prinzip begonnen wurde. Dass die Knickpyramide im Inneren aus einer einschließlich der geglätteten Verkleidung fertiggestellten kleineren Pyramide (Basislänge 300 E, Neigung 57, 3°) bestand und später eine weitere Außenverkleidung mit gleich bleibender Steigung in der unteren Hälfte erhielt, wie Maragioglio und Rinaldi sowie Dorner vermuten, ist – wie an anderer Stelle (Kapitel 5.1.1.5.2 »Knickpyramide«) bereits ausgeführt – nicht schlüssig.

Der Wechsel vom Prinzip der schräg nach innen geneigten Steinlagen, wie es für die Schichtpyramiden typisch ist, hin zur Bauweise mit horizontal verlegten Schichten, die wiederum für die weiteren Pyramiden der 4. Dynastie ab der Roten Pyramide typisch ist, fand demnach während der Regierungszeit des Snofru beim Bau der oberen Hälfte der Knickpyramide, deren Kultpyramide und der Roten Pyramide statt. Die Ursachen dafür sind in den bautechnischen Schwierigkeiten bei der Errichtung der Knickpyramide zu suchen. Im Einzelnen wird auf Gründe des Wechsels der Bauweise von der Schicht- zur Stufenpyramide im Kapitel 5.3 »Der Wechsel von der Schicht- zur Stufenbauweise der Pyramiden im Alten Reich« eingegangen.

Die Rote Pyramide weist erstmals horizontal verlegte Steinschichten des Verkleidungsmauerwerkes auf. Wegen dessen guten Erhaltungszustandes ist wie bei der Knickpyramide wiederum keine archäologisch belegbare Aussage über die Struktur des dahinter liegenden Kernmauerwerkes möglich.[760] Es ist jedoch aufgrund der negativen bautechnischen Erfahrungen und Änderungen beim Bau der Knickpyramide unwahrscheinlich, dass das Kernmauerwerk aus geneigten Schichten besteht.

Clarke und Engelbach weisen darauf hin, dass insbesondere bei der Roten Pyramide ein signifikanter Wechsel zu dem großformatigen Mauerwerk, wie es bei

---

760 Maragioglio III, p. 126.

den Pyramiden in Gisa seinen Höhepunkt erreicht, stattgefunden habe. Parallel dazu müssten auch neu entwickelte Verfahren für den Materialtransport eingeführt worden sein.[761]

Der – bezogen auf die bisherigen Regierungsjahre des Snofru – späte Beginn des Baus der Roten Pyramide und die daraus sicherlich an die Baumeister ergangene Vorgabe, mit einer möglichst kurzen Bauzeit auszukommen, könnte auch mit zur Verwendung größerer Steine und damit zu neuen Bauverfahren geführt haben. Darüber hinaus konnte die Bauzeit durch gleichzeitiges Bauen an allen vier Pyramidenseiten auf ein Minimum reduziert werden. In dieser Epoche einer intensiven Pyramidenbautätigkeit wurden mit Sicherheit auch weitere bautechnische Erfahrungen gemacht, die beim Bau der folgenden großen Pyramiden Anwendung fanden.

Offen bleiben muss die Beantwortung der Frage, ob das Kernmauerwerk der Roten Pyramide aus waagerecht verlegten Steinschichten oder – wie in Kapitel 5.3 »Der Wechsel von der Schicht- zur Stufenbauweise der Pyramiden im Alten Reich« dargelegt – aus statischen Gründen aus Stufen mit horizontaler Steinverlegung besteht und ob damit die Bauweise der Stufenpyramiden ihren Anfang genommen hat.

In der Fachwelt wird meist nur vom Wechsel von der »Stufenpyramide« (fälschlicherweise gebrauchter Ausdruck für Schichtpyramide) hin zur »echten« Pyramide während der Herrschaft des Snofru gesprochen, ohne dass man sich jedoch über die bautechnischen Gegebenheiten im Klaren zu sein scheint.

Etwa 80 Jahre nach dem Bau der ersten Pyramide des Djoser entwickelte sich die »klassische« Pyramidenform als königliches Grabmal, die in den kommenden Jahrhunderten weitgehend das Aussehen der Nekropolen bestimmen sollte. Eine Entwicklung im ägyptischen Königsgrabbau von der ersten Ziegelmastaba über die Schichtpyramide hin zur Stufenpyramide mit ihrer Verkleidung mit konstanter Neigung fand damit ihren Abschluss.

Die Beobachtungen an der Bresche in der Südseite und im Grabräubergang der Nordseite der Cheopspyramide sowie an der Bresche auf der Nordseite der Pyramide des Mykerinos zeigen, dass die horizontal mit Steinen gleicher Höhe verlegten Schichten des Verkleidungsmauerwerks nicht mit der inneren Struktur des Kernmauerwerkes übereinstimmen. Dieses besteht bei beiden Pyramiden innerhalb der äußeren Mauer der einzelnen Stufen aus unregelmäßig behauenen Steinen ganz unterschiedlicher Formate, die unsystematisch übereinander ange-

---

761 Clarke und Engelbach, p. 122.

ordnet und mit Mörtel verbunden sind. Zum Teil handelt es sich um Bruchsteine. Herstellung, Transport und Verlegung des Steinmaterials des Kernmauerwerkes erforderten so einen geringeren Aufwand als beim Verkleidungsmauerwerk. Die Stabilität des Bauwerkes – auch gegen äußere Erschütterungen – wurde durch die stufenförmige Kernmauerstruktur erhöht. Über die innere Baustruktur der Pyramide des Chephren kann mangels archäologischer Befunde keine zuverlässige Aussage getroffen werden. Andererseits zeigen die Nebenpyramiden der Cheopspyramide und der Pyramide des Mykerinos deutlich die Bauweise mit einem stufenförmigen Kernmauerwerk.

Die Fundamente der Außenverkleidung der Pyramiden wurden stets sehr genau nivelliert und nach den Himmelsrichtungen sowie Länge vermessen. Gleiches gilt für die weiteren Steinlagen der äußeren Verkleidungsschicht und deren jeweiligen Rücksprung. Für die Realisierung eines stets gleich großen Rücksprungs war die Einhaltung einer gleich bleibenden Höhe der einzelnen Stufen entscheidend. Entsprechend des Abbaus in den Steinbrüchen entstanden Steinlagen unterschiedlicher Höhe. Nur durch die exakte Einhaltung des vorgegebenen Rücksprungs war es möglich, den angestrebten Neigungswinkel – und damit auch die Höhe der Pyramide – auch bei unterschiedlichen Stufenhöhen exakt einzuhalten. Die leicht unterschiedlichen Neigungswinkel verschiedener Pyramiden können in einer unterschiedlichen Bauvorgabe liegen und sind vielleicht auch auf kleinere Messungenauigkeiten beim Bau der Verkleidungsmauerwerks zurückzuführen. Andererseits lassen sich in vielen Fällen aufgrund der schlechten Erhaltungszustände der Bauwerke die Neigungswinkel nur ungenau bestimmen. Die tatsächliche Pyramidenhöhe war keine exakte Planungsvorgabe; sie ergab sich durch den realisierten Rücksprung über alle Stufen aufaddiert dann von selbst.

Spuren senkrecht auf die Pyramidenseiten zuführender Baurampen sind an den Pyramiden der 4. Dynastie nirgendwo nachweisbar.

Auch in der 5. und 6. Dynastie wurde an der Stufenbauweise des Kernmauerwerkes der Pyramiden festgehalten. Bei allen Pyramiden dieser Zeitepoche ist dies archäologisch belegt. Dies gilt auch für die Bauweise der einzelnen Kult- und Königinnenpyramiden. Mit dem Bau der Pyramiden des Mykerinos und des Userkaf beginnt eine Reihe von Pyramidenbauten kleinerer Abmessungen im Vergleich zu den bisher in der 4. Dynastie errichteten. Diese Entwicklung setzte sich bis gegen Ende der 6. Dynastie (Pepi II.) fort.

Die Art und Weise, in der die Stufen errichtet wurden, änderte sich in der 5. und 6. Dynastie jedoch: Das Kernmauerwerk der einzelnen Stufen besteht aus einer mit gut bearbeiteten Steinen ausgeführten Außenmauer mit leichtem Rücksprung und im Inneren aus Blöcken unterschiedlichen Formats, die meist nicht exakt bearbeitet und mit größeren Mengen Gerölls und Mörtels verbunden sind. Diese Bauweise mit kleineren Steinformaten führte – im Vergleich zu derjenigen für die Pyramiden der 4. Dynastie – zu geringerem Aufwand bei der Steingewinnung und beim Transport des Materials.

Das Verkleidungsmauerwerk, wie es bei den Pyramiden der 4. Dynastie zu beobachten ist und dort aus Lagen gut bearbeiteter und größerer Steinformate besteht, existiert in dieser Form nicht mehr. Der Zwischenraum zwischen den Stufen und der Außenverkleidung aus Kalkstein wird mit Steinen kleineren und unregelmäßigen Formats ausgeführt bzw. damit einfach aufgefüllt. Dies hatte dann nach Abtragen der Außenverkleidung eine starke Verwitterung des Mörtels und ein Einstürzen von Teilen des Kernmauerwerkes zur Folge. Stadelmann,[762] Lehner[763] u. a. sprechen in diesem Zusammenhang von »schlampiger« Bauweise und Maragioglio von schlechter Qualität des Mauerwerkes.[764] Wahrscheinlicher ist jedoch, dass diese Art der Bauweise vielmehr die Erfahrung im Pyramidenbau widerspiegelt, wonach bei kleineren Pyramiden eine stabile Außenverkleidungsschicht statisch durchaus ausgereicht hat, um den Kern vor wetterbedingter Erosion zu schützen. Es lag sicherlich auch ein Zuwachs an bautechnischer Erfahrung vor. Darüber hinaus wurde wahrscheinlich auch aus Zeit- und Kostengründen bei dem Bau dieser kleineren Pyramiden absichtlich nicht mehr ein so exakt gebautes Kern- und Verkleidungsmauerwerk wie bei den Pyramiden der 4. Dynastie verwendet, welches dort auch nach Abbau der Außenverkleidung bis heute einer starken Erodierung und Verwitterung standhält. Kleiner und unregelmäßig behauene Steine können im Steinbruch schneller gewonnen werden.

Senkrecht auf die Pyramiden der 5. und 6. Dynastie zulaufende Baurampen sind archäologisch nicht belegt.

Weiterhin typisch für die Errichtung der Pyramiden in dieser Epoche ist die offene Bauweise des Grabkorridors und der Grabkammer selbst.[765] Die Grabkammern wurden ebenerdig angelegt bzw. reichten nur gering in den Untergrund hinein. Der Einbau der bis zu 90 t schweren Kalksteinplatten der Giebel-

---

762 Stadelmann, Pyramiden, S. 160–161.

763 Lehner, Geheimnis, S. 140–141.

764 Maragioglio VII, p. 86.

765 Diese offene Bauweise ist allerdings auch schon in der 4. Dynastie bei den Pyramiden des Djedefre und des Nebka zu beobachten.

dächer der Grabkammern konnte so einfacher vorgenommen werden. Borchardt berichtet über Beobachtungen in der Grabkammer des Neferirkare[766] und bei der Pyramide des Niuserre,[767] wonach die Steinplatten der Giebeldächer mit Vertiefungen – vielleicht zum Ansetzen von Hebezangen – versehen waren (Kapitel 4.2.2 »Absenken und Anheben schwerer Lasten«). Ein weiterer Grund für die offene Bauweise mit den stabilen Wänden links und rechts des Einschnittes könnte also auch die Verwendung von Hebeeinrichtungen zum Transport und Anbringen der gewaltigen Kalksteinplatten sein. Darüber hinaus erlaubte diese Bauweise ein zeitlich paralleles Bauen an dem Grabkorridor und der Grabkammer einerseits sowie an den anderen Seiten der Pyramide am Baukörper selbst.

Im unmittelbaren Umfeld der Pyramiden vorhandene bzw. senkrecht auf diese zulaufende Baurampen, die nicht dem Transport von Steinen zur Baustelle, sondern zum eigentlichen Pyramidenbau verwendet wurden, sind – mit Ausnahme bei der Pyramide des Snofru in Meidum – archäologisch nicht fassbar.

Die Pyramiden des AR wurden in einem Zeitraum von insgesamt ca. 470 Jahren geplant und gebaut. Dabei wurden unterschiedliche Bauweisen erdacht und ausgeführt. Die Bautechnik entwickelte sich in dieser Zeit stetig weiter.

Die Fragestellung, warum die Pyramiden im AR und im MR mit wechselnden Neigungswinkeln zwischen 28 Finger auf eine Elle bei der Roten Pyramide und 21 bzw. 22 Finger auf eine Elle bei vielen Pyramiden des AR hin bis zu 18 Fingern auf eine Elle bei den Pyramiden des MR gebaut wurden, hat bisher keine einleuchtende und zufrieden stellende Erklärung gefunden. Gleiches gilt für die asymmetrische Anordnung der Grabkammerkorridore in verschiedenen Pyramiden der 4. Dynastie.

Der Philosoph und Schriftsteller Korff[768] stellt in seinem Buch »Der Klang der Pyramiden«[769] die Behauptung auf, dass im Alten Ägypten die mathematischen und musiktheoretischen Kenntnisse und Erfahrungen des alten Griechenland zur Zeit Platons bekannt waren und dem Pyramidenbau zugrunde lagen. So seien die Rücksprünge (Neigungswinkel) der Pyramiden auf altägyptische Tonabstände zurückzuführen.

Dieser Hypothese kann mit Blick auf die archäologischen Belege aus der Zeit des AR und des MR nicht zugestimmt werden. Nähere Ausführungen dazu kön-

---

766 Borchardt, Neferirkare, S. 44–45.

767 Borchardt, Niuserre, S. 150.

768 Wikipedia, Friedrich Wilhelm Korff (Stand 02.05.2009).

769 Korff, Klang der Pyramiden

nen einem Beitrag des Autors anlässlich der 41. SÄK 2009 »Ist das Rätsel um die äußere Form der Pyramiden gelöst? – oder Der Klang der Pyramiden – Wirklichkeit oder Wunschdenken?« bzw. einer Veröffentlichung entnommen werden.[770] Eine Entgegnung Korff's wurde in Propylaeum-DOK eingestellt.[771]

5.3 Der Wechsel von der Schicht- zur Stufenbauweise der Pyramiden im Alten Reich

Wie bei der Beschreibung der Pyramiden des Djoser, Sechemchet, Chaba, der kleinen Schichtpyramiden am Ende der 3. Dynastie und der Pyramide des Snofru in Meidum im Kapitel 5.1.1 »Schichtpyramiden« erläutert wurde, bestehen die Bauwerke nach der dort verwendeten Bauweise aus aneinandergefügten Steinschichten, die geneigt in einem Winkel von ca. 70° errichtet wurden.

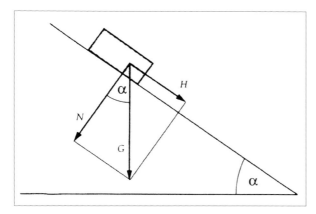

Abb. 5.3.1 Kräfteverteilung auf der schiefen Ebene

Die schräge Anordnung der Schichten führt jedoch zu einem erhöhten Druck auf den zentralen Kern (Druck- bzw. Zugkraft H) und zu einer Gewichtskomponente N in Richtung der Schichtlage (Abb. 5.3.1). Bei dem von Stadelmann

---

770 Müller-Römer, SÄK 2009; Müller-Römer, Klang der Pyramiden, in: http://archiv.ub.uni-heidelberg.de/propylaeumdok/volltexte/2009/307.

771 http://archiv.ub.uni-heidelberg.de/propylaeumdok/volltexte/2010/588.

für die Pyramide des Djoser ermittelten Neigungswinkel von 72°[772] betragen die Kräfte H = G × sin 18° und N = G × cos 18°.

    Dabei sind   G   Gewicht des Steins
                  N   = G × cos α
                  H   = G × sin α (Hangabtriebskraft)
                  α   Der Neigungswinkel der Rampe

Daraus ergeben sich die Werte für H mit 0,31 G und N mit 0,95 G. Das bedeutet, dass das Gewicht der Steine mit 95 % schräg nach unten und in Richtung Pyramidenkern mit 31 % wirkt. Somit wirken die Kräfte nicht wie bei einer waagerechten Schichtweisen Verlegung senkrecht nach unten, sondern wie in Abb. 5.3.2 gezeigt, schräg nach außen.

    Die Dicke der einzelnen Schichten beträgt bei der Pyramide des Djoser jeweils 5 Ellen; die Anordnung zeigt Abb. 5.3.3.

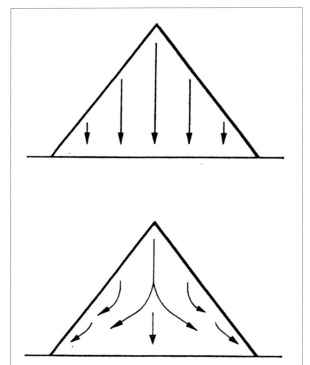

Abb. 5.3.2 Kräfteverlauf bei waagerechter und schräger Anordnung der Steinschichten nach Mendelsohn

---

[772] Stadelmann, Pyramiden, S. 51.

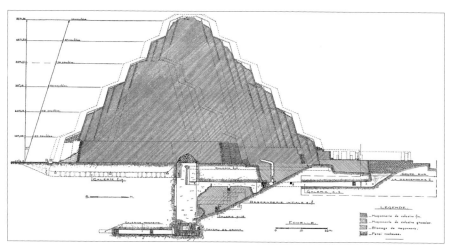

Abb. 5.3.3 Schichtpyramide des Djoser nach Lauer

Bei der Schichtpyramide des Snofru in Meidum (Abb. 5.3.4) wurde die Schichtdicke demgegenüber auf 10 Ellen verdoppelt. Wie beim Bau der Pyramide des Djoser fand noch während der Baumaßnahmen eine Erweiterung der Zahl der Schichten (Baustufe E 2) statt.

Bei Senkungen des Erdreiches und durch Erdbeben oder sonstige Erschütterungen z. B. beim Abbau der äußeren Verkleidungsschicht kommt es bei der Schichtbauweise leicht zu Verschiebungen der einzelnen Schichten untereinander und damit zu statischen Unregelmäßigkeiten innerhalb des Baukörpers. Die einzelnen Schichten haben untereinander keinerlei Verzahnung und kaum eine haftende Verbindung. Die Steine der Schichten sind – z. B. bei der Pyramide in Meidum – sauber und exakt bearbeitet und innerhalb der Schichten mit wenig Mörtel dazwischen übereinander geschichtet (Abb. 5.3.5). Das bedeutet, dass Stöße bei Senkungen oder Erschütterungen des Baugrundes infolge tektonischer Unregelmäßigkeiten im Untergrund bzw. von Erdbeben innerhalb des Bauwerkes nicht abgefangen, d. h., nicht gedämpft werden, sondern zu Verschiebungen der Steine bzw. ganzer Schichten führen können.

Die nachträglich angebrachte Außenverkleidung der Pyramide in Meidum erfolgte durch Anfügen waagerecht angeordneter Steinschichten (Abb. 5.3.6), wobei das Eckfundament in der Sandschicht ebenfalls durch waagerecht angeordnete Sterinschichten unterfüttert wurde (Abb. 5.3.7).

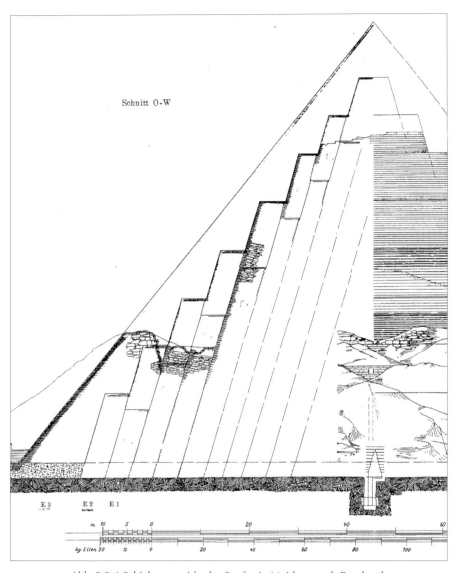

Abb. 5.3.4 Schichtpyramide des Snofru in Meidum nach Borchardt

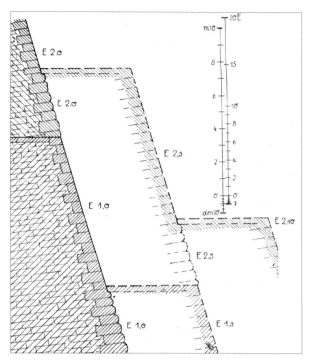

Abb. 5.3.5 Steinlagen in den Schichten der Pyramide in Meidum nach Borchardt

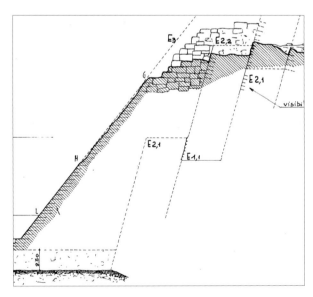

Abb. 5.3.6 Äußere Verkleidungsschicht an der Pyramide in Meidum nach Maragioglio und Rinaldi

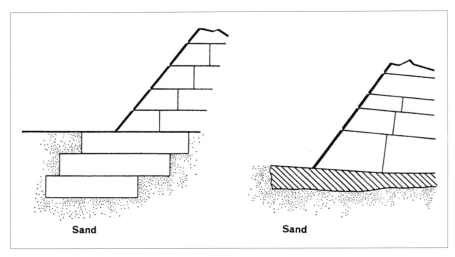

Abb. 5.3.7 Fundamente der äußeren Verkleidungsschicht der Pyramide in Meidum (links) und der Knickpyramide (rechts) nach Mendelsohn

Die bereits während des Baus bei der Knickpyramide aufgetretenen Senkungen des Baugrundes (siehe Kapitel 5.1.1.5.2 »Knickpyramide«) – vermutlich auch durch ein Erdbeben hervorgerufen – führten daher zu Verwerfungen und Verschiebungen einzelner Schichten, die in den Grabkammern und Gängen sehr deutlich zu beobachten sind.[773] Auch der später um die untere Hälfte der Pyramide gelegte Steinmantel mit nach innen angelegter Neigung (Abb. 5.3.7 rechts) konnte diese Senkungen des Baukörpers nicht aufhalten, um das Bauwerk zu retten.

Im Jahr 2005 wies das Nationale Ägyptische Forschungsinstitut für Astronomie und Geophysik in Kairo auf einen neu zusammengestellten Katalog der Erdbeben im Niltal zwischen 2200 v. Chr. und 2004 n. Chr. hin.[774] In Ägypten haben in den vergangenen Jahrtausenden viele, zum Teil schwere Erdbeben stattgefunden. Auswirkungen auf Setzungen des Baugrunds von Pyramiden, der nicht wie in Gisa aus festen Gesteinsformationen besteht, sind daher sehr wahrscheinlich. Natürlich sind auch Schäden durch Erdbeben auf »sicherem« Baugrund erfolgt, wie an der Spitze der Chephrenpyramide festzustellen ist.

Der Grund für die häufig auftretenden Erdbeben ist durch die geografische Lage Ägyptens nahe den Bruchstellen zwischen mehreren tektonischen Platten

---

773 Haase, Knickpyramide 1.

774 http://srl.geoscienceworld.org/cgi/content/extract/76/2/149.

(Afrikanische, Eurasische und Arabische Platte) bedingt. Sehr viele Verschiebungen mit den damit verbundenen Beben sind die Folge. In einem Beitrag fassen El-Sayed und Kollegen die Erdbebentätigkeit in Ägypten für das 20. Jahrhundert zusammen.[775] Danach fanden in diesem Zeitraum im Niltal (und Randgebieten) zwischen Kairo und dem Fajum eine Reihe mittelschwerer Beben mit der Stärke zwei bis fünf sowie ein Beben mit der Stärke sechs statt. Darüber hinaus wurde eine Fülle lokaler kleinräumiger Beben mit ähnlicher Stärke beobachtet. Aufgrund dieser Beobachtungen kann der Schluss gezogen werden, dass es auch früher im Alten Ägypten Erdbeben in vergleichbarem Umfang gegeben hat, die in Abhängigkeit der Lokation und Stärke zu Zerstörungen und Beschädigungen an Gebäuden und Pyramiden führten.

Obwohl der Neigungswinkel bei der Roten Pyramide deutlich verringert und damit die Grundfläche bei gleicher Höhe vergrößert wurden (geringere Bodenpressung), kam es auch dort zu teilweise größeren Setzungen im Grabkorridor und in den Grabkammern (Kapitel 5.1.2.1 »Die Rote Pyramide«). Liegt darin mit ein Grund dafür, dass bei der folgenden Pyramide – der Cheopspyramide – die Grabkammern oberirdisch in größerer Höhe über dem Baugrund angelegt wurden?

Spätestens zu diesem Zeitpunkt muss den damaligen Baumeistern klar geworden sein, dass aus Stabilitätsgründen ein anderes Bauverfahren für Pyramiden eingesetzt werden musste, um derartige Schäden am Bauwerk durch Geländesetzungen bzw. Erdbeben von vornherein auszuschließen. Vielleicht hat dazu auch ein Vergleich mit der Bauform der Mastaba beigetragen, bei der die Steinquader waagerecht in einer mit einem Rücksprung von etwa 80° gebauten Mauer verlegt wurden. Eine Änderung der Art der Verlegung von Steinen begann bereits mit dem Bau der oberen Hälfte der Knickpyramide und deren Kultpyramide. Die Steine wurden nicht mehr nach innen geneigt, sondern in waagerechten Steinlagen verbaut. Bei der Roten Pyramide ist letztere Verlegungsart ausschließlich zu beobachten.

Auch die in geringerer Zeit mögliche Verlegung waagrecht angeordneter Steinschichten für das Kernmauerwerk im Vergleich zur Schräganordnung bei den Schichtpyramiden könnte ein weiterer Grund für die Änderung der Bauweise gewesen sein.[776]

Die neue Stufenbauweise der Pyramiden der 4. Dynastie lässt sich archäolo-

---

775 El-Sayed u. a., Erdbeben.
776 Winkler, Pyramidenbau, S. 68.

gisch bei den Pyramiden des Cheops, des Djedefre und des Mykerinos nachweisen (Kapitel 5.1.2.2 »Die Cheopspyramide«, 5.1.2.3 »Die Pyramide des Djedefre« und 5.1.2.6 »Die Pyramide des Mykerinos«).

In der Bresche an der Nordseite der Pyramide des Mykerinos sind die Mauern der Stufen 3 und 4 des Kernmauerwerks sehr deutlich zu erkennen (Abb. 5.3.8). Sie bestehen aus sehr gut behauenen und exakt mit einer Neigung von 82° verlegten großen Steinquadern mit Abmessungen bis zu 1,4 m Höhe, 2,3 m Breite und 0,5 m Tiefe (Abb. 5.1.2.6.5). Die Oberflächen der einzelnen Stufen wurden ebenfalls mit großen gut bearbeiteten Steinquadern ausgeführt. Innerhalb der Außenmauern der Stufen sind Steine, die nur grob behauen sind, mit sehr unterschiedlichen Formaten, oft auch wesentlich kleiner, verbaut worden (Abb. 5.3.9). Der Zwischenraum nach allen Seiten ist mit Sand, Tafla oder Mörtel sowie Steinsplittern ausgefüllt. Die Steine liegen zwar direkt aufeinander; die Zwischenräume zwischen den Unebenheiten der Steinblöcke sind aber aufgefüllt. Auf diese Weise wird ein Druckausgleich über die gesamte Lagerfläche herbeigeführt.

Die neuartige Bauweise der Pyramiden der 4. Dynastie zumindest ab der Cheopspyramide besteht also aus einem Kernmauerwerk, welches aus übereinander angeordneten Mastaba ähnlichen Einzelbauwerken mit nach oben hin jeweils kleinerer Grundfläche besteht. Bei Erschütterungen (Erdbeben) oder Senkungen des Untergrundes sind dann die verbauten Steine in den einzelnen Stufenbauwerken in viel geringerer Weise als bei der geschilderten Schichtbauweise Setzungen oder Verwerfungen ausgesetzt. Durch den Verbund Steine und Füllstoffe kommt es höchstens zu einer Art Rütteleffekt, der keine nennenswerten Setzungen oder Verwerfungen zur Folge hat. Die Steine des Verkleidungsmauerwerks und der Außenverkleidung sind an die stabilen Stufen des Kernmauerwerks angelehnt und nehmen somit ebenfalls keinen messbaren Schaden.

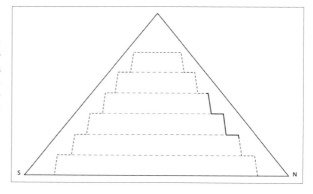

Abb. 5.3.8 Schnitt S–N (von links nach rechts) der Pyramide des Mykerinos mit den archäologisch belegten Stufen in der Bresche der N-Seite (durchgezogene Linien) und den weiteren rekonstruierten Stufen des Kernmauerwerks in gestrichelter Darstellung.

Abb. 5.3.9 Steinverlegung im Inneren einer Stufe des Kernmauerwerks der Mykerinospyramide: Im unteren Bild-Bereich sind über dem Eingang des Grabräubergangs waagerecht verlegte Steinquader zu erkennen, auf denen dann der erste Stein der Außenmauer der 4. Stufe des Kernmauerwerks aufsetzt.

Die Bautechnik und die angewandten Bauverfahren für den Pyramidenbau haben sich in knapp 40 Jahren während der Regentschaft des Snofru sehr schnell und grundlegend entwickelt.[777]

Auf die sich durch die Einführung des stufenförmigen Kernmauerwerks ergebenden Änderungen für den Bau der Pyramiden wird in Kapitel 8 »Eine neue Hypothese zum Pyramidenbau im Alten Reich« ausführlich eingegangen.

Die Stufenbauweise der Pyramiden setzte sich auch in der 5. und 6. Dynastie fort.

---

[777] Nach Arnold, Pyramidenbau (S. 23) besteht Grund zur Annahme, dass der Baumeister Nefermaat und sein Sohn Hermiun die vier Pyramiden von Meidum bis Cheops erbauten.

5.4 Die Weiterentwicklung der Pyramidenbauweise im Mittleren Reich

Die massive Bauweise mit z. T. sehr großformatigen Steinen in der 4. und die Steinbauweise in der 5. und 6. Dynastie wurden durch eine Ziegelbauweise beim Bau der Pyramiden im MR abgelöst. Die alte Tradition des Ziegelbaus wurde technisch verbessert. Nach und nach wichen die Steinmauern weitgehend den Ziegelmauern. Die Pyramidenarchitektur des MR veranschaulicht den Fortschritt der Bautechnik beim Einsatz von Ziegeln und Steinen. Durch die Kombination beider Materialien konnten Bauten kostengünstiger, wahrscheinlich auch schneller und mit einer vereinfachten Logistik errichtet werden. Luftgetrocknete Ziegel waren in kurzer Zeit und in nahezu beliebiger Menge unmittelbar an der Baustelle herzustellen und auch leicht zu transportieren.

Die Bauweise der Pyramiden der 12. Dynastie unterscheidet sich daher grundsätzlich von derjenigen des AR: Anstelle eines stufenförmig errichteten Kernmauerwerks tritt anfangs ein kreuzförmiges Mauerwerk zur Versteifung, welches später bei der Verwendung von luftgetrockneten Ziegeln auch gänzlich entfällt. Als Baumaterial werden keine hochwertigen Steine, sondern Füllmaterial bzw. später Nilschlammziegel verwendet. Für eine dauerhafte Stabilität der Pyramide war daher eine exakt ausgeführte Außenverkleidung aus Kalkstein besonders wichtig. Die Bauweise der Pyramiden der 12. Dynastie spiegelt den weiteren Fortschritt in der Bautechnik wieder: Auch mit einfachen Mitteln konnten große Bauwerke preisgünstig und in kürzerer Zeit als früher errichtet werden. Der Materialtransport war ebenfalls einfacher zu bewerkstelligen.

Wurde bei der Pyramide des Amenemhet I. in Lischt noch von verschiedenen früheren Bauwerken herbeigeschafftes Steinmaterial als Kern der Pyramide verbaut, so änderte sich bereits beim nächsten Pyramidenbau bei Sesostris I. die Bauweise grundsätzlich (Abb. 5.4.1): Anstelle eines Pyramidenkerns wurde ein Gerippe aus Kalkstein (Mauerskelett) errichtet. Die Zwischenräume wurden mit kleinen Steinen und Geröll aufgefüllt. Die Außenverkleidung bestand aus Kalkstein.

Bei der Pyramide Sesostris' III. in Dahschur und den beiden Pyramiden Amenemhet's III. (Dahschur und Hawara) wurde auf ein Mauergerippe gänzlich verzichtet; der Kern besteht nur noch aus luftgetrockneten Ziegeln, die in horizontalen Lagen aufgeschichtet wurden. Die Fugen zwischen den Ziegeln und der Außenverkleidung aus Stein wurden mit Sand verfugt; nasser Mörtel wie bei den

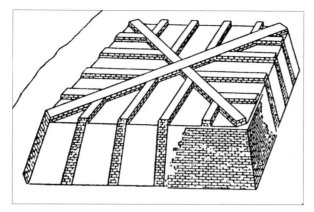

Abb. 5.4.1 Inneres gitterartiges Mauergerüst der Pyramide Sesostris' I. nach Clarke und Engelbach (vom Autor bearbeitet)

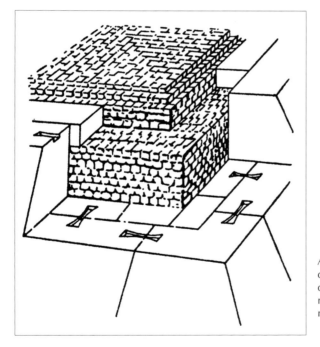

Abb. 5.4.2 Krampen in der Außenverkleidung der Pyramide des Amenemhet III. in Dahschur nach de Morgan[778]

Steinpyramiden war nicht besonders geeignet. Aus Gründen der Stabilität wurden die Lehmziegel mit der Schmalseite nach außen verlegt.

Die enge Verfugung der Steine untereinander und deren sehr saubere Verarbeitung verhinderten einen Verfall des Bauwerks. Die Steine der Außenverklei-

---

778 De Morgan, Dahschur, p. 48.

dung wurden mit Krampen aus Holz verbunden, um eine hohe Festigkeit gegen Verschiebungen zu erzielen (Abb. 5.4.2).

Erstmals wurden bei den genannten Pyramiden auch komplizierte Bögen und Gewölbe aus Ziegeln erbaut.

Zusammenfassend kann festgestellt werden, dass im MR die Bauarchitektur entscheidend weiterentwickelt wurde. Anstelle der massiven Steinbauweise trat die Bauweise mit Ziegeln, die neben bautechnischen Vorteilen auch neue gestalterische Möglichkeiten bot. Die Massivbauweise wurde eine »intelligentere« Art zu bauen ersetzt: Unter einer dicht verfugten Kalksteinschicht als äußerer Verkleidung wurden vor Ort leicht herzustellendes Baumaterial (Ziegel) und an der Baustelle vorhandenes Material (Schutt) eingesetzt. Die Pyramiden besaßen kein stufenförmiges Kernmauerwerk mehr. Diese veränderte Bauweise führte dann auch zu geänderten Bauverfahren.

6. Bauzeiten der Pyramiden und Personalbedarf

6.1 Berechnung der Bauzeiten

Über die Bauzeiten der Pyramiden im AR liegen keine konkreten Angaben und Berichte vor. Der für die Errichtung einer Pyramide benötigte Zeitraum ist allenfalls aus der jeweiligen Regierungszeit bzw. aus der Fertigstellung der Bauten des Pyramidenbezirks abzuleiten, falls die Pyramide zu Lebzeiten des Königs fertiggestellt wurde, wie dies z. B. bei Snofru, Cheops, Chephren und weiteren Herrschern der Fall war.

Dagegen sind verschiedene Pyramiden bekannt, die infolge der nur kurzen Dauer der Regentschaft des jeweiligen Königs nicht fertiggestellt wurden: Sechemchet (7 Jahre), Djedefre (9 Jahre), eventuell auch Mykerinos (6 Jahre?), Nebka (7 Jahre), Schepseskare (7 Jahre), Neferefre (11 Jahre), Amenemhet IV. (9 Jahre) und Königin Nefrusobek (4 Jahre).[779]

Allgemein wird davon ausgegangen, dass nach der Entscheidung des Königs über den Bau seiner Pyramide als Grabmal und nach Festlegung der Örtlichkeit etwa ein bis zwei Jahre benötigt wurden, um die Steinbrüche zu erschließen, die Transportrampen und Wege sowie die Unterkünfte etc. zu errichten, die Planung des Bauwerkes (Basislänge der untersten Verkleidungsschicht, Rücksprung) vorzunehmen, den Baugrund auszumessen und vorzubereiten, die genaue Ausrichtung nach den Himmelsrichtungen festzulegen, die Logistik für die Baustelle einzurichten und die ersten Steine für das Kernmauerwerk zu produzieren und anzuliefern. Die Abfolge der Arbeiten ist schon auf dem Palermostein beschrieben.[780]

Beim Bau einer Pyramide mit den »klassischen« Neigungswinkeln zwischen 50 und 55° nimmt die Fläche der einzelnen Schichten bzw. Stufen nach oben im Verhältnis zur Fläche der Basis mit dem Quadrat des Bruches der noch zu errich-

---

[779] Es ist nicht sicher, ob die zwei Pyramiden in Masghuna dem König Amenemhet IV. und der Königin Nefrusobek zugeordnet werden können.

[780] Schäfer; Urkunden I, 236, 12: »Planung, Stricke spannen (Einmessen), Eröffnung (Beginn der Erdarbeiten).

tenden Höhe ab. So beträgt z. B. die Fläche eines Pyramidenstumpfes in ¼ der Höhe nur noch (¾)² und damit nur noch ca. 56 % der Grundfläche.

Ähnlich verhält es sich mit dem Bauvolumen, wie Abb. 6.1 am Beispiel der Cheopspyramide zeigt:

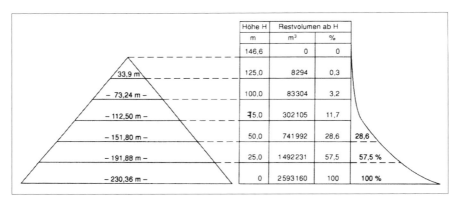

Höhe H	Restvolumen ab H	
m	m³	%
146,6	0	0
125,0	8294	0,3
100,0	83304	3,2
75,0	302105	11,7
50,0	741992	28,6
25,0	1492231	57,5
0	2593160	100

Abb. 6.1 Verringerung des Bauvolumens einer Pyramide im Verhältnis zu deren Höhe am Beispiel der Cheopspyramide nach Lattermann

Bis zu einer Höhe von 50 m – also bis etwas mehr als einem Drittel der Gesamthöhe – sind bereits 71,4 % des Gesamtvolumens (ca. 1,85 Mio. m³ von insgesamt ca. 2,6 Mio. m³) verbaut.

Wie in Kapitel 4.5 »Mathematische Kenntnisse« erläutert wurde, ist davon auszugehen, dass die Baumeister im AR in der Lage waren, das Volumen eines beliebig hohen Pyramidenstumpfes rechnerisch genau zu bestimmen. Es ist daher anzunehmen, dass ihnen auch die ungleichmäßige Verteilung des Baumaterials entsprechend der Höhe des Pyramidenstumpfes bekannt war und dass diese Verteilung für die Auswahl des Verfahrens zum Bau der Pyramide unter gleichzeitiger Beachtung der Vorgabe, den Bau in einer möglichst kurzen Zeit und mit einem Minimum an Materialaufwand zu errichten, von entscheidender Bedeutung war.

Daraus bieten sich folgende zwei Schlussfolgerungen an:

- Das gewählte Bauverfahren musste die Errichtung der Pyramide in einem möglichst kurzen Zeitraum erlauben. Somit scheidet eine senkrecht auf die Pyramidenseiten zulaufende Rampe, die ständig hätte erhöht und verlängert werden müsste und bei der es während dieser Zeit zu Transportunterbrechungen kommen würde, aus. Derartige Rampen würden auch für den Bau des

oberen Teils der Pyramide einen unverhältnismäßig großen Platz-, Material- und Zeitaufwand verursachen. Hinzu kommt, dass ihre Transportkapazität im Verhältnis zur Bauzeit meist zu gering ist. Letzteres gilt insbesondere auch für Spiral- bzw. Integralrampen.
- Das gewählte Bauverfahren musste für den Bau des unteren Bereichs der Pyramide mit der großen Anzahl der Steinblöcke ein weitgehend zeitgleiches Bauen sowohl an den vier Seiten der Pyramide als auch innerhalb der einzelnen Seiten ermöglichen. 50 % des Volumens müssen bis zu einer Höhe von 22 % der Gesamthöhe der Pyramide verbaut werden.

Somit erscheinen nur parallel zu den Seiten der Pyramide angeordnete Rampen (Tangentialrampen) sinnvoll und zweckmäßig zu sein.

Unabhängig jedoch von der Bauweise, nach welcher die Pyramiden im AR gebaut wurden, wird für den Transport des Materials auf die einzelnen Stufen bzw. Schichten eine gewisse Zeit benötigt, die mit zunehmender Höhe der Pyramide zunimmt und somit dem Zeitaufwand für den Transport des geringer werdenden Steinmaterials pro Schicht entgegensteht.

Krauss unternimmt den Versuch, zwischen beiden Fakten unter Einbeziehung von Befunden an der Roten Pyramide einen Zusammenhang herzustellen,[781] der einen Rückschluss auf die Bauzeit der Pyramide zulässt. Er geht dabei von Aufschriften mit Datumsangabe auf dem südwestlichen Eckstein (»Jahr des 15. Mals der Zählung ...«; Monat und Tag sind auf dem Stein nicht mehr erhalten) der Grundsteinlegung[782] aus. Darüber hinaus berücksichtigt er zwei ebenfalls von Stadelmann unmittelbar über der 12. Lage auf der Ostseite (»15. Mal«) und auf der Ostseite in der 16./17. Lage (»16. Mal« ohne der Zusatz »der Zählung«) – gefundenen Backing Stones, die beide jedoch nicht unmittelbar vom Fundort stammen.[783] Ein Bruchstück eines sehr beschädigten Backing Stone weist die Beschriftung »Jahr des 24. Mals ... Jahreszeit« auf.

Aus diesen sehr ungewöhnlichen Bezeichnungen kann jedoch nicht der eindeutige Schluss gezogen werden, dass sich diese Jahresangaben ohne Zusatz mit den tatsächlichen Jahren der Zählungen decken. Darüber hinaus wird von Krauss der bereits von Lepsius auf der Südseite gefundene Block (16. Mal) mit einbezogen. Stadelmann hatte aufgrund seiner Funde (Eckstein bei Grundstein-

---

781 Krauss, Bauzeit.
782 Stadelmann, Pyramiden, S. 100.
783 Stadelmann, MDAIK 39, S. 235, Tf. 74d, Abb. 6 und Tf. 74b, Abb. 7.

legung und Backing Stones in der 16./17. Lage) bereits früher eine überschlägige Berechnung der Bauzeit für die ersten 17 Steinlagen (ca. 12 m; etwa 30 % der Gesamtmaterialmenge) durchgeführt[784] und dafür 3 Jahre angesetzt.[785] Die gesamte Bauzeit berechnet er mit mindesten 15 Jahren für das Kernmaterial und maximal 22–23 Jahren für die gesamte Pyramide.[786]

Krauss legt nun seiner Modellrechnung zwei Tatsachen zugrunde: Einerseits nimmt das Steinvolumen pro Schicht kontinuierlich ab und andererseits wird eine ständig sich erhöhende vertikale Transportleistung erforderlich.[787] Er entwickelt unter Einbeziehung der genannten Datumsangaben einen mathematischen Zusammenhang zwischen der Bauzeit der einzelnen Schichten t(x) und einem Verzögerungsfaktor ∂ für den erhöhten vertikalen Transportaufwand. Dieser wird mithilfe der o. g. Einbaudaten des Ecksteins und der beiden Backing Stones ermittelt. Aufgrund komplizierter Berechnungen[788] kommt Krauss zum Ergebnis, dass es nur wenige Fälle gibt, für die das Verhältnis zwischen beiden Faktoren mit Blick auf die wahrscheinliche Bauzeit realistisch erscheint – auch im Vergleich zur mit für die Betrachtung herangezogenen Cheopspyramide:

> *»Demnach würde bei der roten Pyramide der ... unmittelbar über der 12. Schicht gefundene ... Block aus Schicht 14 stammen und der in der 16./17. Lage gefundene Block aus Schicht 19. Die erste Schicht wäre in 14,25 Tagen verlegt worden, entsprechend einer Volumenleistung von 2385 m³ pro Tag. Bei einem konstanten Arbeitseinsatz hätte der Verzögerungsfaktor ∂ = 0,1075 von der ersten Schicht bis zur Spitze eine über 16-fache Verlängerung der Transport- und Verlegungszeit eines Blockes bewirkt. Daraus würde eine Bauzeit der Roten Pyramide von ca. 10,6 Jahren resultieren. Bei der Cheopspyramide hätte das gleiche ∂ bis zur Pyramidenspitze eine fast 23-fache Verzögerung bei der Verlegung eines Blockes bewirkt und damit eine Gesamtbauzeit von ca. 20 Jahren«.*

Für eine Bewertung dieser Modellrechnung sind folgende Aspekte zu berücksichtigen:

---

784 Stadelmann, Pyramiden, S. 223.
785 Stadelmann, MDAIK 43, S. 234.
786 Stadelmann, MDAIK 43, S. 236, 238 und 240.
787 Auf die Berücksichtigung der horizontalen Transportleistung wird dabei verzichtet.
788 Formel siehe Krauss, Bauzeit, S. 34, Gleichung 3.

- Nach einer bereits von Lepsius veröffentlichten Inschrift eines Backing Stones (»Erbkam – Block«)[789] wurde im Jahr der 24. Zählung noch an der Pyramide gebaut.
- v. Beckerath weist darauf hin, dass zumindest einmal nachweislich zwischen zwei Zählungen (zwischen der 7. und 8. Zählung) ein Jahr ausfiel[790] und dass auffallend sei, dass die Datumsangaben auf den Backing Stones der Roten Pyramide nie eine Angabe »... nach der x-ten Zählung ...« überlieferten.[791] Es wird nur eine »... x-te Zählung« genannt. Gundacker vermutet daher aufgrund seiner Untersuchungen von Baugraffitis an Steinen der Pyramide von Meidum und der Roten Pyramide,[792] dass alle Graffitis, die »... Jahre des X. Mals ...« angeben, lediglich Zensus- und nicht exakte Jahresangaben wiedergeben.

  Krauss nimmt an, dass gegen Ende der Regierungszeit des Snofru die Zählungen eher jährlich als zweijährlich durchgeführt wurden.[793] Der Bau der Roten Pyramide habe daher mindestens 11 Jahre gedauert.[794]
- Über den genauen Fundort der Backing Stones in der Schichtlage (Mitte oder Randbereich) gibt es – wie auch bei Stadelmann – keine Angaben. Die Lage dieser Steine am Fundort spricht allerdings dafür, dass der ursprüngliche Einbauort nur eine oder zwei Steinlagen höher gewesen sein kann.

Die Berechnungen von Krauss[795] ergeben nach der von ihm entwickelten Formel für die Pyramiden der 4. Dynastie sehr unterschiedliche Bauzeiten – ohne Berücksichtigung der für die planerischen und logistischen Vorbereitungsarbeiten erforderlichen Zeiten (1–2 Jahre) und die Zeit für die anschließenden Glättungsarbeiten (Tabelle 6.1.1).

---

789 Lepsius, Denkmäler I, S. 207.

790 Beckerath, Chronologie S. 157.

791 Lepsius, Denkmäler Abteilung II, Tafel Nr. 1f: »16. Jahr, 1. Monat der ersten Jahreszeit«.

792 Gundacker, Baugraffiti, S. 29.

793 Krauss, Bauzeit, S. 30.

794 Krauss, Bauzeit, S. 30; Siehe auch Gundacker, Snofru, S. 19.

795 Krauss, Chronologie, Tabelle 2.

Tabelle 6.1.1 Bauzeiten für Pyramiden der 4. Dynastie nach Krauss

Meidum	3,4 Jahre
Knickpyramide	9,8 Jahre
Rote Pyramide	10,6 Jahre
Cheopspyramide	20,0 Jahre
Djedefre	1,1 Jahre
Chephren	16,8 Jahre
Mykerinos	1,1 Jahre

Bezogen auf die gesamte Bauzeit betragen die nach Krauss demnach durchschnittlich täglich zu erbringenden Volumenleistungen für die Rote Pyramide 458 m³ und für die Cheopspyramide 358 m³. Der geringere Wert für die Cheopspyramide berücksichtigt nach Krauss die Tatsache, dass gegenüber der roten Pyramide zusätzliche 53 Steinschichten »oberhalb« der Spitze der Roten Pyramide mit entsprechend längeren Transportzeiten vom Bodenniveau aus gesehen gebaut wurden.

Nach den Berechnungen von Krauss betrug die tägliche Bauleistung bei der Roten Pyramide ca. 2400 m³ – bezogen auf die unterste Schicht.[796] Diese Materialmenge soll zu Beginn der Bauarbeiten täglich an die Baustelle herangeführt und verbaut worden sein. In Abhängigkeit mit der fortschreitenden Bauhöhe der Pyramide verringert sich die Materialmenge, die zur jeweils obersten Bauplattform transportiert werden muss.

Die sich nach der Krauss'schen Modellrechnung ergebende Bauzeit von 10–11 Jahren für die Rote Pyramide mit einem Baubeginn nach weitgehender Fertigstellung der Pyramiden in Meidum und in Dahschur Süd nach einer 24-jährigen Regierungszeit des Snofru könnte mit einer Regierungsdauer des Snofru von insgesamt 35 Jahren etwa übereinstimmen.[797] Ähnliches gilt etwa auch für die Bauzeit der Cheopspyramide mit 20 Jahren.

Eine kritische Bewertung der von Krauss berechneten Bauzeiten führt zu folgenden Anmerkungen:

- Die Pyramiden in Meidum und Dahschur Süd (Knickpyramide) sind als Schichtpyramiden nach einem anderen Bauprinzip als die anderen, in der Ta-

---

796 Krauss, Bauzeit, S. 37.
797 Beckerath, Chronologie, S. 187.

belle 6.1.1 aufgeführten Pyramiden (waagerechte Steinverlegung bzw. Stufenbauweise) errichtet worden. Somit könnten sich andere Bauzeiten ergeben.
- Die Transportwege für das Steinmaterial des Kernmauerwerks und des Verkleidungsmauerwerks waren unterschiedlich lang und hatten (z. B. bei der Pyramide des Djedefre) unterschiedliche Höhenunterschiede zu überwinden. Es ist daher zweifelhaft, ob bei jeder der genannten Pyramiden von der Anlieferung stets der gleich großen Materialmenge bezogen auf die Zeiteinheit ausgegangen werden kann.
- Das Krauss'sche Modell mit unterschiedlich langen Transportzeiten in Abhängigkeit von der Höhe, auf welche die Steinblöcke zu transportieren sind, steht und fällt jedoch mit der Annahme des schichtweisen Baus der Pyramide über senkrecht auf die Pyramidenfläche zuführende Rampen. Wie mehrfach gezeigt und erläutert, bestehen die Pyramiden im AR zumindest nach der Roten Pyramide aus einem stufigen Kernmauerwerk; eine schichtweise Bauweise scheidet somit aus. Wie in Kapitel 8 »Eine neue Hypothese zum Pyramidenbau im Alten Reich« erläutert wird, ist der für die Bauzeit der Pyramiden mit einem stufenförmigen Kernmauerwerk maßgebende Wert der Arbeitstakt. Dieser ist aber höhenunabhängig.
- Es ist unwahrscheinlich, dass beim Bau der Pyramide des Mykerinos bei der von Krauss ermittelten Bauzeit von 1,1 Jahren im Durchschnitt täglich ca. 600 m³ Steine nach oben transportiert werden konnten.[798] Dies entspricht ca. 500 Steinblöcken.

Aus den genannten Überlegungen heraus erscheint das Krauss'sche Modell für die Berechnung der Bauzeiten der Pyramiden im AR in sich für nicht schlüssig und von unzutreffenden Annahmen ausgehend. Dieser Berechnungsmethode kann daher nicht zugestimmt werden.

Aufgrund der Graffiti mit Angaben zu allen drei Jahreszeiten, die auf Backing Stones der Roten Pyramide gefunden wurden, ist nachgewiesen, dass die Bauarbeiten an dieser Pyramide während des gesamten Jahres erfolgten.[799] Unter der Annahme, dass durchschnittlich während zweier Monate im Jahr wegen Ruhetagen, Festen etc. nicht gearbeitet wurde, verbleiben ca. 300 Arbeitstage pro

---

798 Wie in Kapitel 8.2.6 »Berechnung der Transportleistungen und der Bauzeit der Pyramide« ausgeführt wird, kann bei der Pyramide des Mykerinos von durchschnittlich 201 000 Steinblöcken ausgegangen werden.

799 Stadelmann, MDAIK 36.

Arbeiter und Jahr. Diese Werte können daher bei der Berechnung der Bauzeiten auch anderer Pyramiden angenommen werden. Verner weist auf indirekte Zeitangaben hin, die an den Transportrampen (siehe Kapitel 4.3.2.4 »Die Rote Pyramide in Dahschur«) zwischen den Steinbrüchen und der Baustelle der Roten Pyramide gefunden worden sind und die den Schluss zulassen, dass täglich 300 bis 600 Steinblöcke transportiert wurden.[800]

Bei den meisten Hypothesen zum Pyramidenbau fehlen Angaben und Berechnungen zu den sich dabei ergebenden Transport- und Bauzeiten. Nur zu einigen wenigen Hypothesen (siehe Kapitel 7 »Analyse und Bewertung der bisher bekannt gewordenen Bauhypothesen«) werden diesbezügliche Angaben vorgelegt.[801] Die Berechnungen beziehen sich fast alle auf die Cheopspyramide. Eine Berechnung der aufgrund der jeweiligen Hypothese sich für weitere Pyramiden ergebenden Bauzeiten wird nicht vorgenommen (Tabelle 6.1.2).

Tabelle 6.1.2 Bauzeiten für die Cheopspyramide aufgrund vorgelegter Bauhypothesen

Goyon, G.	(Kapitel 7.4.1)	43	Jahre für den Bau der Cheopspyramide[802]
Lehner/Haase	(Kapitel 7.4.2)	47–59	Jahre für den Bau der Cheopspyramide[803]
Klemm und Klemm	(Kapitel 7.4.3)	54	Jahre für den Bau der Cheopspyramide[804]
Riedl	(Kapitel 7.5.5)	20	Jahre für den Bau der Cheopspyramide
Abitz	(Kapitel 7.5.6)	18	Jahre für den Bau der Cheopspyramide
Munt	(Kapitel 7.5.7)	15	Jahre für den Bau der Cheopspyramide
Pitlik	(Kapitel 7.5.9)	16	Jahre für den Bau der Cheopspyramide
Bormann	(Kapitel 7.5.10)	21	Jahre für den Bau der Cheopspyramide
Parry	(Kapitel 7.5.11)	55	Jahre für den Bau der Cheopspyramide[805]
Keyssner	(Kapitel 7.5.12)	20,5	Jahre für den Bau der Cheopspyramide
Winkler	(Kapitel 7.5.13)	6,8	Jahre für den Bau der Cheopspyramide
		4	Jahre für den Bau der Chephrenpyramide

---

800 Verner, Pyramiden, S. 89.

801 Es handelt sich dabei jeweils um reine Bauzeiten ohne planerische und sonstige Vorbereitungsarbeiten.

802 Graefe (Graefe, Pyramidenbau [11]) weist auf eine Berechnung der Bauzeit der Cheopspyramide nach dem Vorschlag Goyons durch Henri Paul aus dem Jahr 1987 hin, wonach diese 43 Jahre betragen habe.

803 Berechnung durch Keyssner, Baustelle Giza, S. 21.

804 Abschätzung des Autors, siehe Abschnitt 7.4.3.

805 Abschätzung des Autors, siehe Abschnitt 7.5.11.

Becker schätzt die Bauzeit der Chephrenpyramide ohne Vorbereitungszeit auf 16–18 Jahre.[806]

Romer ermittelt 14 Jahre für den Bau der Cheopspyramide und 10,6 Jahre für den Bau der Chephrenpyramide.[807]

Wie in den Kapiteln 8.2.6.4 »Bauzeit für die Pyramide des Mykerinos« und 8.3 »Eine vergleichende Betrachtung mit den Bauzeiten der Roten Pyramide und der Cheopspyramide« gezeigt wird, ergeben die Berechnungen der reinen Bauzeiten nach der hiermit vorgelegten Bauhypothese zum Pyramidenbau folgende Werte:

- Pyramide des Mykerinos   ca. 4,8 Jahre

Die überschlägige Abschätzung der reinen Bauzeiten der Roten Pyramide und der Cheopspyramide ergeben folgende Werte:

- Rote Pyramide   ca. 18,7 Jahre
- Cheopspyramide   ca. 22,5 Jahre

6.2 Abschätzung des Personalbedarfs für den Pyramidenbau

Bei der Ermittlung der Anzahl der benötigten Facharbeiter und Hilfskräfte für den Bau der Pyramiden im AR sind verschiedene Tätigkeiten bzw. Bereiche zu berücksichtigen und der dafür notwendige Arbeitsaufwand ist abzuschätzen:

- Planung, Management, Bauüberwachung, Logistik.
- Produktion der Steine für das Kern- und Verkleidungsmauerwerk sowie für die Außenmauern der Rampen in den Steinbrüchen nahe der Baustelle.
- Transport der Steine vom Steinbruch zur Baustelle.

---

806 Becker, Chephrenpyramide 2, S. 35.
807 Romer, Pyramid, p. 72 ff. und p. 456.

- Produktion der Steine für die äußere Verkleidungsschicht (feiner Kalkstein aus dem Gebiet um Mokkatam und Maasara bzw. Granit aus Assuan) und die Verkleidung der Grabkammern und -korridore (Granit aus Assuan).
- Produktion von Säulen, Architraven, Bodenpflaster für Tempelbauten.
- Bau der Kanäle vom Nil zum Hafen beim späteren Taltempel der Pyramide sowie Transport über den Aufweg zur Baustelle.
- Herstellen der Lehmziegel für den Rampenbau.
- Errichtung der Pyramide einschließlich der Rampen und Arbeitsplattformen. Glätten der Außenfläche und Rückbau der Arbeitsplattformen und Außenrampen.
- Errichtung der verschiedenen Bauten des Pyramidenbezirks (Umfassungsmauer, Nebenpyramiden, Aufweg sowie Toten- und Taltempel einschließlich Hafenanlage.
- Werkstätten.
- Versorgungseinrichtungen für den täglichen Bedarf der Arbeiter etc.

Über die Zahl der für den Pyramidenbau benötigten Arbeitskräfte gibt es ganz unterschiedliche Schätzungen. Diese liegen für den Bau der Cheopspyramide zwischen 100 000 (Herodot) und 15 000[808] Arbeitskräften.

Winkler berechnet eine Zahl von 14 000 Arbeitern, die zu Beginn des Baus der Cheopspyramide eingesetzt waren[809] (Kapitel 7.5.13 »Bauvorschlag von Winkler [Hebeleiter]«). Er nennt dafür folgende prozentuale Aufteilung:[810] Steinbruch 81 %, Transport 11 % und Bauarbeiten an der Pyramide 8 %. Hinzu kämen insgesamt weitere 2800 Arbeitskräfte (20 %) für die Erbringung der Versorgungsleistungen, den Betrieb der Werkstätten etc. Otto benennt die Zahl der Arbeitskräfte mit 20 000.[811]

Unter der Annahme einer Bauzeit von 20 Jahren für die Cheopspyramide und der Kombination einer senkrecht auf die Pyramide zuführenden Rampe im unteren Bereich und von Hebeeinrichtungen im oberen Bereich berechnet de Haan die Anzahl der benötigten Arbeiter zwischen 5000 und 14 000[812] (Kapitel 7.5.15 »Kombiniertes Rampen- und Hubmodell nach de Haan«).

---

808 Dörnenburg, Pyramidengeheimnisse, S. 130.
809 Winkler, Pyramidenbau, S. 101.
810 Winkler, Pyramidenbau, S. 59.
811 Otto, Pyramiden.
812 De Haan, Egyptian Pyramids, p. V und p. 79.

Romer geht von 47 000 Beschäftigten im ersten Jahr (davon 24 000 für Steinbruch-, Transport- und Bauarbeiten in Gisa, Tura und Assuan und 23 000 für die allgemeine Versorgung etc.) und von 7000 im 14. Jahr (davon 3500 für Steinbruch-, Transport- und Bauarbeiten und 3500 für die allgemeine Versorgung) aus.[813] Stadelmann nennt Zahlen von 25 000–30 000 Arbeitern bzw. Beschäftigten insgesamt.[814]

6.2.1 Personalbedarf im Steinbruch des Cheops

Legt man der Berechnung der Bauzeit der Cheopspyramide die vom Autor entwickelte Hypothese zugrunde (Kapitel 8.3.2 »Berechnung der Bauzeit der Cheopspyramide«), so ergeben sich für die Steinproduktion zum Bau des Kernmauerwerks die in Tabelle 6.2.1 aufgeführten Arbeiterzahlen. Dabei werden die in Kapitel 4.1.1 »Steingewinnung und Steinbearbeitung« ermittelten Leistungswerte sowie die sich je Stufe des Kernmauerwerks unter Berücksichtigung der Anzahl der Tangentialrampen (Tabelle 8.3.2.3 »Anzahl der Arbeitstakte für den Bau des Kernmauerwerks«) notwendigen Arbeitstakte angesetzt. Danach werden beim Bau der Stufen mit 16, 12, 8 bzw. 4 Tangentialrampen pro Tag 800, 600, 400 bzw. 200 Arbeitstakte durchgeführt. Für die Produktion der 800 Steinblöcke sind demnach pro Tag je 12–16 Arbeiter, insgesamt also 9600–12 800 mit einem angenommenen Durchschnitt von 11 200, erforderlich.

---

813 Romer, Pyramid, p. 458–460.
814 Stadelmann, Pyramiden 4. Dynastie, S. 129.

Tabelle 6.2.1 Für die Steinproduktion des Kernmauerwerks der Cheopspyramide benötigte Anzahl an Arbeitern

Stufe	Steinblöcke	Arbeiter	Jahre
1	401 896	11 200	1,67
2	295 517	8400	1,64
3	246 096	8400	1,37
4	201 221	8400	1,12
5	160 859	5600	1,34
6	125 011	5600	1,04
7	93 657	5600	0,78
8	66 838	4200	1,11
9	44 532	4200	0,74
10	26 730	4200	0,45
11	9350	4200	0,16
Gesamt			11,45 Jahre

6.2.2 Personalbedarf für den Steintransport zwischen Steinbruch und Cheopspyramide

Für das Ziehen der Last eines Steins mit dem Volumen von 1,2 m³ einschließlich Zugseilen mit einem Gewicht von etwa 3000 kp auf einer Rampe mit dem Neigungswinkel von 6° und einer Gleitreibungszahl von 0,25 ist entsprechend den in Tabelle 4.3.1.1.2 genannten Werte eine Zugkraft von insgesamt ca. 1100 kp erforderlich. Diese bedingt nach Tabelle 4.3.1.4.1 den Einsatz von mindestens 122 Arbeitern. Werden auf der Rampe links und rechts neben der Zugbahn für die Steinlast Treppen für die Zugmannschaften angeordnet, verringert sich die Anzahl der benötigten Arbeiter (ohne Reserve) auf 26. Unter Annahme einer entsprechenden »Kraftreserve« wird von 34 Arbeitern ausgegangen. Wird die Steinlast an zwei Seilen gezogen, sind 17 Arbeiter hintereinander im Abstand von je 1 m anzuordnen. Die Länge eines Schleppzugs ergibt sich somit zu etwa 20–22 m. Entsprechend Tabelle 6.2.1 sind für den Bau der Stufe 1 des Kernstufenmauerwerks der Cheopspyramide täglich 800 produzierte Steinblöcke zur Baustelle zu transportieren. Geht man von einem etwa gleich großen Abstand zwischen den einzelnen Schleppzügen und von einer Zuggeschwindigkeit von 10 (20) m/min aus, so können auf einer Rampe Steine im Abstand von je 5 (2,5)

Minuten, d. h. pro Stunde 12 (24) Steine, gezogen werden. Bei 800 Blöcken in 10 Stunden werden etwa 7 (3) Schleppbahnen mit einer Breite von geschätzt je 6 m zuzüglich der Wege für den Rücktransport der Zugeinrichtungen und Zugmannschaften benötigt. Die mittlere Entfernung zwischen dem Hauptsteinbruch und der Baustelle betrug ca. 700 m (Abb. 5.1.2.2.1).

Nach den im Kapitel 4.3.1.1 »Zugkräfte (Gleitreibung)« zur Haftreibung gemachten Aussagen ist die Haftreibung auf einer Rampe mit 6° stets größer als die Hangabtriebskraft, sodass jederzeit Unterbrechungen (Pausen) des Ziehvorgangs jederzeit möglich sind. Nimmt man den Einsatz von Zugtieren (Rindern) an, wird anstelle einer Zugmannschaft entsprechend der im Kapitel 4.3.1.4.2 »Aufwärtsgerichtete Zugleistungen von Rindern« genannten Werte ein Gespann bestehend aus zwei Rindern benötigt. Der kontinuierliche Materialtransport aus den Steinbrüchen für den Bau des Kernmauerwerks konnte daher im erforderlichen Umfang sichergestellt werden.

In Tabelle 6.2.2 sind die Zahlen der benötigten Arbeitskräfte für die unterschiedliche Anzahl der Schleppvorgänge der einzelnen Stufen des Kernmauerwerks aufgeführt:

Tabelle 6.2.2 Zahl der für den Steintransport zwischen Steinbruch und Pyramide benötigten Arbeitskräfte

Stufe	Rampen	Schleppvorgänge/Tag	Arbeiter	
1	16	800	6800 (4)	9100 (3)
2	12	600	5100	6800
3	12	600	5100	6800
4	12	600	5100	6800
5	8	400	3400	4520
6	8	400	3400	4520
7	8	400	3400	4520
8	4	200	1700	2270
9	4	200	1700	2270
10	4	200	1700	2270
11	4	200	1700	2270

Anmerkung: (4) bzw. (3) bedeutet, dass jede Schleppmannschaft pro Tag 4 bzw. 3 Blöcke transportiert.

6.2.3 Personalbedarf für den Bau des Kernmauerwerks der Cheopspyramide

Entsprechend Kapitel 8.2.1 »Bau des Kernmauerwerks« werden für den Transport eines Steinblocks über eine Tangentialrampe mit Seilumlenkwalze 40 Arbeitskräfte benötigt. Nachdem auf allen vier Seiten der Pyramide zeitgleich über die entsprechende Anzahl von Rampen Material transportiert wird, werden beim Bau der Stufe 1 insgesamt 16 Zugmannschaften benötigt. Beim Bau der Stufe 2 sind noch 12 Rampen der Stufe 1 und 12 Rampen der Stufe 2 in Betrieb. Die Anzahl der benötigten Arbeitskräfte ist aus Tabelle 6.2.3 ersichtlich. Hinzu kommen Arbeitskräfte in gleicher Anzahl pro Rampe der jeweiligen Stufe des Kernmauerwerks für den waagerechten Transport und den Einbau (Verlegung) der über die einzelnen Rampen nach oben transportierten Steinblöcke.

Tabelle 6.2.3 Anzahl der Arbeitskräfte für den Steintransport über Tangentialrampen und für das Verschieben und Einbauen (Verlegen) der Steinblöcke beim Bau des Kernmauerwerks der Cheopspyramide

Stufe	Rampen	Arbeiter Rampe	Arbeiter Verlegung
1	16	640	640
2	12	960	480
3	12	1440	480
4	12	1920	480
5	8	1600	320
6	8	1920	320
7	8	2240	320
8	4	1280	160
9	4	1440	160
10	4	1600	160
11	4	1760	160

Für den zeitgleichen Bau der Tangentialrampen mit einem auf das Kernmauerwerk bezogenen Volumenanteil von 9 % wird ein Zuschlag von 10 % zu den in Tabelle 6.2.3 dargestellten Zahlen angenommen.

6.2.4 Gesamtpersonalbedarf für die Errichtung der Cheopspyramide

Neben der Anzahl der vorstehend ermittelten Arbeitskräfte sind weitere Personen für Aufsicht und Organisation, Sicherheit, Gesundheitswesen, Versorgung, Werkstätten etc. notwendig. Der Umfang dieses Personenkreises kann nur grob geschätzt werden und wird mit 30 % angesetzt.

Die für das Kernmauerwerk zu produzierende und zu verbauende Steinmenge stellt bei Weitem den größten Arbeitsaufwand im Vergleich zu den weiteren Arbeitsschritten wie Bau des Verkleidungsmauerwerks und der Außenverkleidung sowie deren Glättung dar. Der dafür benötigte Arbeitsaufwand liegt entsprechend Tabelle 8.3.2.4 unter demjenigen des Kernmauerwerks. Auf eine detaillierte Berechnung wird daher verzichtet.

Die Zusammenstellung der für die Errichtung des Kernmauerwerks der Cheopspyramide benötigten Arbeitskräfte zeigt Tabelle 6.2.4.

Tabelle 6.2.4 Gesamtaufwand an Arbeitskräften für die Errichtung des Kernmauerwerks der Cheopspyramide

Stufe	Steinbruch	Transport	Bau	Summe	Dauer (Jahre)	Mannjahre
1	11 200	6800	1400	19 400	1,67	32 400
2	8400	5100	1580	15 080	1,64	24 730
3	8400	5100	2110	15 610	1,37	21 390
4	8400	5100	2640	16 140	1,12	18 080
5	5600	3400	2110	11 110	1,34	14 890
6	5600	3400	2460	11 460	1,04	11 920
7	5600	3400	2820	11 820	0,78	9220
8	4200	1700	1580	7480	1,11	8300
9	4200	1700	1760	7660	0,74	5670
10	4200	1700	1940	7840	0,45	3530
11	4200	1700	2110	8010	0,16	1280
Gesamtzahl	70 000	39 100	22 510	131 610	11,45	151 410
In Prozent	53,2 %	29,7 %	17,1 %	100 %		

Die vom Autor detailliert ermittelten durchschnittlichen Werte für die Arbeiten im Steinbruch, für den Transport und für den Bau des Kernmauerwerks weichen von denen, die Winkler ermittelt hat, wesentlich ab.

6.2.5 Berechnung des Personalbedarfs für den Bau der Cheopspyramide nach Zier[815]

Zier hat bei der Ermittlung der Zahl der eingesetzten Arbeitskräfte auf einen Aspekt hingewiesen, der bisher nicht betrachtet wurde, und der bei allen Bauhypothesen in gleicher Weise berücksichtigt werden kann: Für das Anheben der Steine einer Pyramide von der Höhe der Grundfläche (Basis) auf ihre jeweilige Einbauhöhe ist – unabhängig vom angenommenen Bauverfahren – eine gewisse Mindestenergie aufzubringen. Daraus ließe sich auf die ungefähre Zahl der unmittelbar an der Pyramide beschäftigten Arbeiter schließen:

Generell beträgt die Hubarbeit (genannt potenzielle Energie) auf der Erdoberfläche in der Einheit Wattsekunde (Ws)

$E \text{ (pot) [Ws]} = m \text{ [Masse in kg]} \times g \text{ (Fallbeschleunigung} = 9{,}80^{[816]} \text{ m/s}^2) \times h \text{ (Höhe in m)}.$[817]

Für eine Pyramide überwiegend aus Kalkstein ergibt sich:

$E \text{ (pot) [Ws]} = [1\tfrac{1}{2} \times \text{(Basislänge)}^2 \times \text{Höhe} \times 2500^{[818]}] \times g \times \tfrac{1}{4} h$ (Lage des Schwerpunkts).

Alle Höhenangaben beziehen sich dabei auf die Grundfläche der Pyramide als Nullpunkt.

Berechnet man die potenzielle Energie für die Cheopspyramide, so ergibt sich ein Wert von

$E \text{ (pot), Cheops} = 2286 \text{ Mrd. Ws} = 635\,147 \text{ kWh}$

---

815 Dr. rer. nat. und Dipl.-Phys. Manfred Zier: Vorschläge für eine Berechnung der Bauzeit aufgrund der aufzuwendenden Hubarbeit; Schreiben an den Autor vom 25.10.2009.und 12.01.2010.

816 Wert für die Fallbeschleunigung am 30. Breitengrad.

817 Tafelwerk, S. 93/94.

818 Durchschnittliches spezifisches Gewicht der verwendeten Steine in kg/m³.

Als Dauerleistung, die ein Arbeiter im ägyptischen Klima erbringen kann, werden 50 W angenommen[819]. Unter Zugrundelegung einer täglichen Arbeitszeit (ohne Pause) von 8 Stunden und 300 Arbeitstagen pro Jahr ergibt sich für einen Arbeiter eine jährliche Leistung von ca. 120 kWh. Insgesamt werden somit für die Bauarbeiten an der Cheopspyramide für die Hubarbeit 5300 Mannjahre benötigt.

Hinzu kommen weitere Arbeitsleistungen für das waagerechte Verschieben der »gehobenen« Steine und das Verbauen derselben. Der Aufwand dafür wird nach den Berechnungen von Zier, unabhängig von der Höhe, proportional zu der zu verbauenden Steinmenge angesetzt. Als Referenzwert dient der unterste Abschnitt (Erstes Sechstel), für den der Aufwand für das Verschieben mit dem Doppelten der Hubarbeit angenommen wird.

Entsprechend Abb. 6.1 werden die in Tabelle 6.2.5.1 aufgeführten Steinmengen verbaut:

Tabelle 6.2.5.1

Bauabschnitt	Anteilig verbaute Steinmenge	Schwerpunkthöhe
Erstes Sechstel	42,5 %	$1/12$
Zweites Sechstel	28,9 %	$3/12$
Drittes Sechstel	16,9 %	$5/12$
Viertes Sechstel	8,5 %	$7/12$
Fünftes Sechstel	2,9 %	$9/12$
Sechstes Sechstel	0,3 %	$11/12$

Die entsprechenden Mannjahre an Arbeit ergeben sich unter Berücksichtigung der unterschiedlichen Schwerpunkthöhen wie in Tabelle 6.2.5.2 aufgeführt:

---

819 Nach Wikipedia, »Leistung (Physik)« wird die Dauerleistung eines Menschen mit 70 W angegeben. Andere Quellen geben 80–100 W an. Im Handbuch »Praktische Arbeitspsychologie«, Hrsg. Rohmert, W. und Rutenfranz, J, Thieme Verlag Stuttgart, 1983, wird für die maximale 8 Stundenleistung bis zu Erschöpfung ein Wert von ca. 60 W angegeben (S. 102). De Haan, Egyptian Pyramids, p. 18, geht von 55 bis 83 W aus. Vom Verein der Hobby-Ägyptologen wird ein Wert von 30 W als angemessen bezeichnet (Ägyptische Pyramiden 2, S. 94).

Tabelle 6.2.5.2 Mannjahre pro Abschnitt

	Hubarbeit (Mannjahre)	Verschieben und Verbauen (Mannjahre)
Unterster Abschnitt	765	1530
2. Abschnitt	1560	1040
3. Abschnitt	1520	608
4. Abschnitt	1070	306
5. Abschnitt	470	104
6. Abschnitt	59	11
Gesamtsumme Mannjahre	5445	3599

Zu diesen Werten wird noch ein Zuschlag für Schichtbetrieb (10 Stunden) und Krankheit sowie für Auf- und Abbau der Arbeitsplattform und der Rampen berücksichtigt. Diesen setzt Zier mit 40 % an, sodass sich die Gesamtsumme auf 7620 Mannjahre für die Hubarbeit bzw. 5040 Mannjahre für das Verschieben und Verbauen – insgesamt auf 12 660 Mannjahre – erhöht.

Hinzu kommen, wie erwähnt, noch Arbeitskräfte für Management, Werkstätten, Versorgung, für das Glätten der Außenfläche[820] und für Hilfsarbeiten. Diese Zahl wird auf ca. 20 % der Arbeitskapazität geschätzt, sodass sich nochmals ca. 2500 Mannjahre ergeben.

Die Betrachtungen von Zier zeigen den Mindestbedarf an Mannjahren auf, der unter Betrachtung der zu erbringenden Hub- und Verschiebearbeit für den Bau der Cheopspyramide anzusetzen ist. Die verschiedenen Betrachtungen ergeben jedoch, dass der tatsächlich anzunehmende Umfang an Arbeitskräften etwa zwei- bis dreimal so hoch anzusetzen ist[821]. Die in den vergangenen Jahren veröffentlichten Schätzungen für den Bau der Cheopspyramide mit Werten zwischen 10 000 und 20 000 Arbeitern – je nach Baufortschritt – dürften der Realität nahekommen.

---

820 Entsprechend Kapitel 8.3.2 »Berechnung der Bauzeit der Cheopspyramide« müssen dafür ca. 68 000 Arbeitstage mit je 10 Stunden angesetzt werden. Daraus ergeben sich bei einer berechneten Dauer für die Glättung selbst von einem Jahr insgesamt ca. 230 Mannjahre, denen wiederum ein Zuschlag von 40 % hinzugefügt wird.

821 So beträgt allein der Arbeitsaufwand für die Errichtung des Kernmauerwerks entsprechend Tabelle 6.2.4 (Spalte Bau) 22 630 Mannjahre.

7. Analyse und Bewertung der bisher bekannt gewordenen Bauhypothesen

Bei der Analyse und Bewertung bisher bekannt gewordener Bauhypothesen werden die so genannten mystischen und pseudowissenschaftlichen Ideen und Vorschläge für den Pyramidenbau, mit denen sich Lauer ausgiebig auseinandersetzt,[822] nicht berücksichtigt. Auch die »Zuwachstheorie« von Lepsius,[823] wonach in Abhängigkeit der Lebensdauer des Königs nacheinander Schalen um einen Kern (Obelisk) gelegt worden und so die Pyramiden entstanden seien, wird nicht näher betrachtet. Gleiches gilt für die kürzlich vorgelegte Arbeit von Barsoum, in der – wie schon von Davidovits in den 80er Jahren – versucht wird, den Beweis zu führen, dass die Kalksteinblöcke der Pyramiden in Gisa nicht aus Steinbrüchen stammen, sondern vor Ort als eine Art Beton gegossen worden sein sollen.[824] Auch die Vorschläge von Neubacher zum Pyramidenbau mittels Schiffen[825] und die Ideen Korffs für die Festlegung der Neigungswinkel der Pyramidenaußenflächen aufgrund von Tonintervallen[826] werden nicht näher betrachtet.

7.1 Historische Beschreibungen des Pyramidenbaus

Immer wieder wird dabei u. a. auch auf die Beschreibung des Pyramidenbaus von Herodot und seine »Maschinen« sowie auf die Schilderungen von Diodorus Siculus zum Pyramidenbau Bezug genommen.

---

822 Lauer, Geheimnis.

823 Lepsius, Bau.

824 Barsoum, Große Pyramide.

825 Stellungnahme bzw. Bewertung von Müller-Römer, Neubacher.

826 Korff, Klang der Pyramiden; Stellungnahme bzw. Bewertung von Müller-Römer, Klang der Pyramiden.

7.1.1 Herodot

Die älteste, heute bekannte Beschreibung des Pyramidenbaus stammt aus der Feder von Herodot, der im 5. Jahrhundert v. Chr. Ägypten besuchte und seine diesbezüglichen Informationen von Priestern erhielt, die ihrerseits von Ereignissen, die mehr als 2000 Jahre zurücklagen, berichteten.[827]

Dabei ist jedoch zu berücksichtigen, dass Herodot sicherlich als allgemein interessierter Besucher aber keineswegs als Ingenieur die Schilderungen verfolgt haben dürfte. Für die Bauweise der Pyramiden sind dennoch die Aussagen einiger Textstellen von Interesse:[828]

- (124)[829] ... »So wurde das Volk bedrückt, und es dauerte 10 Jahre, ehe nur die Straße gebaut war, auf der die Steine einher geschleift wurden ... Denn die Straße ist ... aus geglätteten Steinen hergestellt, in die Tiergestalten[830] eingemeißelt waren ...«[831]
- (125) »... An der Pyramide selber wurden zwanzig Jahre gebaut ... Sie besteht aus geglätteten, aufs Genaueste ineinandergefügten Steinen ...«.
- (126) »Bei ihrem Bau verfuhr man folgendermaßen:
  Zunächst ist sie stufenförmig, treppenförmig,[832] oder wie man es nennen will, gebaut worden; die zur Ausfüllung des Treppendreiecks bestimmten Steine wurden mittels eines kurzen Holzgerüstes[833] hinaufgewunden. So hoben sie sie von der Erde auf den ersten Treppenabsatz; dort legten sie sie auf

---

827 Herodot, zweites Buch, Kapitel 124–126 Bau der Cheopspyramide; 127 Pyramide des Chephren; 134 Pyramide des Mykerinos.

828 Übersetzung nach Horneffer, Herodot, S. 153–154.

829 In den Ziffern 124–126 wird der Bau der Cheopspyramide beschrieben.

830 Stein, Herodot, S. 138; danach sind die in die Steinplatten geschliffenen Zeichen Hieroglyphen; v. Bissing vermutet, dass es sich dabei um Graffiti späterer Besucher handelt (Bissing, Diodor, S. 12).

831 Lloyd weist darauf hin, dass es unklar ist, ob der Aufweg zur Cheopspyramide bedeckt (wie bei den Pyramiden des Chephren und des Unas) oder nach oben offen war (wie bei Snofru). Ebenso sei es unmöglich festzustellen, wo die von Herodot genannten verzierten Reliefs angeordnet waren. Lloyd vermutet, dass sich Herodot irrt und dass er eine Baurampe zum Transport der Steine meint (Lloyd, Herodot, S. 65).

832 Nach Stein, Herodot: »...stufenförmig, in Absätzen...«

833 μηχανῇσί ξύλων βραχέων; wörtlich: »Eine aus kurzen Hölzern (bestehende) Maschine anwenden«. Die Übersetzung des Wortes βραχύς im Sinne von gering, unbedeutend ist nur im Zusammenhang mit Zahlen belegt (Handwörterbuch der Griechischen Sprache). Eine Deutung als Qualitätsbegriff von Holzstangen, wie sie Winkler (Winkler, Pyramidenbau, S. 27) vornimmt, erscheint unzulässig.

ein anderes Gerüst, durch das sie auf den zweiten Treppenabsatz hinauf gewunden wurden.[834] Soviel Stufen, soviel solcher Hebevorrichtungen waren vorhanden, falls diese Hebevorrichtungen nicht so leicht tragbar waren, dass man ein und dieselbe von Stufe zu Stufe hob, nachdem man den betreffenden Stein herab genommen hatte.[835] Mir ist nämlich beides erzählt worden, weshalb ich beides anführe.[836]

So wurde zuerst die Spitze fertiggestellt, dann abwärts bis schließlich zu den untersten Stufen herab ...«

- (127) »... Chephren ... baute auch eine Pyramide, die aber nicht so groß ist ... Die unterste Schicht baute er aus buntem Aithiopischen Stein[837] ...«
- (134) »Er[838] hinterließ eine viel kleinere Pyramide als sein Vater ... Auch sie ist viereckig und bis zur Hälfte aus Aithiopischem Stein ...«

Diese Schilderung legt folgende Vermutungen bzw. Schlussfolgerungen zumindest für den Bau der Cheopspyramide nahe:

- Zur Verringerung der Gleitreibung bestanden die Oberflächen der Transport- und Baurampen zumindest teilweise aus geglättetem Kalkstein.
- Die innere Baustruktur der Pyramide wies Stufen bzw. Absätze auf.
- Der Materialtransport erfolgte von Stufe zu Stufe, indem die Steine mittels eines Holzgerüstes hoch wunden wurden.

Aufgrund der archäologischen Befunde (siehe Kapitel 4 »Bautechnik im

---

834 μεταφορά bedeutet Fortschaffen, Beförderung, Verladung, Ablieferung, Überführung.

835 Dieser Absatz des Berichtes des Herodot gibt immer wieder Anlass zu den unterschiedlichsten Interpretationen über das beim Bau der Cheopspyramide angewandte Bauverfahren.
Lloyd vertritt in diesem Zusammenhang die Auffassung, dass die einzig bekannte Baumethode in der Verwendung von senkrecht auf die Pyramide zulaufenden Rampen zum Transport von Steinen auf Schlitten bestehe. Dieses Verfahren sei beim Bau der Großen Pyramide perfekt entwickelt worden (Lloyd, Herodot, S. 68). Andere Interpretationen der Aussagen Herodots, mit dem »Gerüst« könnten auch Wippen oder Rollen gemeint sein, seien inakzeptabel. Diese könnten nicht als Hebeeinrichtungen verstanden werden.
Lloyd vertritt weiterhin die Auffassung, dass die Schilderung Herodots, es seien Hebevorrichtungen aus kurzen Hölzern verwendet worden, von dem seit dem 6. Jh. v.Ch. im griechischen Raum erfolgten Einsatz von kranartigen Hebevorrichtungen beeinflusst sei.

836 v. Bissing, Diodor, S. 14, bezweifelt die gewöhnliche Erklärung (Wiedemann, Diodor; Perrot-Chipiez I, S. 525; Lepsius, Bau), wonach es sich um kleine, aber feste Holzgerüste gehandelt habe, an denen sich oben eine Rolle befand.

837 Schwarzer Granit aus Assuan (Lloyd, Herodot, S. 75).

838 Gemeint ist Mykerinos.

Alten Reich«) kann damit eine auf einem Gerüst montierte Umlenkwalze gemeint sein, mit der die Steine über parallel zur Pyramidenseite angeordnete Rampen hochgezogen wurden. Auf diese Weise hätten nicht nur die Steine zum Ausfüllen der Stufen- bzw. Treppenabsätze, sondern auch diejenigen für das Kernmauerwerk nach oben transportiert werden können. Nähere Ausführungen zu dieser Möglichkeit des Steintransports finden sich in Kapitel 8 »Eine neue Hypothese zum Pyramidenbau im Alten Reich«.

- Die Fertigstellung der Außenverkleidung erfolgte von der Spitze zur Basis der Pyramide.
- Die mit 20 Jahren angegebene Bauzeit der Cheopspyramide stimmt mit den an anderer Stelle vorgelegten Berechnungen in etwa überein.

Der Bericht Herodots stellt sich – wie in Kapitel 8 »Eine neue Hypothese zum Pyramidenbau im Alten Reich« eingehend erläutert wird – als teilweise übereinstimmend mit den archäologischen Befunden dar – wenn man von den Ungenauigkeiten seiner Maßangaben absieht.

7.1.2 Diodor

Diodor[839] schildert in seinen Reisebeschreibungen, Buch I, Kapitel 63, 2 ff.,[840] dass den Ägyptern im AR keine Maschinen (Hebegeräte) zur Verfügung gestanden hätten. Die Steine habe man mittels schräger Erddämme transportiert.[841] Diese Dämme – so die Erläuterungen einiger der ägyptischen Gesprächspartner von Diodor – hätten aus Salz und Salpeter bestanden und seien später durch das Nilwasser aufgelöst worden. Von Bissing deutet die entsprechende Textpassage in der Weise, dass offensichtlich nur eine unklare Vorstellung von der Schädlichkeit der in der Erde enthaltenen Salze, zumal wenn die Erde feucht werde, bestanden habe.[842]

---

839 Diodorus von Agyrion (Sizilien) verfasste in 40 Büchern eine Beschreibung der Weltgeschichte, die z. T. noch erhalten ist. Er besuchte vermutlich etwa um 20 v. Chr. Ägypten. Näheres bei Pauly, RE. Weitere Quellenangaben siehe LÄ I, S. 1095/96 und Goyon, Cheopspyramide, S. 173.
840 Bissing, Diodor, S. 17.
841 Damit sind vermutlich Rampen gemeint.
842 Bissing, Diodor, S. 22.

7.1.3 Plinius

Plinius spricht ebenfalls von Terrassen, die mithilfe eines sich auflösenden Materials hergestellt worden seien:[843]

> *»Ein schwieriges Problem ist, herauszubringen, wie die Baustoffe auf eine so große Höhe getragen wurden. Den einen zufolge errichtete man Salpeter- und Salzhaufen in dem Maße, wie der Bau vorankam, und als er beendet war, ließ man sie durch Heranführen von Nilwasser sich auflösen. Anderen zufolge errichtete man Brücken aus irdenen Ziegeln, die man nach Vollendung des Bauwerks zwischen die Häuser der Privatleute verteilte, denn, so sagen sie, der Nil konnte nicht dorthin geleitet werden, da er tiefer lag«.*

Ein Umfassungsmantel (Baurampe) aus Lehmziegeln wäre nach Beendigung der Bauarbeiten (inneres Bauwerk und Verkleidung) leicht abbaubar gewesen. Die Ziegel könnten an anderen Stellen wiederverwendet bzw. als Düngemittel verwendet worden sein. Beim Abbau dieser Baurampe von der Pyramidenspitze bis zur Basis wäre dann gleichzeitig die Glättung der in Bossen stehen gebliebenen Steine der äußeren Verkleidungsschicht erfolgt.

7.2 Grundsätzliche Lösungsansätze für den Pyramidenbau

In nachfolgende Analyse bisher bekannt gewordener Bauvorschläge werden nur die Hypothesen einbezogen, die sich konkret mit Fragen und Vorschlägen des Pyramidenbaus befassen. Für deren Bewertung und Akzeptanz sollen verschiedene Prämissen gelten, die jeweils erfüllt werden müssen:

- Es dürfen nur Werkzeuge, Transport- und Bauverfahren zugrunde gelegt bzw. berücksichtigt werden, für die es archäologische Befunde aus der Zeit des AR gibt bzw. die entsprechende Schlussfolgerungen zulassen.

---

843 Plinius, 36, 17 (12), Übersetzung Littré (Quelle nach Goyon, G., Cheopspyramide, S. 173).

- Die archäologischen Befunde an den Pyramidenbauten des AR sind zu berücksichtigen.
- Die in den Bauhypothesen vorgeschlagenen Verfahren müssen die Errichtung der kompletten Pyramide einschließlich Aufsetzen des Pyramidion und die Glättung der Außenverkleidung ermöglichen.
- Eine Berechnung der sich aufgrund der Bauhypothese ergebenden Bauzeit für die betrachtete Pyramide muss vorliegen und ist für eine Bewertung unerlässlich.
- Bau- und sicherheitstechnische Aspekte für den Bau und die Glättung der Außenverkleidung sind zu berücksichtigen.
- Die vorgeschlagenen Bauhypothesen müssen regelmäßig durchzuführende Messungen am Baukörper während der Bauzeit ermöglichen.

Erfüllt eine Bauhypothese vorstehend aufgeführte Prämissen nur zum Teil oder überhaupt nicht, besitzt sie keine Beweiskraft und sollte in der künftigen ägyptologischen wissenschaftlichen Diskussion nicht weiter in Betracht gezogen werden.

Die bisher bekannt gewordenen Hypothesen für den Bau der Pyramiden im AR können in **drei Kategorien** eingeteilt werden:

- **Hypothesen, denen senkrecht auf die Pyramide zulaufende Rampen zugrunde liegen;**
- **Hypothesen, denen entlang der Pyramidenseiten geführte Rampen zugrunde gelegt werden;**
- **Hypothesen für den Einsatz von Hebegeräten bzw. Zugeinrichtungen.**

Die wichtigsten Hypothesen werden im Folgenden nach dieser Klassifizierung beschrieben, analysiert und bewertet. Bei der Entwicklung der Bauhypothesen in der zweiten Hälfte des 20. Jahrhunderts zeichnet sich die Tendenz ab, den Materialaufwand für Rampen zu minimieren.

Die vorgelegten Hypothesen beziehen sich fast ausschließlich auf den Bau der größten Pyramide, der Cheopspyramide. Es ist mit Blick auf die archäologischen Belege auszuschließen, dass sich während eines Zeitraumes von 470 Jahren (3. bis 6. Dynastie) mit insgesamt etwa 25 großen Pyramidenbauwerken die Bauverfahren – mit Ausnahme des Wechsels vom Prinzip der Schicht- zur Stufenpyramide unter Snofru – grundsätzlich geändert haben. Offensichtlich hat es nur kontinuierliche Weiterentwicklungen aufgrund von Erfahrungen gegeben.

7.3 Bauhypothesen, denen senkrecht auf die Pyramide zulaufende Rampen zugrunde liegen

7.3.1 Überlegungen zum Problem des Pyramidenbaus nach Arnold

Arnold veröffentlichte 1981 seine Überlegungen zum Problem des Pyramidenbaues.[844] Ausgehend von der Überzeugung, dass längere, senkrecht auf die Pyramide zuführende Rampen aus verschiedenen bautechnischen Gründen nicht möglich sind, schlägt er für den Bau der Cheopspyramide eine Rampe vor, die z. T. in einer Schneise im Kernmauerwerk verläuft. Auf diese Weise könnten Steine bis in eine Höhe von etwa 35 m bei einer Steigung von 8° bis 10° transportiert werden (Abb. 7.3.1.A). Für den Transport in eine Höhe von 60–65 m nimmt Arnold dann eine Außenrampe (Abb. 7.3.1.B) mit einer Länge von 100–150 m an. Für den Bau der Cheopspyramide sei eine derartige Konstruktion mit Blick auf die Größe und das Gewicht der Steine für die Grabkammern in jedem Fall erforderlich. Durch eine Kehrtwendung der Rampe um 180 Grad (Abb. 7.3.1.C) wäre es dann möglich, eine Höhe von ca. 90 m zu erreichen. Die weiteren Baumaßnahmen beschreibt Arnold als »schwierig« – insbesondere das Aufsetzen des Pyramidion:

> »Wie die ägyptischen Bauleute sich behalfen, lässt sich nicht mehr erschließen. Dass es ihnen jedoch gelang, das Problem zu lösen, demonstrieren die Beispiele der Cheops- und der Chephrenpyramide«.

Vielleicht wurde – so Arnold weiter – für die restlichen Arbeiten eine treppenförmige Konstruktion gebaut (Abb. 7.3.1.D). »*Wie man die Steine hochhob, ist nicht bekannt*«.

---

844 Arnold, Pyramidenbau.

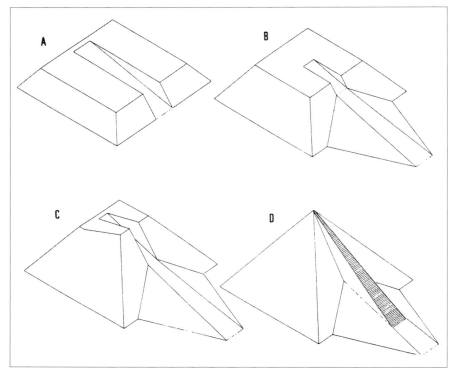

Abb. 7.3.1 Vorschlag von Arnold für den Bau der Cheopspyramide

Der Bau der äußeren Verkleidungsschicht bzw. der Außenverkleidung sei stets gleichzeitig mit der Errichtung des Kernmauerwerks vorgenommen worden. Im Anschluss daran soll dann die Glättung der Außenverkleidung über Baugerüste von oben nach unten erfolgt sein.

Der Haupteinwand gegen den von Arnold zur Diskussion gestellten Vorschlag betrifft einmal die komplizierte Bauweise der »mitwachsenden« Rampen unterschiedlicher Steigung, die durch die ständig erforderlichen Erhöhungen und Anpassungen der Basisbreite zu regelmäßigen Unterbrechungen der eigentlichen Bauarbeiten führen mussten, und zum anderen Schwierigkeiten mit dem gleichzeitigen Bau der inneren Gänge und Kammern, die sich in der Pyramidenmitte befanden. Unklar bleiben auch der Transport über steiler werdende Rampen, wenn die Haftreibungskraft kleiner als die Hangabtriebskraft ist (Kapitel 4.3.1.1 Zugkräfte [Gleitreibung]), und die zuverlässige Kontrolle einer exakten Vermessung des Baukörpers. Darüber hinaus legt Arnold keinen Lösungsvorschlag für den Bau der Pyramidenspitze vor. Ein weiteres Argument gegen die von Arnold vorgeschlagene Bauweise ist, dass der Bau der Außenverkleidung der Pyramide (Zuschneiden der Steine am Ort der Verlegung) und das Glätten der in Bosse stehenden Steine der Außenverkleidung ohne eine äußere Baurampe bau- und sicherheitstechnischen Gründen nicht vorstellbar sind. Zu den von Arnold angedachten Baugerüsten gibt es keine detaillierten Aussagen. Darüber hinaus erscheinen die am jeweils oberen Ende der Rampen vorhandenen Flächen für die Anzahl der die Last ziehenden Arbeiter zu klein ausgelegt zu sein.

Arnolds Hypothese bietet auch keine Erklärung dafür, warum das Kernmauerwerk – wie archäologisch belegt ist – in Stufen und nicht in einzelnen Schichten errichtet wurde. Archäologische Befunde für die vorgeschlagene Bauweise sind bei den Pyramiden der 3. und 4. Dynastie nicht bekannt.

Eine Berechnung der möglichen Transportkapazität der Rampen und der Bauzeit der Pyramide wurde von Arnold nicht vorgelegt.

Arnolds Diskussionsvorschlag für den Bau der Pyramiden, den er kürzlich anhand der Pyramide von Sesostris I. in Lischt wiederholte,[845] erscheint insgesamt für nicht schlüssig. Einige der im Kapitel 7.2 »Grundsätzliche Lösungsansätze für den Pyramidenbau« genannten Prämissen werden nicht erfüllt.

7.3.2 Vorschlag von Stadelmann für ein Rampensystem

Stadelmann veröffentlichte 1990 einen revidierten Vorschlag für die Errichtung der Pyramiden mittels einer Kombination verschiedener Rampen,[846] den er 2004 wiederholte.[847] Er geht dabei von seinen Ausgrabungen in Dahschur (Rote Pyramide) aus, bei denen Rampenspuren gefunden wurden. Diese gehören nach Stadelmann zu einer Vielzahl kleinerer Rampen, über die bis zu einer Höhe von 15–20 m von drei bzw. vier Seiten der Pyramide gleichzeitig der Materialtransport erfolgte (Abb. 7.3.2.1). Diese Anordnung der Rampen kann nach Stadelmann auch eine Erklärung dafür sein, dass die unteren 15 m der Roten Pyramide in nur 2–3 Jahren gebaut werden konnten. Ab einer Höhe von 20 m wären die kleinen Rampen zu steil für einen Transport mittels Ochsengespannen. Dafür kommen entsprechend den im Kapitel 4.3.1.1. »Zugkräfte (Gleitreibung)« gemachten Ausführungen nur Rampen mit einem Neigungswinkel von ca. 6° –

---

845 Arnold, Pyramiden, S. 347.
846 Stadelmann, Große Pyramiden, S. 266 ff.
847 Stadelmann, Pyramiden 4. Dynastie, S. 128.

also einem Verhältnis ebene Entfernung zur Höhe von 10:1 infrage. Für den weiteren Bau soll dann eine größere Rampe entlang einer Seite der Pyramide errichtet worden sein (Abb. 7.3.2.1 und 7.3.2.2).

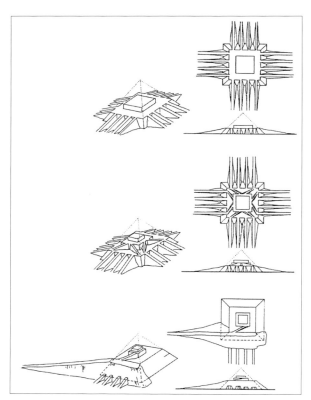

Abb. 7.3.2.1 Vorschlag Stadelmann für den Bau des unteren Teils der Pyramide

Stadelmann vermutet ferner, dass ab etwa 20 m Höhe die Bauweise nicht mehr in horizontal verlegten Steinschichten, sondern in einzelnen Stufen – wie bei der Pyramide des Mykerinos sichtbar – bestand. Ab einer bestimmten Höhe – bei der Cheopspyramide vermutlich ab 120 m – hätte die Rampe nicht weiter erhöht werden können. Die restlichen Bauarbeiten sollen daher nach anderen Verfahren ausgeführt worden sein. Stadelmann verweist in diesem Zusammenhang auf den Vorschlag von Arnold (Kapitel 7.3.1 »Überlegungen zum Problem des Pyramidenbaus nach Arnold«) und (in einer späteren Veröffentlichung) auf den von Hampikian[848] (Kapitel 7.4.5 »Umlaufende Rampe nach Hampikian«).

---

848 Stadelmann, Pyramiden, S. 224 ff.

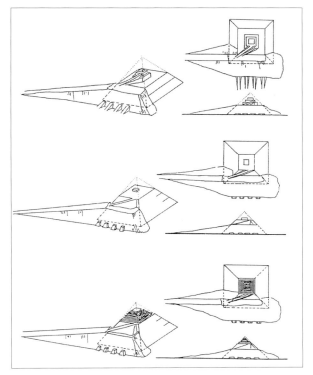

Abb. 7.3.2.2 Vorschlag Stadelmann für den oberen Teil der Pyramide

Auch für den Bauvorschlag von Stadelmann gilt, dass er sehr kompliziert ist und in sich keine klare Linie aufweist. Er entspricht nicht der einfachen und in sich einheitlichen Bauweise, die im AR Anwendung fand. Darüber hinaus ist aus bautechnischer Sicht zu bezweifeln, ob eine Vielzahl derartiger Rampen mit einer so schmalen Basis eine ausreichende statische Sicherheit für den Transport schwerer Steine bieten könnte. Die Rampen müssten auch ständig erhöht und ihre Basis angepasst werden, was zu regelmäßigen Bauunterbrechungen oder zumindest zu Einschränkungen führen würde. Ein Wechsel der Bauweise waagerecht verlegter Steinlagen zu einer Stufenform erscheint inkonsequent und sehr unwahrscheinlich.

Geht man von einer maximalen Steigung von 6° für die Rampen für den Steintransport mittels Ochsengespannen – wie von Stadelmann vorgeschlagen – aus, erreichen diese bei einer Höhe von 20 m eine Länge von ca. 190 m und bei einer angenommenen Breite der Krone von 12–15 m (Transportbahn für Ochsengespanne nach oben und nach unten) eine Breite an der Basis von ca. 25–30 m. Die topografischen Gegebenheiten ermöglichen den Bau derartiger Rampen nur an wenigen Stellen. Reste des umfangreichen Rampenmaterials wurden offensichtlich nicht gefunden.

Im unteren Bereich der Pyramide kann nach diesem Vorschlag eine zeitgleiche Verbauung von Kern- und Verkleidungsmaterial erfolgen. Wie der Bau der Außenverkleidung des oberen Teils vorgenommen werden soll, bleibt weitgehend offen. Der Bau der Außenverkleidung der Pyramide und das Glätten der in Bosse stehenden Steine der Außenverkleidung sind ohne eine Art Baugerüst (äußere Baurampe) aus bau- und sicherheitstechnischen Gründen nicht vorstellbar.

Berechnungen der Transportkapazität der Rampen und zur Bauzeit der Pyramide werden nicht vorgelegt.

Der Vorschlag von Stadelmann erscheint daher nicht schlüssig. Einige der in Kapitel 7.2 »Grundsätzliche Lösungsansätze für den Pyramidenbau« genannten Prämissen werden nicht erfüllt.

Haase spricht sich für einen Bau der Pyramiden im unteren Bereich nach dem Vorschlag von Stadelmann aus.[849]

7.3.3 Vorschlag von Lauer für eine Rampenkonstruktion

1989 veröffentlichte Lauer seinen anlässlich des V. Internationalen Ägyptologenkongresses 1988 in Kairo zur Diskussion gestellten Vorschlag für eine Rampenkonstruktion zum Pyramidenbau am Beispiel der Cheopspyramide, dem ein bereits früher veröffentlichter Vorschlag zugrunde lag:[850] Darin wird eine konstruktiv einfach zu errichtende Rampe vorgesehen, deren Basisbreite mit knapp 160 m von Beginn an auf die spätere endgültige Höhe ausgelegt ist, sodass mit zunehmender Höhe der Rampe nur deren Höhe, aber nicht die jeweilige Böschung angepasst werden muss (Abb. 7.3.3.1).

Die Länge der Rampe beträgt ca. 375 m, sodass sich bei der Höhe der Cheopspyramide (146,6 m) eine maximale Steigung von 0,39 m pro Meter ergibt.[851] Die Steigung bis zur Höhe der obersten Entlastungskammer beträgt etwa 10°. Für den Bau der letzen 7 m der Pyramidenspitze wird die Errichtung einer Plattform aus Lehmziegeln vorgeschlagen. Als Argument gegen die Hypothese von Lauer wird in der Fachliteratur immer wieder angeführt, dass es keinerlei Spuren des

---

849 Haase, megalithische Mauer.
850 Lauer, Pyramidenbau.
851 Goyon, G., Cheopspyramide, S. 60.

Baumaterials bzw. umfangreichen Abraums der Rampe gibt. Lauer selbst äußert sich auch nicht zu der Frage, auf welcher Seite der Cheopspyramide die Rampe hätte angeordnet sein können.[852] Weiterhin hätte die Rampe in regelmäßigen Abständen über ihre gesamte Länge hinweg erhöht (aufgeschüttet) werden müssen, was zu Bauunterbrechungen oder zumindest Engpässen beim Transport geführt haben müsste. Darüber hinaus passen die einzelnen Höhen der Rampe kaum mit den Schichthöhen des Kernmauerwerks zusammen, sodass über die Bauweise (Stufen oder Schichten) nicht geurteilt werden kann. Hinzu kommt, dass das Volumen der Rampe etwa knapp zwei Fünftel der Baumasse der gesamten Pyramide betragen hätte. Reste einer derart großen Rampe wurden nirgends gefunden.

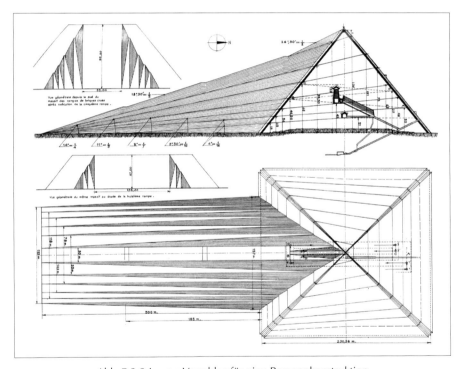

Abb. 7.3.3 Lauers Vorschlag für eine Rampenkonstruktion

---

852 Die Ost- und Westseite kommen wegen der dort befindlichen Friedhöfe wohl kaum infrage; die Südseite fällt zu den Steinbrüchen hin sehr stark ab und eine Rampe auf der Nordseite hätte den Eingang zur Pyramide verdeckt.

Auch bei dieser Bauhypothese werden einige der in Kapitel 7.2 »Grundsätzliche Lösungsansätze für den Pyramidenbau« aufgeführten Prämissen nicht erfüllt (Bau der Außenverkleidung der Pyramide und das Glätten der in Bosse stehenden Steine ohne eine Art Baugerüst; schichtweiser Bau des Kernmauerwerks). Eine Berechnung der Transportkapazität für das vorgeschlagene Rampensystem und der Bauzeit der Pyramide wird ebenfalls nicht vorgelegt. Auf die Bedenken von Goyon, G.,[853] und anderer Ägyptologen zur Hypothese von Lauer zum Pyramidenbau wird hingewiesen.

7.3.4 Vorschlag von Borchardt für eine Rampenkonstruktion

Im Rahmen seiner Untersuchungen der Pyramide in Meidum entdeckte Borchardt auch verschiedene Ziegelrampen und entwickelte daraus seine Idee für die Errichtung der Pyramiden.[854] Aufgrund der gefundenen Rampenreste meinte er, daraus eine Rampe rekonstruieren zu können (Abb. 7.3.4). Wie schon in Kapitel 4.3.2.3 »Die Pyramide des Snofru in Meidum« dargelegt, können diese Rampen teilweise dem Pyramidenbau gedient haben. Es spricht jedoch vieles – vor allem die notwendigerweise sehr große Länge der Rampe – gegen eine derartige Bauweise, wie auch Maragioglio und Rinaldi[855] sowie Arnold bemerken. Auch Goyon äußert sich sehr skeptisch.[856]

Aus bautechnischer Sicht kann die von Borchardt vorgeschlagene Rampe mit derart steilen Flanken aus Ziegelmaterial keineswegs errichtet worden sein. Es erscheint dagegen sehr wahrscheinlich, dass die gefundenen Reste von Ziegelrampen nur dem Materialtransport zur Pyramide und nicht zu deren unmittelbaren Errichtung gedient haben. Auch die in diesem Zusammenhang von Croon angestellten Kapazitätsberechnungen sind nicht schlüssig und gehen von zu vielen Annahmen aus, für die es kaum Anhaltspunkte gibt.[857] Einige der in Kapitel 7.2 »Grundsätzliche Lösungsansätze für den Pyramidenbau« genannten Voraussetzungen sind nicht erfüllt.

---

853 Goyon, G., Cheopspyramide, S. 59 ff.
854 Borchardt, Pyramide.
855 Maragioglio III, p. 39, Observation No. 7.
856 Goyon, G., Cheopspyramide, S. 55 ff.
857 Borchardt, Pyramide, S. 26–31.

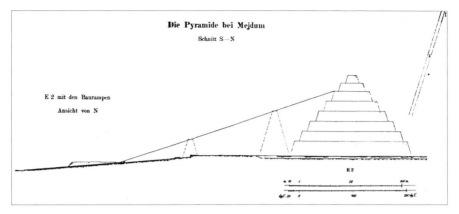

Abb. 7.3.4 Vorschlag einer Rampe nach Borchardt

7.3.5 Vorschlag von Lattermann für eine Rampe

Lattermann hat sich Ende der neunziger Jahre unter besonderer Berücksichtigung bautechnischer Aspekte mit dem Bau der Cheopspyramide beschäftigt[858] und dazu einen Beitrag veröffentlicht.[859] Neben einer Beschreibung der Räumlichkeiten der Pyramide befasst er sich eingehend mit der Zugleistung von Menschen und Rindern und dem Materialtransport von den Steinbrüchen zur Baustelle. Schwerpunkt seiner Veröffentlichung ist jedoch seine Hypothese für die Errichtung der Cheopspyramide mittels einer breiten, senkrecht von Westen her auf die Pyramide zulaufenden Rampe als

»... einfachste, logischste, technisch sinnvollste und vor allem einzige Lösung, die einen kontinuierlichen Transport ohne Bauunterbrechung gewährleistet ...«

Darüber hinaus schlägt Lattermann vor, die Rampe nur bis zu einer Höhe von 100 m anzulegen, da das Bauvolumen für die restlichen knapp 50 m nur noch 3,2 % der gesamten Baumasse beträgt (siehe Abb. 6.1). Bis zu dieser Höhe steigt der Neigungswinkel der 500 m langen Rampe (Basislänge) bis 10° (Neigungsverhältnis 1:6) an (Abb. 7.3.5).

---

858 Lattermann, Pyramidenbau.
859 Lattermann, Cheopspyramide.

Nach Lattermann ist der entscheidende Vorteil seiner Hypothese die Gewährleistung eines kontinuierlichen Baubetriebes, da die Rampe ständig mal auf der linken und dann auf der rechten Seite erhöht werden könne, sodass auf diese Weise die lagenweise Errichtung der Pyramide ständig möglich würde. Jeweils die Hälfte der Breite der Rampe dient dem Transport, während die andere Hälfte gleichzeitig um zwei Steinlagen erhöht wird und umgekehrt. Das Volumen dieser Baurampe liegt nach Lattermann mit 3,0 bis 3,4 Mio. m³ weit über dem Gesamtvolumen der Pyramide mit 2,6 Mio. m³.

Für die Erstellung gibt er einen Bedarf von 1500 Arbeitern an. Ab der Höhe von 100 m könne der Steintransport dann auf einer steileren Rampe mit menschlicher Arbeitskraft erfolgen. Für die letzten 20–25 m bis zur Pyramidenspitze bietet Lattermann keine Lösung an; es »... *seien besondere zusätzliche Maßnahmen erforderlich gewesen ...*«

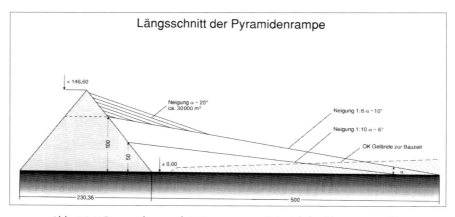

Abb. 7.3.5 Rampenbau nach Lattermann am Beispiel der Cheopspyramide

Eine Hypothese, die für den kompletten Bau der Cheopspyramide einschließlich deren Spitze keine in sich schlüssige Lösung anbietet, kann nicht akzeptiert werden. Hinzu kommt, dass nirgends in der Umgebung der Pyramiden in Gisa derart große Stein- oder Schuttmengen gefunden wurden, wie sie dem Volumen der von Lattermann vorgeschlagenen Rampe entsprechen.[860] Außerdem spricht die bei vielen Pyramiden des AR archäologisch nachgewiesene Stufenbauweise des Kernmauerwerks gegen die Hypothese einer schichtweisen Steinverlegung. Auch bei dieser Bauhypothese sind der Bau der Außenverkleidung der Pyramide

---

860 Klemm und Klemm, Steinbruch.

und das Glätten der in Bosse stehenden Steine der Außenverkleidung von oben nach unten ohne eine Art Baugerüst bzw. äußere Umbauung aus bau- und sicherheitstechnischen Gründen nicht vorstellbar.

Eine Berechnung der Transportkapazität der vorgeschlagenen Rampe und der Bauzeit der Pyramide wird nicht vorgelegt.[861] Die von Lattermann an der Westseite der Pyramide vorgesehene Rampe mit einer Länge von 500 m verläuft darüber hinaus mitten im Westfriedhof der Cheopspyramide (Gräbergruppe G 4000), der ursprünglich etwa 150 m von ihr entfernt begann und in wesentlichen Teilen – zumindest im westlichen Bereich – während der zweiten Hälfte der Regierungszeit des Cheops angelegt wurde.[862] Aus diesen Gründen und mit Blick auf die Nichteinhaltung einiger der im Kapitel 7.2 »Grundsätzliche Lösungsansätze für den Pyramidenbau« genannten Prämissen erscheint daher auch die Hypothese von Lattermann nicht schlüssig.

7.3.6 Vorschlag von Höhn für Rampen verschiedener Anordnung

2004 veröffentlichte Höhn einen Vorschlag zum Pyramidenbau am Beispiel der Cheopspyramide.[863] Dabei geht er von Überlegungen aus, die bereits Stadelmann seinem Vorschlag (Kapitel 7.3.2 »Vorschlag von Stadelmann für ein Rampensystem«) zugrunde legte: Mit Blick auf die große Menge der im unteren Bereich der Pyramide zu verbauenden Materialien werden senkrecht auf die Pyramide zuführende Rampen geringer Neigung (3–4°) bis zur Fertigstellung der 35. Steinschicht vorgesehen (Abb. 7.3.6.1). Für den Bau bis etwa zur 50. Schicht wird dann eine Tangentialrampe angenommen, über die der Materialtransport mittels Schlitten und Ochsengespannen erfolgt. Danach wird die Pyramide in Stufen mit parallel zu diesen Stufen angeordneten Rampen weiter gebaut (Abb. 7.3.6.2.). Im oberen Bereich haben diese Rampen eine Neigung von 16–26°; die Steine werden mittels Winkelhebeln hoch gehoben (Abb. 4.2.2.5.6 und 4.2.2.5.7).

---

861 In einem Gespräch am 26.07.2007 teilte H. Lattermann dem Autor mit, dass nach seinen Berechnungen die Bauzeit der Cheopspyramide 14 Jahre betrage. Diese Berechnungen lege er aber nicht vor.
862 Haase, Cheops, S. 90 ff.
863 Höhn, Pyramidenbau.

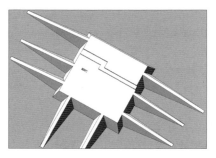
Abb. 7.3.6.1 Rampen im unteren Bereich

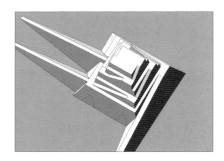
Abb. 7.3.6.2 Rampen im oberen Bereich

Die oberste Stufe (Abb. 7.3.6.3) erreicht eine Höhe von 137 m. Auf ihr wird eine Stange aufgestellt, welche die Spitze der Pyramide markiert. Anschließend wird die Verkleidung von der 50. Schicht an aufwärts angebracht. Nun wird auf die Tangentialrampe eine zickzackförmige Rampe aufgesetzt, die sich völlig außerhalb der Verkleidung befindet.

Halt findet diese Außenrampe, die nach Höhn auch auf weiteren Seiten der Pyramide vorstellbar ist, an in der Außenverkleidung stehen gelassenen Bossen (siehe auch Kapitel 7.4.1 »Umlaufende Ziegelrampe nach Goyon, G.«, Abb. 7.4.1.2). Nach Aufsetzen des Pyramidion, wofür Höhn allerdings kein klar formuliertes bzw. ausgearbeitetes Verfahren vorlegt, werden die Außenrampen bei gleichzeitiger Glättung der Außenfläche abgebaut.

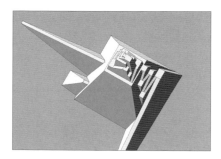
Abb. 7.3.6.3 Bau der Pyramidenspitze

Abb. 7.3.6.4 Glätten und Rampenrückbau

Die Bewertung des Vorschlages von Höhn führt zu folgenden Feststellungen: Der Transport des Materials für den unteren Bereich der Pyramide über auf drei Seiten angeordnete Rampen mit der vorgeschlagenen Neigung von 3–4° und einer Höhe von ca. 30 m (35 Steinschichten) bedingt Rampenlängen von 430 m (4°) bzw. 573 m (3°). Derartige Längen sind wegen der topografischen Gegebenheiten im Umfeld der Cheopspyramide bzw. wegen zeitgleich mit dem Pyramidenbau errichteter Grabanlagen östlich und westlich der Pyramide und auch auf der Nordseite nicht realisierbar. Im Süden engen die nahe gelegenen die Steinbrüche den Raum für größere Rampenlängen ein. Für die bis zum Bau der 50. Steinlage vorgeschlagene Tangentialrampe (auf welcher Seite der Pyramide?) ergäben sich Längen von 615 m (3°) bzw. 827 m (4°), die topografisch ebenfalls nicht realisierbar gewesen wären. Unklar ist auch, wie die Arbeiten an der Außenverkleidung einschließlich der Glättungsarbeiten bis zur 50. Schicht hätten vorgenommen werden können und wie die Maßgenauigkeit der Pyramide während ihres Baus einzuhalten gewesen wäre.

Eine Berechnung der Bauzeit nach dem vorgeschlagenen Bauverfahren legt Höhn nicht vor.

Im Vergleich zu anderen Bauvorschlägen mit senkrecht bzw. tangential zur Pyramide angeordneten Rampen enthält der Vorschlag von Höhn jedoch einige interessante Aspekte wie zeitgleiche Baumaßnahmen über mehrere Rampen, Tangentialrampen entlang der Stufen, Außenrampen und deren Abbau bei gleichzeitigem Glätten der Außenverkleidung.

7.4 Bauhypothesen, denen entlang der Pyramidenseiten geführte Rampen zugrunde gelegt werden

7.4.1 Umlaufende Ziegelrampe nach Goyon, G.

Goyon, G., hat in verschiedenen Veröffentlichungen seine Hypothese von der Errichtung einer umlaufenden Ziegelrampe für den Bau der Cheopspyramide dargelegt.[864] Nach seinen Stabilitätsberechnungen geht er von einer Breite der Ziegelrampe mit durchschnittlich 17 m aus (Abb. 7.4.1.1).

---

864 Goyon, G., Cheopspyramide.

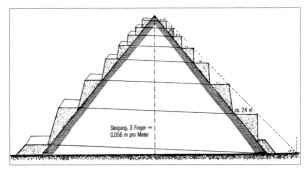

Abb. 7.4.1.1 Vorschlag Goyon, G., für eine umlaufende Rampe

Die Pyramide einschließlich ihrer Verkleidung wuchs nach Goyon's Vorstellungen mit der Ziegelrampe gemeinsam in die Höhe und wurde von dieser vollkommen eingehüllt. Die in Bossen stehenden Steine der Außenverkleidung bieten für die Ziegelrampe entsprechenden Halt. Die Bauweise beschreibt Goyon, G., in einer Zeichnung (Abb. 7.4.1.2). Die Steigung der Rampe entspricht mit 0,056 m Höhendifferenz pro Meter Rampenlänge etwa einem Höhenunterschied von ein oder zwei Schichthöhen. Das Aufsetzen des Pyramidion ist bei einer derartigen Rampenkonstruktion ohne Weiteres möglich.

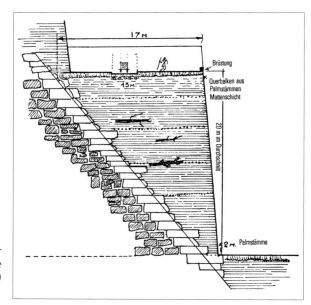

Abb. 7.4.1.2 Prinzip einer umlaufenden Rampe nach Goyon, G. (Schnitt)

Zur genauen Vermessung und zur Einhaltung der Neigung der Pyramidenaußenseiten schlägt Goyon, G., einen senkrechten Schacht in der Mitte der Pyramide vor, in dem ein Lot angebracht war, welches so auch in oberen Schichten stets die Achse der Pyramide anzeigen soll. Als Begründung führt er an, dass die immer wieder genannte Vermessung der Außenseiten mittels Schnüren dafür nicht geeignet ist. Dem Verfahren einer Vermessung mit einem Lot muss entgegen gehalten werden, das die exakte Vermessung der Basis der Cheopspyramide trotz des bis zu 8–10 m hohen Felskerns mit einer Messungenauigkeit von wenigen cm (weniger als ein hundertstel Prozent der Länge) erfolgte – wahrscheinlich allerdings mit 4 bzw. 8 E langen Messlatten.

Arnold merkt an,[865] dass bei keiner Pyramide ein derartiger Schacht gefunden wurde und dass ein solcher bei der Cheopspyramide auch mit der Lage und Anordnung der Innenräume kollidieren würde. Arnold weist weiter darauf hin, dass – für den Fall eines vorzeitigen Todes des Königs – der Nordeingang frei zugänglich sein musste und dass diese Tatsache auch gegen eine umlaufende Rampe spräche.

Goyon, G., geht bei seiner Bauhypothese von einer schichtweisen Verlegung der Steine aus und negiert damit die Stufenbauweise des Kernmauerwerks, die bei vielen Pyramiden des AR archäologisch nachgewiesen ist. Unklar ist auch, wie die Steinblöcke um die Ecken der Ziegelrampe hätten gezogen werden können. Eine Berechnung der Transportkapazität für das vorgeschlagene Rampensystem und die Bauzeit der Pyramide wird ebenfalls nicht vorgelegt.

Graefe weist auf eine Berechnung der Bauzeit der Cheopspyramide nach der Bauhypothese von Goyon, G., durch Paul aus dem Jahr 1987 hin, wonach die Bauzeit 43 Jahre betragen habe.[866] Der Grund für diese lange Bauzeit liegt wahrscheinlich in der zu geringen Transportkapazität einer spiralförmig angelegten Rampe. In diesem Zusammenhang wird auf eine Darstellung in der Veröffentlichung von Goyon, G., verwiesen,[867] aus der die geringe Transportkapazität ersichtlich ist.

Ein Vorteil des Vorschlages von Goyon, G., liegt darin, dass mit der umhüllenden Ziegelrampe für den Bau der Außenverkleidung und für das spätere Glätten der in Bossen stehenden Steine der Außenverkleidung eine Arbeitsplattform bestand.

---

865 Arnold, Pyramidenbau.
866 Graefe, Pyramidenbau [11].
867 Goyon, G., Cheopspyramide, S. 146, Abb. 86.

Diesen Gedanken greift auch Lehner auf,[868] indem er für die Glättung der Pyramiden von oben nach unten eine äußere Gerüstschale als Standflächen für die Arbeiter vorschlägt und das Prinzip der Spiralrampe als dafür geeignet hält. Die beim Bau eine Spiralrampe als Bauplattform auftretenden Fragen einer regelmäßigen Vermessung hält Lehner mit seinem hypothetischen Modell einer Visiereinrichtung[869] für lösbar.

Zusammenfassend ist festzustellen, dass die Hypothese für die Errichtung der Pyramiden nach Goyon, G., mit der außerhalb der Pyramidenaußenfläche angebrachten Rampe aus Lehmziegeln als Transport- und Arbeitsrampe einen sehr innovativen Denkansatz bietet. Allerdings hat eine spiralförmig angelegte Rampe eine zu geringe Transportkapazität und das Problem des Transports großformatiger Steine an den Ecken sowie der ständigen Vermessung ist nicht gelöst. Der Bau der Pyramiden nach der Hypothese von Goyon, G., kann so nicht erfolgt sein.

7.4.2 Rampensystem nach Lehner

Lehner veröffentlichte 1985 seinen Vorschlag für die Errichtung der Pyramiden am Beispiel der Cheopspyramide mit einem Rampensystem, welches aus senkrecht auf zwei Ecken der Pyramide zulaufenden Rampen und einer umlaufenden Rampe besteht.[870] Dabei bezieht er aufgrund umfangreicher Untersuchungen die topografische Situation um die Cheopspyramide mit ein und schließt daher längere senkrecht auf die West-, Nord- und Ostseite der Pyramide zulaufende Rampen aus. Mit Blick auf die Lage der Steinbrüche sei von zwei – wie auch immer konstruierten – Rampen südlich und östlich auszugehen. Dabei führt die von Süden kommende Rampe auf die SW-Ecke zu und die von Osten herkommende Rampe verläuft parallel zur Südseite der Pyramide.[871]

Die von Süden kommende Rampe (Abb. 7.4.2.1 A) beginnt im großen Steinbruch südlich der Pyramide und verläuft bei einer Länge von 320 m und einer Steigung von ca. 6° (ca. 10 %) bis in eine Höhe von 30 m über dem Nullniveau der Pyramide oberhalb der SW-Ecke und trifft dort die von Osten herkommende

---

868 Lehner, Architektonische Evolution, S. 455–457.

869 ebenda, S. 456, Abb. 367.

870 Lehner, Cheops Project.

871 ebenda, S. 127.

Rampe, welche an den kleineren Steinbruch südlich der Ostecke der Pyramide anschließt. In 30 m Höhe sind bereits ca. 45 % der Steinmassen verbaut.

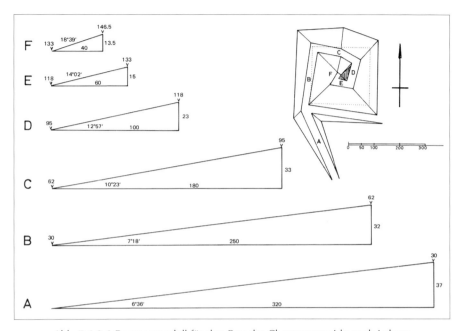

Abb. 7.4.2.1 Rampenmodell für den Bau der Cheopspyramide nach Lehner

Von dort aus sollen nacheinander mehrere Rampen (Abb. 7.4.2.1 B bis F) im Uhrzeigersinn um die Pyramide herum geführt worden sein. Die Rampe B (Steigung 7°) erreicht eine Höhe von 62 m, die Rampe C (Steigung 10°) eine von 95 m, die Rampe D (Steigung 12,5°) eine von 118 m, die Rampe E (Steigung 14°) eine von 133 m und die Rampe F (Steigung 18°) die Pyramidenhöhe von 146,5 m. Zur Verdeutlichung stellt Lehner vier Schnitte mit der Errichtung der einzelnen Rampen dar (Abb. 7.4.2.2.).

Nach dem Vorschlag von Lehner wird die Pyramide – ähnlich wie beim Vorschlag von Goyon, G., – fast vollständig von den spiralförmig umlaufenden Rampen eingehüllt. Die Frage nach den ständig durchzuführenden Messungen stellt sich in gleicher Weise; der ständige Zugang zum Pyramideneingang von der Nordseite her wäre ebenfalls nicht möglich gewesen. Nachteilig war auch die stets notwendige Erhöhung und Verbreiterung der Rampen A und B entsprechend Baufortschritt bis in eine Höhe von 30 bzw. 62 m über dem Pyramidenniveau, was zu regelmäßigen Beeinträchtigungen der Transporte und damit

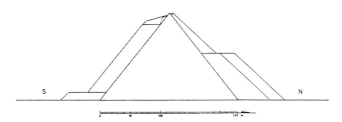

Fig. 6 A. Pyramid and accretion construction ramp in cross-section on the N-S axis of the pyramid.

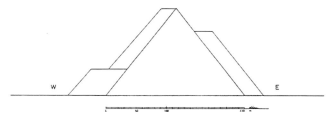

Fig. 6 B. Pyramid and accretion construction ramp in cross-section on the E-W axis of the pyramid.

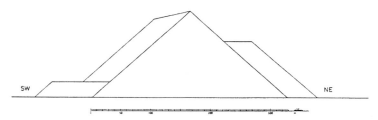

Fig. 7 A. Pyramid and accretion construction ramp in cross-section of the NE-SW diagonal of the pyramid.

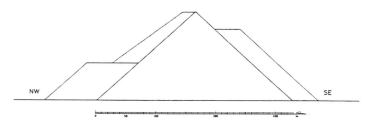

Fig. 7 B. Pyramid and accretion construction ramp in cross-section on the NW-SE diagonal of the pyramid.

Abb. 7.4.2.2 Rampenanordnung nach Lehner

der Bautätigkeiten führen dürfte. Etwa 60–65 % der gesamten Baumasse sind nach diesem Vorschlag bis zum Erreichen dieser Höhen verbaut worden (siehe Abb. 6.1). Die weiteren Rampen sollten entsprechend dem Baufortschritt jeweils verlängert werden. Nicht klar beschrieben sind auch die Arbeiten an der Pyramidenspitze. Aufgrund umfangreicher Untersuchungen zeigt Lehner, dass die beiden Rampen (A und die vom Osten her an der Südseite der Pyramide verlaufende) in ihrer Grundrichtung zumindest als Baurampen für den Steintransport zum Pyramidenplateau angenommen werden müssen.

Eine Berechnung bzw. Abschätzung der über das Rampensystem zu transportierenden Steinmassen bzw. der Transportkapazität und der Bauzeit der Pyramide wird von Lehner nicht vorgelegt. Im Gegensatz zu der Hypothese von Goyon, G. stellt die spiralförmig umlaufende Rampe wegen der größeren Abmessungen eine erhöhte Transportkapazität dar. Ein Vorteil der Rampenkonstruktion nach Lehner liegt in der umlaufenden »Baurampe«, über die im unteren Bereich wegen der geringen Steigung von 6° bzw. 7° ein Steintransport mit Ochsengespannen bzw. Zugmannschaften möglich war und eine einfache und bautechnisch sichere Montage der Außenverkleidung und das spätere Glätten der in Bossen stehenden Schicht von oben nach unten ermöglicht wird.

Der Bauvorschlag von Lehner stimmt mit der Annahme einer schichtweisen Steinverlegung im Kernmauerwerk nicht mit dem Bauverfahren, wie es mit den Kernmauerwerkstufen der Pyramiden im AR (4. Dynastie ab der Cheopspyramide bis Ende 6. Dynastie) Anwendung fand, überein. Wozu hätten nach dem Bauvorschlag von Lehner einzelne Stufen des Kernmauerwerks – wie bei der Cheopspyramide und der Pyramide des Mykerinos archäologisch nachgewiesen – errichtet werden sollen, wenn sich bei den vorgeschlagenen Rampen nach Lehner doch eine Schichtbauweise als geeigneter angeboten hätte? Lehner selbst ist sich der Problematik seines Vorschlages bewusst und sagt, dass auch seine Idee die bei Goyons Hypothese angemerkten Probleme nicht besser löse.

Haase spricht sich mehrfach für den Bauvorschlag einer Spiralrampe nach Lehner aus.[872] Der Reiz dieses Modells liege in seiner homogenen, geschlossenen Gesamtstruktur. Der Steintransport sei generell mit Schlitten und menschlicher Zugkraft zu bewältigen. Problemstellungen wie das Rangieren der Schlitten an den Eckbereichen der Zugpisten oder die große Steigung im letzen Rampenabschnitt an der Spitze der Pyramide ließen sich durch Anpassung einiger Parameter beheben. Haase geht darauf jedoch nicht näher ein.

---

872 Haase, Ägyptens Pyramiden; Haase, megalithische Mauer.

Haase ermittelt darüber hinaus unter Zugrundelegung der Abmessungen der umlaufenden Rampe nach Lehner die notwendige Arbeiterzahl zum Transport der Steine in die 28. und 36. Steinlage.[873] Aufgrund der dabei getroffenen Festlegungen berechnet Keyssner für die Cheopspyramide eine reine Bauzeit zwischen 47 und 59 Jahren.[874]

7.4.3 Integralrampe nach Klemm und Klemm

Klemm und Klemm stellten 1998 als Beitrag zum Pyramidenbau den Vorschlag »Die Integralrampe als Konstruktionselement großer Pyramiden« zur Diskussion.[875] Ausgehend von der Tatsache, dass Rampenkonstruktionen bereits im AR ein verbreitetes technisches Hilfsmittel darstellen und dass an den Baustellen der Pyramiden keinerlei Materialüberreste (sichtbare Deponien von altsedimentiertem, von Nilschlamm durchsetztem Schuttmaterial) zu erkennen sind, schlagen Klemm und Klemm als Konstruktionsprinzip zwei an Pyramidenecken (SW- und NO-Ecke) gegenüberliegend beginnende und in die Pyramidenaußenflächen integrierte Rampen gleicher Umlaufrichtung vor (Abb. 7.4.3.1). An der NO-Ecke steht jedoch bis in eine Höhe von ca. 2 m gewachsener Fels an, der dem Fußpunkt des Rampeneinschnitts entgegen steht.

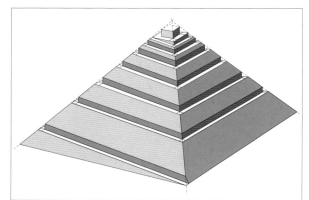

Abb. 7.4.3.1 Rampenmodell nach Klemm und Klemm

---

873 Haase, Cheops, S. 28–29.
874 Keyssner, Baustelle Gisa, S. 21.
875 Klemm und Klemm, Integralrampe.

An den genannten Ecken könnten auch die jeweiligen Baurampen aus den Steinbrüchen (SW: Südlich der Cheopspyramide und östlich der Chephrenpyramide gelegene Steinbrüche; NO: Steinbrüche am Osthang des Plateaus) enden. Die Rampen haben einen Anstiegwinkel von 6°, der einer Rampenneigung von ca. 10 % entspricht. Die Breite der Rampen wird mit 4 m – in einem späteren Beitrag[876] mit 5 m – angegeben; die daraus resultierende Einschnittshöhe in der Außenfläche der Pyramide beträgt ca. 5–6 m. Ein nach dem Bau übrig bleibender Abfall von Rampenmaterial entsteht bei diesem Vorschlag nicht. Zwei unabhängig voneinander nutzbare integrierte Rampen ermöglichen es nach Klemm und Klemm, Auf- und Abwärtsverkehr ohne gegenseitige Behinderung zu organisieren. Der Transport der Steine soll mit Ochsengespannen und Zugmannschaften erfolgen.

Das Prinzip der Integralrampe nach Klemm und Klemm gestattet das Verbauen des Verkleidungsmauerwerks und der Außenverkleidung von unten nach oben. Bauunterbrechungen bzw. Beeinträchtigungen durch Erhöhungen der Rampen gibt es nicht. Die schmalen Rampen führen nur zu geringen Einschnitten in den fertiggestellten Baukörper und sollen so für die Vermessung der Flanken (Rücksprung) kein Problem darstellen. Allerdings dürfte die Verlegung der einzelnen Steinschichten der Außenverkleidung wegen der unterschiedlichen Höhen der Steinschichten messtechnisch sehr schwierig sein. Generell ergeben sich bei der vorgeschlagenen Bauweise Schwierigkeiten bei der regelmäßigen Vermessung des Baukörpers.

Das Ausfüllen der einzelnen Stufen der Verkleidungsschicht mit einer durchschnittlichen Höhe von 1 m soll mit keilförmig aufgefülltem Schutt samt einer gleitfähigen Nilschlammabdeckung oder auch mit Bohlen erfolgt sein. Die Deckenbalken der Königskammer bzw. der Entlastungskammern der Cheopspyramide könnten auf mobilen Rollen (quer gelegten Rundhölzern) gezogen worden sein.

Eine Bewertung führt zu folgender Feststellung: Nachdem über die Bauweise der inneren Pyramidenstruktur keine Aussage getroffen wird, gehen Klemm und Klemm vermutlich von einer schichtweisen Steinverlegung aus, die – wie bereits an anderer Stelle mehrfach erwähnt – archäologisch jedoch nicht nachweisbar ist. Problematisch erscheinen die relativ geringe Breite der Integralrampen für das Heraufziehen der Steine mit Ochsengespannen und der Transport um die

---

876 Klemm und Klemm, Steinbruch.

Ecken der Integralrampe. Offen bleibt auch, wie das Schließen der Lücken der beiden Integralrampen von oben nach unten vorgenommen werden soll.

Nach einer Abschätzung beträgt bei einer Steigung von 10 % das Zuggewicht eines Steines mit einem durchschnittlichen Gewicht von 3 t [877] mit Schlitten und Seilen (ca. 0,5 t) bei einer Gleitreibungszahl μ von 0,25[878] ca. 1260 kp. Bei der von Lattermann angegebenen Zugleistung eines Ochsen in Höhe von ca. 500 kp können demnach ein Gespann bestehend aus drei Ochsen die Steine nach oben ziehen.[879] Eine Zugmannschaft mit menschlicher Kraft erfordert etwa 25–30 Arbeiter. Allerdings müssten für die genannte Gleitreibungszahl viele weitere Arbeitskräfte die Integralrampe ständig mit Wasser feucht halten, was wiederum die Zugleistung der Tiere mit der Gefahr des Ausrutschens beeinflusst hätte. Problematisch wäre darüber hinaus der Transport der Deckenbalken der Entlastungskammern mit einem Gewicht bis zu 60 t durch eine Zugleistung von mindestens 30 Zugochsen bzw. ca. 300 Arbeitern. Berücksichtigt man noch die scharfen Ecken an den Kanten der Pyramide und die dadurch entstehenden Schwierigkeiten, die Lasten um die Ecke zu ziehen mit, werden die Schwächen des Modells der Integralrampen deutlich.

Für die Montage des Pyramidion mit einem Gewicht von ca. 2,5 t bieten Klemm und Klemm keine

> »... dezidierten Vorschläge an. Das war auch nicht die Fragestellung unserer Arbeit.«

Dieses Problem soll mit geeigneten Hebewerkzeugen aus Holz bewältigt worden sein.[880]

Berechnungen der Transportkapazitäten und der Bauzeit wurden nicht vorgelegt. Das Prinzip der Hypothese für eine Integralrampe nach Klemm und Klemm bedingt, dass immer nur eine Rampenbahn für den Materialtransport zur Verfügung steht und die Bauzeit sich daraus errechnet.[881] Gerade im unteren Teil des Baukörpers mit der Masse der zu verbauenden Steine bildet nur

---

877 Entsprechend Kapitel 4.3.1 »Schiefe Ebene«

878 Holzschlitten auf nassem Untergrund entsprechend Kapitel 4.3.1.1 »Zugkräfte (Gleitreibung)«.

879 Lattermann, Pyramidenbau S. 24 ff.

880 Klemm und Klemm, Steinbruch Klemm, S. 40; Interview Haase mit Klemm und Klemm.

881 Dieses Argument gilt natürlich auch für andere Vorschläge mit Rampen.

ein Transportweg einen Engpass und führt zu einer Verlängerung der Bauzeit gegenüber mehreren Rampen im unteren Bereich der Pyramide. Vorteilhaft dagegen ist die zweite, abwärts führende Integralrampe für den Rücktransport der Schlitten etc. Eine Abschätzung der Transportkapazität und der sich daraus ergebenden Bauzeit unter der Annahme einer Taktzeit von nur 5 Minuten[882] ergibt, dass nach dieser Hypothese für den reinen Bau der Cheopspyramide ca. 54 Jahre erforderlich waren.[883]

Unklar ist auch, wie die Lücken der Integralrampen geschlossen und die in Bosse stehenden Steine der Außenverkleidung anschließend von oben nach unten geglättet werden konnten. Ohne ein von außen angebrachtes »Gerüst« erscheint dies nicht möglich.

Der Vorschlag von Klemm und Klemm, auf den kürzlich erneut hingewiesen wurde,[884] erscheint mit Blick auf die genannten Bedenken und die Nichteinhaltung verschiedener Prämissen (Kapitel 7.2 »Grundsätzliche Lösungsansätze für den Pyramidenbau«) in sich nicht schlüssig.

Den Vorschlag der Integralrampe nach Klemm und Klemm griff Dörnenburg wieder auf.[885] Er befasst sich dabei insbesondere mit der Frage des Transports der mit Steinen beladenen Schlitten an den Eckkanten der Pyramide sowie mit der Verringerung der Reibung durch eine Schotterunterfläche. Für die Taktzeit setzt Dörnenburg zwei Minuten an. Damit ergäbe sich eine Bauzeit von ca. 20 Jahren für die Cheopspyramide.

In einem Internetbeitrag weist Simon darauf hin, dass bei einer genauen Konstruktion die Integralrampen weit unterhalb der Pyramidenspitze enden.[886] Der Grund dafür liegt in dem sich immer mehr verringernden Abstand zwischen den beiden Rampen. Ab einer Höhe von ca. 120 m kommt es zu einer Überschneidung (Abb. 7.4.3.2). Es können keine äußeren Verkleidungssteine mehr verbaut werden.

---

882 Überlegungen anlässlich eines Gesprächs mit Prof. Dr. Klemm am 17.07.2007.

883 Entsprechend Kapitel 8.3 »Eine vergleichende Betrachtung mit den Bauzeiten der Roten Pyramide und der Cheopspyramide« waren bei der Cheopspyramide durchschnittlich 2,14 Mio. Steinblöcke zu transportieren. Pro Jahr sind 39 600 Taktfolgen à 5 min (330 Tage à 10 Stunden à 12 Takte) möglich. Somit ergibt sich eine Bauzeit von 54 Jahren.

884 Klemm und Klemm, Stones.

885 Dörnenburg, Pyramidengeheimnisse, S. 149 ff.

886 Simon, Integralrampe.

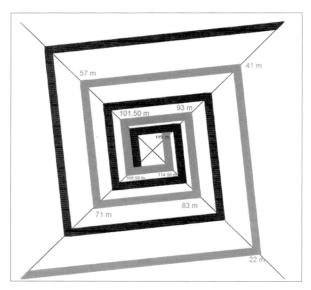

Abb. 7.4.3.2 Verlauf der Rampen nach Simon

Hinzu komme auch die technische Unmöglichkeit, das Pyramidion aufzusetzen und die Steine der Außenverkleidung beim Schließen der Rampenlücken maßgerecht und passgenau zu verlegen. Der Vorschlag von Klemm und Klemm funktioniere so nicht.

7.4.4 Vorschlag von Graefe für die Verwendung von Tangentialrampen

Graefe entwickelte Überlegungen zur Bauweise der Pyramiden mittels parallel zu den Stufen des Kernmauerwerks der Pyramide verlaufender Rampen.[887] Er geht dabei – wie bereits Hölscher, Landt sowie Klemm und Klemm und Keyssner – von der zutreffenden Annahme aus, dass der Bau der Pyramiden ohne größeren Materialaufwand für Rampen, d. h. ohne senkrecht auf das Bauwerk zulaufende Rampen erfolgt sein müsse. Weiterhin legt Graefe eine stufenförmige Bauweise des Kernmauerwerks zugrunde. Unter Berücksichtigung dieser Annahmen entwickelt er seinen Vorschlag, wonach parallel zu den Stufen des Kernmauerwerks stufenförmige Rampen – entweder im Zickzack-Verlauf oder um-

---

887 Graefe, Pyramidenbau.

laufend über alle Seiten der Pyramide – errichtet werden (Abb. 7.4.4.1). Der Transport der Steinblöcke sei dann durch Hochhebeln erfolgt (Abb. 7.4.4.2).

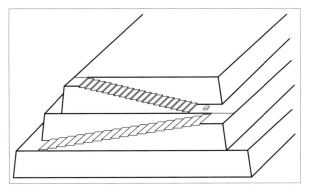

Abb. 7.4.4.1 Rampen mit Stufen nach Graefe

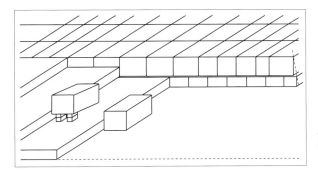

Abb. 7.4.4.2 Hochhebeln der Steine nach Graefe

Am Beispiel der Cheopspyramide wird der Vorschlag erläutert. Graefe nimmt dabei hypothetisch Kernstufen von 25 Ellen Höhe und eine Arbeitsbreite der Stufen von 14 Ellen an. Bei einer Bauhöhe von 225 Ellen beträgt die Seitenlänge der Treppen noch ca. 57 Ellen; auf diese Stecke werden die Steine um 25 Ellen (Kernmauerwerkstufenhöhe) gehoben. Dies entspricht einem Neigungswinkel von ca. 24°. Legt man eine auf allen vier Seiten umlaufende Rampe gleichmäßiger Steigung zugrunde, ist der Neigungswinkel der Rampe entsprechend geringer (0,11 Elle Höhe pro 1 Elle Wegstrecke, d.h. eine Steigung von ca. 11%).

Nachdem der Rücksprung des Kernmauerwerks mit dem Verhältnis von 25 zu 14 Ellen einen steileren Neigungswinkel besitzt als derjenige der Außenverkleidung, ragt die äußere Seite der Rampen ab einer gewissen Höhe seitlich über die Fluchtlinie der Verkleidung hinaus (Abb. 7.4.4.3).

Dieses überstehende Material muss später beim Bau des Verkleidungsmauerwerks, der äußeren Verkleidungsschicht und der Außenverkleidung abgetragen werden. Für den Bau der restlichen ca. 29 m bis zur Pyramidenspitze kann die Rampe mit der Neigung von ca. 24° nicht mehr in der erforderlichen Länge errichtet werden. Graefe schlägt daher vor, eine Außentreppe nach Isler zu nutzen, die zusammen mit dem Bau des Verkleidungsmauerwerks und der äußeren Verkleidungsschicht aus feinem Kalkstein errichtet werden soll.

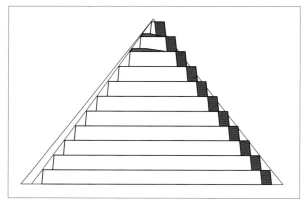

Abb. 7.4.4.3 Überbauung der oberen Stufen nach Graefe

Im Einzelnen befasst sich Graefe mit den fünf von Brinks postulierten Determinanten für den Pyramidenbau.[888] Er verweist auf die Überlegungen von Brinks, wonach die Basislänge des Fluchtwinkels des Kernmauerwerks stets ein Vielfaches von 50 bzw. 100 Ellen betrage. Im Gegensatz dazu weisen die Fertigmaße der Basiskante der Verkleidungen sehr oft »ungerade« Werte auf:

»Gerade« Maße für die Kernmauerwerksbasis sind im Gegensatz zu den Angaben von Brinks bei genauem Hinsehen lediglich bei den »Stufenpyramiden«

Knickpyramide	300 Ellen[889]
Mykerinos	150 Ellen[890]
Sahure	100 Ellen[891]
Unas	100 Ellen[892]

---

888 Brinks, Pyramidenbau.
889 Dorner, Knickpyramide: Dorner berechnet die Basislänge der »inneren« Pyramide mit 300 Ellen.
890 Maragioglio, VI, Addenda, TAV. 4, Fig. 2.
891 Basis des Kernmauerwerks im Abstand von 25 Ellen; Maragioglio VII, TAV. 8, Fig. 4.
892 Labrousse, Unas: Die Lägen wurden aus den Zeichnungen der Bauaufnahme (Fig. 38 und 42) ermittelt.

als gesichert und archäologisch belegt anzunehmen. Weitere Fälle sind möglich, aber archäologisch nicht nachgewiesen.

»Ungerade« Maße für die Basiskanten (Fertigmaß der Außenverkleidung am Fuß der Pyramide, welches nicht mit dem 50 bzw. 100 Ellen-Raster übereinstimmt) liegen z. B. bei folgenden Pyramiden vor:

Meidum	275 Ellen
Knickpyramide	360 (362) Ellen
Rote Pyramide	420 Ellen
Cheops	440 Ellen
Djedefre	210 (203) Ellen
Chephren	410 Ellen
Userkaf	140 Ellen
Unas	110 Ellen

Ein Maß bzw. eine Bauvorgabe könnte demnach – so Brinks und Graefe weiter – die Basislänge des Kernmauerwerks und eben nicht die Länge der Basiskante gewesen sein.

Der Aussage von Graefe, wonach sich die Fluchtlinien der Stufen des Kernmauerwerks in der Pyramidenspitze treffen »müssen«, kann nicht uneingeschränkt zugestimmt werden. Für diese Feststellung gibt es auch keinen Grund. Eine Verlängerung der Verbindungslinie der drei (archäologisch nachgewiesenen) Stufenkanten bei der Pyramide des Mykerinos zeigt, dass dies nur in grober Annäherung der Fall ist: Der von Graefe aus den stets sehr genauen Unterlagen von Maragioglio und Rinaldi[893] gemessene Fluchtwinkel der Stufen des Kernmauerwerks dieser Pyramide (Abb. 7.4.4.4) beträgt im Durchschnitt 54°30'. Der sich daraus für den Fluchtwinkel der Ecken der Stufen des Kernmauerwerks ergebende Winkel beträgt dann genau 45°. Dieser Wert gilt nach Brinks auch für andere, in dieser Beziehung archäologisch nachprüfbare Pyramiden (Meidum, Sahure und Neferirkare). Für den Bau bedeute dies ein sehr einfach zu handhabendes Verfahren, die Ecken der Stufen des Kernmauerwerks festzulegen: Auf z. B. 15 Ellen Höhengewinn muss der Eckstein der nächsten Stufe genau um dieses Maß eingerückt werden. Dabei ist natürlich die Neigung der Stufen des Kernmauerwerks mit ca. 80° zu berücksichtigen.

---

893 Maragioglio VI Addenda, TAV. 4, Fig. 2, Schnitt S-N.

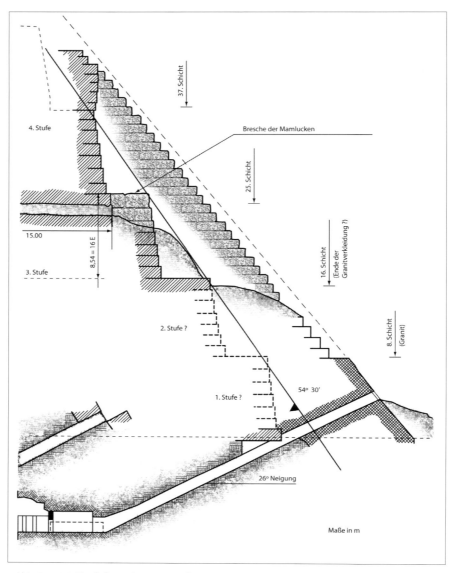

Abb. 7.4.4.4 Fluchtlinie der Kanten des Kernmauerwerks bei der Pyramide des Mykerinos nach Maragioglio und Rinaldi (von Graefe bearbeitet)

Graefe weist in diesem Zusammenhang auf zwei in Höhe von 7 m hinter der äußeren Verkleidungsschicht der Pyramide des Chephren vorhandene abgearbeitete Felsstufen hin, deren Außenkanten ebenfalls durch einen Fluchtwinkel von 54°30′ aufeinander bezogen sind (Abb. 7.4.4.5). Diese Stufen sind wohl als

»kleine« Kernmauerstufen zu verstehen. Diese Beobachtung unterstreicht die damalige Bauweise der Stufen des Kernmauerwerks mit einem definierten Rücksprung von Stufe zu Stufe.

Der Lösungsansatz von Graefe erscheint wegen des Vorschlags des Baus steiler Rampen und der Idee des Überschreitens der Fluchtlinie der Verkleidung bei konstant bleibender Rampenbreite interessant. Den archäologischen Befunden entsprechend wird auch ein Kernstufenmauerwerk angenommen. So wird eine sehr große Bauhöhe für eine unveränderte Transport- und Bauweise erreicht. Diese Rampen sind einfach zu errichten – ob nun mit Stufen wie Graefe vorschlägt, um die Steine hoch zu hebeln, – oder als schiefe Ebene zum Hochziehen von mit Steinen beladenen Schlitten. Darüber hinaus fällt beim späteren Bau des Verkleidungsmauerwerks etc. kaum Abraum von Stufenresten an. Bis zur Höhe von 225 Ellen (ca. 118 m) werden nach diesem Vorschlag ca. 99,8 % der gesamten Steinmasse verbaut (siehe Abb. 6.1); lediglich ca. 6000 Steinblöcke und das Pyramidion müssen noch transportiert werden.

Unklar bleibt, wie die großen Steine der Innenbauten der Cheopspyramide hätten transportiert werden können, da Material mit derart großen Abmessungen – wie Graefe selbst formuliert – nicht über Eck zu transportieren gewesen war. Dafür soll dann eine breite, frontal auf die Nordseite zulaufende Treppe nach Isler angenommen werden.

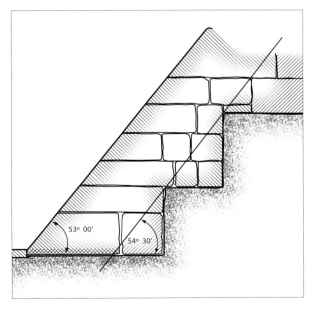

Abb. 7.4.4.5 Fluchtwinkel des Kernmauerwerks der Pyramide des Chephren

289

Zusammenfassend ist festzustellen, dass das Prinzip der von Graefe vorgeschlagenen Tangentialrampen einen interessanten und innovativen Vorschlag darstellt. Die Kombination dieser Idee in Verbindung mit einer Treppe nach Isler und dem generellen Hochhebeln der Steine erscheint dagegen nicht für zweckdienlich; es muss eine einfachere Lösung gegeben haben. Zur Frage des Baus des Verkleidungsmauerwerks, der Außenverkleidung einschließlich Glättung und Aufsetzen des Pyramidion werden keine näheren Angaben gemacht.

Eine Berechnung bzw. Abschätzung der über das Rampensystem zu transportierenden Steinmassen und der Bauzeit der Pyramide wird ebenfalls nicht vorgelegt.[894]

Die Bauhypothese von Graefe entspricht daher in einigen Punkten nicht den in Kapitel 7.2 »Grundsätzliche Lösungsansätze für den Pyramidenbau« genannten Voraussetzungen.

7.4.5 Umlaufende Rampe nach Hampikian

Zur Frage der Fertigstellung der Pyramidenspitze der Cheopspyramide oberhalb der Höhe von 120 m entsprechend Stadelmanns Rampenhypothese (Kapitel 7.3.2 »Vorschlag von Stadelmann für ein Rampensystem«) und zur Platzierung des Pyramidion entwickelte Hampikian 1998 einen Vorschlag unter Einsatz umlaufender Rampen.[895] Die restliche noch zu verbauende Materialmenge misst bei einer Seitenlänge des Pyramidenstumpfes in 120 m Höhe noch 1 % der Gesamtmenge und die verbleibende Höhe bis zur Spitze der Pyramide beträgt 42 m. Hampikian legt für den Bau der Spitze zwei Vorschläge vor, die beide einen Transport bis zu einer Höhe von 141 m beinhalten (Vorschlag 1: Abb. 7.4.5.1). Das Material für die restlichen 6 m soll dabei über Stufen hoch gehebelt werden. Aus beiden Varianten von Hampikian wird deutlich, dass mit Einschnitten im Kernmauerwerk gearbeitet wird und dass zumindest Teile des Verkleidungsmauerwerks und der äußeren Verkleidungsschicht nach Aufsetzen des Pyramidion von oben nach unten gebaut werden müssten. Wie dieses bautechnisch geschehen soll, wird offen gelassen. Es handelt sich bei diesen Vorschlägen um rein

---

894 Auf eine Anfrage des Autors teilte Prof. Dr. Graefe am 18.07.2007 mit, dass ihm keine Berechnungen nach seinem Vorschlag vorliegen bzw. bekannt sind.

895 Hampikian, Cheopspyramide.

theoretische, in der Praxis aus bautechnischen Gründen jedoch nicht umsetzbare Lösungen für den Bau der Pyramidenspitze.⁸⁹⁶

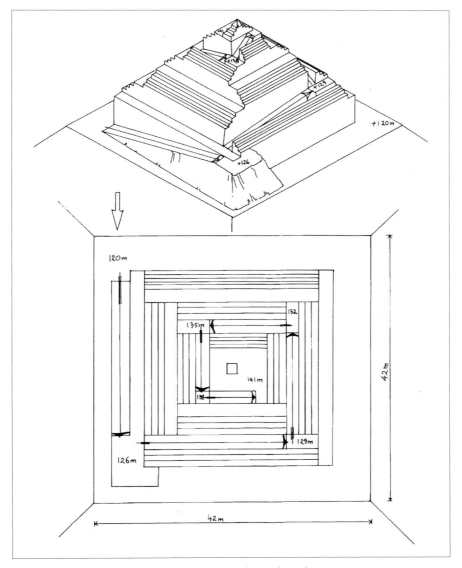

Abb. 2.1.2 Pyramide des Sechemchet

---

896 Simon, Integralrampe.

7.4.6 Vorschlag von Hölscher für Tangentialrampen

Hölscher geht ebenfalls von einer stufenförmigen Struktur des Kernmauerwerks aus (Abb. 7.4.6).[897] Der Materialtransport erfolgt entsprechend seinem Vorschlag über parallel zur Pyramidenseite auf den einzelnen Stufen gebaute Rampen aus Ziegeln. Die nach oben hin kürzer werdenden Stufen führen dann zwangsläufig zu steileren Rampen. Graefe hat diese Idee im Grundsatz später wieder aufgegriffen.

Goyon, G., lässt diesen Vorschlag daher nur für Pyramiden zu, bei denen kleinere Steine, die auf Tragen transportiert werden konnten, verbaut wurden. Die Frage des Baus der Verkleidung bliebe – so auch Clarke und Engelbach – ungelöst.

Unbestreitbar ist die Tatsache, dass Hölscher als Erster den grundsätzlich richtigen Ansatz für den Bau des stufenförmigen Kernmauerwerks der Pyramiden des AR formuliert hat. Über später wieder abzubauende Rampen können auch Steine größeren Gewichts über eine steile Rampe nach oben transportiert werden. In Kapitel 8 »Eine neue Hypothese zum Pyramidenbau im Alten Reich« wird darauf ausführlich eingegangen werden.

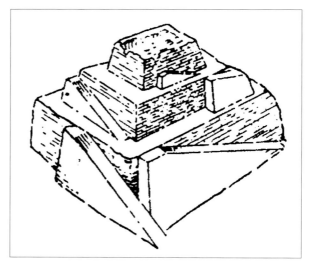

Abb. 7.4.6 Rampenvorschlag nach Hölscher

---

897 Hölscher, Chephren, Deckblatt.

7.4.7 Kombination einer senkrecht auf die Pyramide zulaufenden Rampe und einer Tangentialrampe nach Petrie

Petrie veröffentlichte 1930 Überlegungen zum Pyramidenbau und legte einen Vorschlag dafür am Beispiel der Cheopspyramide vor.[898] Dabei geht er von einer schichtweisen Verlegung der Steine aus. Er verweist allerdings auf andere Pyramiden mit einem stufenförmigen Kernmauerwerk. Mit Blick auf eine möglichst geringe Bauzeit sieht Petrie im unteren Bereich des Bauwerks bis zu einer Höhe von 100 Fuß (ca. 35 m) eine Ziegelrampe vor. An welcher Seite der Pyramide er diese Rampe annimmt, bleibt offen. Für den weiteren Bau nimmt Petrie Tan-

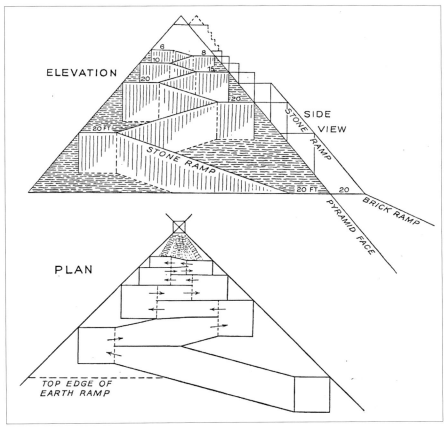

Abb. 7.4.7 Vorschlag für Außenrampen nach Petrie

---

898 Petrie, Building.

gentialrampen mit einer Steigung von ca. 15° an (Abb. 7.4.7). Diese werden mit zunehmender Höhe des Bauwerks immer kürzer und schmaler. Die letzen 6 oder 8 Steinlagen der Pyramide werden über kleine, außerhalb der Außenfläche angebrachte Rampen transportiert. Gleiches gilt für das Pyramidion und dessen Aufsetzen auf die oberste Steinlage. Die Steine der äußeren Verkleidungsschicht, an denen sich die Rampen anlehnen, werden erst nach deren Rückbau geglättet.

Eine Bewertung des Vorschlags von Petrie führt zu der Feststellung, dass die Idee der Kombination einer im unteren Bereich senkrecht auf die Pyramide zulaufenden Rampe mit dem Prinzip einer an der Außenfläche angebauten Tangentialrampe ein interessanter Ansatz ist, der die bis dahin vorgelegten Hypothesen zum Pyramidenbau miteinander kombiniert und der in der einschlägigen Fachliteratur zu wenig Beachtung findet.. Leider lässt der Vorschlag von Petrie eine Berechnung der Bauzeit der Cheopspyramide vermissen. Auch die Fragen des Steintransports über die steilen Tangentialrampen unter Berücksichtigung der Sicherheitsaspekte sowie der Glättung der Pyramidenaußenseite und der notwendigen Vermessungsarbeiten beim Bau werden nicht bzw. nur sehr allgemein angesprochen.

7.4.8 Kombination einer senkrecht auf die Pyramide zulaufenden Rampe und einer Integralrampe (Innenrampe) nach Houdin

Anfang April 2007 stellten Houdin und die Firma Dassault Systemes in Paris in einer großen 3D-Show eine neue Hypothese zum Bau der Cheopspyramide vor,[899] die zum Teil auf Studien von Dormion aufbaut.[900]

Danach soll der Bau der Pyramide in nach oben hin aufeinanderfolgenden horizontalen Lagen erfolgt sein. Dabei werden die Fassadensteine (äußere Verkleidungsschicht) in jeder Lage zuerst positioniert, um stets die richtige Neigung zu erreichen. Die Steine des Verkleidungsmauerwerks werden anschließend nach innen gesehen dahinter eingebaut.[901]

Houdin kombiniert unterschiedliche Bauverfahren:

---

899 Dassault, Cheops.
900 Welt online; Boeing, Heise.
901 Houdin, Cheops, S. 41.

- Von Süden her senkrecht auf die Pyramide zulaufend wird eine Rampe mit einer Länge von ca. 425 m bis zu einer Höhe der Pyramide von 43 m angenommen (Steigung ca. 6°, Abb. 7.4.8.1).[902] Die Rampenbahn wird – wie bereits von Lattermann vorgeschlagen – in zwei Spuren aufgeteilt, die anwechselnd entsprechend Baufortschritt erhöht werden, sodass es zu keinen Transportunterbrechungen kommt. Bis zu dieser Höhe wird das Material über die Rampe nach oben transportiert.

Über die externe Rampe aus Stein mit zwei voneinander unabhängigen Bahnen (mit Nilschlamm als Schmiermittel) werden die auf Schlitten befestigten Steine von jeweils 8 Menschen nach oben gezogen. Mit einer Höhe von 43 m hat die Rampe nach einer Bauzeit von 14 Jahren ihre größte Höhe erreicht.[903]

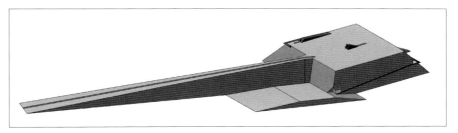

Abb. 7.4.8.1 Südrampe bis zur Höhe 43 m nach Houdin

- Unabhängig von dem Bau der Außenrampe wird der Bau einer tunnelförmigen Innenrampe (Integralrampe) vom Fuß der Pyramide beginnend vorgeschlagen, über die der Materialtransport ab einer Höhe von 43 m erfolgt (Abb. 7.4.8.2). Die Innenrampe wird mit einer Breite von 2,6 m mit zwei Seitenpassagen für die Schleppmannschaften und einer Mittelspur für die Schlitten und einem Kraggewölbe angenommen. Bis zu einer Höhe von 106 m könnten auf diese Weise bei einer konstanten Neigung der Innenrampe von 7 % etwa 2 550 000 m³ – also 98 % des gesamten Baumaterials – transportiert werden.[904] Bis zu einer Höhe von 130 m würde die Steigung dann bis auf 20 % erhöht.

An den Ecken, an denen die Innenrampe um 90° abbiegt, werden soge-

---

902 Houdin, Cheops, S. 42; Bis zu dieser Höhe sind entspr. Abb. 6.1 etwa 65 % der Steine verbaut.
903 Dessault, Cheops, Appendix 2.
904 Houdin, Cheops, S. 48 ff.

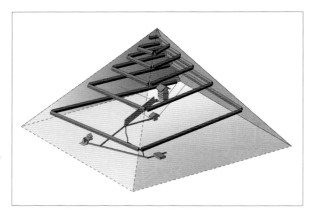

Abb. 7.4.8.2 Vorschlag einer Integralrampe (Tunnelrampe) nach Houdin

nannte Absatzkerben bzw. Eckbuchten (Abb. 7.4.8.3) mit Abmessungen von ca. 10 × 10 m für die Drehung der Schlitten vorgesehen. Das Problem des späteren Verschließens dieser Eckbuchten nach Fertigstellung der Pyramidenspitze soll durch den Einbau von Füllblöcken von der Innenseite der Kerben aus geschehen. Das dafür notwendige Material wird während der Baumaßnahmen auf außen an der Pyramidenfläche angebrachten Stufen (»Regale«) gelagert.

Nachdem die Innenrampe nur in einer Richtung begangen wird, ist ein äußerer Gang (Holzgerüst) erforderlich, um den Schleppmannschaften, Hilfsarbeitern etc. den Rückweg nach unten zu ermöglichen. Dieser aus einem Holzgestell bestehende Weg soll an die ungeglätteten Steine der Außenverkleidung angebaut werden.

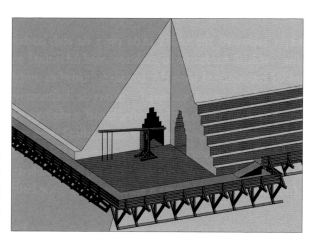

Abb. 7.4.8.3 Absatzkerbe mit einer Hebevorrichtung, ihre Einfassung, der äußere Gang und die »Regal–Fassadenblöcke« nach Houdin

- Die Arbeiten oberhalb von 130 m sollen durch einen Hebeturm vorgenommen werden (Abb. 7.4.8.4).
- Für den Transport der schweren Granitsteine und Deckenbalken der Grabkammern mit einem Gewicht bis zu ca. 60 t wird als weiteres Bauverfahren die Errichtung eines Schrägaufzugs mit Gegengewicht vorgesehen:

In 43 m Höhe (Basisniveau der Königskammer) beginnt der Verbau der Deckenbalken der Entlastungskammern. Zum Transport der Granitbalken vom Ende der äußeren Rampe (43 m) in die jeweilige Höhe der Entlastungskammern (größte Höhe 54 m) schlägt Houdin einen Lastenaufzug vor, der mit einem Gegengewicht von ca. 25 t über Seilrollen einen leichteren Transport ermöglichen soll.[905] Dieser Aufzug verläuft in der nach oben noch offenen Großen Galerie mit einer Steigung von 26,5° (Neigungsverhältnis 2:1). Er ist mit Seilen über Umlenkrollen auf der entsprechenden Höhe der Entlastungskammern mit dem Schlitten mit dem Gegengewicht in der Großen Galerie verbunden. Nach erfolgtem Transport eines Deckenbalkens wird der Schlitten mit den Gegengewichten durch Beladen des Lastenaufzuges mit einer entsprechenden Menge Kalksteine in der Großen Galerie wieder nach oben gezogen und steht für den nächsten Transport bereit.

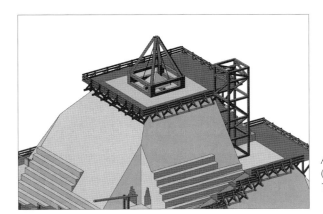

Abb. 7.4.8.4 Die Maschine (Hebeturm) auf dem Niveau 140 m nach Houdin

---

905 Als Gegengewicht nimmt Houdin die drei Granitblöcke an, mit denen später die Große Galerie an ihrem unteren Ende gegen Grabräuber gesichert wurde. Daher stammt die Angabe des Gewichtes von insgesamt 25 t.

Von Houdin gibt es Beschreibungen seiner Hypothese in einer Veröffentlichung aus dem Jahr 2003[906] und in seinem 2007 erschienen Buch »Cheops«.[907] Nachstehend getroffene Aussagen der Bewertung seiner Vorschläge beruhen darauf:

- Berechnungen der Transportkapazität der Innenrampe (Tunnelrampe), Taktzeiten der einzelnen Schleppvorgänge und die sich daraus ergebenden Bauzeiten sind aus dem Vorschlag nicht ersichtlich. Houdin beschreibt lediglich einen extrem knappgehaltenen Zeitplan »als Vorschlag« ohne jegliche Berechnung.[908]
- Entgegen der archäologischen Befunde geht Houdin von einer schichtweisen Verlegung des Kernmauerwerks aus.
- Einzelheiten der Montage der Pyramidenspitze und des Pyramidion (Aufzugeinrichtung in Abb. 7.4.8.4) werden nicht näher beschrieben.
- Die Montage der äußeren Verkleidungsschicht und deren Glättung sowie das Schließen der Absatzkerben an den Ecken der Pyramide können ohne ein Hilfsgerüst entlang der gesamten Außenfläche aus arbeits- und sicherheitstechnischen Gründen nicht erfolgen. Der von Houdin vorgesehene äußere Holztunnel erscheint dafür nicht geeignet.
- Die außerhalb der Pyramidenaußenfläche vorgesehene Lagerung von Steinmaterial auf Stufen, die nur an den Unebenheiten der in Bossen stehenden Steine der Außenverkleidung haften, birgt große statische Unsicherheiten in sich.
- Eine regelmäßige Vermessung des Bauwerks kann nicht vorgenommen werden.

Unter Einbeziehung vorstehend genannter Aspekte bietet die von Houdin vorgetragene Hypothese keinen in sich schlüssigen Lösungsansatz zu der Frage, wie die Pyramiden im AR hätten errichtet werden können. Sowohl das Prinzip der äußeren Rampe als auch das der inneren Rampe wurden bereits z. T. mehrfach vorgeschlagen und diskutiert (Kapitel 7.3 »Bauhypothesen, denen senkrecht auf die Pyramide zulaufende Rampen zugrunde liegen« und Kapitel 7.4 »Bauhypothesen, denen entlang der Pyramidenseiten geführte Rampen zugrunde gelegt werden«). Auch die Kombination beider Verfahrensvorschläge bringt keine

---

906 Houdin, La Pyramide.
907 Houdin, Cheops.
908 Houdin, Cheops, S. 36/37.

neuen Aspekte. Archäologische Befunde (z. B. Stufenstruktur des Kernmauerwerks) wurden nicht berücksichtigt. Es entspricht wohl auch nicht der Denkweise der Baumeister im Alten Ägypten, Bauwerke mit so unterschiedlichen Verfahren zu errichten. Für die vorgeschlagenen Hebeeinrichtungen gibt es keine Belege. Lasten wurden im AR generell nur über schiefe Ebenen transportiert und nicht gehoben.

Houdin weist auch auf die Untersuchungen der Cheopspyramide nach dem Verfahren der Mikrogravimetrie in den Jahren 1986–87 hin:[909] Unter der Schirmherrschaft der EDF-Stiftung seien Tausende mikrogravimetrische Messungen innerhalb und außerhalb der Cheopspyramide vorgenommen worden.[910] Aus den Untersuchungsergebnissen, die an einzelnen Stellen der Pyramide auf unterschiedliche Dichten (spezifisches Gewicht) schließen lassen, konstruiert Houdin den Nachweis für seinen Vorschlag einer Innenrampe.

Im Rahmen seiner Schlussfolgerungen führt Houdin weiter aus, dass

»... die Technik der Innenrampe von Chephren und vielleicht auch von Mykerinos beim Bau ihrer Pyramiden wieder verwendet wurde.«

Damit negiert der Architekt Houdin die archäologischen Befunde, die z. B. bei der Pyramide des Mykerinos vorliegen.

Die spektakuläre Veröffentlichung der Hypothese diente offensichtlich dazu, das von Dassault Systemes entwickelte Software System DELMIA für 3D-Darstellungen am Beispiel der stets sehr populären Frage der Pyramidenbauweise möglichst publik zu machen. Wie Fachpublikationen und weit über 200 Presseveröffentlichungen allein im Internet zeigen, ist dies auch gelungen.[911] So ist verständlich, dass Hawass gegenüber der New York Times äußert, dass er zwar bezüglich der Hypothese von Houdin beträchtliche Zweifel habe, aber dass dieser zumindest kein »Pyramidiot« sei, wie er die zahlreichen Hobbytheoretiker vom Schlage eines Erich von Däniken nennt.[912] Nicht verständlich bleibt jedoch die

---

909 Houdin, Cheops, S. 147 ff.

910 Eine Quellenangabe lässt Houdin vermissen.

911 Brier, Pyramide.

912 In seinem Vorwort zu dem Buch von Houdin (Houdin, Cheops) schreibt Hawass u. a.: »Obwohl der Beweis für diese Theorie, der sehr viele Indizien erfordert, noch nicht erbracht worden ist, so verdient sie dennoch unsere Aufmerksamkeit. Sollte sie sich als zutreffend herausstellen, wird sie uns neue Einsichten in die Genialität der Pyramidenbauer liefern ...«

Äußerung Stadelmanns, der – wenn das Pressezitat stimmt – Houdins Theorie als »... mehr als interessant, revolutionär und in sich schlüssig ... « bezeichnete [913].

Im Jahr 2009 untersuchte Brier die schon von Houdin beschriebene Kerbe in der NO-Flanke der Pyramide, welche sich 89 m über der Basisschicht befindet [914] und nach Houdins These die neunte Kerbe (gemeint ist die neunte Ecke) der Innenrampe an der Nordostecke darstelle. Bei seinen Untersuchungen entdeckte Brier an dieser Stelle einen Hohlraum mit den Abmessungen von ca. 3 m im Quadrat und ca. 3,2 m Höhe.[915] Er vertritt dazu die Auffassung, dass dieser Hohlraum zum Drehen der Steinblöcke in den nächsten (um 90° versetzten) Gang gedient habe und nach Abschluss der Arbeiten zu den Gängen hin verschlossen worden sei.

Auch wenn es keine schlüssige Erklärung für den Hohlraum gibt, so ist damit dennoch nicht der Beweis für die Richtigkeit der These von Houdin erbracht. Die vorstehend genannten Einwände gelten weiterhin.

7.4.9 Vorschlag von Willburger für parallel zu den Pyramidenseiten angeordneten Rampen

2002 veröffentlichte Willburger seine Idee der »Funktionsrampen« zum Bau der Pyramiden.[916] und schlägt vor, dass diese auf den Stufen des Verkleidungsmauerwerks aufsetzen (Abb. 7.4.9). Die Rampen bestehen aus Folgen von schiefen und waagerechten Ebenen. Dabei führen die schiefen Ebenen (Rampen) von einer Stufe der Außenverkleidung zur nächsten. Die Funktionsrampen wachsen so von Stufe zu Stufe mit.

Die Vorteile seines Vorschlages benennt Willburger wie folgt:

- Zeitgleich kann an allen vier Seiten der Pyramide z. T. auch mit mehreren Rampen gebaut werden, deren Neigung auch variieren kann. Auch breitere Rampen sind jederzeit möglich.
- Die notwendigen Vermessungsarbeiten können ständig durchgeführt werden.

---

913 Mysteria3 000.
914 Houdin, Cheops, S. 150.
915 Brier, Cheopspyramide.
916 Willburger, Funktionsrampen.

- Das Aufsetzen des Pyramidion und das anschließende Glätten der Außenflächen von oben nach unten sind leicht möglich. Gleichzeitig werden die Rampen zurückgebaut.

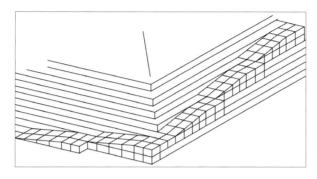

Abb. 7.4.9 Prinzip der Funktionsrampen nach Willburger

Vergleichbare Lösungen parallel angeordneter Rampen haben schon Hölscher, Landt und Graefe beschrieben. All diese Vorschläge lassen jedoch zumindest das problemlose Aufsetzen des Pyramidion sowie Bau und Glättung der Außenverkleidung vermissen.

Die Bewertung des Vorschlags von Willburger führt zu der Feststellung, dass dabei die Pyramidenbauweise mit Kernstufen nicht berücksichtigt wird: Willburger geht von einer Bauweise aus, bei der die Pyramide entgegen dem archäologischen Befund in einzelnen Schichten errichtet wird. Zum Bau der Außenverkleidung und den Einzelheiten der Glättung der äußeren Verkleidungsschicht legt er ebenso wie für den Transport des Baumaterials keinen Lösungsvorschlag vor. Wie der Transport der Steine um eine Ecke erfolgen kann, bleibt ebenfalls offen. Eine Berechnung der Bauzeit für eine Pyramide fehlt.

Trotz der angemerkten Kritik ist positiv festzuhalten, dass der Einsatz von Tangentialrampen sowie deren Rückbau bei gleichzeitiger Glättung der Außenfläche der Pyramide zielführende Ideen für den Bau der Stufenpyramiden im AR sind, wenngleich auch ein Vorschlag für deren systematische Umsetzung fehlt.

7.5. Hypothesen für den Einsatz von Hebegeräten bzw. Zugeinrichtungen

7.5.1 Vorschlag von Isler zum Pyramidenbau mittels Hebeln

In zwei Beiträgen stellte Isler 1985 und 1987 seine Vorschläge zum Pyramidenbau zur Diskussion.[917] Die erste Hypothese geht davon aus, dass über an den Pyramidenbaukörper einschließlich der fertiggestellten Verkleidung von außen angelegte breite Treppen aus Stein das Baumaterial hochgehebelt werden konnte (Abb. 7.5.1.1).

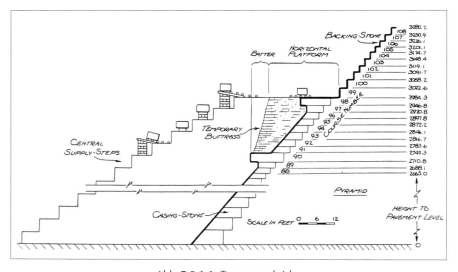

Abb. 7.5.1.1. Treppe nach Isler

Isler nimmt eine lagenweise Steinverlegung an. Die Treppen sollen in gewissen Abständen mit aus der Verkleidung hervorstehenden größeren Steinen mit der Pyramide und einer darauf errichteten, um die Pyramide umlaufenden Plattform verbunden werden. Auf diese Weise erkläre sich bei der Cheopspyramide auch das sogenannte Petrie-Diagramm.[918] Dieses zeigt u.a. für die 90. und 98. Lage

---

917 Isler I und Isler II.

918 Petrie hat die einzelnen Stufenhöhen der Cheopspyramide an der NO-Ecke vermessen und in einem Diagramm dargestellt (Petrie, Pyramids, Pl. VIII). Eine spätere Vermessung der Stufenhöhen an

jeweils einen Sprung in der Höhe der Steine des Verkleidungsmauerwerks, wie in Abb. 7.5.1.1 dargestellt.

Dieser Vorschlag bedingt, wie aus Abb. 7.5.1.2 ersichtlich ist, dass die Treppenrampe unter Beibehalt einer gleich bleibenden oder geringeren Neigung als die der Pyramidenaußenfläche ständig erhöht und damit auch verlängert werden muss.[919]

Zum Neigungswinkel und zur Gesamtlänge der Treppe bis zur Pyramidenspitze sowie zu Kapazitätsbetrachtungen und Bauzeiten macht Isler keine Angaben. Für das Hochhebeln stellt Isler verschiedene Möglichkeiten vor. Nach Fertigstellung des Verkleidungsmauerwerks schlägt Isler weitere Treppen mit dem Neigungswinkel der Verkleidungsschicht vor, um diese von oben nach unten anzubringen.

Abb. 7.5.1.2 Hochhebeln der Steine nach Isler

In seiner zweiten Bauhypothese geht Isler dagegen aufgrund verschiedener archäologischer Befunde und »zwischenzeitlich gewonnener Erkenntnisse«

---

der SO-Ecke durch eine Hobby-Archäologen-Gruppe (Ägyptische Pyramiden 2, S. 103) führte zu denselben Werten. Auch eine Messung von Goyon (Goyon, G., Messungen und Goyon, G.,, Cheopspyramide, S. 220 ff.) bestätigte diese Werte.

919 Isler I, fig. 8 und 10.

von einem stufenförmigen Kernmauerwerk der Pyramiden aus. Er entwickelt ein Verfahren, wie die Stufen schichtweise durch Hochhebeln der Steine gebaut werden könnten. Dabei wird übersehen, dass das Kernmauerwerk innerhalb der jeweiligen Außenmauer der Stufe aus Steinen ganz unterschiedlichen Formats besteht und die Zwischenräume mit einer Mischung aus Splittern, Schutt etc. aufgefüllt sind.

Der Vorschlag von Isler hat darüber hinaus den weiteren großen Nachteil, dass der Neigungswinkel der Treppe sehr steil für das Hochhebeln der Steine ist. Es ist sehr unwahrscheinlich, dass die Baumeister im AR eine derart gefährliche Transportmöglichkeit gewählt haben dürften. Auch bei dieser Bauhypothese sind der Bau der Außenverkleidung der Pyramide und das Glätten der in Bosse stehenden Steine der Außenverkleidung ohne eine Art Baugerüst aus bau- und sicherheitstechnischen Gründen nicht vorstellbar.

Eine Berechnung der Transportkapazität und der Bauzeit der Pyramide wird nicht vorgelegt. Das von Isler vorgeschlagene Bauverfahren dürfte trotz der von Hodges durchgeführten Feldversuche[920] wegen der vorstehend geschilderten Schwierigkeiten in der Praxis nicht einsetzbar sein. Verschiedene der in Kapitel 7.2 »Grundsätzliche Lösungsansätze für den Pyramidenbau« formulierten Prämissen werden nicht eingehalten.

Eine ähnlichen Bauvorschlag legte Fitchen vor.[921]

7.5.2 Vorschlag für eine Hebeeinrichtung nach Croon

Croon hat sich in seiner Veröffentlichung »Lastentransport beim Bau der Pyramiden« eingehend mit den verschiedenen Möglichkeiten des Steintransports am Beispiel der Cheopspyramide befasst.[922] Ausgehend von Annahmen über ein durchschnittliches Gewicht der Steine (2,5 t), einen Reibungskoeffizienten von 0,25, einer menschlichen Zugkraft von 30 kg und einer Neigung der senkrecht auf die Pyramide zulaufenden Rampe von 20° berechnet er die Länge eines Schlittenzuges mit 48 Arbeitern in je vier Reihen mit 15 m und kommt so zu dem Schluss, dass die restlichen 10 m der Pyramidenspitze mit anderen Hilfsmitteln (Hebeeinrichtungen) gebaut werden mussten, da dort der Platz für diese

---

920 Hodges, Pyramids, p. 133 ff.
921 Fitchen, Leiter, Strick, S. 256 ff.
922 Croon, Lastentransport.

Gespannlänge nicht mehr vorhanden ist. Das ständige Erhöhen der senkrecht auf die Pyramide zulaufenden Rampe kommt seiner Meinung nach noch erschwerend hinzu. Croon scheidet daher die Möglichkeit der Bauweise über eine senkrecht auf die Pyramide zulaufende Rampe aus.

Als Zweites untersucht Croon ein Bauverfahren mit parallel zu den Stufen des Kernmauerwerks geführten Rampen. Wie in Abb. 7.5.2.1 dargestellt, werden – entsprechend einer Beobachtung der Stufenhöhen nach Petrie durch Landt[923] – wiederum am Beispiel der Cheopspyramide unterschiedlich hohe Stufen des Kernmauerwerks angenommen und parallel zu diesen auf allen vier Seiten eine möglichst große Zahl von Rampen mit einer Breite von 8 m und einer Neigung von 20° angeordnet.

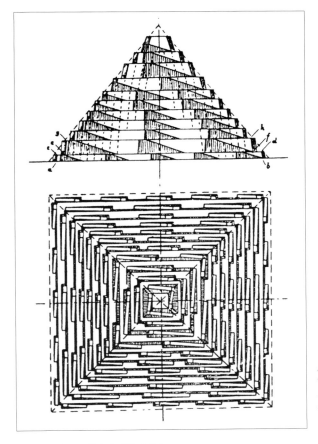

Abb. 7.5.2.1 Vorschlag von Landt für Rampenanordnung parallel zu den Pyramidenseiten

---

923 Landt, Cheopspyramide, S. 70.

Bei der Berechnung der Transportkapazität wird ein Teil der Rampen für den abwärtsgerichteten Verkehr (leere Schlitten und Arbeiter) vorgesehen. Croon ermittelt für den Bau der Pyramide insgesamt ca. 364 000 Schleppzüge. Bei einer angenommenen täglichen Arbeitszeit von 12 Stunden und einer Arbeitszeit von nur drei Monaten pro Jahr (Zeit der Überschwemmung) sowie Einbeziehung der weiteren Annahmen wie bei der senkrecht zulaufenden Rampe kommt Croon zu dem Ergebnis, dass alle 3,6 Minuten auf jeder Rampe ein Schleppzug eintreffen muss. Die sich daraus ergebende Arbeitsleistung pro Arbeiter liegt nach Croon jenseits realistischer Werte, sodass auch diese Möglichkeit des Pyramidenbaus ausgeschlossen wird. Nach Stadelmann wurde an den Pyramiden an etwa 300 Tagen im Jahr gearbeitet,[924] sodass sich dann die Transportzeit pro Schleppzug und Rampe auf ca. 12 Minuten verlängert. Angaben zur Zahl der für einen Schleppzug bei einer Rampensteigung von 20 % benötigten Arbeiter macht Croon nicht.

Croon untersucht dann das Prinzip des Hochhebelns von Steinen und mittels eines Kippschlittens nach dem Vorschlag von Choisy[925] und kommt nach Kapazitätsberechnungen zu dem Schluss, dass auch dieses Verfahren für den Bau der Cheopspyramide nicht infrage kommt. Nicht zuletzt spricht auch das erstmalige Auftauchen von Kippschlittenmodellen im NR gegen eine Verwendung beim Bau der Pyramiden im AR.

Aufgrund der Untersuchungen und Darstellungen von Hölscher im Totentempel des Chephren[926] geht Croon davon aus,

> »... dass die Alten Ägypter die Steinblöcke beim Heben mit Stricken und mit zangenartigen Vorrichtungen gehalten haben. Beide setzen eine kranartige Hebevorrichtung voraus.«

Auf der Basis des Prinzips des Schaduf schlägt Croon für die Bauweise der Pyramiden eine Hebeeinrichtung (Abb. 7.5.2.2) vor, bei der durch das nach unten gerichtete Zuggewicht von Arbeitern, die auf verschiedenen Stufen stehen, über die Hebelwirkung auch größere Steine gehoben werden können.

---

924 Stadelmann, MDAIK 36.
925 Choisy, Kippschlitten.
926 Hölscher, Chephren.

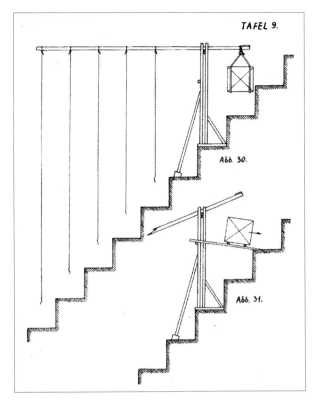

Abb. 7.5.2.2 Vorschlag von Croon für eine Hebeeinrichtung

Technisch dürfte dieses Prinzip funktionieren. Allerdings stellt Croon gerade für diesen, seinen Vorschlag der Bautechnik keine detaillierte Kapazitätsberechnung zur Bauzeit der Cheopspyramide vor. Auch andere Fragen wie das Aufsetzen des Pyramidion und der Bau des Verkleidungsmauerwerks sowie der äußeren Verkleidungsschicht werden nicht angesprochen. Hinzu kommt, dass der Schaduf erstmals im NR belegt ist und auch Croon selbst

> »... glaubt annehmen zu müssen, dass sie[927] jünger als die Pyramidenbauten sind.«

Der von Croon vorgeschlagene Hebekran kommt daher als Bautechnik für den Bau der Pyramiden nicht infrage. Andererseits stellt Croon verschiedene Berechnungen an, die für die Bewertung von Bauverfahren von Wert sind. Darüber

---

927 Gemeint sind entsprechende bildliche Darstellungen des Schaduf.

hinaus weist er in seiner Arbeit auf die Idee von Landt zur Anordnung mehrerer Rampen pro Pyramidenseite und der damit verbundenen Erhöhung der Transportkapazität (Gleichzeitigkeit) und somit einer Verringerung der Bauzeiten gegenüber vielen anderen geäußerten Hypothesen zum Rampenbau hin. Diese Idee von Landt stellt einen sehr innovativen Denkansatz dar.

7.5.3 Vorschlag von Löhner für den Bau der Pyramide mit Seilrollenböcken

Löhner hat sich seit vielen Jahren mit Verfahren für den Pyramidenbau beschäftigt und seine Vorschläge im Internet publiziert.[928] Zusammen mit Illig hat er einen Teil seiner Ideen auch als Buch veröffentlicht.[929]

Ein zentrales Element der Idee von Löhner ist die Seilrolle aus Zedernholz. Sie dient dazu, auf einer Schleppstrecke bzw. auf der Oberfläche des fertiggestellten Pyramidenstumpfes ein Seil, an dem ein Schlitten befestigt ist, umzulenken. Dadurch kann die Schleppmannschaft die Zugkräfte nach unten richten und auch das eigene Körpergewicht als Teilzugkraft einsetzen. Nach Löhners Vorschlag ist der Seilrollenbock ca. 20 cm breit und die Rolle hat einen Durchmesser von 14 cm. Sie ist links und rechts drehbar in einem Holzbock gelagert (Abb. 7.5.3.1). Das Lager ist mit Kupferblech ausgeschlagen und wird geschmiert.

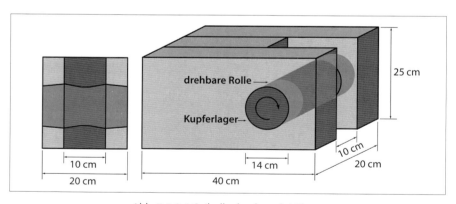

Abb. 7.5.3.1 Seilrollenbock nach Löhner

---

928 Löhner, Pyramidenbau.
929 Illig, Cheopspyramide.

Für den Transport der Schlitten auf der von Beginn an mit der äußeren Verkleidungsschicht versehenen Pyramidenflanke schlägt Löhner als weiteres wesentliches Merkmal seiner Idee den Einsatz von Holzgleisen vor (Abb. 7.5.3.2).

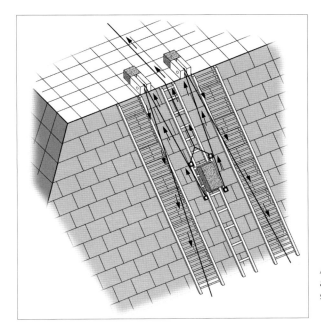

Abb. 7.5.3.2 Gleisanlage mit Seilrollenstation nach Löhner

Die Verankerung der Gleise erfolgt an den in Bossen stehen gelassenen Steinen der Außenverkleidung bzw. auf der Kante der jeweiligen Baufläche. Die Verankerung der Seilrollen wird ebenfalls in hervorstehenden Steinböcken der Verkleidung vorgenommen. Im Detail wird auf Löhners Darstellungen verwiesen.

Die Schleppmannschaften benutzen Leitern, die auf beiden Seiten der Gleise verlegt sind. Für den Transport der Granitblöcke der Entlastungskammern schlägt Löhner die Verwendung von Schwerlastenaufzügen mit Gegengewichten vor. Für das Aufsetzen des Pyramidion unterbreitet Löhner ebenfalls einen Lösungsvorschlag.

Die Vorschläge Löhners für den Pyramidenbau lassen verschiedene problematische bautechnische Aspekte wie z. B. die Konstruktion der Schlitten für den Transport der Steine auf einer Fläche mit dem Neigungswinkel von über 50° und an die Pyramidenflanke angelegte Leitern unberücksichtigt. Löhner lässt auch die Stufenbauweise des Kernmauerwerks sowie das Glätten der Außenverkleidung nach deren Fertigstellung von oben nach unten außer Betracht.

Die Pyramiden können daher nicht in der von Löhner beschriebenen und teilweise recht komplizierten Art gebaut worden sein. Eine Kapazitätsberechnung des Transportsystems und eine Ermittlung der Bauzeit nach dem vorgeschlagenen Verfahren liegen nicht vor.

Zutreffend ist sicherlich die Annahme Löhners, wonach die Funktion einer Seilumlenkwalze (bzw. Rolle, wie von Löhner bezeichnet) bereits im AR bekannt war und auch beim Pyramidenbau eingesetzt wurde, allerdings nicht in der von ihm beschriebenen Art und Weise. Durch die abwärtsgerichtete Zugkraft können mit gleicher Zugmannschaft wesentlich größere Lasten nach oben bewegt werden (siehe Kapitel 4.3.1.3 »Über eine Walze abwärtsgerichtete Zugkraft«). Der Vorschlag der Kraftumlenkung ist ein sehr innovativer Ansatz für den Steintransport beim Pyramidenbau. Jedoch werden einige der in Kapitel 7.2 »Grundsätzliche Lösungsansätze für den Pyramidenbau« genannten Prämissen nicht beachtet. Die Hypothese Löhners erscheint somit für den Bau der Pyramiden nicht schlüssig.

7.5.4 Vorschlag von dos Santos für den Einsatz eines Spill

In einem Zeitschriftenbeitrag »Theorien zur Bautechnik der Großen Pyramide« stellt dos Santos seinen Vorschlag für die Errichtung der Pyramiden mittels eines waagerecht auf der jeweiligen Bauebene der Pyramide angeordneten Drehsystems vor.[930] Dieses besteht aus einer senkrecht in einem Lager stehenden Walze, in die nach Art einer Seilwinde (Spill) Stäbe zum Drehen der Walze befestigt sind. Um diese Walze wird dann das Seil gewickelt, um die Steine über die immer zeitgleich mit dem inneren Mauerwerk errichtete Außenverkleidung der Pyramide über eine eigens zu diesem Zweck errichtete Gleitbahn nach oben zu ziehen (Abb. 7.5.4.1).

Mehrere dieser Systeme könnten parallel betrieben werden. Für das Hochziehen der Steine (durchschnittliches Gewicht ca. 2,5 t) soll entsprechend dem Vorschlag die Kraft von vier Männern mit je 25 kp ausreichend sein.

Dos Santos geht bei seinen Überlegungen davon aus, dass im AR die Hebelwirkung durch den Gebrauch von Steinbohrern bekannt war. Auch das Fallsteinsystem der Cheopspyramide verwende das Prinzip der Seilwinde, indem die Walzen, an denen die Fallsteine befestigt gewesen seien, mittels darin befestigter

---

930 dos Santos, Bautechnik.

Stäbe mit relativ geringem Kraftaufwand herabgelassen worden seien (Abb. 7.5.4.2).

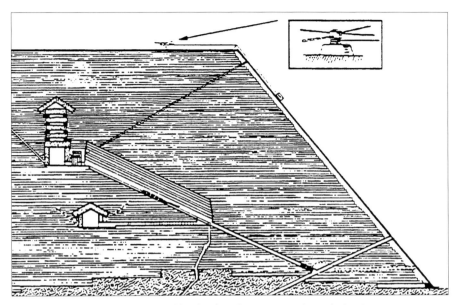

Abb. 7.5.4.1 Bauvorschlag für die Cheopspyramide nach dos Santos

Abb. 7.5.4.2 Herablassen der Steine in der Fallsteinkammer der Cheopspyramide nach dos Santos

Für das Aufsetzen der Pyramidenspitze macht dos Santos keinen Vorschlag; eine Berechnung der Transportleistungen und der Bauzeit der Cheopspyramide wird im Detail nicht vorgelegt. Der Vorschlag für den Bau der Cheopspyramide scheint aus vielerlei Gründen so nicht realistisch zu sein. Dos Santos geht nicht von der Stufenbauweise des Kernmauerwerks, sondern von einer schichtweisen Steinverlegung aus, beschreibt nicht die Kraftumlenkung an der jeweils obersten Steinreihe und den Auf- und Abstieg der Arbeiter über die Pyramidenaußenfläche und lässt die Frage des Baus der Pyramidenspitze außer Acht.

Gleiches gilt für die archäologisch nachgewiesene Glättung der in Bossen stehenden Steine der Außenverkleidung nach Fertigstellung der Pyramide von oben nach unten. Diese Bauhypothese entspricht daher in einigen Punkten nicht den in Kapitel 7.2 »Grundsätzliche Lösungsansätze für den Pyramidenbau« genannten Voraussetzungen.

Bemerkenswert ist an den Überlegungen von dos Santos, dass er für die Zugleistung zum Transport der Steine nach oben nicht mehr Zugmannschaften oder Ochsengespanne über Rampen, sondern das Prinzip der Seilwinde einsetzt, welches durch die Kraftübersetzung den Transport mit viel weniger Kraftaufwand und damit durch eine geringere Zahl an Arbeitern ermöglicht. Allerdings ist das Prinzip der Seilwinde im AR nicht belegt und kann daher als Bautechnik nicht akzeptiert werden.

7.5.5 Vorschlag von Riedl für eine Hebebühne mit Seilwinde und Holmen

Riedl hat 1980 Vorschläge für den Pyramidenbau veröffentlicht.[931] Er geht bei seinen Bauvorschlägen von Gerüsten bzw. Plattformen aus, die entlang der Außenverkleidung des fertiggestellten Pyramidenstumpfes durch Seilwinden emporgehoben werden können und dabei Steine transportieren. Links und rechts der Plattform sind stufenförmige Aussparungen in der Verkleidung zum Absetzen der Plattform frei gehalten, die auch als Aufstiegsmöglichkeit für die Arbeiter dienten (Abb. 7.5.5.1).

---

931 Riedl, Pyramidenbau; Riedl, 1981 und Riedl, 1982.

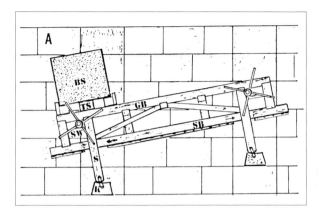

Abb. 7.5.5.1 Transporteinrichtung nach Riedl

Durch die Seilwinden auf der Plattform (als SW gekennzeichnet) kann der Schlitten mit der Last z. B. nach links so weit verschoben werden, bis der rechte Fuß der Plattform praktisch ohne Last ist (Kippvorgang auf der linken Seite). Dann werden die entlastete rechte Stütze der Plattform durch eine weitere Seilwinde von der jeweiligen Arbeitsplattform des Pyramidenstumpfes (Abb. 7.5.5.2) um eine Stufe in der Außenverkleidung nach oben angehoben und die Last mittels der Seilwinden auf der Plattform nach rechts bewegt, sodass die linke Stütze entlastet und anschließend von einer weiteren Seilwinde auf der Arbeitsplattform angehoben werden kann.

Die Seilwinde nutzt das gleiche Prinzip wie ein Bohrer, der mit Wickelschnur und Bogen gedreht wird und dadurch eine Kraftverstärkung in Form einer höheren Geschwindigkeit erhält.

Die Seilwinde nach Riedl ist mit Holmen zur Kraftübersetzung versehen; die Zugseile umschlingen die Achse der Seilwinde drei bis viermal und werden dann wieder nach unten zurückgeführt.

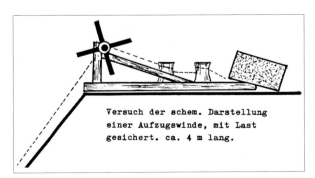

Abb. 7.5.5.2 Aufzugwinde nach Riedl

Eine Abschätzung von Riedl ergibt, dass mit möglichst vielen Arbeitsbühnen entsprechend der Breite der Pyramidenflanken die für den Bau der Cheopspyramide erforderlichen Steinmassen in etwa 20 Jahren hätten gehoben werden können. Eine Berechnung im Detail liegt nicht vor. Für den Bau der Pyramidenspitze und Aufsetzen des Pyramidion wird keine Lösung vorgeschlagen.

Die von Riedl angedachten Konstruktionen und Transportmechanismen sind als sehr kompliziert und störanfällig zu bezeichnen. Riedl berücksichtigt darüber hinaus verschiedene der in Kapitel 7.2 »Grundsätzliche Lösungsansätze für den Pyramidenbau« formulierten Prämissen bei seiner Hypothese nicht. Die Pyramiden sind auf diese Weise mit Sicherheit nicht zu errichten gewesen.

7.5.6 Der Schrägaufzug nach Abitz

Abitz hat 1992 einen Vorschlag zum Bau der Cheopspyramide mit einem Schrägaufzug veröffentlicht.[932] Er geht wie von der richtigen Annahme aus, dass es Schleppbahnen (senkrecht auf die Pyramide zulaufende Rampen) bis zur Höhe der Pyramidenspitze von 146 m nicht gegeben haben kann. Lediglich für die unteren 7 Steinlagen hält Abitz den Einsatz von Rampen für wahrscheinlich. Abitz nimmt ferner eine zeitgleiche Verlegung des Kernmauerwerks und des Verkleidungsmauerwerks einschließlich Außenverkleidung jeweils in einer Steinlage an. Er negiert damit jedoch die archäologischen Befunde eines stufenförmigen Kernmauerwerks, welches bei vielen Pyramiden des AR belegt ist.

Das Prinzip des Schrägaufzugs nach Abitz und dessen Funktionsweise ist wie folgt zu beschreiben (Abb. 7.5.6.1): Auf zwei parallel angeordneten Ziegelmauern M läuft eine große Holzwalze W, über die das Seil S geführt wird, an dessen unterem Ende der Förderkorb K befestigt ist. Der zu transportierende Stein STB wird am anderen Ende des Seils befestigt. Ist nun die Last im Förderkorb (Menschen, Steine) größer als die des zu hebenden Steins, bewegt sich die Walze und hebt den Stein um 10 m hoch und um 10 m nach vorn. Durch die Öffnung Ö2 kann dann der Stein – ggf. über eine schräge Rampe nach unten – zur entsprechenden Steinlage, an der gerade gebaut wird, transportiert werden. Die Kapazität seines Schrägaufzuges berechnet Abitz mit 40 Steinblöcken pro Tag bzw. 12 000 Blöcken pro Jahr.

---

932 Abitz, Pyramidenbau.

Je nach Bauhöhe des Pyramidenstumpfes müssen – jeweils gegeneinander versetzt – mehrere Aufzüge übereinander angeordnet werden (Abb. 7.5.6.2).

Das System nebeneinander arbeitender Aufzugsketten und das Verfahren zum Aufsetzen des Pyramidion zeigen die Abb. 7.5.6.3 und 7.5.6.4. Auf diese Weise ist es nach Abitz möglich, unter der Annahme einer Durchschnittshöhe von 10 m pro Aufzug die Cheopspyramide in etwa 18 Jahren zu errichten. Für das Schließen der Lücken, in denen die Mauern des Aufzuges standen, entwickelte Abitz einen speziellen Vorschlag, auf den hier nicht näher eingegangen wird.

Prinzipiell ist eine technische Einrichtung wie von Abitz beschrieben zum Heben von Lasten geeignet. Sowohl Walzen zur Kraftumlenkung als auch Seile sind im AR belegt. Abitz kommt weiterhin zu dem Ergebnis, dass auch der Steintransport mittels seines Schrägaufzuges gegenüber Schleppzügen mit Menschenkraft auf Rampen um durchschnittlich 50 % zeitsparender durchgeführt werden könne.

Eine Bewertung des Vorschlages von Abitz für den Pyramidenbau mittels des Schrägaufzuges geht von der Annahme aus, dass die Baumeister im AR auch für den Pyramidenbau Verfahren anwendeten, die technisch einfach und leicht zu beherrschen waren und die sich aus einer langjährigen Bauerfahrung herausgebildet hatten. Der von Abitz vorgelegte Vorschlag erscheint technisch zwar möglich, aber sehr komplex zu sein und nicht der Vorgehensweise und dem Stand der Bautechnik der damaligen Zeit zu entsprechen.

Darüber hinaus widerspricht er der archäologisch belegten Stufenbauweise des Kernmauerwerks und kommt allein schon aus diesem Grund nicht in Betracht. Auch bei dieser Bauhypothese sind der Bau der Außenverkleidung der Pyramide und das Glätten der in Bossen stehenden Steine der Außenverkleidung ohne eine Art Baugerüst aus bau- und sicherheitstechnischen Gründen nicht vorstellbar.

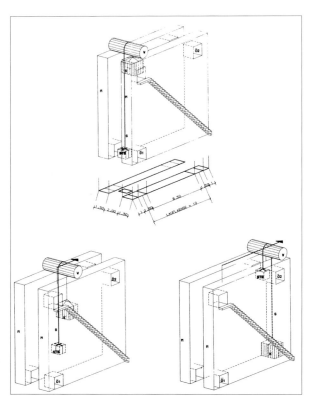

Abb. 7.5.6.1 Bauart und Funktion des Schrägaufzuges nach Abitz.

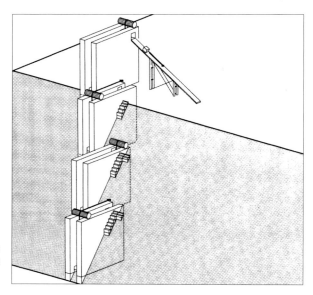

Abb. 7.5.6.2 Die Kette von Schrägaufzügen nach Abitz

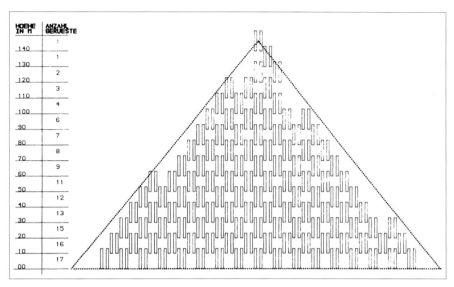

Abb. 7.5.6.3 Das System nebeneinander arbeitender Aufzugsketten nach Abitz

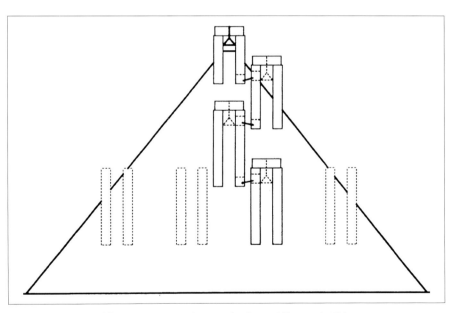

Abb. 7.5.6.4 Das Aufsetzen des Pyramidion nach Abitz.

7.5.7 Hebezeug-Paternoster nach Munt

Munt veröffentlichte 1999[933] und in weiteren Berichten 2002[934] seinen Vorschlag für den Pyramidenbau mittels eines Hebezeug-Paternosters; seinen Vorschlag stellte er u. a. im Dezember 1999 im Institut für Ägyptologie der Ludwigs-Maximilians-Universität München zur Diskussion.

Ausgehend von der im Hafenbereich der Pyramiden des Chephren und Mykerinos gefundenen Seilumlenkeinrichtung[935] und der daraus rekonstruierten Entladeeinrichtung (Abb. 4.2.2.5.5) entwirft Munt eine Einrichtung, bei der das Heben eines Steines von einer Stufe zu einer höheren über mehrere Stufen hinweg ohne Absetzen des Steines (also ohne Unterbrechung des Transportvorganges, wie es bei einem einfachen Kran erforderlich wäre) möglich sein soll – den Hebezeug-Paternoster. Dabei wird jede Last an einen Tragebaum angehängt, der dann von dem Hebezeug einer Stufe von dem der Nächsten übernommen werden kann. Abb. 7.5.7.1 zeigt das Modell mit Hebezeugkette.

Abb. 7.5.7.1 Modell mit Hebezugkette nach Munt

Der Übergabevorgang ist aus der Abbildung 7.5.7.2 ersichtlich. Dort wird der Tragebaum durch das obere Hebezeug vom unteren übernommen. Das Prinzip des Hebezeug-Paternosters erfordert auf der obersten Plattform des Pyramidenstumpfes eine Seilumlenkeinrichtung von 52° (Neigung der Seitenfläche der Pyramide in die Waagerechte). Die Zugmannschaft stand auf der Pyramidenplattform. Zum Ziehen von Stein und Schlitten mit einem Gewicht von 2,6 t berech-

---

933 Munt, Cheopspyramide.
934 Munt 2002.
935 Arnold, Building, p. 283.

net Munt eine Anzahl von 140 Arbeitern. Etwa ab der Hälfte der Pyramidenhöhe wird die Fläche auf dem Pyramidenstumpf zu klein für die Zugmannschaft, sodass diese z. T. auf der gegenüberliegenden Flanke talabwärts ziehen muss. An der Spitze der Pyramide wachsen die beiden Seilumlenkeinrichtungen dann zu einem Seildrehkreuz zusammen, sodass nach Munt auch die letzten vier Steine zur Spitze hochgezogen werden könnten. Für einen kontinuierlichen Zug an den Seilen wird dadurch gesorgt, dass in dem Augenblick, in dem der auf der Plattform angelangte Schlitten aufsetzt, ein neuer Schlitten von den untersten Hebezeugen übernommen wird. Für den Transport der Granitbalken der Königskammer, der Giebelbalken über dem Eingang der Pyramide und des Pyramidion schlägt Munt z. T. Gegengewichte aus Steinen, die vorher zur Arbeitsplattform transportiert wurden, sowie Umlenkrollen (Walzen) vor.

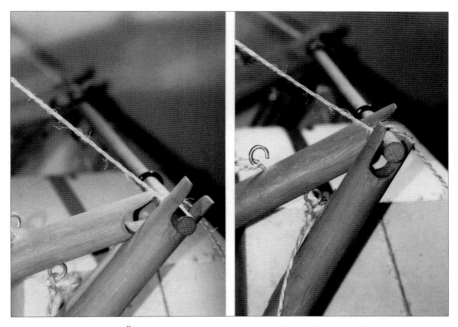

Abb. 7.5.7.2 Übernahme von Lasten in der Hebezeugkette nach Munt

Die Kapazitätsberechnung, die Munt vorlegt, ergibt beim Einsatz von zeitweise zwei Hebezeugen, dass die Cheopspyramide in einer Bauzeit von ca. 15 Jahren hätte errichtet werden können.

Der Bauvorschlag von Munt ist aus verschiedenen Gründen heraus nicht geeignet, beim Bau der Pyramiden Anwendung gefunden zu haben. Munt berücksichtigt nicht die archäologisch nachgewiesene Stufenbauweise des Kernmauerwerks der Pyramiden und die Tatsache, dass die Außenverkleidung erst nach Fertigstellung der Pyramide von oben nach unten geglättet wurde. Seine Bauhypothese entspricht darüber hinaus in einigen Punkten nicht den in Kapitel 7.2 »Grundsätzliche Lösungsansätze für den Pyramidenbau« genannten Voraussetzungen. Außerdem sind die von ihm vorgeschlagenen Holzkonstruktionen so kompliziert, dass sie nicht dem damaligen Stand der Bautechnik entsprechen. Für das Einhängen der Last werden moderne Seilaufhängevorrichtungen aus Stahl angenommen. Ob es darüber hinaus so große Seillängen gab, die dem Vorschlag des Hebezeug-Paternosters entsprochen hätten, ist zweifelhaft.

7.5.8 Schrägaufzug nach Dorka

Dorka veröffentlichte 2002 seinen Vorschlag für das Heben von Steinen beim Pyramidenbau in der 4. Dynastie.[936] Er beschreibt darin – unter Bezug auf die senkrechten Spuren (Vertiefungen) der an der östlichen Außenseite der 5. und 6. Stufe der Schicht E 2 der Pyramide des Snofru in Meidum gefundenen Vertiefungen[937] – Struktur und Gebrauch einer an die fertige Pyramidenfläche angelehnten Treppen- und Rampenkonstruktion aus Ziegeln (Abb. 7.5.8.1), über die Arbeiter hätten aufsteigen und Steine mit Gegengewichten nach oben ziehen können.

Auch dieser nur sehr summarisch vorgestellte Bauvorschlag berücksichtigt nicht die Stufenbauweise des Kernmauerwerks und die Tatsache, dass die äußerste Verkleidungsschicht von oben nach unten geglättet wurde. Berechnungen der Bauzeiten liegen nicht vor.

In einem weiteren Beitrag befasst sich Dorka 2011 mit einem anderen Verfahren zum Pyramidenbau, jedoch ebenfalls unter Verwendung des Prinzips des Hebens und Versetzen von Steinen mittels Gegengewichten.[938] Ausgehend von seinen Betrachtungen der Takelage von Transportschiffen im AR vertritt er die allerdings nicht zutreffende[939] Meinung, dass die Großbäume als Ladebäume für das Be- und Entladen der Schiffe gedient hätten. Darüber hinaus zeige das Fallsteinsystem der Cheopspyramide (siehe Abb. 4.2.2.3.1), dass die Gegengewichts-

---

936 Dorka, Pyramid Building, S. 11.
937 Petrie, Meidum, p. 10 und Pl. 2.
938 Dorka, Seilwaagen.
939 Müller-Römer, Schiffbau.

technik (»Schwereloses Heben«) im AR Stand der Technik gewesen ist. Aufgrund der Steinverlegung beim Pyramidenbau mit unregelmäßigen Abmessungen und oft bruchrauen und stark unebenen Flächen der Steine sei ein Verschieben bautechnisch nicht möglich gewesen; es habe ein »Hineinheben« der Blöcke gegeben.

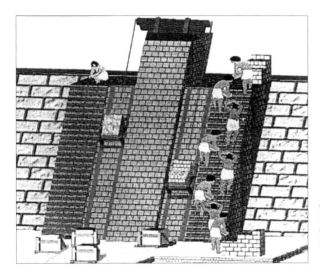

Abb. 7.5.8.1 Prinzipielle Darstellung des Schrägaufzuges nach Dorka (vom Autor bearbeitet).

Aufgrund der Abmessungen von Steinen durchschnittlicher Größe, wie sie beim Bau der Cheopspyramide verbaut wurden, entwickelt Dorka die Konstruktion eines Hebegerätes mit Gegengewichtstechnik zum Setzen der Blöcke des Mauerwerks großer Pyramiden einschließlich des Verkleidungsmauerwerks auf der Grundlage der seinerzeit vorhandenen Seil- und Holztechnik (Abb. 7.5.8.2).

Die Fragen, wie und an welchen Stellen der Pyramide das Hebegerät aufgestellt wird, wie die Backing Stones, die Steine der äußeren Verkleidungsschicht und das Pyramidion nach oben gebracht werden und auf welche Weise die Glättung der Außenflächen erfolgen könnte, wurden nicht beantwortet. Auch eine Berechnung der Bauzeiten wird nicht vorgelegt.

Abb. 7.5.8.2 Hebegerät mit Gegengewichtstechnik nach Dorka (vom Autor bearbeitet)

7.5.9 Vorschlag von Pitlik für eine Förderrampe

Pitlik stellte 1992 sein Modell zum Transport von Steinen mit einem Spill vor (Abb. 7.5.9).[940] Danach werden die Steine mit einem Gewicht von 3 t, die auf Schlitten befestigt sind, über eine Rollenbahn (schiefe Ebene) von 8 Arbeitern am Spill (Seilwinde) hochgezogen. In einer Höhe von ca. 7 m befindet sich jeweils ein Umsetzplateau, auf dem die Schlitten vom Seil abgehängt, zur nächsten Rampe seitlich verschoben und dort an das von der nächsthöheren Stufe kommende Seil wieder angehängt werden. Parallel zur Aufwärtsbahn befindet sich eine schmalere Bahn für das Zurücklaufen der Schlitten. Die Vorteile einer derartigen Anordnung liegt nach Pitlik darin, dass die an dem Gangspill tätigen

---

940 Pitlik, Cheopspyramide.

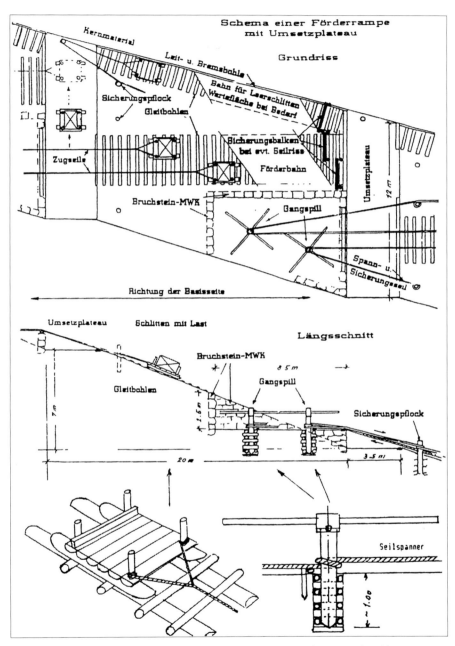

Abb. 7.5.9 Schema einer Förderrampe mit Umsetzplateau nach Pitlik

Arbeiter im Gegensatz zum Einsatz von Zugmannschaften dort ständig an Ort und Stelle verbleiben, sodass sich wenig Leerwege ergeben. Das horizontal angelegte Umsetzplateau ermöglicht die horizontale Anordnung des Spills.

Für den Rücktransport der leeren Schlitten wird das gleiche, relativ kurze und damit leichte Seil verwendet. Das über das Spill geführte Seil wird ständig über einen Sicherungspflock gelenkt.

Das Transportmodell von Pitlik beinhaltet neben dem Vorschlag des Einsatzes einer Seilwinde zur Kraftumsetzung die interessante Idee, wonach bei der großen zu transportierenden Steinmenge besonders die Kontinuität der erforderlichen Leistung im Zusammenhang mit dem vorhandenen Platz, der einsetzbaren Winden etc. eine große Bedeutung gewinnt, und die Transportweise gut durchorganisiert werden muss. Allerdings sind gegen die senkrechte Anordnung der Seilwinde – die auch archäologisch für das AR nicht belegt ist – in einem Lager aus Rundhölzern bei einer Zuglast von 3 t Bedenken zur Anwendung für einen Dauereinsatz anzubringen. Pitlik berechnet den notwendigen Kraftaufwand an der Gangspill-Winde wie folgt:[941] Bei einem Durchmesser des Gangspills von 30 cm und 4 Speichen von je 2 m Länge bei 3 t Zuglast ergibt sich ein Kraftaufwand von 225 kp (3000 kp × 15 cm geteilt durch 200 cm). Dies ergibt pro Speiche eine notwendige Drehkraft von 56 kp.

Eine Berechnung der Transportkapazität bzw. davon abhängig der Bauzeit einer Pyramide wird vorgelegt. Danach ergibt für den Bau der Cheopspyramide eine Bauzeit von 16 Jahren. Das Transportmodell von Pitlik ist keine in sich geschlossene Hypothese für den Bau der Pyramiden, beinhaltet jedoch interessante Ansätze für den Transport der Steine über steile Rampen.

7.5.10 Hebeanlage nach Bormann

2004 wurde von Bormann ein Kombinationsmodell aus einer senkrecht auf den Pyramidenstumpf zulaufenden Rampe und dem Einsatz einer Hebeeinrichtung für den oberen Teil des Bauwerks vorgestellt.[942] 2009 veröffentlichte Bormann seine Hypothese in einem Buch.[943]

Darin befasst er sich mit Fragen der Steingewinnung, der Steinbearbeitung

---

941 Pitlik, Baustelle, S. 43.
942 Bormann, Pyramidenbau.
943 Bormann, Cheopspyramide.

und des Steintransports beim Pyramidenbau insbesondere am Beispiel der Cheopspyramide und stellt ein Transportverfahren mittels Hebeln sowie einen Vorschlag für die Errichtung der Cheopspyramide vor.

Aufgrund des im Alten Reich belegten Einsatzes von Hebeln zu Kraftverstärkung (unterschiedlich lange Hebelarme) besteht Bormann's Idee darin, große Lasten mit Hebeln in einer Art »Rudertechnik« vorwärts zu bewegen (Abb. 7.5.10.1). Dabei werden die Hebel unter der Last auf einem Balken angesetzt, angehoben und nach vorn bewegt. So sei eine Transportstrecke von ca. 1 m bei einem »Ruderschlag« möglich.

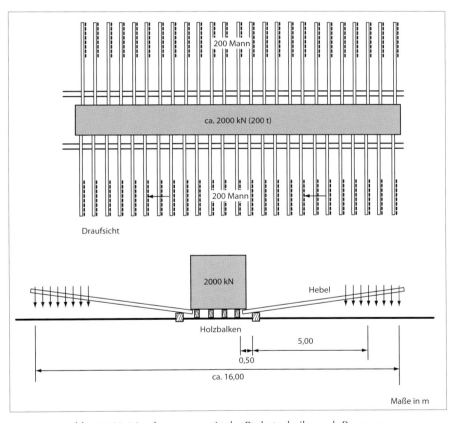

Abb. 7.5.10.1 Lastbewegung mittels »Rudertechnik« nach Bormann.

Als weitere Möglichkeit, Steinblöcke zu versetzen, beschreibt Bormann eine Vorrichtung nach Abb. 7.5.10.2. Dabei wird mittels eines Hebels ein Stein leicht angehoben und zugleich durch Bewegen des fast senkrecht angeordneten Tragbalkens um eine gewisse Strecke versetzt.

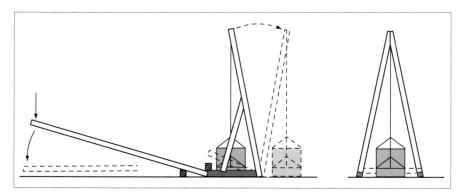

Abb. 7.5.10.2 Versetzen von Steinblöcken mit Hilfsgerüst nach Bormann.

Für den Bau der oberen Hälfte der Cheopspyramide ist der Einsatz der Hebeltechnik in der Weise vorgesehen, dass die Steinblöcke von Stufe zu Stufe mittels Hebelgeräten, die als Kette von unten nach oben übereinanderstehend angeordnet sind, gehoben werden (Abb. 7.5.10.3 und 7.5.10.4).

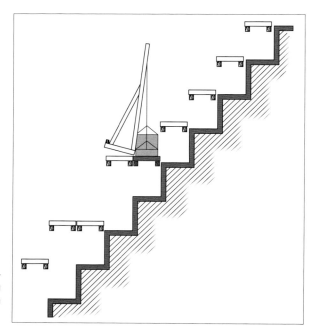

Abb. 7.5.10.3 Blockverlagerung von Gerät zu Gerät nach Bormann

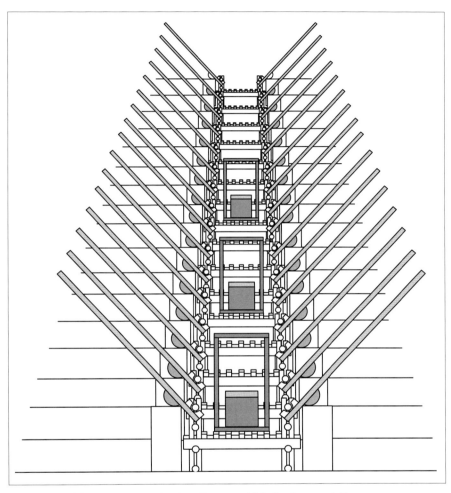

Abb. 7.5.10.4 Ansicht einer Kette von Hebelgeräten nach Bormann.

Bormann sieht damit für den Bau der Cheopspyramide eine kombinierte Bauweise vor: Danach soll im unteren Bereich bis zu einer Höhe von ca. 40 m das Material für einen Pyramidenstumpf über eine breite, von den südlich gelegenen Steinbrüchen herangeführte Rampe transportiert werden (Abb. 7.5.10.5), wie bereits früher mehrfach vorgeschlagen wurde (Lehner, Haase). Etwa ⅔ des Volumens der Pyramide wären dann bereits gebaut. Für den Bau des restlichen Teils der Pyramide werden dann auf drei Seiten der Pyramide Förderketten vorgesehen, um in möglichst kurzer Zeit viel Baumaterial zu transportieren. Bormann berechnet eine Bauzeit für die Cheopspyramide von insgesamt 20,5 Jahren.

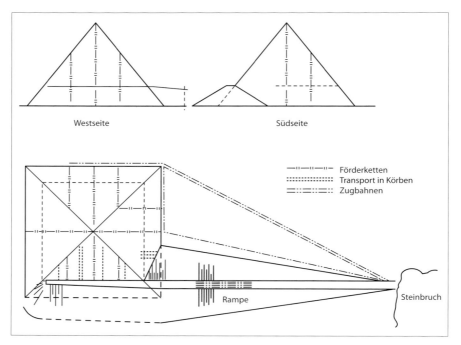

Abb. 7.5.10.5 Vorschlag für den Bau der Cheopspyramide nach Bormann.

Eine Bewertung der Bauvorschläge von Bormann führt zu der Feststellung, dass verschiedene archäologische Befunde aus dem AR nicht berücksichtigt wurden. So werden u. a. Werkzeuge aus Eisen für die Steinbearbeitung angenommen sowie die Kernstufenbauweise der Pyramiden und das nachträgliche Anbringen der Außenverkleidung einschließlich deren gefahrloser Glättung von oben nach unten nicht berücksichtigt.[944] Das Aufsetzen des Pyramidion wird nicht erläutert.

7.5.11 Vorschlag eines rollenden Steintransports nach Parry

Parry veröffentlichte im Jahr 2004 unter Bezug auf als Grabbeigaben des NR (18. Dynastie) gefundene Wippen (Abb. 7.5.11.1; Abmessungen 52 mm Höhe und 235 mm Länge)[945] seine Idee des rollenden Steintransports (Abb. 7.5.11.2.), die er

---

944 Müller-Römer, Hebeanlage.
945 Naville, Deir el Bahari, p. 168.

in Japan in einem Feldversuch testete.⁹⁴⁶ Choisy hatte bereits 1904 auf diese Art des Materialtransports hingewiesen.⁹⁴⁷ Borchardt bemerkte schon früher, dass dieses Transportmittel im AR nicht nachgewiesen sei.⁹⁴⁸

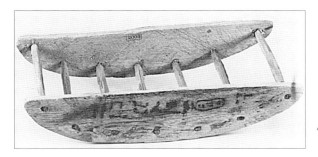

Abb. 7.5.11.1 Kippschlitten

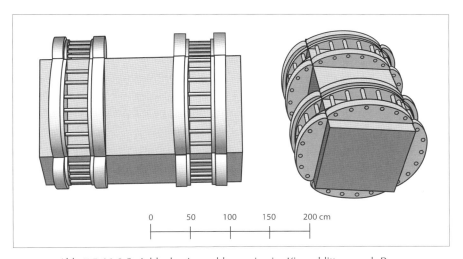

Abb. 7.5.11.2 Steinblock, eingeschlossen in vier Kippschlitten, nach Parry

Nach dem Vorschlag von Choisy wird ein Steinblock mit dem Gewicht von 2,5 t mit zweimal vier Wippen »eingepackt« und dann als eine Art große Walze auf einer Rampe nach oben gezogen. Wie in Kapitel 4.3.1.2 »Zugkräfte (Rollreibung)« erläutert, bietet die Rollreibung insbesondere bei großen Durchmessern der Walzen bzw. Räder einen geringeren Widerstand gegenüber einem Trans-

---

946 Parry, Engineering.
947 Choisy, Kippschlitten, p. 80 ff.
948 Borchardt, Re-Heiligtum, S. 62.

port mittels Gleitreibung. Auf einer Rampe mit der Steigung 1:10 (6°) konnten 6 Arbeiter den in eine Walze eingeschlossenen Stein nach oben ziehen; bei einer Steigung von 1:4 (ca.21°) waren zehn Arbeiter erforderlich; 15 Arbeitskräfte wurden benötigt, um die Walze 15 m nach oben zu ziehen. Höhere Gewichte wie Granitquader der Entlastungskammern der Cheopspyramide erfordern dann eine größere Zahl an Arbeitern.

Entsprechend den im Anhang zur Veröffentlichung von Parry vorgelegten Berechnungen werden nur $\frac{1}{6}$ der für einen vergleichbaren Schlittentransport benötigten Zugkräfte benötigt. Bei diesem Vergleich wird allerdings die Rollreibung der Walze vernachlässigt. Im Bereich der aufgeschütteten Rampen handelt es sich um eine Oberfläche aus Steinen und Schotter mit relativ geringer, aber nicht zu vernachlässigender Rollreibung.

Für den Bau der Cheopspyramide schlägt Parry im unteren Bereich Rampen auf allen vier Seiten vor (Abb. 7.5.11.3). Im mittleren und oberen Bereich soll der Transport über Steinrampen erfolgen, die auf den Bossen der Verkleidung fußen und über die äußere Verkleidungsschicht hinausragen.

Bei einer Bewertung des Vorschlages von Parry ist anzumerken, dass Parry offensichtlich von einer schichtweisen Steinverlegung ausgeht – im Widerspruch zu den archäologischen Befunden. Hinzu kommt, dass das Prinzip der Wippe erstmals im NR belegt ist und somit als Transportprinzip für die Pyramidenbauten im AR sehr fraglich und mit Blick auf die genannten Prämissen auszuscheiden ist. Zu beachten ist auch, dass es keine einheitlichen Steinformate gab und dass daher eine Vielzahl unterschiedlicher Transportwippen erforderlich gewesen sein müsste. Eine Berechnung der Transportkapazität und der Bauzeit wird nicht vorgelegt. Es werden nur Angaben zu der Zahl der benötigten Arbeiter für einzelne Rollvorgänge gemacht.

Zusammenfassend ist festzustellen, dass der Vorschlag eines rollenden Steintransports nach Parry zwar theoretisch möglich erscheint, mit den archäologischen Befunden des AR jedoch nicht im Einklang steht und daher für den Pyramidenbau im AR nicht näher in Betracht gezogen werden sollte. Eine vom Autor vorgenommene grobe Abschätzung der Bauzeit aufgrund einer Zeichnung des Rampenmodells von Parry führt zu einer reinen Bauzeit ohne Vorbereitungsarbeiten von etwa 55 Jahren. Ausgegangen wird wiederum von 2,14 Mio. Steinblöcken für den Bau der Cheopspyramide; die Taktzeit für eine Rampe mit der Länge von 15 m beträgt nach Parry, Engineering, p. 132, 5 min. Die durchschnittliche Rampenlänge der 8 Rampen in der Phase 1 (Parry, Engineering, p. 143) beträgt ca. 50 m bei einer angenommenen Taktzeit von 15 min und einer Höhe der

1.Stufe (Abmessungen 230 und 194 m) von 23 m. Die durchschnittliche Rampenlänge der 4 Rampen der Phase 2 beträgt ca. 185 m bei einer angenommenen Taktzeit (einschl. Seilwechsel) von 30 min und einer Höhe der 2.Stufe (Abmessungen 194 und 165 m) von 20 m. Die durchschnittliche Rampenlänge der 4 Rampen der Phase 3 beträgt ca. 140 m bei einer angenommenen Taktzeit (einschl. Seilwechsel) von 20 min und einer Höhe der 3.Stufe (Abmessungen 165 und 121 m) von 29 m. Daran schließen sich 3 Stufen mit je zwei Rampen an. Deren durchschnittliche Werte für den Takt werden mit 20 min angenommen.

Die einzelnen Volumina, Anzahl der Steinblöcke und Arbeitstakte sind:

Stufe 1	1 026 751 m³	855 626	106 953	8,1 Jahre
Stufe 2	638 460 m³	532 050	133 012	20,15 Jahre
Stufe 3	597 700 m³	498 083	124 520	12,6 Jahre
Restl. Stufen	337 000 m³	281 000	141 000	14,2 Jahre

Die Bauzeit beträgt somit 55 Jahre

Selbst bei einer Halbierung der Taktzeiten, die jedoch nicht realistisch erscheint, ergibt sich eine reine Bauzeit ohne Vorbereitungsarbeiten von knapp 28 Jahren, die mit der Dauer der Regentschaft des Cheops nicht in Einklang zu bringen ist.

Die Bauhypothese von Parry ist daher in der Diskussion zum Pyramidenbau nicht weiter berücksichtigen.

Goyon, J.-C. u.a. schlagen dagegen vor, den »Kippschlitten« für die Seilführung zur Befestigung einiger auf einem Schlitten zu transportierenden Steinblöcke zu verstehen. Die geringen Abmessungen sprechen für diesen Vorschlag. Derartige Holzgestelle sind mehrfach in Depots bzw. Grabstätten der 18. Dynastie gefunden worden.[949]

---

949 Goyon, J.-C., La construction, S. 300.

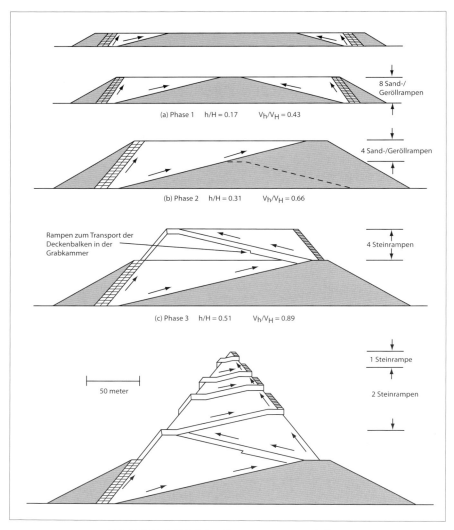

Abb. 7.5.11.3 Mögliches Rampensystem nach Parry

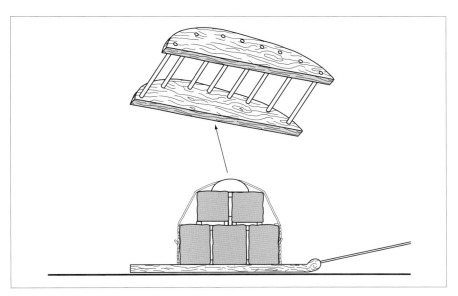

Abb. 7.5.11.4 Vorschlag von Goyon, J.-C. für die Verwendung der »Kippschlitten« als Seilführung.

7.5.12 Vorschlag von Keyssner mittels Umbauung (Montagemantel) und Zugeinrichtung

Gemeinsam mit dem Institut für Baugeschichte der Universität Karlsruhe veröffentlichte Keyssner im Jahr 2007 seine Hypothese für den Bau der Cheopspyramide.[950] Diesem Bauvorschlag liegt die Idee eines »Montagemantels« um die Pyramide herum zugrunde. Auf diese Weise soll es möglich sein, das Bauverfahren und die Baugeschwindigkeit zu optimieren. In 9 Zonen mit je 16 m Höhe wird durch eine Umbauung ein stets 3 m breiter niveaugleicher Umgang pro zu verlegender Steinschicht geschaffen. In dem Mantel sind in Abständen senkrecht angeordnete Transportspuren (1,5 m breit) und Treppen (1 m breit) angeordnet. Durch eine weitere Aufmauerung entstehen am jeweiligen Ende der Transportbahnen Plattformen, auf denen sich stationär eingebaute Winden befinden. Auf der jeweils obersten bereits fertiggestellten Steinlage ist ein Holzgestell mit einer Walze montiert, über die die Zugseile zwischen Schlitten und Spill geführt

---

950 Keyssner, Baustelle Gisa.

werden. An den einzelnen Plattformen erfolgt jeweils ein Wechsel der Zugseile. Abb. 7.5.12.1 und 7.5.12.2 zeigen die beschriebene Anordnung.

Keyssner kombiniert dabei das Prinzip des senkrecht angeordneten Aufzuges, wie es bereits Löhner (Kapitel 7.5.3 »Vorschlag von Löhner für den Bau der Pyramide mit Seilrollenböcken«) und Dorka (Kapitel 7.5.8 »Schrägaufzug nach Dorka«) vorgeschlagen haben, mit dem Prinzip des archäologisch für das AR nicht nachgewiesenen Spill und des Wechsels von einer Transportbahn zur anderen, wie es von Pitlik (Kapitel 7.5.9 »Vorschlag von Pitlik für eine Förderrampe«) erstmals beschrieben wurde. Durch eine erhöhte Überbauung an der Spitze der Pyramide, wie sie Graefe vorgeschlagen hat, (Kapitel 7.4.4 »Vorschlag von Graefe«) kann das Pyramidion ohne Probleme aufgesetzt werden. Problematisch scheint die Kraftumlenkung beim Gegenzug-Modus[951] zu sein.

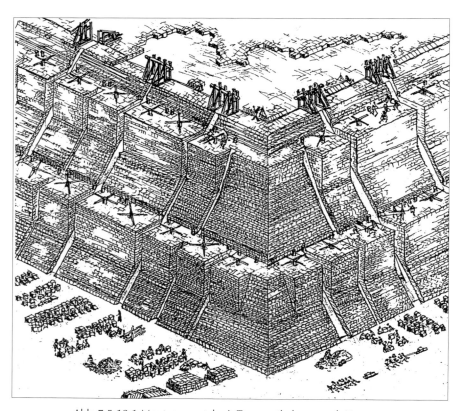

Abb. 7.5.12.1 Montagemantel mit Transportbahnen nach Keyssner

---

951 Keyssner, Baustelle Gisa, Abb. 9.

Ausführlich werden die für den Bau der Pyramide selbst und für den Montagemantel zu transportierenden Steinmassen und die entsprechenden Transportzeiten berechnet. Unter der Annahme einer vierjährigen Vorbereitungszeit und eines Zeitraums von 2,7 Jahren für die Glättungsarbeiten der Pyramidenaußenfläche errechnet Keyssner eine Gesamtbauzeit von 27,2 Jahren.[952]

Abb. 7.5.12.2 Prinzip des Seilwechsels nach Keyssner

Ein sehr interessanter und innovativer Aspekt am Vorschlag von Keyssner ist das Prinzip des Baumantels (Arbeitsplattform). Dieser gestattet jeweils auf glei-

---

952 Keyssner, Baustelle Gisa, S. 35.

chem Niveau das gefahrlose Verlegen der Steine der Außenverkleidung und nach Fertigstellung der Pyramide die von oben nach unten vorzunehmende Glättung.

Keyssner geht allerdings – entgegen der archäologischen Befunde – von einem schichtweisen Bau der Pyramide aus und negiert offensichtlich die Stufenbauweise des Kernmauerwerks.[953] Seine Bauhypothese entspricht darüber hinaus in einigen Punkten auch nicht den in Kapitel 7.2 »Grundsätzliche Lösungsansätze für den Pyramidenbau« genannten Voraussetzungen.

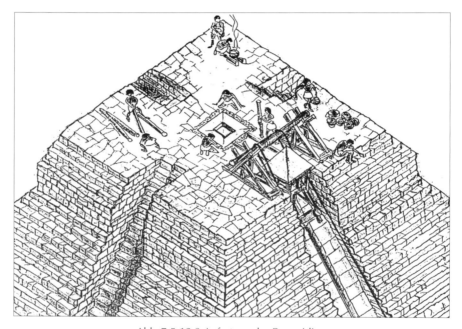

Abb. 7.5.12.3 Aufsetzen des Pyramidion

Der von Keyssner vorgeschlagenen neuen Hypothese kann daher in der vorliegenden Form nicht zugestimmt werden. Auf diese Art und Weise wurde die Cheopspyramide nicht gebaut.

---

953 Keyssner, Baustelle Gisa S. 11, Abschnitt 4.2 und S. 13, Abschnitt 5.

7.5.13 Vorschlag von Winkler (Hebeleiter)

2001 befasste sich Winkler in seiner Dissertation »Logistik des Pyramiden-Baus«[954] eingehend mit der Logistik des Planens, des Messens und des Bauens der ägyptischen Pyramiden. Darin legte er auch einen konkreten Bauvorschlag vor. Er vertritt die Auffassung, dass Planung, Berechnung der Baudaten und Bau der Pyramiden im Alten Ägypten nach festgelegten Regeln erfolgten, die er in seiner Dissertation ausführlich erläutert und begründet. Allerdings wird den archäologischen Befunden nicht immer Rechnung getragen.[955] Anderseits sind

Abb. 7.5.13.1 Hebeleiter

---

954 Winkler, Pyramidenbau.
955 So wird z. B. die Höhe der Stufen des Kernmauerwerks der Pyramide des Mykerinos mit 14 Ellen (S. 122) angegeben, obwohl diese aufgrund der archäologischen Befunde zwischen 15,6 und 16 Ellen beträgt.

in dieser Arbeit eines Baufachmanns und Nicht-Ägyptologen interessante Aspekte und Betrachtungen zum Pyramidenbau enthalten.

Bei der von Winkler entwickelten Bauhypothese geschieht der Transport der Steine, die jeweils in zwei Kippschlitten– ähnlich wie es Parry vorschlägt (siehe Kapitel 7.5.11 »Vorschlag eines rollenden Steintransporters nach Parry«) – eingebunden sind, über senkrecht an die Stufen des Kernmauerwerks angelehnte Holme (»Hebeleiter«), an deren oberen Ende ein Spill angeordnet ist, mit dem die Steine nach oben gezogen werden (Abb. 7.5.13.1). Winkler bezieht sich dabei auf die Schilderungen des Pyramidenbaus durch Herodot.[956] Wie in Kapitel 7.1.1 »Herodot« in FN 833 dargelegt, kann die Formulierung von Herodot jedoch nicht für den Einsatz von Stangen »... aus minderwertigem Holz ...« herangezogen werden.

Das Verkleidungsmauerwerk und die äußere Verkleidungsschicht werden nach dieser Hypothese zeitgleich gebaut, wobei die fertig geglätteten Steine jeweils zur Seite geschoben werden. Nacharbeiten entstünden nicht. Gerüste werden nach diesem Vorschlag auch nicht benötigt.

Zum Bau stehen an den Stufen des Kernmauerwerks viele Hebeleitern nebeneinander; die mittlere auf jeder Pyramidenseite reicht dann bis zur Spitze (Platt-

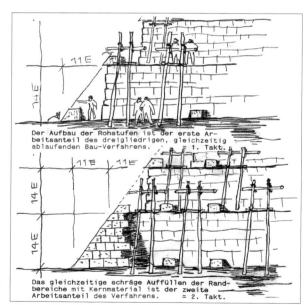

Abb. 7.5.13.2 Bau der Außenverkleidung

---

956 Winkler, Pyramidenbau, S. 27 ff.

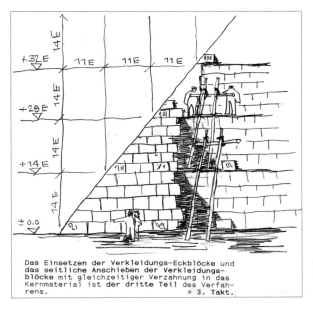

Abb. 7.5.13.3 Bau der äußeren Verkleidung

form für das Pyramidion). Diese Anordnung ist nach Winkler auch der Grund dafür, warum wiederholt Eingänge der Grabkorridore zu den Pyramiden in der 4. Dynastie ab der Knickpyramide (Westeingang zur oberen Grabkammer) asymmetrisch – leicht verschoben von der Mittelachse in Richtung Osten – angelegt wurden. Ansonsten wäre der Zugang zur Grabkammer durch die mittlere Hebeleiter auf der Nordseite ständig blockiert. Es handelt sich hierbei um einen Erklärungsversuch für die asymmetrische Anordnung der Grabkorridore, der jedoch durch die vorgeschlagene Bautechnik nicht zu begründen ist: Drei Seiten der Pyramide sind davon nicht betroffen und auch auf der Nordseite wäre im unteren Bereich der Pyramide eine andere Anordnung der Hebeleitern vorstellbar.

Der von Winkler vorgeschlagenen Bauhypothese liegt die richtige Annahme eines stufenförmigen Kernmauerwerks zugrunde. Allerdings ist es bautechnisch schwierig, die Steine mit unterschiedlichsten Formaten über Kippschlitten nach oben zu rollen. Der Einsatz des Prinzip des Spills ist jedoch eine Annahme, die archäologisch für das AR nicht belegt ist. Es erscheint darüber hinaus nicht möglich zu sein, die Steine der äußeren Verkleidungsschicht ohne ein Arbeitsgerüst von beiden Seiten aus in einem senkrecht angeordneten Schnitt zu sägen, um exakte Fugen sehr geringer Abmessungen zu erhalten, wie dies archäologisch belegt ist.

Für das Aufsetzen des Pyramidion bietet Winkler keinen realistischen Vorschlag an. Die berechnete Bauzeit von 6,8 Jahren für die Cheopspyramide[957] erscheint als viel zu gering und zeigt, dass die vorgeschlagene Hypothese auf falschen Voraussetzungen und Annahmen beruht.

7.5.14 Methode des Flankentransports nach Unterberger

Eine neuartige Methode zum Pyramidenbau schlägt Unterberger vor.[958] Danach werden alle in der Pyramide verbauten Steinblöcke direkt über die Außenflächen der Pyramide heraufgezogen. Die Vorteile sieht Unterberger darin, dass die Steine nicht geschoben, sondern gezogen werden können und dass an allen Seiten der Pyramide zeitgleich gearbeitet werden kann (Abb. 7.5.14.1).

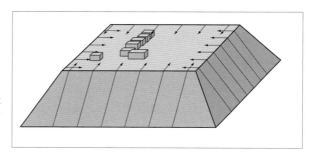

Abb. 7.5.14.1 Steintransport über die Pyramidenaußenseiten nach Unterberger.

Das Problem der Seilreibung an den Kanten löst Unterberger mit einer vierfachen Befestigung der auf Holzkufen zu ziehenden Steinblöcke (Abb. 7.5.14.2).

Über den Kantenschuh lässt sich dann der Stein mittels der vier an unterschiedlichen Stellen des Stein angreifenden Zugkräfte ziehen.

Schwere Lasten – wie die Abdecksteine der Königskammer in der Cheopspyramide – ließen sich parallel zur Seitenfläche der Pyramide nach oben ziehen (Abb. 7.5.14.3).

Entsprechend der von Unterberger vorgeschlagenen Baumethode werden die Außenflächen der Pyramide von unten beginnend beim Bau mit gebaut und auch gleich geglättet. Für den Auf- und Abstieg der Arbeiter zur jeweiligen Bauplattform werden jeweils in der Mitte einer Seite Treppenstufen vorgeschlagen (Abb. 7.5.14.4). Dies sei auch der Grund dafür, warum sich die Eingänge ver-

---

957 ebenda, S. 114.
958 Unterberger, Tricks, S. 124 ff.

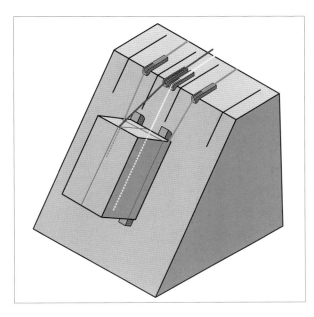

Abb. 7.5.14.2 Transport eines an vier Punkten befestigten Steins nach Unterberger.

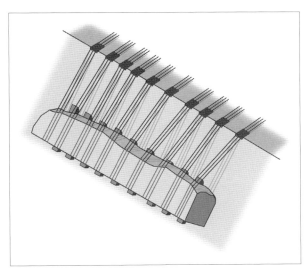

Abb. 7.5.14.3 Hochziehen schwerer Bauteile nach Unterberger.

schiedener Pyramiden nicht exakt in der nördlichen Seitenhälfte, sondern leicht nach Ostern hin verschoben befänden.

Der Vorschlag für das Aufsetzen des Pyramidion ist aus Abb. 7.5.14.5 ersichtlich.

Eine kritische Bewertung des Vorschlages zum Pyramidenbau nach Unterberger zeigt, dass wichtige, aufgrund archäologischer Befunde anzunehmende Voraussetzungen nicht eingehalten werden (stufenförmiges Kernmauerwerk im Inneren der Pyramide mit daran angesetzter Verkleidung; Glättung der Außenverkleidung erst nach Fertigstellung des Bauwerks von oben nach unten).

Positiv zu bewerten sind verschiedene Annahmen wie zeitgleiches Bauen auf

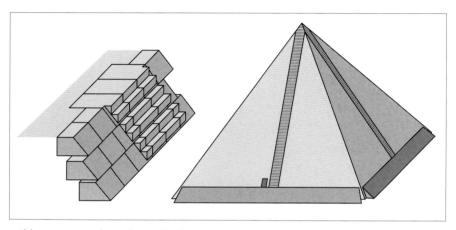

Abb. 7.5.14.4 In die Außenverkleidung eingebaute Treppenstufen, die nach Fertigstellung der Pyramide abgeschlagen werden nach Unterberger.

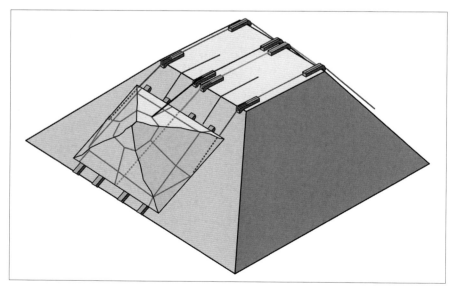

Abb. 7.5.14.5 Transport und Montage des Pyramidion nach Unterberger.

allen vier Seiten der Pyramide und eine Verlagerung möglichst vieler Arbeiten auf Bauplätze in der Nähe der Pyramide, wo viele Arbeiter zeitgleich arbeiten können. Darüber hinaus befasst sich Unterberger eingehend mit Fragen der Vermessung beim Bau (siehe Kapitel 4.4.1 »Vermessungsarbeiten«) und verschiedenen Fragen der Bautechnik.

Leider legt Unterberger keine Berechnung der sich nach seiner Bauhypothese ergebenden Bauzeit vor.

Zusammenfassend kann festgestellt werden, dass die Pyramiden im AR nach dem von Unterberger vorgeschlagenen Bauverfahren so nicht gebaut wurden.

7.5.15 Kombiniertes Rampen- und Hubmodell nach de Haan

De Haan legt den Überlegungen und Berechnungen für sein Modell zum Bau der Cheopspyramide bis zu einer gewissen Bauhöhe das Prinzip der Rampe (senkrecht auf die Pyramide zuführende Rampe bzw. spiralförmig angeordnete Rampe) und für die weiteren Bauschritte das Verfahren des Hochhebelns der Steine von Stufe zu Stufe bis zur Fertigstellung der Pyramidenspitze zugrunde.[959] Dabei will er seine Betrachtungen nicht als einen weiteren Vorschlag zum Pyramidenbau, sondern als Beitrag zu den Fragen der benötigten Arbeitskräfte – bezogen auf eine fiktiv angenommene Bauzeit von 20 Jahren – verstanden wissen. Insofern stehen Materialgewinnung und Transportleistungen und nicht die beschriebenen Bauverfahren im Mittelpunkt der Überlegungen.

Zu Beginn seiner Studie zum Bau der großen Pyramiden im Alten Ägypten befasst sich de Haan eingehend mit den einzelnen Arbeitsschritten wie Bau der Pyramide, der dafür erforderlichen Rampen, der Produktion der Steine und Ziegel, des Materialtransports zu Lande und auf dem Wasserweg sowie den dafür benötigten Arbeitsleistungen. Abb. 7.5.15.1. zeigt den Materialfluss.

Mit Blick auf die notwendige Böschung einer linearen Rampe (Abb. 7.5.15.2) kann diese beim Bau der Cheopspyramide eine maximale Höhe von 133 m erreichen. Das für den Bau benötigte Volumen übersteigt das der eigentlichen Pyramide. De Haan legt daher seinen Berechnungen eine Linearrampe mit einer Höhe von nur 82 m zugrunde, welche dann ein Volumen von 47 % – bezogen auf

---

[959] De Haan, Egyptian Pyramids

dasjenige der Pyramide – aufweist. In dieser Höhe sind dann 90 % des Volumens der Pyramide verbaut. Die restliche Steinmenge wird durch Hochhebeln transportiert (Abb. 7.5.15.3).

Bei der Ermittlung der für die einzelnen Arbeitsschritte benötigten Mann-

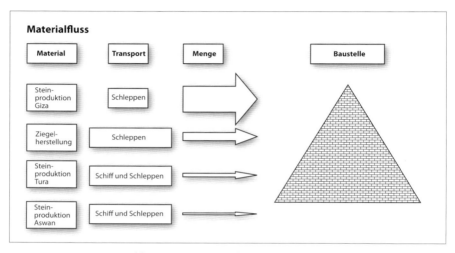

Abb. 7.5.15.1 Materialfluss nach de Haan.

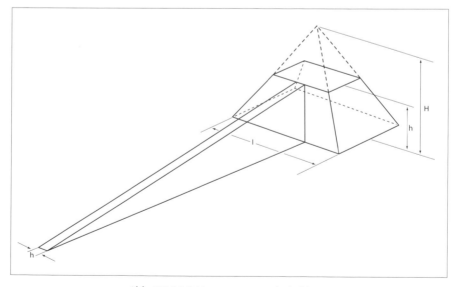

Abb. 7.5.15.2 Linearrampe nach de Haan.

Abb. 7.5.15.3 Hochhebeln der Steine ab der Bauhöhe von 82 m nach de Haan

kapazitäten geht de Haan von 2624 Arbeitsstunden pro Arbeiter und Jahr aus.⁹⁶⁰ Aufgrund verschiedener Vergleichsrechnungen errechnet er eine Arbeitsleistung im Steinbruch (Kalkstein) in Höhe von 0,02 bis 0,03 m³/Mannstunde. Damit ergibt sich eine Arbeitsleistung von 800 m³ pro Mannjahr.⁹⁶¹ Für Granit wird ein vergleichbarer Wert von 0,00 024 m³/Mannstunde ermittelt. Auf die Nennung der Leistungen für den Bau der Kanäle im Fruchtland und die Ziegelherstellung wird an dieser Stelle verzichtet.

Für den Steintransport auf der Rampe mit einer Steigung von 15 % bzw. einer Neigung von 8,6° nimmt de Haan Schlitten und ein Steingewicht von 2500 kg an, die von Menschen gezogen werden (Abb. 7.5.15.4). Bei einer Leistung pro Arbeiter von 300 N ergibt sich die Größe der Zugmannschaft mit 33 Arbeitern.

Ausgehend von einer angenommen Bauzeit von 20 Jahren ermittelt de Haan unter den genannten Annahmen bzw. Berechnungen die unterschiedlichen Arbeitsleistungen und die dafür erforderliche Zahl der Arbeiter zwischen 5000 und 14 000.

Die Ausarbeitung von de Haan umfasst eine Reihe interessanter Detailbetrachtungen zu den für den Pyramidenbau benötigten Arbeitsleistungen und

---

960 De Haan, Egyptian Pyramids, p. 3: 328 Arbeitstage mit je 8 Stunden Arbeitszeit.
961 Ebenda, p. 38.

Abb. 7.5.15.4 Steintransport auf der Rampe mittels Schlitten und Zugmannschaften nach de De Haan

vergleichende Betrachtungen zu den verschiedenen Verfahren. Umfangreiche mathematische Modelle ergänzen diese Arbeiten.

7.5.16 Bauvorschlag von Hodges (Hochheben der Steine)

Hodges hat sich in seinem Buch »How the Pyramids were built«[962] eingehend mit dem Bau der Pyramiden im Alten Ägypten befasst. Er vertritt darin die Auffassung, dass die damaligen Baumeister eine einfache Methode für das Anheben der Steine entwickelt hätten. Dieses Verfahren müsse einfach und zugleich sicher, schnell und flexibel sowie nur unter Einsatz menschlicher Kräfte funktionieren. Abb. 7.5.16.1 zeigt dieses Prinzip nach Hodges. Als Hebel schlägt er Balken vor, an deren unterem Ende ein Haken aus Metall angebracht worden sei, um ansonsten notwendige Unterlagen unter den Balken zu vermeiden.

Der Baufortschritt ist in den Abb. 7.5.16.2–7.5.16.4 dargestellt und setzt dabei als Bauweise für die Pyramide deren schichtweise Errichtung voraus.

Wie an der archäologisch nachgewiesenen Bauweise der Pyramide des Mykerinos gezeigt, besteht diese im Inneren aus einem stufenförmigen Kernmauerwerk, an welches in einem späteren Bauabschnitt das Verkleidungsmauerwerk und die Außenverkleidung angefügt wurden. Hodges schlägt für den Bau der Stufenpyramiden vor, die Treppen in der Fluchtlinie der späteren äußeren Verkleidungsschicht anzulegen (Abb. 7.5.16.5).

---

962 Hodges, Pyramids.

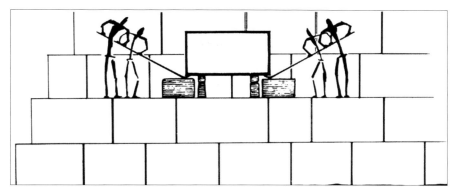

Abb. 7.5.16.1 Hochhebeln der Steine nach Hodges

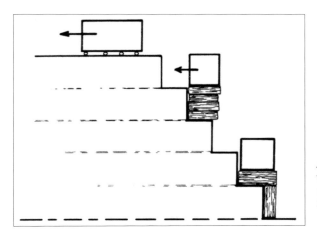

Abb. 7.5.16.2 Senkrechtes Heben und waagerechter Transport der Steine nach Hodges

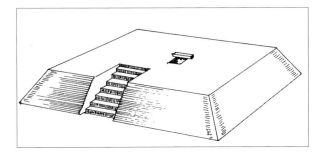

Abb. 7.5.16.3 Heben der schweren Granitbalken der Grabkammer der Cheopspyramide nach Hodges

Für den exakten Bau der äußeren Verkleidungsschicht und das Glätten der Außenfläche der Pyramide von oben nach unten macht Hodges ebenfalls Vorschläge (Abb. 7.5.16.6). Unklar bleibt jedoch das Aufsetzen des Pyramidion.

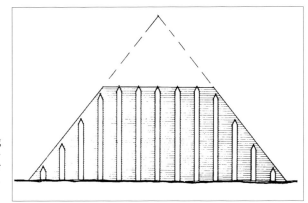

Abb. 7.5.16.4 Anordnung verschiedener Treppenstufen zum Heben der Steine nach Hodges.

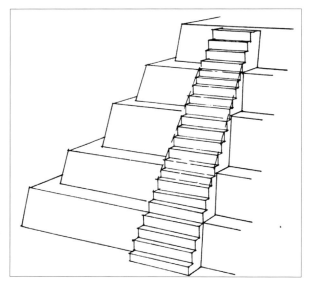

Abb. 7.5.16.5 Anordnung der Treppen beim Pyramidenbau nach Hodges

Seiner Berechnung der Bauzeit für die Cheopspyramide legt Hodges die von Herodot genannte Bauzeit von 20 Jahren zugrunde und rechnet dann »rückwärts«, wie viel Arbeitsschritte und Teams für das Heben und Verlegen der Steine in 17 Jahren (zuzüglich geschätzter drei Jahre für das Glätten der Außenflächen) benötigt wurden. Er kommt dabei zu dem Ergebnis, dass 125 Teams über 17 Jahre hinweg (350 Tage) alle Steine gehoben und verlegt haben können.

Eine Bewertung der von Hodges vorgelegten Vorschläge zum Pyramidenbau ergibt, dass dabei viele Fragen und Probleme des Baus der Pyramiden im Alten Reich richtig gesehen und dargestellt werden. Kritisch bleiben Aspekte wie das

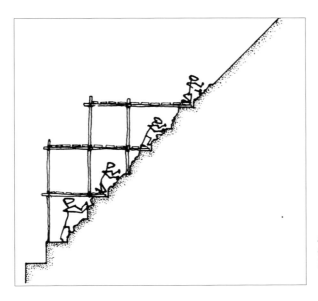

Abb. 7.5.16.6 Glätten der Außenfläche der Pyramide nach Hodges

genaue Vermessen beim Bau bzw. bei der Glättung der Außenflächen, das gefahrlose Anheben und Aufsetzen des Pyramidion sowie das Verschieben und exakte Positionieren der Steine seitwärts von den Transportstufen aus. Auch Fragen der Arbeitssicherheit beim Hochhebeln der Steine bleiben wie bei dem Vorschlag von Isler (Kapitel 7.5.1 »Vorschlag von Isler zum Pyramidenbau mittels Hebeln«) offen.

7.6 Zusammenfassende Bewertung der Bauvorschläge für Pyramiden entsprechend der Kapitel 7.3 bis 7.5

Die Idee, senkrecht auf die Pyramide zulaufende Baurampen einzusetzen, wurde immer wieder mit unterschiedlichen Argumenten vorgetragen. Bei der Entwicklung der Bauhypothesen der zweiten Hälfte des 20. Jahrhunderts zeichnet sich allerdings die Tendenz ab, Bauverfahren vorzuschlagen, die den Materialaufwand für die Rampen minimieren. Vorschläge zum Bau spiralförmig an die Pyramide angelegter Rampen wurden vermehrt zur Diskussion gestellt.

Zusammenfassend kann zum Einsatz von Rampen beim Bau des Pyramidenkörpers festgestellt werden:

Senkrecht auf die Pyramide zulaufende Rampen müssen als Baumethode ausgeschlossen werden:

- Die Rampen müssten ständig erhöht und in ihrer Breite angepasst werden, was zu regelmäßigen Bauunterbrechungen – zumindest aber zu Beeinträchtigungen beim Transport des Materials – führen würde, bzw. sie müssten von Beginn an entsprechend breit angelegt werden, um jeweils hälftig entsprechend Baufortschritt ohne Unterbrechung der Transportarbeiten erhöht werden zu können.
- Die Baumasse der Rampen wäre sehr groß und kann je nach Ausführung das Volumen der Pyramide selbst erreichen bzw. um das Doppelte übertreffen.[963]
- Es liegen keine archäologischen Nachweise zu Rampenresten und größeren Schuttablagerungen abgebauter Stein- oder Ziegelrampen vor.
- Frei stehende Ziegelrampen aus luftgetrockneten Lehm- bzw. Nilschlammziegeln würden aus Gründen des Eigengewichtes und der Festigkeit nur bis zu einer Höhe von ca. 120 m (380 feet) gebaut werden können.[964]
- Die Verlegung des Verkleidungsmauerwerks und der Außenverkleidung sowie deren Glättung sind ohne ein von außen angeordnetes Baugerüst bzw. Umbauungen aus bau- und sicherheitstechnischen Gründen nicht durchführbar.

Spiralförmig angeordnete Rampen müssen als Baumethode ebenfalls ausgeschlossen werden:

- Der Transport des Baumaterials um 90° an den Ecken des Pyramidenstumpfes – auch wenn dieser abgeschrägt ausgeführt wird – erscheint aus Platzgründen nur schwer möglich und würde einen großen Zeitaufwand erfordern. Zur Frage der Kraftumlenkung der Zugkräfte fehlen Aussagen bzw. praktikable Vorschläge.
- Eine schichtweise Verlegung der Steine im Inneren der Pyramide entspricht nicht den archäologischen Befunden.
- Die Transportkapazität ist im Verhältnis zu den belegten Bauzeiten zu gering.

---

963 De Haan, Egyptian Pyramids, p. 6.
964 Nach Isler I: Petrie, The Building of Pyramid, in: Ancient Egypt, 1930, part II, p. 35.

- Die Verlegung der äußeren Verkleidungsschicht und deren Glättung ohne außen angeordnete Baugerüste sind bei Integralrampen aus bau- und sicherheitstechnischen Gründen ebenfalls nicht durchführbar.
- Eine exakte Vermessung während des Baus ist bei außerhalb der Pyramide spiralförmig angeordneter Rampen schwierig, da Außenflächen und Ecken teilweise verdeckt sind. Die Einhaltung des stets gleich bleibenden Rücksprungs ist sehr erschwert.
- Bei verschiedenen Vorschlägen endet die Spiralrampe aus Platzgründen bereits unterhalb der Pyramidenspitze. Der Grund dafür liegt in dem sich immer mehr verringernden Abstand zwischen den Rampenbahnen.

Alle der bisher veröffentlichten Hypothesen für den Pyramidenbau, denen die vorstehend genannten Rampen zugrunde liegen, gehen davon aus, dass die Steine mittels Ochsengespannen oder von Zugmannschaften auf Schlitten bzw. quer gelegten Holzrollen nach oben gezogen wurden. Dabei tritt ein Widerspruch insofern auf, als für die Zuggespanne und die Arbeiter der Boden der Rampen möglichst griffig sein musste, damit ein Rutschen beim Ziehen der Lasten vermieden werden konnte. Transportschlitten hingegen sind umso leichter zu ziehen, je geringer der Gleitreibungsfaktor der Rampe, d. h. je glatter deren Oberfläche ist. Eine Lösung könnten getrennte Bahnen für den Schlittentransport und für die Zugmannschaften (seitlich angeordnete Treppen) bzw. unter gelegte Rollen sein.

Senkrecht an die Pyramidenaußenflächen angelehnte **Treppenkonstruktionen**, wie sie Isler, Graefe und Unterberger vorschlagen, scheinen u. a. wegen der außerordentlich großen Steigung für den Transport des Steinmaterials sehr problematisch und nicht praktikabel zu sein.[965]

Aus den geschilderten sicherheits- und bautechnischen Fragen heraus und wegen der unvollständigen Darstellungen bzw. des Fehlens der Berechnung der Bauzeit der betrachteten Pyramiden kann nur der Schluss gezogen werden, dass es eine Bauweise für die Pyramiden gegeben haben muss, die ohne eine von außen senkrecht auf den Baukörper zulaufende bzw. diesen spiralförmig umfassende Rampe mit einem entsprechend großen Materialaufwand bzw. ohne eine Treppenkonstruktion auskommt.

Manche der erläuterten Vorschläge und Ideen für den Materialtransport beim

---

965 Diese Auffassung vertritt auch Lehner aufgrund der Ergebnisse des NOVA-Experiments (Lehner, Geheimnis, S. 209).

Pyramidenbau lassen darüber hinaus Konstruktionen und Verfahren erkennen, die sehr kompliziert sind, sodass sich die Frage stellt, ob sie den Denk- und Vorgehensweisen der Baumeister im AR sowie den damaligen Baumethoden entsprechen. Sehr oft werden die Fragen des Baus der Pyramidenspitze und der Außenverkleidung sowie deren Glättung nicht oder nur unzureichend behandelt. Gleiches gilt für Fragen der Arbeitssicherheit.

Mehreren Hypothesen zum Pyramidenbau ist gemeinsam, von der archäologisch nachgewiesenen Stufenbauweise des Kernmauerwerks ausgehend Rampen anzunehmen, die parallel zur Seitenfläche der Stufen angeordnet sind – sogenannte **Tangentialrampen** – und deren Steigung von der jeweils gewählten Transportmethode bestimmt wird. Entsprechend der Größe der unteren Stufen des Kernmauerwerks können – wie Landt es vorschlägt – auf allen Seiten jeweils mehrere Rampen angeordnet und so insbesondere die großen Materialmengen im unteren Bereich der Pyramide zeitökonomisch transportiert und verlegt werden. Den Bauvorschlägen bzw. Überlegungen von Hölscher, Croon bzw. Landt, und Graefe gilt daher bei weiteren Überlegungen für eine neue Hypothese zum Pyramidenbau die besondere Aufmerksamkeit.

Die Vorschläge für eine Bauweise mit Rampen – fast immer nur am Beispiel der Cheopspyramide vorgelegt – lassen jedoch sehr oft eine Berechnung der Transportkapazität im Verhältnis zur archäologisch belegten Planungs- und Bauzeit der Cheopspyramide von maximal 23 Jahren vermissen.[966] Darüber hinaus messen die meisten der geschilderten Hypothesen für den Pyramidenbau mittels Rampen dem »Zeitfaktor« insofern zu wenig Bedeutung bei, als im unteren Bereich der Pyramide der größte Teil des Materials verbaut wird. Bei der Cheopspyramide sind dies bis 25 m Höhe 42,5 % und bis 50 m Höhe 71,4 % der Steine (Abb. 6.1). Die Transportmöglichkeit über nur eine Rampe stellt daher im Vergleich zum Transport und dem Verbau der Steine über mehrere Rampen auf allen Seiten des Kernmauerwerks einen großen zeitlichen Engpass dar, wodurch sich die Bauzeit »unnötig« verlängert.

Es kann daher mit Sicherheit angenommen werden, dass die Baumeister, die im AR für den Pyramidenbau zuständig waren, mit Blick auf die nicht vorher-

---

966 Die Regierungszeit Cheops' betrug nach v. Beckerath 23 Jahre; unmittelbar nach Regierungsantritt verlegte Cheops seine Residenz und die Königsmetropole von Dahschur nach Gisa (Stadelmann, Pyramiden, S. 105). Die Bestattung des Cheops fand in der fertig gestellten Pyramide statt (Stadelmann, Pyramiden, FN 362). Nach Krauss und Warburton (Hornung, Chronology, S. 491) soll die Regierungszeit 26 Jahre betragen haben, nach kürzlich vorgelegten C 14 Untersuchungen (Ramsey, Radiocarbon) beträgt sie mit 95 % Wahrscheinlichkeit 24 Jahre.

sehbare Lebensdauer des Königs die Vorgabe für eine möglichst schnelle Fertigstellung des Grabmals hatten. Allein schon aus diesem Grund wurden keine senkrecht auf die Pyramide zuführende oder die Pyramide spiralförmig umlaufende Rampenkonstruktion mit der genannten Einschränkung der Transportkapazität gewählt. Die Entscheidung für die Bauweise der Schichtpyramiden bzw. ab der Roten Pyramide oder spätestens ab der Cheopspyramide für die Stufenbauweise des Kernmauerwerks mit der Möglichkeit der Anordnung von parallel zu allen vier Pyramidenseiten verlaufenden Rampen (Tangentialrampen) findet offensichtlich darin ihre Begründung.

Es ist weiterhin nicht ausreichend, ein technisch funktionierendes Transportsystem für die schiefe Ebene vorzustellen und damit den Bau der Pyramide erklären zu wollen. Dieses muss vielmehr auch für eine Gesamtlösung zum Bau der Pyramide unter Einbeziehung der archäologischen Befunde geeignet sein. Bauhypothesen dürfen nicht nur für eine, sondern müssen in ihren Grundzügen für alle Pyramiden des AR vorstellbar sein. Darüber hinaus müssen sie für den Bau einer Pyramide als Gesamtsystem von der Grundsteinlegung bis zum Aufsetzen des Pyramidion gelten; sie dürfen nicht nur für einzelne Bauabschnitte anwendbar sein.

Die meisten der vorgelegten Bauhypothesen gehen von Zugkräften aus, die von Ochsengespannen bzw. von Menschen erbracht werden. Ihnen liegen daher geringe Rampensteigungen und große Zugmannschaften zugrunde. Die Berechnungsergebnisse sähen anders aus, wenn über Umlenkwalzen abwärtsgerichtete Zugleistungen in die bisher vorgelegten Hypothesen der Kapitel 7.3 »Bauhypothesen unter Verwendung senkrecht auf die Pyramide zulaufender Rampen« und 7.4 »Bauhypothesen unter Verwendung entlang der Pyramidenseiten geführter Rampen« einbezogen worden wären.

Auf die Kombination parallel zur Pyramidenseite angeordneter Rampen und Zugeinrichtungen mit Umlenkrolle und des sich daraus ergebenden Einsatzes von Rampen mit einer wesentlich größeren Steigung als Bauverfahren wird im nachfolgenden Kapitel 8 »Eine neue Hypothese zum Pyramidenbau im Alten Reich« eingegangen; die dabei erstmalig formulierte Hypothese beruht ausschließlich auf archäologisch belegten Bautechniken und -verfahren.

8. Eine neue Hypothese zum Pyramidenbau im Alten Reich

Grundlagen für die neue Hypothese zum Pyramidenbau in der 4. bis 6. Dynastie sind die in den Kapiteln 4 »Bautechnik« und 5 »Archäologische Befunde an Pyramiden« erläuterten

- **Transport- und Bauverfahren** wie
- gerade und schiefe Ebene mit unterschiedlich gestalteten Oberflächen,
- Treppen,
- Verschieben schwerer Lasten mittels Steinkugeln,
- Einsatz von Walzen einschließlich Umlenkwalze und Seilumlenkstein (Öse)
- Bewegen schwerer Lasten auf Schlitten,
- Bau des Kernmauerwerks in Stufen,
- Glätten der Außenverkleidung von oben nach unten,

- **Werkzeuge** wie
- Hebel,
- Seile und Knoten,
- Kraftübersetzung sowie die

- **Vermessungstechniken**.

Weiterhin liegen der neu entwickelten Bauhypothese die im Kapitel 7.6 »Zusammenfassung: Bewertung der Bauvorschläge für Pyramiden entsprechend der Kapitel 7.3 bis 7.5« getroffenen Feststellungen zu bisher veröffentlichten Hypothesen zum Pyramidenbau und deren Bewertung zugrunde.

Es wird am Beispiel der Pyramide des Mykerinos gezeigt, nach welchen Verfahren diese Pyramide prinzipiell errichtet werden konnte und in welcher Größenordnung der Zeitaufwand dafür lag. Diese Pyramide ist für die Erläuterung und Darstellung der Bauverfahren der Pyramiden der 4. bis 6. Dynastie im AR besonders gut geeignet, da bei ihr die Stufenbauweise des Kernmauerwerks und die Verlegungsart des Verkleidungsmauerwerks sowie der äußeren Verkleidungsschicht und der Außenverkleidung mit ihren Abmessungen deutlich zutage treten und archäologisch eindeutig nachweisbar sind (Abb. 5.1.2.6.4).

Die Hypothese geht von **mehreren Bauabschnitten** aus, in denen der Bau der

Pyramide des Mykerinos im Wesentlichen wie folgt vorgenommen wurde und welche nachstehend ausführlich beschrieben werden:

- Zuerst wird das **stufenförmige Kernmauerwerk**[967] bis einschließlich der 6. Stufe errichtet (Abb. 8.1.1). Der Steintransport erfolgt über steile Rampen mit einem Neigungsverhältnis von 2:1. Die Rampen sind auf den Stufen des Kernmauerwerks zu diesen parallel und auf allen vier Seiten der Pyramide als Tangentialrampen angeordnet. Sie werden nach Abschluss der Arbeiten am Kernmauerwerk zurückgebaut.
- Daran anschließend werden von der untersten Schicht der Außenverkleidung ausgehend stufenförmige Umbauungen der Pyramide als **Arbeitsplattformen**[968] errichtet, über die die Verlegung des Verkleidungsmauerwerks, der äußeren Verkleidungsschicht und der Außenverkleidung in einem Arbeitsgang vorgenommen werden.[969] Der Steintransport dafür erfolgt ebenfalls über Rampen mit einem Neigungsverhältnis von 2:1 auf den Stufen der Umbauung (Arbeitsplattformen) und – bis auf die oberen zwei Stufen – wiederum auf allen vier Seiten der Pyramide.
- Nach Aufsetzen des Pyramidion wird der **Rückbau** der Arbeitsplattformen sowie der Rampen bei gleichzeitiger Glättung der Außenverkleidung von oben nach unten vorgenommen.

Grundideen dieser Hypothese sind demnach

- der Bau des stufenförmigen Kernmauerwerks über tangential angeordnete Rampen mit dem Neigungsverhältnis 2:1 unter Einsatz von Umlenkwalzen und abwärtsgerichteter Zugkräfte

---

[967] Auf die aus Gründen einer hohen Standsicherheit bei Erschütterungen durch Erdbeben statisch bedingte Stufenbauweise wurde am Schluss des Kapitels 5.3 »Der Wechsel von der Schicht- zur Stufenpyramide im Alten Reich« hingewiesen.

[968] Das Verlegen der Steine des Verkleidungsmauerwerks und das genaue Einpassen der mit ihren waagerechten Lagerflächen schon exakt zugeschnittenen Steine der äußeren Verkleidung und der Außenverkleidung erfordern aus Gründen der Arbeitsmöglichkeit von allen Seiten sowie der Arbeitssicherheit eine Umbauung der Pyramide mit Arbeitsplattformen.

[969] Auf eine zeitgleiche Verlegung der Backing Stones (äußere Verkleidungsschicht) und der Außenverkleidung weist auch Stadelmann aufgrund seiner Untersuchungen an der Roten Pyramide (Kapitel 5.1.2.1 »Die Rote Pyramide«) hin.

und

- eine Umbauung des Kernmauerwerks mit Arbeitsplattformen, um die äußere Verkleidungsschicht (Backing Stones) und die Außenverkleidung verlegen sowie den Bau der Pyramidenspitze und die Verlegung sowie Bearbeitung und Glättung der Steine der Außenverkleidung von oben nach unten zeitgleich auf allen vier Seiten der Pyramide durchführen zu können.

Damit wird die vollständige Errichtung der Pyramide einschließlich Aufsetzen des Pyramidion nach einem einheitlichen Bauverfahren unter ausschließlicher Verwendung im AR bekannter Techniken und Bauverfahren in kürzest möglicher Zeit ermöglicht. Durch die Verwendung von Umlenkwalzen und abwärts gerichteter Zugleistungen wird der in der ersten Veröffentlichung des Autors zum Pyramidenbau im Alten Ägypten[970] vorgeschlagene Transport der Steinladungen auf Rampen mittels eines Spills, dessen Existenz im AR archäologisch nicht belegt ist, sondern nur vermutet werden kann, ersetzt.

Auf den ersten Blick erscheint es widersprüchlich, zwei voneinander unabhängige Rampensysteme zu errichten und diese im weiteren Verlauf der Bauarbeiten wieder abzubauen. Die archäologischen Befunde zeigen jedoch, dass das Kernstufenmauerwerk separat vom Verkleidungsmauerwerk errichtet wurde: Wie in Kapitel 5.1.2.6 »Die Pyramide des Mykerinos (Menkaure)« erläutert, wurden zwei der Königinnenpyramiden des Mykerinos nicht verkleidet. Sie waren nur in Form des stufenförmigen Kernmauerwerks errichtet worden. Aus Abb. 8.0 ist zudem ersichtlich, dass die Steine des Verkleidungsmauerwerks der Pyramide des Mykerinos an die Außenwand des Kernstufenmauerwerks angesetzt und nicht mit dieser »verzahnt« verlegt wurden.[971]

Der separate Bau der Stufen des Kernmauerwerks, deren Außenmauern aus sehr genau bearbeiteten Steinblöcken bestehen und in deren Innerem weniger genau behauener Steine sowie Füllmaterial verbaut wurden, ist – wie bereits an anderer Stelle bereits dargelegt – aus bautechnischen Gründen bedingt, um bei Erschütterungen (Bodensetzungen, Erdbeben) Risse und Verwerfungen des

---

970 Müller-Römer, F., Pyramiden (»Die Technik des Pyramidenbaus im Alten Ägypten«, Dissertation 2008).

971 Eine schichtweise und zeitgleiche Verlegung des Kernmauerwerks und des Verkleidungsmauerwerks einschließlich der Außenverkleidung ist aufgrund der archäologischen Befunde unwahrscheinlich, kann jedoch letzten Endes auch nicht mit Sicherheit ausgeschlossen werden.

Baukörpers weitgehend zu vermeiden. Durch die kastenförmige Bauweise des Pyramidenkerns kommt es bei starken Erschütterungen höchstens zu geringfügigen Setzungen, welche die Statik des gesamten Bauwerks jedoch nicht gefährden.

Abb. 8.0 Ansetzen der Steine der Außenverkleidung an das Mauerwerk der Stufe 4 des Kernmauerwerks

Entscheidend für den Bau und die erfolgreiche Fertigstellung einer Pyramide ist, dass von der Nivellierung des Baugrundes angefangen auch während des Baus ständig verschiedene, vor Baubeginn festgelegte Parameter eingehalten und auf ihre Richtigkeit hin überprüft werden (Kapitel 4.4.1 »Beim Bau durchzuführende Vermessungsarbeiten«). Dabei handelt es sich im Einzelnen um folgende Arbeiten:

- Die Maßeinheiten müssen eingehalten werden.
- Der Baugrund und die einzelnen Steinschichten der äußeren Verkleidungsschicht (»Backing Stones«) und der Außenverkleidung aus feinem Kalkstein bzw. Granit müssen waagerecht ausgerichtet sein (»Waagerechte Nivellierung«).
- Die Steinlagen einer Schicht des Verkleidungsmauerwerks müssen über die vier Seiten der Pyramide gesehen in sich nicht nur einen quadratischen Grundriss bilden – also jeweils die gleiche Länge aufweisen (»Streckenmessung«) – und waagerecht angeordnet sein, sondern auch stets nach der an der Basis festgelegten Richtung ausgerichtet sein (»Ausrichtung nach den Himmelsrichtungen«).
- Der festgelegte Rücksprung muss eingehalten werden.

Messfehler bei vorstehend genannten Arbeiten führen zu Verformungen des Baukörpers.

8.1 Baudaten der Pyramide des Mykerinos

Nach den Untersuchungen und Veröffentlichungen von Maragioglio und Rinaldi bestehen zumindest die Stufen 3 und 4 des Kernmauerwerks jeweils aus 7 Steinschichten, wie aus Abb. 5.1.2.6.4 und 5.1.2.6.5 ersichtlich ist.[972] Die Höhe der Stufen 3 und 4 beträgt je 16 Ellen (8,54 m). Die Breite dieser Stufen wurde mit 4,8 m bzw. 4,2 m vermessen.

Die flächig behauenen Kalksteinblöcke der Außenmauern der einzelnen Stufen sowie die oberste Steinschicht der in der Bresche sichtbaren Stufen des Kernmauerwerks haben nach innen bis zum Beginn der nächsten Stufe Abmessungen bis zu einer Höhe von 1,4 m, einer Breite von 2,3 m und einer Tiefe von 0,6 m.[973] Bei einem spezifischen Gewicht von ca. 1,7–2,6 t/m³ bzw. kg/l[974] ergibt sich ein maximales Gewicht von etwa 4,5 t.[975] Die Kalksteinblöcke der oberen Reihen der Außenmauern der Stufen sowie das Material innerhalb der Stufen und die Blöcke des Verkleidungsmauerwerks (siehe Abb. 5.1.2.6.5) haben z. T. wesentlich geringere Abmessungen.

Bruchstücke des Pyramidion wurden nicht gefunden. Winkler weist auf die Reste des im Jahr 1993 gefundenen Pyramidion der Kultpyramide des Cheops[976] hin, dessen Abmessungen nach seinen Angaben 3 Ellen (Basis) und 1,9 E (Höhe) betragen. Diese Maße entsprechen exakt dem Rücksprung der Cheopspyramide und dem der Pyramide des Mykerinos (22 F auf 1 E bzw. 28 F) und können daher auch dem Pyramidion der Pyramide des Mykerinos zugrunde gelegt werden. Das Gewicht des Pyramidion mit einer Basislänge von 3 E und einer Höhe von 1,9 E – ähnlich der Größenordnung der Abmessungen des von Stadelmann gefundenen Pyramidion der Roten Pyramide[977] – beträgt 2,0 t.[978]

Wie bei den Königinnenpyramiden des Mykerinos, bei denen es sich eben-

---

972 Maragioglio VI, p. 34 und Addenda, TAV. 4, fig. 2.

973 Messungen des Autors.

974 Arnold, Baukunst, S. 119.

975 Bei den Berechnungen werden 2,4 t/m³ angesetzt.

976 Hawass, Kultpyramide 1.

977 Stadelmann, Pyramiden, S. 101: Die Basislänge beträgt 3 E bzw. 84 F (1,57 m) und die Höhe 1,5 E bzw. 42 F (0,785 m); Gewicht 1,8 t.

978 Volumen 0,82 m³, Gewicht 2,0 t.

falls um Stufenpyramiden handelt, zu erkennen ist,[979] haben die Höhen der einzelnen Stufen etwa gleiche Abmessungen, wobei die untere geringfügig kleiner ist. Es werden daher bei der Pyramide des Mykerinos zwei Stufen unterhalb der Bresche angenommen, wie es auch Maragioglio und Rinaldi vorschlagen (siehe Abb. 5.1.2.6.4). Die Gesamthöhe dieser beiden Stufen ist mit 16,39 m im Durchschnitt pro Stufe etwas kleiner als die der oberen Stufen und ist mit der Bauweise der Nebenpyramiden vergleichbar. Nach vorgenommener Rekonstruktion besteht das Kernmauerwerk aus sechs Stufen (siehe Abb. 8.1.1). Dabei werden die Höhen der Stufen 5–6 und deren Rücksprünge entsprechend der archäologisch nachgewiesenen Stufen 3 bzw. 4 angenommen (Höhe 8,5 m und Stufenbreite 4,2 m).

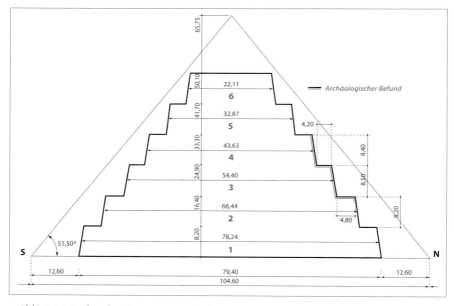

Abb. 8.1.1 Stufen des Kernmauerwerks der Pyramide des Mykerinos (Maßangaben in m)

Der auf die Stufe 6 aufsetzende obere Teil der Pyramide besteht vermutlich nicht mehr aus einer äußeren Mauer mit Auffüllung des Innenraumes (Kernstufe), sondern aus gut behauenen Steinen, die zusammen mit dem Verkleidungsmauerwerk verlegt wurden, wie es auch in den oberen Steinlagen der Cheopspyramide zu beobachten ist (Abb. 8.1.2). Die Steinlage der obersten Schicht und

---

979 Maragioglio VI Addenda, TAV. 11, fig. 2.

die darauf erfolgte Verankerung des Pyramidion dürften in der gleichen Weise ausgeführt worden sein, wie es Lepsius bei der Pyramide des Chephren beschrieben hat.[980]

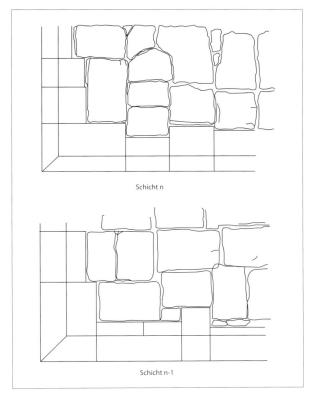

Abb. 8.1.2 Schichtweise wechselseitig verlegte Steine des Kernmauerwerks bzw. des Verkleidungsmauerwerks an der Spitze der Cheopspyramide nach Maragioglio und Rinaldi

Der Neigungswinkel der geglätteten Außenverkleidung beträgt nach Maragioglio und Rinaldi 51°30' (Rücksprung 22 Finger auf eine Elle). Die Außenverkleidung bestand von der Basis aufsteigend aus 16 Steinschichten aus Rosengranit, deren äußere Seiten im unteren Bereich – soweit heute noch erhalten – größtenteils ungeglättet sind und in Bossen stehen. In den oberen Schichten war die äußere Außenverkleidung wahrscheinlich – wie bei den Pyramiden des AR üblich – in Kalkstein ausgeführt. Davon sind jedoch keinerlei Reste erhalten.

---

980 Lepsius, Denkmäler I, S. 27.

8.2 Die einzelnen Bauabschnitte

Die Betrachtungen für den Bau der Pyramide des Mykerinos gehen von einem angenommenen schematischen Bauablauf ohne größere Unterbrechungen aus. Auf die Möglichkeiten verschiedener Bauphasen und einer längeren Bautätigkeit – ggf. mit Unterbrechungen – wurde an anderer Stelle hingewiesen (Kapitel 5.1.2.6 »Die Pyramide des Mykerinos (Menkaure)«).

Nach der Entscheidung über den Bau der Pyramide und nach abgeschlossener Bauplanung sowie der Auswahl des Bauplatzes wurde dieser planiert und an Stellen losen Gerölls mit Steinplatten unterfüttert. Die Transportwege von den für den Abbau des Kernmaterials vorgesehenen Steinbrüchen und vom neu gebauten Hafen[981] zur Baustelle wurden festgelegt und ausgebaut. Weiterhin erfolgten die Vermessung der Kanten der unteren Stufe des Kernmauerwerks, die Ausrichtung der Pyramidenbasis nach den Himmelsrichtungen und deren Festlegung. Die Länge der Basiskante der unteren Stufe beträgt entsprechend Abb. 8.1.1 ca. 80 m (150 Ellen?).[982] Ebenfalls wurden vor Baubeginn die Basiskanten der untersten Schicht der Außenverkleidung mit den Abmessungen 200 Ellen (104,6 m) vermessen.[983] Parallel zu diesen Arbeiten erfolgten Festlegung und Baubeginn des Grabschachtes und der Grabkammern.[984] Nach Abschluss der Vorbereitungsarbeiten, wofür etwa ein Jahr angesetzt wird, begannen die Bauarbeiten an der Pyramide.

8.2.1 Bau des Kernmauerwerks

Der archäologische Befund der Stufen 2 bis 4 des Kernmauerwerks zeigt, dass Höhen und Breiten der Stufen nicht immer dieselben Abmessungen haben. Eine einheitliche »Fluchtlinie« der Stufenkanten lässt sich mit 54°30' nur grob fest-

---

981 Müller-Römer, Schifftransporte.

982 Maragioglio VI Addenda, TAV. 4, fig. 2.

983 Im Gegensatz zu Maragioglio und Rinaldi gibt Stadelmann für die Basislänge zwei unterschiedliche Werte an: 196 mal 200 Ellen bzw. 102,20 mal 104,6 m. Stadelmann, Pyramiden, S. 142.

984 Auf die Frage ob es sich mit dem später überbauten Zugang zur Vorkammer der Grabkammer (Maragioglio VI Addenda, TAV. 5, fig. 1) um eine Erweiterung bzw. Änderung des ursprünglichen Bauplans der Pyramide handelt oder ob dies ein Transportweg für die Granitplatten zur Verkleidung der Grabkammer war, wird nicht näher eingegangen.

stellen; nicht alle Kanten werden davon erfasst.[985] So liegt die Kante der dritten Stufe etwas innerhalb dieser Fluchtlinie.[986] Auch bei den Königinnenpyramiden G III c und G III b sind derartige Unterschiede der Stufenhöhen und -breiten festzustellen.[987] Der gleichmäßige Neigungswinkel der Pyramidenseiten wurde daher erst durch die exakte Verlegung des Verkleidungsmauerwerks unter Einhaltung stets des gleichen Rücksprungs sowohl an den Seitenflächen der Pyramiden als auch an den vier Kanten – ausgehend von den Basisblöcken der untersten Lage der Außenverkleidung – erreicht (Kapitel 8.2.2 »Anbringen des Verkleidungsmauerwerks, der Arbeitsplattformen und der Äußeren Rampen«).

In dieser Abfolge der Baumaßnahmen scheint auch der Grund dafür zu liegen, warum der äußere Neigungswinkel (22 Finger auf eine Elle und somit 51°30′) etwas geringer ist als derjenige, der die Kanten der Stufen des Kernmauerwerks verbindet (54°30′) und damit von diesem unabhängig realisiert werden kann. Die oberen Kanten der einzelnen Stufen des Kernmauerwerks müssen daher nicht so exakt wie die Ecksteine der Außenverkleidung positioniert werden.

Mit Beginn der Arbeiten wurden an allen Pyramidenseiten gleichzeitig die Außenmauern der untersten Stufe des Kernmauerwerks errichtet sowie das entsprechende Füllmaterial (Steine unterschiedlicher Formate, Gesteinssplitter, Tafla, Sand, Mörtel) in das Innere der Stufen eingebracht. Der Materialtransport erfolgte über die von Steinreihe zu Steinreihe der Außenmauern nach oben »mit wachsenden« Rampen. Nach Fertigstellung jeder Schicht der Außenmauer der einzelnen Stufen des Kernmauerwerks und Einbringen des Füllmaterials mussten die Rampen erhöht, d. h. verlängert werden. Der schon errichtete Teil war davon nicht betroffen. Die Umlenkwalzen mussten jeweils versetzt werden.

Die im Rahmen dieser Hypothese für die Baumaßnahmen vorgeschlagene Rampe mit einer Umlenkwalze besteht auf der einen Seite (links in den Abb. 8.2.1.1. und 8.2.1.2) auf einer Breite von 3 m aus der zum Kernmauerwerk hin leicht nach innen und nach oben verlaufenden Transportbahn sowie Stufen, die daneben verlaufen, und zum anderen auf der gegenüberliegenden Seite der Rampe aus einer Treppe. Die Breite der Rampe entspricht insgesamt der Breite

---

985 Diese Feststellung deckt sich nicht ganz mit den Aussagen von Graefe. Siehe Kapitel 7.4.4 »Vorschlag von Graefe«.

986 Dabei wird die genaue messtechnische Erfassung dieser Kante durch Maragioglio und Rinaldi vorausgesetzt.

987 Maragioglio VI Addenda, TAV. II, fig. 2.

der jeweiligen Stufe. Für die Außenseiten der Rampen werden exakt behauene Steine verwendet, sodass sich eine stabile und mit einem Rücksprung (Versatz) von 80° nach innen versehene Außenmauer ergibt. Im Inneren können weniger exakt zugehauene Steine, grober Schotter und Lehmziegel verbaut werden. Zur Vermeidung einer Seilreibung an der Oberkante der Rampe (links) mag eine an der Kante beweglich angeordnete Holzrolle gedient haben. Aber auch der Einsatz geglätteter und abgerundeter Steine ist denkbar.

Die Transportrampen werden mit einer Steigung von 26,5° angenommen. Das Verhältnis Basis zu Höhe beträgt dann 2:1. Die Breite der jeweiligen Stufen des Kernmauerwerks beträgt 4,8 m auf den beiden ersten Stufen und 4,2 m auf allen weiteren Stufen. Das Neigungsverhältnis von 2:1 (26° 33′ 54″) findet mit nur geringen Abweichungen bei den Grabkammerkorridoren in fast allen Pyramiden der 4. Dynastie – so auch in der Pyramide des Mykerinos – Anwendung.[988] Steile Rampen sind somit im AR belegt (Vergleiche auch Abb. 4.3.1.1.3 und 4.3.1.1.4).

Die Treppen für die abwärts laufenden Zugmannschaften haben eine Neigung von 45° (Neigungsverhältnis 1:1). Treppen sind bereits in Mastabas der 1. Dynastie belegt.[989] In der Knickpyramide führt eine 63° steile Treppe von der Vorkammer in die Grabkammer.[990]

Die prinzipielle Anordnung der Rampen mit den Umlenkwalzen (Schnittzeichnung) zeigen Abb. 8.2.1.1 und 8.2.1.2. Die Zugseile werden über Umlenkwalzen geführt und von Zugmannschaften die Treppen hinabgezogen. Wie in Kapitel 4.2.2.1 »Seilumlenkung« erläutert, können auf diese Weise auch größere Kräfte bzw. Zuglasten unter Einsatz des Körpergewichts umgelenkt werden.

Unter Berücksichtigung der abwärtsgerichteten Zugkraft eines Arbeiters auf einer Treppe (Stufenhöhe und -breite je 21 cm) von 89 kp (Kapitel 4.3.1.4 »Zugleistungen von Arbeitern«) wird für eine aufwärts zu bewegende Last von ca. 3000 kg[991] die Zugkraft von maximal 40 Arbeitern benötigt. Dies erscheint mit drei über eine drehbar angeordnete Walze geführten Seilen in der Art möglich

---

988 Für den Materialtransport des aus dem Felsen in den Grabzugängen und Grabkammern der Pyramide des Mykerinos herausgeschlagenen Felsgesteins nach außen an die Oberfläche scheiden Zugmannschaften oder Ochsengespanne bei einem Querschnitt des Grabkorridors von 1,2 m (Breite) und 1,05 m (Höhe) aus. Über die Zugänge zu den Grabkammern dieser Pyramide wurden auch die Granitplatten zur Verkleidung der unteren Grabkammer mit Abmessungen bis zu 3,2 m (Länge), 0,95 m (Breite) und 0,7 m (Höhe) und einem Gesamtgewicht von ca. 6,5 t hinabgelassen.

989 Arnold, Baukunst, S. 265.

990 ebenda.

991 Ungünstigster Fall für einen Stein mit 4,5 t Gewicht bei einem Gleitreibungsfaktor von 0,25.

zu sein, dass ständig für am Fuß der Rampe unten ankommende Arbeiter andere Arbeiter auf den oberen Stufen der Rampe das Seil übernehmen. Die Abb. 8.2.1.3 und 8.2.1.4 zeigen den Steintransport aus verschiedenen Blickwinkeln.

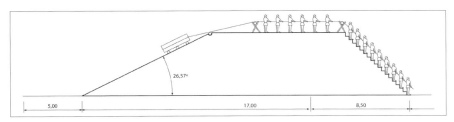

Abb. 8.2.1.1 Vorschlag für die Transportrampe in halber Höhe mit Umlenkwalze (Maßangaben in m)

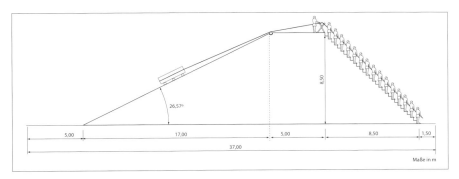

Abb. 8.2.1.2 Vorschlag für die Transportrampe mit Umlenkwalze (Maßangaben in m)

Für die Ausgestaltung der Transportbahn der Rampe (Oberfläche) sind verschiedene Ausführungen vorstellbar:

- Die Oberfläche besteht aus geglättetem Kalkstein; die Steinblöcke werden darauf ohne Schlitten gezogen.
- In die Oberfläche sind Längsspuren eingearbeitet, die etwas breiter als die Schlittenkufen sind. Darin befinden sich in Mörtelbetten beweglich angeordnete Steinkugeln aus Dolerit, die sich unter den Schlittenkufen drehen.
- Die Oberfläche besteht aus in einem Mörtelbett befestigten Steinkugeln aus Dolerit.

- In die Oberfläche sind Querrillen eingearbeitet, in die Holzbohlen drehbar eingelegt sind. Einen ähnlichen Vorschlag für den Transport über waagerecht auf einer Rampe befestigte Holzbohlen unterbreitet Rousseau.⁹⁹²

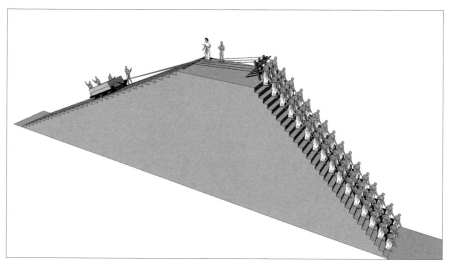

Abb. 8.2.1.3 Transport der Steine über eine drehbar angeordnete Umlenkwalze

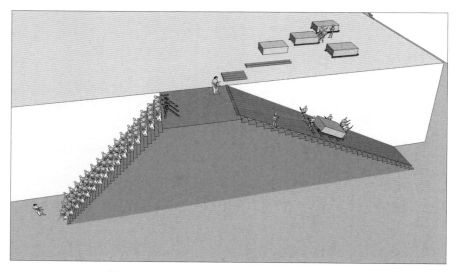

Abb. 8.2.1.4 Steintransport mittels der Umlenkwalze

---

992 Rousseau, Construiere, S. 112.

Verschiedene der genannten Anordnungen besitzen Gleitreibungsfaktoren, die teilweise einen weit geringeren Wert als 0,25 aufweisen und daher eine geringere Zugkraft und eine kleinere Zahl von Arbeitern erfordern. Die genannte Anzahl von 40 Arbeitern beschreibt den ungünstigsten Fall (hoher Gleitreibungsfaktor und maximales Gewicht).

Der waagerechte Weitertransport der Steine am jeweiligen Ende einer Rampe zu dem Ort der Verlegung in den einzelnen Schichten der Stufen des Kernstufenmauerwerks bzw. des Verkleidungsmauerwerks sowie zum Fußpunkt der nächst höher gelegenen Rampe konnte mittels Hebeln und Steinkugeln vorgenommen werden. Wie aus Abb. 8.2.1.5 am Beispiel der Pyramide G III c (Mykerinos) ersichtlich ist,[993] wird auch beim Füllmauerwerk im Stufeninneren die jeweilige Schichthöhe eingehalten, sodass ein Verschieben der Steinblöcke über Steinkugeln möglich ist. Es wird weiterhin angenommen, dass die jeweils oberste waagerechte Schicht der Rampen auf den ersten Metern nach Ende der Schräge mit in einem Mörtelbett lose angeordneten Doleritsteinkugeln versehen ist, damit

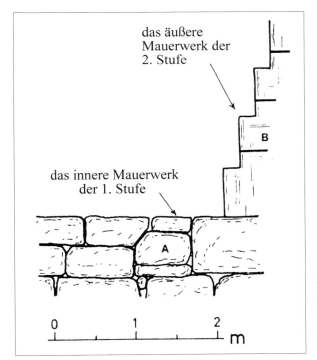

Abb. 8.2.1.5 Steinlagen innerhalb der Stufe des Kernmauerwerks bei der Königinnenpyramide des Cheops G III c nach Jánosi

---

993 Vergleiche auch Abb. 5.1.2.6.6.

die Schlitten bzw. die Steinblöcke ggf. gedreht werden können, um anschließend ebenfalls auf Steinkugeln zum Weitertransport bereitzustehen.

Eine Anordnung der Rampen mit Umlenkwalzen auf den einzelnen Stufen einer Pyramidenseite zeigt Abb. 8.2.1.6. Die Rampen können auf allen vier Seiten des Bauwerks errichtet werden. Auf der Nordseite müssen die beiden unteren Rampen soweit auseinandergezogen werden, dass der Eingang zum Grabkorridor jederzeit frei zugänglich ist. Die Anzahl der Rampen pro Seite und Stufe zeigt Tabelle 8.2.1.2.

Tabelle 8.2.1.2 Anzahl der Rampen pro Seite und Stufe des Kernmauerwerks

Stufe 1	2 Rampen
Stufe 2	1 Rampe
Stufe 3	1 Rampe
Stufe 4	1 Rampe
Stufe 5	1 Rampe
Stufe 6	1 Rampe

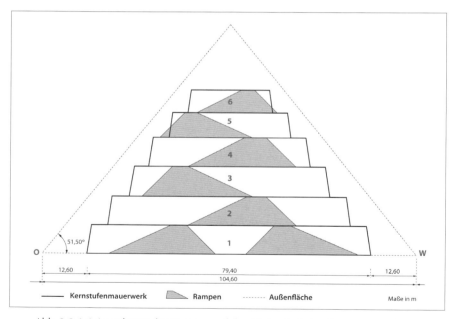

Abb. 8.2.1.6 Anordnung der Rampen auf den Stufen 1–6 des Kernmauerwerks an der Nordseite der Pyramide

Aus Abb. 8.2.1.6 wird noch einmal deutlich, dass das Material für die Stufen des Kernmauerwerks von jeder Seite der Pyramide aus zeitgleich über zwei bzw. über eine Rampe transportiert werden kann. Die Transportkapazität wird somit durch diese Tangentialrampen gegenüber senkrecht zu den Außenseiten der Pyramide oder spiralförmig angeordneten Rampen wesentlich erhöht.

Die einzelnen Abschnitte bei dem Bau des Kernmauerwerks mittels Tangentialrampen und Umlenkwalzen zeigen die Abbildungen 8.2.1.7 bis 8.2.1.12:

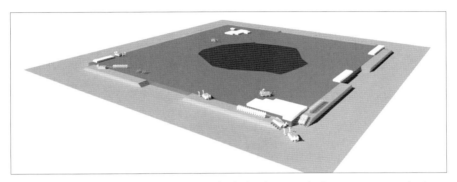

Abb. 8.2.1.7 Verlegen der zweiten Steinschicht für die 1. Stufe des Kernmauerwerks. Im Inneren steht ein Felssporn, der von der Stufe umschlossen wird.

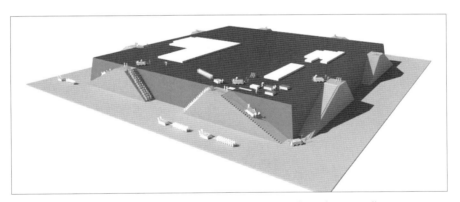

Abb. 8.2.1.8 Die erste Stufe des Kernmauerwerks ist fertiggestellt.

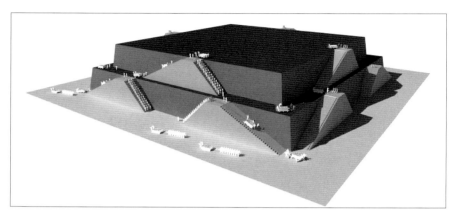

Abb. 8.2.1.9 Die zweite Stufe des Kernmauerwerks ist fertiggestellt.

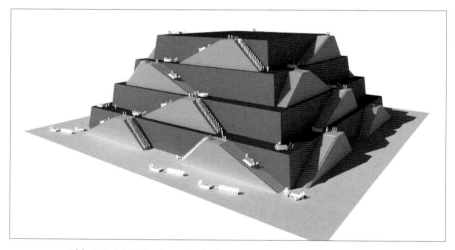

Abb. 8.2.1.10 Die vierte Stufe des Kernmauerwerks ist fertiggestellt.

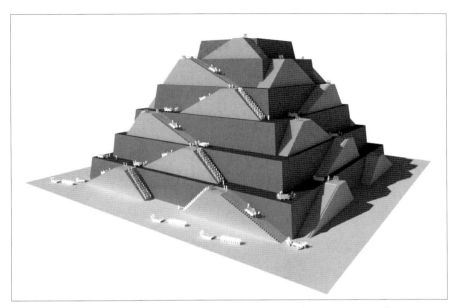

Abb. 8.2.1.11 Die sechs Stufen des Kernmauerwerks sind fertiggestellt.

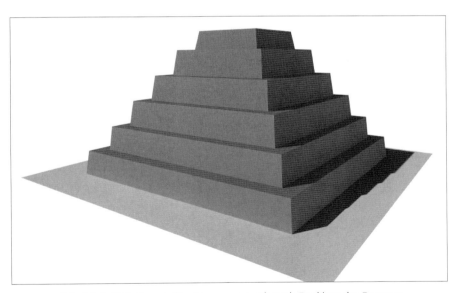

Abb. 8.2.1.12 fertiggestelltes Kernmauerwerk nach Rückbau der Rampen

Nach Fertigstellung der sechsten Stufe des Kernmauerwerks werden die Rampen wieder zurückgebaut (Abb. 8.2.1.12).

8.2.2 Anbringen des Verkleidungsmauerwerks, der Arbeitsplattformen und der Äußeren Rampen

Die bei vielen Pyramiden heute noch feststellbare sehr genau durchgeführte Vermessung[994] und Bauausführung der Basisschicht der Außenverkleidung sowie deren Abmessungen zeigen, dass der Bau des Verkleidungsmauerwerks, der äußeren Verkleidungsschicht (Backing Stones) und der Außenverkleidung grundsätzlich von der Basis aus zur Pyramidenspitze hin erfolgte.[995]

Bei einigen Pyramiden, z. B. den Königinnenpyramiden des Mykerinos G III b und G III c (Abb. 2.2.1) wurde nur das Kernmauerwerk errichtet.[996] Es sei daher an dieser Stelle nochmals erwähnt, dass diese Tatsache die getrennten Bauvorgänge von Kernmauerwerk und Verkleidungsmauerwerk mit äußerer Verkleidung belegt. Auch Lauer äußert sich in diesem Sinn aufgrund seiner Untersuchungen und Forschungen an der Pyramide des Djoser (siehe Kapitel 5.1.1.1 »Die Pyramide des Djoser«).

Ein genaues Verlegen der Steine des Verkleidungsmauerwerks, der äußeren Verkleidungsschicht, der Außenverkleidung und das anschließende Vermessen ihrer Lage erfordern außerhalb der Außenfläche der Pyramide auf allen vier Seiten angeordnete Arbeitsplattformen. Nur auf diese Weise ist auch ein gefahrloses Arbeiten möglich. In Abb. 8.2.2.1 sind diese Arbeitsplattformen für eine Seite der Pyramide abgebildet. Gestrichelt ist die äußere Kante der Außenverkleidung der Pyramide dargestellt. Die Anordnung der Rampen zum Bau der Arbeitsplattformen entspricht derjenigen beim Bau des Kernmauerwerks. Oberhalb der Stufe 6 des Kernmauerwerks werden die dafür erforderlichen Steine in gleicher Höhe pro Schicht zusammen mit dem Verkleidungsmauerwerk, wie in Abb. 8.1.2 dargestellt, verlegt.

Wie aus den Abb. 5.1.2.6.5 bis 5.1.2.6.7 ersichtlich ist, wurden die Steine des Verkleidungsmauerwerks der Pyramide des Mykerinos auf den Stufen des Kernmauerwerks – ganz leicht nach innen geneigt –[997] aufgeschichtet und schließen

---

994 Siehe Kapitel 4.4 »Vermessungstechnik«; die maximale Abweichung der Basislänge der Cheopspyramide beträgt 3,2 cm bei einer Gesamtlänge von 230,34 m.

995 Stadelmann weist darauf hin (Stadelmann, Pyramiden, S. 226), dass aufgrund seiner Beobachtungen an der Roten Pyramide die äußere Verkleidungsschicht/Außenverkleidung von Anfang an zusammen mit dem Kernmauerwerk verlegt worden ist. Nach der Definition (Kapitel 2.2 »Definition Mauerwerk«) handelt es sich dabei nicht um das Kernmauerwerk sondern um das Verkleidungsmauerwerk bzw. die äußere Verkleidungsschicht.

996 Jánosi, Königinnen, S. 85.

997 Siehe auch Unterberger, Tricks, S. 85–86.

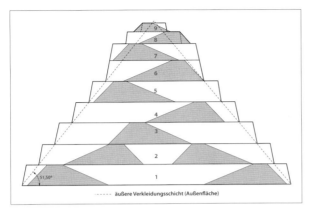

Abb. 8.2.2.1 Arbeitsplattformen und Rampen an einer Außenseite der Pyramide

an die rückwärtigen Versetzungen der Außenmauer des Kernmauerwerks an. Ohne den Bau von äußeren Arbeitsplattformen mit Rampen erscheint dies bautechnisch nicht machbar zu sein. Gleiches gilt für die Verlegung und Bearbeitung der Steine der äußeren Verkleidungsschicht (»Backing Stones«) und der Außenverkleidung sowie die Glättung der Außenfläche der Pyramide von oben nach unten.[998] Die Unebenheiten der in Bossen stehenden und teilweise absichtlich noch weiter hinausragenden Steine der Außenverkleidung geben den an die Außenfläche der Pyramide angelehnten Baurampen, die ebenfalls schichtweise errichtet wurden, entsprechenden Halt und bilden so eine Verzahnung der Baurampe mit der Außenverkleidung.

Für den Steintransport auf den einzelnen Stufen der Bauplattform wird der Bau etwa fünf Meter breiten, schräg nach oben verlaufender Rampen, die den entlang der Stufen des Kernmauerwerks gebauten Rampen vergleichbar sind, aus Nilschlammziegeln und kleineren Steinen mit einer Außenmauer aus Stein an den Seitenflächen der Pyramide – ähnlich dem Vorschlag von Goyon, B., (Kapitel 7.4.1 »Umlaufende Ziegelrampe nach Goyon, B.«), jedoch nicht umlaufend – angenommen. Diese Baurampen mit einer Neigung von 2:1 wachsen ebenfalls von Steinlage zu Steinlage mit. Innerhalb einer Steinlage werden zuerst die Steinblöcke des Verkleidungsmauerwerks und der äußeren Verkleidung eingebracht und dann die der Außenverkleidung auf der darunter liegenden Lage eingebaut bzw. nach Herstellen einer gemeinsamen Fuge seitlich zum Nachbarstein verschoben.[999] Das Anbringen der Verkleidung der Pyramidenspitze ist einschließ-

---

998 Hierzu siehe auch Stadelmann, Große Pyramiden, S. 269 ff.

999 Zum waagerechten Verschieben der Blöcke der Außenverkleidung siehe Stadelmann, Pyramiden, S. 110.

lich Aufsetzen des Pyramidion über die Stufen der Umbauung mit den Arbeitsplattformen ohne Weiteres möglich.

Im Gegensatz zu den Steinen des Verkleidungsmauerwerks, die meist nur grob behauen sind und ganz unterschiedliche Formate aufweisen (Abb. 5.1.2.6.5–5.1.2.6.6), sind die »Backing Stones« (äußere Verkleidungsschicht, Abb. 5.1.2.6.7) genauer bearbeitet. An den Stoßkanten zu den Steinen der Außenverkleidung werden sie auf deren Höhe angepasst.[1000] Aus messtechnischen Gründen müssen die Steine der Außenverkleidung einer Steinlage stets die gleiche Höhe aufweisen. Bei der Chephrenpyramide ist dies auch für die Backing Stones nachgewiesen (Abb. 2.2.3).

Begonnen wurde in jeder Steinlage mit dem Setzen und Vermessen der Ecksteine. Sie wurden – wie bei der Chephrenpyramide im oberen Bereich zu sehen ist –[1001] ebenfalls jeweils wechselnd als Läufer und als Binder eingebaut. Die Abmessungen dort betragen ca. 3 E in der Länge,[1002] 1 E in der Breite und 1 Elle in der Höhe.[1003] Von den Ecksteinen aus wurde dann jede Steinlage entsprechend der vorausberechneten Seitenlänge errichtet.

Wie im Kapitel 4.1.2 »Steinverarbeitung an der Baustelle« dargelegt, sind die Seitenflächen der Steine der Außenverkleidung einer Steinlage bereits vor dem Verlegen und dem Transport in die entsprechende Steinreihe auf einem Bauplatz genau zugeschnitten und für den späteren Einbau gekennzeichnet worden. Auf die Überlegungen von Unterberger sei an dieser Stelle verwiesen.[1004] Dabei sind sie in ihren horizontalen und vertikalen Auflageflächen plan bearbeitet. Die Vorderseiten stehen in Bossen.[1005] An den Stoßflächen zu den Nachbarsteinen wurde nur ein schmaler Streifen in dem festgelegten Rücksprung geglättet, um für die spätere Glättung der Außenfläche eine entsprechende Markierung zu haben.[1006] Auch auf der oberen Auflagefläche ist eine Markierung angebracht, die eine exakte Positionierung des zu verlegenden Steines auf der Markierung der darunter-

---

1000 Zum Beispiel bei der Cheopspyramide; Unterberger, Tricks, S. 115 oben und S. 117 unteres Bild.

1001 Hawass, Schätze, S. 45.

1002 Arthus-Bertrand, S. 70 unten; Vergleichsmessung mit Angaben Hölscher über Schichtdicke der Steine.

1003 Hölscher, Chephren, S. 62.

1004 Unterberger, Tricks, S. 170 ff.

1005 Unter Bossen werden fast oder gänzlich unbearbeitete nach außen stehende Flächen von Steinblöcken verstanden. Arnold Baukunst, S. 43, Goyon, Cheopspyramide, S. 137.

1006 Arnold, Baukunst, S. 86.

liegenden Steinschicht ermöglicht (Abb. 8.2.2.2) Die Steinblöcke wurden in Versatztechnik verlegt; auf eine Schicht als Läufer verlegter Steine folgte eine als Binder verlegte Lage.[1007]

Vielfach wird von Ägyptologen in dieser Frage die Auffassung vertreten, dass diese Schnitte zwischen zwei Steinen, da sie nicht genau senkrecht ausgeführt wurden, nur bei der Verlegung vor Ort durchgeführt worden sein können.[1008] Arnold verweist auf Funde, bei denen beim Sägen der Steine einer Schicht die Oberkante der darunterliegenden Steinschicht angesägt wurde.[1009] Dies spricht auch für ein Sägen auf der Baustelle unmittelbar beim Einbau und könnte beim Zuschneiden und Einpassen des letzten Steins in der Mitte einer Lage der Außenverkleidung passiert sein.

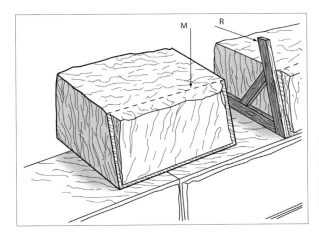

Abb. 8.2.2.2 Kennzeichnung der Außenkante und des Neigungswinkels der Außenverkleidung einer Pyramide nach Goyon, J.-C., La construction

Nur ein maßgenaues Aneinanderpassen der Steine der Außenverkleidung verhindert das Eindringen von Wasser und bietet Flugsand bei Stürmen keinen Ansatzpunkt für Beschädigungen und Abtragungen.[1010]

Die Phasen der Errichtung der Arbeitsplattformen und der dazugehörenden Rampen sind in den Abb. 8.2.2.3 bis 8.2.2.5 dargestellt:

1007 Becker, Chephren 2, S. 34.

1008 Lehner, Schätze, S. 42, mittlere Spalte, Mitte.

1009 Arnold, Baukunst, S. 86.

1010 Wie stark der Wind (Sandsturm) zu Abtragungen an den Steinen führen kann, zeigen die äußeren Schichten des Verkleidungsmauerwerks der Pyramiden in Gisa. Früher ebene Flächen und Kanten wurden extrem abgeschliffen.

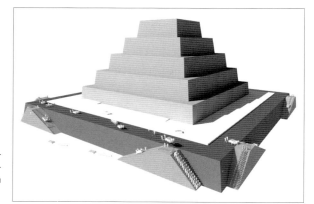

Abb. 8.2.2.3 Fertiggestellte Arbeitsplattform 1 mit Rampen

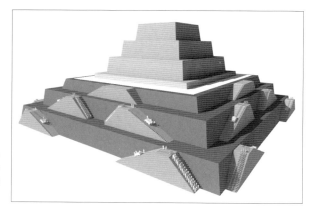

Abb. 8.2.2.4 Fertiggestellte Arbeitsplattform 3 mit Rampen

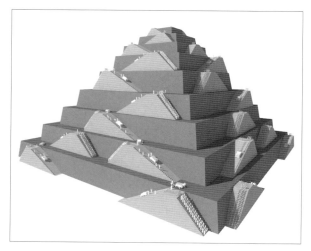

Abb. 8.2.2.5 Fertigstellung der obersten Arbeitsplattform

8.2.3 Aufsetzen des Pyramidion

Das Pyramidion wird auf die oberste Rampe hochgezogen, dann zur Mitte hin verschoben und in die oberste Steinschicht der äußeren Verkleidungsschicht eingesetzt (Abb. 8.2.3.1).[1011]

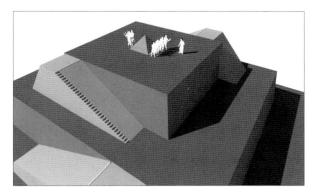

Abb. 8.2.3.1 Aufsetzen des Pyramidion

8.2.4 Vermessungsarbeiten beim Anbringen der Außenverkleidung

Dem genauen Vermessen beim Verlegen der Steine der Außenverkleidung kam eine ganz besondere Bedeutung zu. Nur so konnte sichergestellt werden, dass sich die vier Eckkanten auch tatsächlich in der Pyramidenspitze treffen. Eventuell notwendige Feinkorrekturen sind bei Bau der nächsthöheren Steinschicht der Außenverkleidung möglich. Die exakte Vermessung der Basis der Cheopspyramide zeigt trotz des im Inneren vorhandenen Felssporns – also ohne die Möglichkeit einer Diagonalmessung –, dass die exakte Vermessung offensichtlich beherrscht wurde.

Durch Vermessen der Seitenlängen einer fertiggestellten Steinschicht der Außenverkleidung des Pyramidenstumpfes[1012] von Eckstein zu Eckstein mittels

---

[1011] Das Pyramidion sitzt mit seiner Basis etwas vertieft in der letzten Steinschicht, um gegen Verschieben gesichert zu sein. (Hölscher, Chephren, S. 61/62). An dem Pyramidion der Pyramide des Amenemhet III. ist diese Art der Basis auch deutlich zu erkennen (Stadelmann, Ägypten, S. 115, Abb. 20).

[1012] Wie im Kapitel 8.2.2 »Anbringen des Verkleidungsmauerwerks und der äußeren Rampen« dargelegt

Messstäben (Kapitel 4.4.3 »Streckenmessung«) und Kontrolle der waagerechten Verlegung (Kapitel 4.4.4 »Messverfahren zur waagerechten Nivellierung«) sowie der Peilung einer Geraden zwischen den genau rechtwinklig und mit der festgelegten Neigung der Eckkante vorgefertigten und verlegten Ecksteinen entlang der Kennzeichnungen der Außenkanten auf der Oberseite der Steine (Abb. 8.2.2.2) konnte sichergestellt werden, dass die Pyramide ohne Verdrehungen und Verkantungen (Abb. 4.4.1.1 bis 4.4.1.5) errichtet werden konnte.

Eine Ausrichtung einzelner Steinlagen nach den Himmelsrichtungen während des Baus, durch die eine Verdrehung des Baukörpers hätte kontrolliert werden können, ist nicht nachgewiesen und auch aufgrund der bisher bekannten bzw. vorgeschlagenen Messverfahren unwahrscheinlich. Die von Petrie gemessene »Verdrehung« der Spitze der Chephrenpyramide, die von Unterberger als Basis für seine Hypothese einer Vermessung der Himmelsrichtungen während des Baus herangezogen wird, hält einer kritischen Betrachtung nicht stand: Petrie stellte seine Vermessungsergebnisse unter Vorbehalt, da die Entfernung zwischen Standort und Pyramidenspitze sehr groß war. Es ergab sich eine Abweichung der Eckkanten der jeweils unteren, noch erhaltenen Außenverkleidung im oberen Bereich der Chephrenpyramide von den Richtungen der Grundkante der Pyramide wie folgt:

NO Ecke + 1,7 Zoll
SO Ecke + 0,6 Zoll
SW Ecke +0,3 Zoll
NW Ecke + 0,3 Zoll

Der anschließend von Petrie daraus ermittelte Durchschnittswert einer Drehung der Mitte der vier Seiten von +00°01'40" führt in die Irre. Die Abweichungen deuten vermutlich auf sich im Verlauf des Baus ergebende Differenzen durch die kleinen Ungenauigkeiten bei der Herstellung der Ecksteine hin. Es ist vielmehr bewundernswert, dass die Abweichungen vom Idealwert nur so gering sind. Dies spricht für die hohe Baukunst im AR.

8.2.5 Rückbau der Arbeitsplattformen und Glätten der Außenfläche

Nach Montage des Pyramidion erfolgte die Glättung der in Bossen stehenden Außenflächen der Außenverkleidung ebenfalls von den Arbeitsplattformen aus von der Spitze des Pyramide nach unten als abschließende Baumaßnahme zeitgleich mit dem Rückbau der Arbeitsplattformen.

Auf Abb. 4.4.9.2, aus welcher das Verfahren zur Kontrolle der Glättungsarbeiten von Steinoberflächen entnommen werden kann, wie es in einer Darstellung in dem Grab des Rechmire (TT 100 Theben West) gezeigt wird, sei hingewiesen.

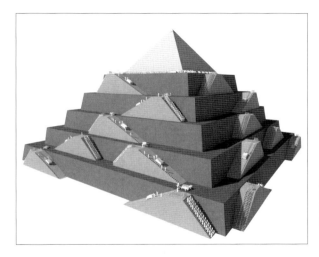

Abb. 8.2.5.1 Rückbau der Arbeitsplattform, der äußeren Rampen und Glätten der Bossen

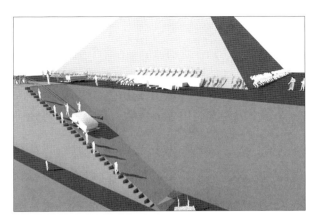

Abb. 8.2.5.2 Glätten der Außenfläche und Rücktransport des Rampenmaterials

Abb. 8.2.5.3 Glätten der äußeren Verkleidungsschicht

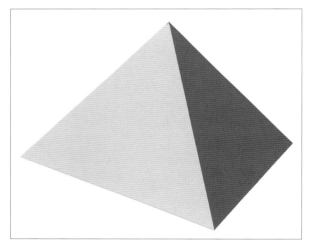

Abb. 8.2.5.4 Fertiggestellte Pyramide

8.2.6 Berechnung der Transportleistungen und der Bauzeit der Pyramide

Bei der Berechnung der für den Bau der Pyramide des Mykerinos zu erbringenden Bauleistungen muss zwangsläufig von gewissen Durchschnittswerten ausgegangen werden, da die Steinhöhen der einzelnen Lagen teilweise sehr unterschiedlich und die Steingrößen sehr verschieden sind.

Nachdem die Grabkammern der Pyramide des Mykerinos unterhalb der Stufen des Kernmauerwerks angeordnet sind, können die anzunehmenden Durchschnittswerte vereinfacht berechnet bzw. festgelegt werden:

- Die Blockgröße der Steine des Kernmauer- und Verkleidungsmauerwerks wird mit einer durchschnittlichen Abmessung von 1,3 m × 1,3 m und einer Höhe von 0,7 m (1,2 m³) angenommen.[1013] Das Gewicht beträgt dann ca. 3 t.[1014] Dabei ist berücksichtigt, dass die Füllsteine des Kernmauerwerks geringere und die Außenmauern des Kernmauerwerks größere Abmessungen haben. Die hier angenommenen Größen dienen der Vereinfachung der Modellrechnung. Diese durchschnittliche Blockgröße wird im Folgenden für einen Schleppvorgang angesetzt.
- Für die Steine der äußeren Verkleidungsschicht und der Außenverkleidung werden durchschnittliche Abmessungen von 0,7 m × 0,7 m × 1,1 m (ca. 0,54 m³) mit einem Gewicht von 1,5 t angenommen.[1015] Jeweils zwei dieser Steinblöcke ergeben einen Schleppvorgang.
- Die Transportleistungen beziehen sich auf die Bauleistungen für das Kernmauerwerk, die Arbeitsplattformen mit den Rampen und sowie die äußere Verkleidung. Das Versetzen der Umlenkwalzen erfolgt – bezogen auf die Zahl der Arbeitstakte (siehe weiter unten) – nur gelegentlich, sodass die dafür notwendige Umrüstzeit bei der Abschätzung der Bauzeiten nicht berücksichtigt wird.
- Ein Abschlag vom Steinvolumen für die mit Mörtel, Sand etc. aufgefüllten Zwischenräume wird nicht vorgenommen.

Das Volumen der fertigen Pyramide des Mykerinos berechnet sich nach der Formel

$$V = \tfrac{1}{3} \times G \times h.$$

Dabei ist G die Grundfläche und h die Höhe der Pyramide. Das Gesamtvolumen ergibt sich somit zu

---

[1013] Ermittelt an der Steinstruktur der Cheopspyramide: Ca. 210 Schichten bei einer Höhe von 147 m ergeben eine durchschnittliche Höhe der Steinlagen der äußeren Verkleidungsschicht von 0,7 m; Haase, Cheops, S. 28, geht von durchschnittlichen Abmessungen der Steine des Verkleidungsmauerwerks mit 1,3 · 1 · 0,69 m (28. Steinlage) bzw. 1,3 · 1 · 1 m (36. Steinlage) aus. Diese Abmessungen entsprechen Gewichten von 2,5 t bzw. 3,6 t; Lehner nennt ein durchschnittliches Gewicht von 2,5 t (Lehner, Geheimnis, S. 108).

[1014] Das spezifische Gewicht von Kalkstein wird nach Arnold, Baukunst, S. 119, wiederum mit 2,4 t/m³ angenommen.

[1015] Nach Hölscher, Chephren, S. 62, betrug die Höhe Steine der Außenverkleidung bei der Chephrenpyramide an deren Basis ca. 107 cm (2 Ellen) und an der Spitze nur noch 53 cm (1 Elle); zwischendurch gab es aber auch Steine mit nur 40 cm Höhe.

$V = 239\,793\,m^3$.

Beim Bau der Pyramide fallen unterschiedliche Transport- und Bauarbeiten an. Neben dem Transport der Steine nach oben müssen diese dann auch waagerecht zu dem jeweiligen Einbauplatz gebracht werden. Der Transport der Steine nach oben erfordert wegen der relativ begrenzten Zahl der Rampen wesentlich mehr Zeit als das waagerechte Verbringen der Steine in der jeweiligen Ebene zum Einbauplatz, da der horizontal durchzuführende Transport in der jeweiligen Schicht und die Positionierung der Steine von einer stets ausreichend großen Anzahl Arbeiter zeitgleich erfolgen kann und somit im Vergleich zum Transport über die Rampen als zeitunkritisch anzusehen ist. Es wird daher in folgende Berechnung nur der Steintransport auf den Rampen einbezogen; weiter wird davon ausgegangen, dass stets eine ausreichende Steinmenge aus den Steinbrüchen angeliefert wird (»Just-in-time«).

Für den Transport[1016] bis zur Höhe einer Stufe werden folgende Annahmen getroffen: Für die Dauer des Transports auf eine nächst höher gelegene Stufe (8,5 m Höhe) wird eine Zeit von 5 min angesetzt. Dies bedeutet auf der 19 m langen Rampe eine Schleppgeschwindigkeit von ca. 4 m pro Minute. Für das Befestigen und Lösen der Seile vom Steinblock, dessen waagerechte Verschiebung und die Rückführung der Seile wird eine Zeit von ebenfalls 5 min veranschlagt, sodass sich eine Taktzeit mit 10 min ergibt. Durch den Einsatz geübten Personals lassen sich diese Arbeiten zügig durchführen.

Bei der Berechnung der Bauzeit der Pyramide ist weiterhin zu beachten, dass die Steine für die oberen Stufen des Kernmauerwerks jeweils über mehrere Rampen mit einem entsprechend größeren Zeitaufwand transportiert werden müssen. Geht man allerdings von einem kontinuierlichen Transport über die vorhergehenden Rampen bis zur Ebene der Verbauung aus, wird dort im Takt von 10 min je ein Steintransport eintreffen. Für die Berechnung der Bauzeit bedeutet dies jedoch nur einen einzigen Arbeitstakt. Auch zeitgleich über mehrere Rampen und auf verschiedenen Seiten der Pyramide durchgeführte gleichartige Arbeiten werden jeweils nur als ein Arbeitstakt berücksichtigt. Der Mehraufwand findet nicht in der zum Bau benötigten Zeit, sondern in einer größeren Zahl eingesetzter Arbeitskräfte seinen Niederschlag.

1016 Ein Steinblock mit einem Gewicht von ca. 3 t oder zwei Steinblöcke der äußeren Verkleidungsschicht mit je 1,5 oder mehrere kleinere Steinblöcke mit einem Gesamtgewicht von ca. 3 t. Dabei handelt es sich um Durchschnittswerte.

Die angenommenen durchschnittlichen Werte für die Steingrößen und die Taktzeiten gehen unmittelbar in die Berechnung der Bauzeit ein. Werden diese Größen verändert, ergibt sich zwangsläufig eine andere Bauzeit. Bei der Ermittlung der Bauzeit kann es sich daher aufgrund der getroffenen Annahmen nur um eine Abschätzung handeln, welche die Größenordnung aufzeigt.

Zur Ermittlung des Transportvolumens und somit der Bauzeit für die komplette Pyramide des Mykerinos einschließlich der Umbauung mit der Arbeitsplattform und der darauf befindlichen Rampen wird der Baukörper in die entsprechende Anzahl von Pyramidenstümpfen unterteilt. Das jeweilige Volumen berechnet sich dann nach der Formel

$$V = (a^2 + ab + b^2) \times h/3.$$

Dabei sind h die Höhe des Pyramidenstumpfes und a bzw. b die Seitenlängen der unteren und oberen Fläche.

8.2.6.1 Berechnung der Bauzeit für das Kernmauerwerk

Die sechs Stufen des **Kernmauerwerks** haben somit die in Tabelle 8.2.6.1.1 aufgeführten Volumina und bestehen aus der aufgeführten Zahl der Steinblöcke ($1,2 \, m^3$; 3 t).

Tabelle 8.2.6.1.1 Volumen der Stufen des Kernmauerwerks

Stufe	Volumen	Anzahl der Steinblöcke
1	50 196 m³	41 830
2	36 197 m³	30 164
3	25 155 m³	20 963
4	15 990 m³	13 325
5	9092 m³	7577
6	4106 m³	3422
Summe	140 736 m³	117 280

Damit ergibt sich die in Tabelle 6.2.6.1.2 aufgeführte Anzahl an Arbeitstakten unter Berücksichtigung der Zahl der Tangentialrampen pro Pyramidenseite entsprechend Abb. 8.2.1.6,[1017] über welche zeitgleich Transporte durchgeführt werden.

Tabelle 8.2.6.1.2 Anzahl der Arbeitstakte für den Bau des Kernmauerwerks

Stufe	Anzahl der Steinblöcke	Zahl der Rampen	Arbeitstakte
1	41 830	8	5229
2	30 164	4	7542
3	20 963	4	5241
4	13 325	4	3331
5	7577	4	1894
6	3422	4	856
		Gesamtzahl der Arbeitstakte	24 093

Für die Ermittlung der Bauzeit des Kernmauerwerks wird weiterhin angenommen, dass an 300 Tagen im Jahr und an 10 Stunden jedes dieser Tage (Schichtbetrieb) gearbeitet wurde, sodass pro Jahr bei der angenommenen Dauer von 10 min für einen Schleppvorgang insgesamt 18 000 Arbeitstakte realisiert werden konnten. Der Bau des Kernmauerwerks erforderte daher eine Zeit von ca. 1,3 Jahren. Hinzu kommen der Auf- und Abbau der Rampen der Stufen 1–6 (insgesamt 28 Rampen) mit einem Volumen von insgesamt 15 400 m^3.[1018] Auf jeder Seite der Pyramide müssen somit 3850 m^3 auf- und abgebaut werden. Dies ergibt unter Berücksichtigung eines teilweise gleichzeitigen Auf- bzw. Abbaus der Rampen[1019] 6581 Arbeitstakte bzw. einen Zeitraum von ca. 0,3 Jahren.

Der Bau des **Kernmauerwerks** konnte somit in etwa **1,6 Jahren** erfolgen.

1017 Bei der Berechnung werden die etwas geringeren Höhen der Rampen 5 und 6 (Abb. 8.2.1.6) außer Betracht gelassen.

1018 Das Volumen einer Rampe beträgt durchschnittlich 550 m^3.

1019 Auf der Stufe 1 können zwei Rampen zeitgleich auf- bzw. abgebaut werden. Bei 7 Rampen je Pyramidenseite und 6 Stufen ergibt sich ein Divisionsfaktor von 1,17.

8.2.6.2 Berechnung der Bauzeit für das Verkleidungsmauerwerk sowie für die Außenverkleidung und die Arbeitsplattformen

Das Transportvolumen und somit die Bauzeiten für die außen angebrachten Arbeitsplattformen sowie für die Pyramidenspitze, das Verkleidungsmauerwerk, die äußere Verkleidungsschicht und die Außenverkleidung berechnen sich wie folgt:

Die acht Pyramidenstümpfe der **Arbeitsplattformen** (einschließlich des Verkleidungsmauerwerks, der Außenverkleidung und der äußeren Verkleidungsschicht) haben **ohne** das Kernmauerwerk die in Tabelle 8.2.6.2.1 genannten Volumina und bestehen aus einer Anzahl von Steintransporten mit einem Volumen von durchschnittlich 1,2 m³ bzw. 3 t.[1020] Berücksichtigt wird wiederum die Tatsache, dass über alle Rampen einer Stufe des Kernmauerwerks zeitgleich Transporte durchgeführt werden, die »gemeinsamen« Arbeitstakten führen.

Tabelle 8.2.6.2.1 Anzahl der Arbeitstakte für den Bau der Arbeitsplattformen einschließlich des Verkleidungsmauerwerks, der Außenverkleidung und der äußeren Verkleidungsschicht

Stufe	Volumen	Anzahl der Steintransporte	Rampen	Arbeitstakte
1	36 888 m³	30 740	8	3843
2	31 338 m³	26 115	8	3264
3	25 573 m³	21 311	4	5328
4	18 422 m³	15 325	4	3831
5	12 126 m³	10 105	4	2526
6	6971 m³	5809	4	1452
7[1021]	7519 m³	6266	4	1567
8	2182 m³	1818	4	455
9	339 m³	383[1022]	2	192
Summe	141 358 m³	117 872		22 458

1020 Das geringere Volumen wird mit Blick auf die unterschiedlichen Steingrößen angesetzt.

1021 Bei den Stufen 7–9 ist kein Kernmauerwerk vorhanden.

1022 Einschließlich Pyramidion.

Für den Bau von durchschnittlich 10,5 Rampen[1023] pro Pyramidenseite ergibt sich ein Volumen von 5775 m³. Das entspricht 4813 Steintransporten. Wegen der Gleichzeitigkeit des Transports über teilweise mehrere Rampen einer Stufe muss ein Faktor von 1,22[1024] berücksichtigt werden und es ergeben sich 3945 Arbeitstakte.

Insgesamt errechnet sich das Volumen für die Arbeitsplattformen und die Verkleidung einschließlich aller Rampen zu 164 458 m³;[1025] die Zahl der Arbeitstakte beträgt 26 403.[1026] Für die Bauzeit werden somit – bei wiederum 300 Arbeitstagen pro Jahr und 10 Stunden Arbeitszeit pro Tag (18 000 Arbeitstakte pro Jahr) – ca. **1,5 Jahre** berechnet.

Anschließend müssen die Baurampen und die Arbeitsplattformen wieder demontiert werden. Die dafür notwendigen Zeiten werden wie folgt berechnet:

Gesamtvolumen der Pyramide einschließlich Arbeitsplattformen	278 808 m³
Gesamtvolumen der 42 Rampen	23 100 m³
abzüglich Volumen der fertigen Pyramide	./. 239 793 m³
restliches, zu entsorgendes Material	62 115 m³

Bei teilweise zeitgleicher Nutzung von Rampen ergeben sich wiederum unter Berücksichtigung des Faktors 1,22 für den Rücktransport des Materials für die Arbeitsplattformen und die Rampen 10 607 Arbeitstakte.[1027] Daraus errechnet sich für den **Rückbau** der Arbeitsplattformen einschließlich Rampen ein Zeitraum von etwa **0,6 Jahren**.

Das nach Fertigstellung der Pyramide zu entsorgende Baumaterial der Rampen und der Arbeitsplattformen, welches zum großen Teil aus Nilschlammzie-

---

1023 Das Volumen einer Rampe beträgt durchschnittlich 550 m³.

1024 Im Durchschnitt können auf den vier Seiten der Pyramide zeitgleich insgesamt 4,7 Rampen gebaut werden (11 Rampen geteilt durch 9 Stufen). Die Anzahl der Steintransporte muss daher durch den Faktor 1,22 geteilt werden.

1025 141 358 m³ (Volumen der Stufen 1–9) zuzüglich 23 100 m³ (Volumen aller Rampen).

1026 22 458 Arbeitstakte für den Bau der Stufen 1–9 zuzüglich 3945 Arbeitstakte für die Rampen. Diese werden auf den vier Seiten zeitgleich errichtet.

1027 Das Volumen des zu entsorgendes Materials beträgt 62 115 m³ bzw. 51 763 Transportladungen. Pro Pyramidenseite sind dies 12 941 Transportladungen. Daraus berechnen sich mit dem Faktor 1,22 insgesamt 10 607 Arbeitstakte.

geln bestand, stellt mit ca. 77 515 m³ [1028] ca. 32 % des Volumens der Pyramide dar. Das Ziegelmaterial konnte in der Landwirtschaft wieder verwendet werden; der übrige Bauschutt wurde an den nordöstlichen Abhängen des Wüstenplateaus bzw. im südlichen Umfeld der Pyramiden auf dem Gisa-Plateau gelagert[1029]. Die exakt behauenen Steine der Rampenaußenmauern konnten für den Bau der Umfassungsmauer verwendet werden.

8.2.6.3 Berechnung des Zeitaufwandes für die Glättung der Außenverkleidung

Der notwendige Zeitaufwand für die Glättung der Außenverkleidung wird wie folgt ermittelt. Es wird davon ausgegangen, dass pro Arbeitstag (10 Stunden, Schichtbetrieb) von einem Arbeiterteam eine Fläche der in Bossen stehenden Steine der Außenverkleidung ab der 17. Verkleidungssteinlage (Turakalkstein) von 1,0 m mal 1,0 m geglättet werden kann.[1030] Für die Granitverkleidung (8 bzw. 16 Steinlagen)[1031] wird dieser Wert um den Faktor 10 auf ca. 0,3 m mal 0,3 m reduziert.

Die Pyramide des Mykerinos hatte eine Gesamtoberfläche von 13 765 m²; der Anteil der unteren 16 Steinlagen aus Granit an der Gesamtfläche beträgt ca. 6000 m² (Verkleidung bis in Höhe der Stufe 2, Tabelle 8.2.6.3).

Zur Berechnung der Dauer der Glättungsarbeiten werden die Außenfläche der Pyramide in 6 Pyramidenstümpfe mit der Stufenanordnung nach Abb. 8.1.1 und der jeweiligen Stufenhöhe sowie in die Pyramidenspitze unterteilt und jeweilige Fläche der vier Seiten und die der Pyramidenspitze berechnet. Dabei

---

1028 15 400 m³ Rampenvolumen für den Bau des Kernmauerwerks und 62 115 m³ zu entsorgendes Material für den Rückbau der Arbeitsplattformen mit Rampen.

1029 Näheres siehe bei Haase, Steinbruch.

1030 Nach Auskunft von zwei älteren Steinmetzen aus der Eifel mit 50 jähriger Berufserfahrung kann eine sehr unebene Fläche von 1 m³ aus mittelhartem Kalkstein (Savagniere Stein, französischer Jura) mit einer Genauigkeit von 0,5 mm über die gesamte Fläche mit heutigen Werkzeugen in etwa 4–5 Stunden bearbeitet werden. Legt man die weicheren Kupfermeißel des AR zugrunde, können 10 Arbeitsstunden als realistischer Wert für eine vergleichbare Arbeit angenommen werden.

1031 Nach Maragioglio VI Addenda, TAV. 4, fig. 2 waren mit Sicherheit die unteren 8 Schichten der Außenverkleidung (dies entspricht der Höhe der Stufe 1 in Abb. 8.3.1), eventuell sogar die unteren 16 Schichten, in Granit ausgeführt. Um sicherzugehen, wird bei o. g. Berechnung von 16 Schichten Granit ausgegangen.

wird der Umfang der einzelnen Pyramidenstümpfe jeweils in deren halber Höhe zugrunde gelegt (Tabelle 8.2.6.3).

Tabelle 8.2.6.3 Ermittlung des Zeitaufwands für die Glättung

Stufe	Fläche	Umfang	Arbeitstage	Anzahl der Teams	Dauer (Tage)
1[1032]	3230 m²	396 m	32 300	197	164
2	2767 m²	332 m	27 670	168	165
3	2448 m²	288 m	2448	144	17
4	1967 m²	234 m	1967	116	7
5	1533 m²	182 m	1532	91	17
6	1044 m²	124 m	1044	62	17
Spitze	105 m²	86 m	715	42	37
Summe	13 094 m² [1033]	Gesamtdauer der Glättung (Tage)			434

Um gegenseitige Behinderungen zu vermeiden, besteht zwischen zwei Arbeitsteams jeweils ein Abstand von 1 m. Daraus ergeben sich die Anzahl der maximal einsetzbaren Teams pro Pyramidenstumpf und die Anzahl der Arbeitstage für dessen Glättung gemäß vorstehend aufgeführter Berechnung. Durch den Einsatz von maximal ca. 197 Teams kann diese Arbeitsleistung auch im unteren Teil der Pyramide und zeitgleich auf allen vier Seiten der Pyramide erbracht werden. Die Anzahl der benötigten Teams steigt im Verlauf der Glättungsarbeiten stetig an; neue Teams konnten so ständig ausgebildet bzw. eingearbeitet werden. Bei der Höhe der Pyramide von 65 m ergeben sich für die Glättung insgesamt 434 Tage bzw. **1,5 Jahre**. Die Tatsache, dass ein Teil der unteren Granitsteinlagen nicht geglättet wurde, ist dabei außer Betracht geblieben.

Der Zeitbedarf für die Glättungsarbeiten liegt über der für den Rückbau der Bauplattform benötigten Zeitspanne von 0.6 Jahren. Berücksichtigt werden muss jedoch noch die Tatsache, dass der Rückbau der Arbeitsplattformen und der Rampen koordiniert mit den Glättungsarbeiten durchgeführt werden muss und es immer wieder zu Unterbrechungen der Rückbauarbeiten wegen gegen-

---

1032 Die Außenverkleidung der Stufen 1 und 2 besteht aus Granit.

1033 Die Abweichung zur tatsächlichen Gesamtoberfläche von 13 765 m² ist durch die Stufeneinteilung bedingt.

seitiger Behinderung der verschiedenen Arbeiten kommt. Dafür werden **weitere 0,2 Jahre** angenommen.

8.2.6.4 Bauzeit für die Pyramide des Mykerinos

Die Bauzeit der Pyramide des Mykerinos berechnet sich somit ohne vorbereitende Arbeiten:

Bau des Kernmauerwerks	1,6 Jahre
Verkleidungsmauerwerk etc.	1,5 Jahre
(Rückbau der Arbeitsplattformen etc.	0,6 Jahre)[1034]
Glättung	1,7 Jahre

Somit ergibt sich eine Bauzeit (ohne 1 Jahr Vorbereitungsarbeiten) von insgesamt **4,8 Jahren**.[1035]

8.3 Vergleichende Betrachtung mit den Bauzeiten der Roten Pyramide und der Cheopspyramide

Die anhand des Baus der Pyramide des Mykerinos durchgeführte Berechnung der Bauzeit wird an zwei weiteren Pyramiden, deren Bauzeit weitgehend bekannt ist, »gespiegelt«. Dabei handelt es sich um überschlägige Vergleichsrechnungen, mit denen eine ungefähre Bauzeit ermittelt wird. Die angenommene Anordnung der Stufen des Kernmauerwerks und der Rampen sowie die Taktzeiten sind dabei lediglich Annahmen für die Berechnung. Der Bau des Verkleidungsmauer-

---

1034 Wegen des längeren Zeitraums für die Glättung (1,7 Jahre), muss die Zeit für den Rückbau der Arbeitsplattformen und der Rampen nicht berücksichtigt werden.

1035 de Haan, Construction, berechnet aufgrund des vom Autor 2008 vorgeschlagenen Bauverfahrens (Müller-Römer, Pyramiden) unter Einbeziehung des Prinzips der Seilwinde (Spill) eine Bauzeit von 4,8 Jahren ohne Glättung.

werks, der äußeren Verkleidung, der Außenverkleidung und der Arbeitsplattformen sowie deren Rückbau und das Glätten der Außenverkleidung werden nach dem gleichen Prinzip wie bei der Pyramide des Mykerinos angenommen.

8.3.1 Berechnung der Bauzeit der Roten Pyramide

Für eine überschlägige Abschätzung der Bauzeit der Roten Pyramide (ohne Vorbereitungsmaßnahmen) müssen ebenfalls hypothetische Annahmen über die archäologisch nicht belegbaren Abmessungen und die Zahl der Stufen eines Kernmauerwerks gemacht sowie weitere Festlegungen getroffen werden:

- Die Höhe der Stufen 1–8 wird mit 10 m angenommen. Es ergeben sich dann unter Berücksichtigung der Anordnung der Rampen mit einem Volumen von je 1000 m^3 insgesamt 9 Stufen (Abb. 8.3.1.1).
- Die durchschnittliche Größe der Steinblöcke des Verkleidungs- und Kernmauerwerks wird mit 0,7 m Höhe, 1,1 m Breite und 1,0 m Tiefe angenommen.[1036] Dies entspricht einem Volumen von 0,77 m^3 und einem Gewicht von 1,9 t.
- Die Taktzeit wird trotz der etwas längeren Rampen mit Blick auf das geringere Durchschnittsgewicht der Steine im Vergleich zur Pyramide des Mykerinos ebenfalls mit 10 min angenommen.
- Die Zahl der Arbeitstage/Jahr und der Arbeitsstunden/Tag wird analog zu den Werten bei den Berechnungen der Pyramide des Mykerinos angesetzt.
- Der Bau der beiden weitgehend unterirdisch gelegenen Grabkammern wird nicht gesondert betrachtet.

1036 Perring, Pyramids I, hat die Höhe der unteren 21 Steinstufen des Verkleidungsmauerwerks mit insgesamt 21,4 m – also mit einer durchschnittlichen Stufenhöhe von 1,02 m – und die Breite mit 0,9 m angegeben (Maragioglio III Addenda, TAV. 18, fig. 3); Maragioglio gibt die Steinhöhen am Eingang mit durchschnittlich 50–70 cm (Maragioglio III, p. 126) und deren Tiefe mit 0,90–1,2 m an (Maragioglio III Addenda, TAV. 19, fig. 6). Stadelmann, MDAIK 38, nennt für die Ecksteine des Verkleidungsmauerwerks bis zu einer Höhe von ⅔ der Pyramide Abmessungen von 1–1,3 m Höhe; Lepsius beschreibt die Blöcke des Verkleidungsmauerwerks als im Ganzen »...vielleicht nicht so groß wie in Gisa...« (Lepsius, Textband I, S. 206).

Eine sich daraus für die Rote Pyramide ergebende Schnittzeichnung des für die Berechnungen angenommenen Kernmauerwerks mit einer Anordnung der Stufen ist in Abb. 8.3.1.1 dargestellt.

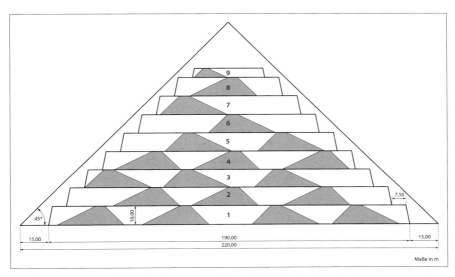

Abb. 8.3.1.1 Anordnung der Rampen auf einer Seite für den Bau des Kernmauerwerks der Roten Pyramide

Die 9 Stufen des **Kernmauerwerks** haben folgende Volumina bzw. bestehen aus der in Tabelle 8.3.1.1 aufgeführten Anzahl der Steinblöcke zu je 0,77 m^3.

Tabelle 8.3.1.1 Volumen der Stufen des Kernmauerwerks

Stufe	Volumen	Anzahl der Steinblöcke
1	354 305 m^3	460 136
2	287 642 m^3	373 561
3	227 828 m^3	295 881
4	175 033 m^3	227 316
5	129 140 m^3	167 714
6	90 250 m^3	117 208
7	58 293 m^3	75 705
8	33 290 m^3	43 234
9	6607 m^3	8581
Summe	1 362 388 m^3	1 769 336 Steinblöcke

Damit ergibt sich unter den gleichen Annahmen wie beim Bau der Pyramide des Mykerinos die in Tabelle 8.3.1.2 aufgeführte Anzahl an Arbeitstakten unter Berücksichtigung der Zahl der Tangentialrampen pro Pyramidenseite entsprechend Abb. 8.3.1.1,[1037] über welche zeitgleich Transporte durchgeführt werden können.

Tabelle 8.3.1.2 Anzahl der Arbeitstakte für den Bau des Kernmauerwerks

Stufe	Anzahl der Steinblöcke	Rampen	Arbeitstakte
1	460 136	16	28 759
2	373 561	12	31 130
3	295 882	12	24 657
4	227 315	12	18 943
5	167 715	8	20 964
6	117 208	4	29 302
7	75 705	4	18 926
8	43 238	4	10 810
9	8 581	4	2 145
	Gesamtzahl Arbeitstakte		185 636

Für die Ermittlung der Bauzeit des Kernmauerwerks wird wiederum wie bei den Überlegungen zum Bau der Pyramide des Mykerinos angenommen, dass an 300 Tagen im Jahr und an 10 Stunden jedes dieser Tage (Schichtbetrieb) gearbeitet wurde, sodass pro Jahr bei der angenommenen Dauer von 10 min für einen Schleppvorgang insgesamt 18 000 Arbeitstakte durchgeführt werden konnten. Der Bau des Kernmauerwerks erforderte somit einen Zeitraum von ca. 10,3 Jahren.

Hinzu kommen Bau und Abbau der Rampen der Stufen 1–9 (insgesamt 76 Rampen) mit einem Volumen von insgesamt ca. 76 000 m³.[1038] Auf jeder Seite der Pyramide müssen demnach 19 000 m³ auf- und abgebaut werden. Dies ergibt unter Berücksichtigung eines teilweisen gleichzeitigen Rückbaus der Rampen auf den Stufen 1–5[1039] bei 38 000 m³ bzw. 49 351 Steintransporten zeitgleich auf

---

1037 Bei der Berechnung wird die geringere Höhe der Rampe 9 außer Betracht gelassen.
1038 Das Volumen einer Rampe beträgt 1000 m³.
1039 Auf verschiedenen Stufen können mehrere Rampen zeitgleich auf- bzw. abgebaut werden. Bei 19 Rampen je Pyramidenseite und 9 Stufen ergibt sich ein Divisionsfaktor von 2,11.

allen vier Seiten der Pyramide etwa 23 389 Arbeitstakte bzw. einen Zeitraum von ca. 1,3 Jahren.

Für den Steintransport beim Bau des **Kernmauerwerks** der Roten Pyramide wurden unter diesen Annahmen **11,6 Jahre** benötigt.

Das Transportvolumen und die Bauzeit für die außen angebrachten Arbeitsplattformen, des **Verkleidungsmauerwerks** und der Außenverkleidung einschließlich Rampen (Abb. 8.3.1.2) berechnen sich wie folgt:

Die elf Pyramidenstümpfe der **Arbeitsplattformen** (einschließlich des Verkleidungsmauerwerks und der Außenverkleidung haben **ohne** das Kernmauerwerk die in der Tabelle 8.3.1.3 angegebenen Volumina bzw. bestehen aus der Anzahl von Steintransporten mit einem Volumen von wiederum durchschnittlich 0,77 m³. Die sich daraus ergebende Anzahl der Arbeitstakte ist ebenfalls aufgeführt.

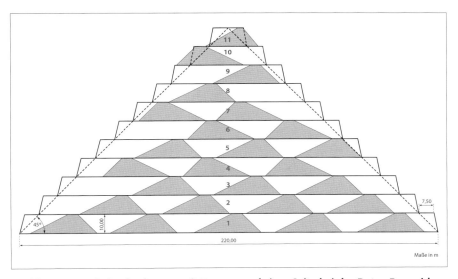

Abb. 8.3.1.2 Arbeitsplattformen mit Rampen auf einer Seite bei der Roten Pyramide

Tabelle 8.3.1.3 Anzahl der Arbeitstakte für den Bau der Arbeitsplattformen einschließlich des Verkleidungsmauerwerks, der Außenverkleidung und der äußeren Verkleidungsschicht

Stufe	Volumen	Steintransporte	Rampen	Arbeitstakte
1	116 585 m³	151 409	20[1040]	7570
2	96 518 m³	125 348	16	7834
3	85 462 m³	110 990	12	9249
4	71 457 m³	92 801	12	7733
5	58 550 m³	76 039	12	6337
6	46 640 m³	60 571	8	7571
7	35 797 m³	46 490	8	5811
8	26 000 m³	33 766	4	8442
9	18 383 m³	23 874	4	5969
10	10 274 m³	13 343	4	3336
11[1041]	3610 m³	4688	2	2344
Summe	569 276 m³	438 343		72 196

Für den Bau von 26 Rampen pro Pyramidenseite mit je 1000 m³ ergibt sich ein Volumen von 26 000 m³, welches 33 766 Steintransporten entspricht und wiederum wegen der Gleichzeitigkeit des Baus der Rampen auf allen vier Seiten geteilt durch den Faktor 2,11 etwa 16 003 Arbeitstakte ergibt. Das gesamte Volumen berechnet sich somit zu 673 276 m³ und entspricht 88 199 Arbeitstakten.

Die Bauzeit für die Arbeitsplattformen, das Verkleidungsmauerwerks, die äußere Verkleidung und die Außenverkleidung zuzüglich der Rampen beträgt somit unter Berücksichtigung der gemachten Annahmen ca. **4,9 Jahre.**

Anschließend müssen die Baurampen und die Arbeitsplattformen wieder abgebaut und die in Bossen stehenden Steine der Außenverkleidung geglättet werden. Die dafür notwendige Zeit wird wie folgt berechnet:

Gesamtvolumen der Pyramide einschließlich Arbeitsplattform	1 944 480 m³
Gesamtvolumen der äußeren Baurampen	104 000 m³
abzüglich Volumen der Pyramide	./. 1 774 667 m³
restliches, zu entsorgendes Material	273 813 m³

1040 Die Anzahl der Rampen vergrößert sich durch die breitere Basis der Bauplattformen.
1041 Einschließlich Pyramidion.

Bei teilweise gleichzeitiger Nutzung mehrerer Rampen ergeben sich unter Berücksichtigung des Faktors 2,11 für den Rücktransport des Materials für die Arbeitsplattformen und die Rampen insgesamt 39 763 Arbeitstakte.[1042] Daraus errechnet sich für den **Rückbau** der Arbeitsplattformen einschließlich Rampen ein Zeitraum von etwa **2,2 Jahren**.

Das nach Fertigstellung der Pyramide zu entsorgende Material, welches zum Teil aus Nilschlammziegeln bestand, umfasst mit 350 000 m³ [1043] etwa 18 % des Volumens der Roten Pyramide. Das Ziegelmaterial konnte in der Landwirtschaft wieder verwendet werden; der übrige Bauschutt wurde im Umfeld und in den Steinbrüchen gelagert. Die Mauern der Arbeitsplattform und der Rampen konnten für die Umfassungsmauer des Pyramidenkomplexes verwendet werden.

Der für die **Glättung** der Außenverkleidung erforderliche Zeitaufwand berechnet sich, wie in Tabelle 8.1.3.4 dargestellt, unter denselben Annahmen wie bei den Berechnungen der Zeitdauer für die Glättungsarbeiten der Pyramide des Mykerinos – jedoch unter der Voraussetzung einer ausschließlich aus Kalkstein bestehenden Außenverkleidung sowie einer Einteilung in 10 Stufen und Pyramidenspitze (Abb. 8.3.1.2).

Tabelle 8.1.3.4 Ermittlung des Zeitaufwands für die Glättung

Stufe	Fläche	Umfang	Arbeitstage	Anzahl der Teams	Dauer (Tage)
1	8415 m²	840 m	8415	410	21
2	7612 m²	760 m	7612	380	20
3	6809 m²	680 m	6809	340	20
4	6038 m²	604 m	6038	302	20
5	5267 m²	528 m	5267	264	20
6	4464 m²	448 m	4464	224	20
7	3661 m²	368 m	3661	184	20
8	2858 m²	286 m	2858	143	20
9	2088 m²	208 m	2858	104	20
10	1253 m²	124 m	1253	60	21
Spitze	514 m²	52 m	514	24	21
Gesamtdauer der Glättung (Tage)					223

1042 Das Volumen des zu entsorgenden Materials beträgt 273 813 m³ bzw. 335 601 Transportladungen. Pro Pyramidenseite sind dies 83 900 Transportladungen. Daraus berechnen sich mit dem Faktor 2,11 insgesamt 39 763 Arbeitstakte.

1043 76 000 m³ Rampenvolumen für den Bau des Kernmauerwerks und 273 813 m² zu entsorgendes Material für den Rückbau der Arbeitsplattformen und Rampen.

Für die Glättung ergibt sich somit ein Zeitraum von ca. **0,8 Jahren.** Es wird wiederum davon ausgegangen, dass wegen der Koordinierungen zwischen Rückbau und Glättung eine gewisse Zeit hinzugerechnet werden muss. Diese wird mit ca. **0,5 Jahren** angesetzt und muss zusätzlich zu der Zeit, die für den Rückbau benötigt wird, berücksichtigt werden.

Die Bauzeit der Roten Pyramide berechnet sich somit ohne Berücksichtigung der Vorbereitungsarbeiten:

Bau des Kernmauerwerks	11,6 Jahre
Verkleidungsmauerwerk etc.	4,9 Jahre
Rückbau der Arbeitsplattformen etc.	2,2 Jahre
(Glättung	0,8 Jahre
Glättung zusätzlich	0,5 Jahre)[1044]

Somit ergibt sich eine Bauzeit (ohne Vorbereitungsarbeiten) von insgesamt **18,7 Jahren.**

Stadelmann hat – wie bereits an anderer Stelle erwähnt – bei seinen Grabungen an der Roten Pyramide in der Südwestecke einen mit dem Datum der Grundsteinlegung (»15. Mal der Zählung«) gekennzeichneten Fundamentstein gefunden.[1045] Ein weiterer Fund eines Backing Stone stammt aus der 16./17. Lage mit einer Bezeichnung »16. Mal« ohne den Zusatz der »Zählung«. Ein Bruchstück eines sehr beschädigten Backing Stone weist die Beschriftung »Jahr des 24. Mals ... Jahreszeit« auf.

Die Berechnungen von Stadelmann (Kapitel 6 »Bauzeiten der Pyramiden und Personalbedarf«) ergeben aufgrund der archäologischen Funde beschrifteter und datierter Backing Stones für die Bauzeit des Pyramidenstumpfes mit einer Höhe von 12 m drei Jahre und für die Errichtung der heute sichtbaren Pyramide 15 Jahre. Dabei deuten die Beschriftungen darauf hin, dass Kernmauerwerk und Außenverkleidung zeitgleich gebaut wurden. Es wäre durchaus vorstellbar, dass die Rote Pyramide in der Übergangszeit zwischen dem Bauprinzip der Schichtpyramiden, welches bis zum Bau der Knickpyramide noch Anwendung fand, und demjenigen der Stufenpyramiden, welches ab dem Bau der Cheops-

---

1044 Wegen des größeren Zeitraums für den Rückbau der Arbeitsplattformen und der Rampen muss die Zeit für die Glättung bei der Ermittlung der Gesamtbauzeit nicht berücksichtigt werden.
1045 Stadelmann, Pyramiden, S. 100.

pyramide eingesetzt wurde, in Form waagerecht verlegter Steinschichten ohne Unterscheidung zwischen Kernmauerwerk und Außenverkleidung gebaut wurde. Unter dieser hypothetischen Annahme verringerte sich die vorstehend ermittelte Bauzeit ohne Vorbereitungsarbeiten, jedoch einschließlich Anbringen der Außenverkleidung und deren Glättung, auf 17,4 Jahre und entspricht damit in etwa dem von Stadelmann errechneten Zeitraum.

Ein Vergleich der von Stadelmann ermittelten Bauzeit von drei Jahren für die unteren 12 m der Pyramide stellt sich wie folgt dar: Die Errichtung der ersten 12 m des Pyramidenkörpers (ohne Glättung) erfordert nach der vom Autor entwickelten Bauhypothese den Transport und die Verlegung von ca. 570 000 Steinblöcken in ca. 35 000 Arbeitstakten (Stufe 1) und von ca. 100 000 Steinblöcken in ca. 7500 Arbeitstakten (2 m der Stufe 2). 42 500 Arbeitstakte entsprechen einer Bauzeit von 2,4 Jahren. Die Aussagen Stadelmanns decken somit grundsätzlich mit vorstehend durchgeführten Berechnungen – unabhängig von den angenommenen Bauverfahren.

Bei dem Transport von ca. 1,36 Mio. Steinblöcken für den Bau des Kernmauerwerks während 300 Arbeitstagen über ca. 20 Jahre hinweg ergibt sich eine durchschnittliche tägliche Transportleistung von 391 Steinblöcken bei einem durchschnittlichen Volumen von 0,77 m³ je Block bzw. ein tägliches Transportvolumen von 301 m³.[1046]

8.3.2 Berechnung der Bauzeit der Cheopspyramide

Für eine Abschätzung der Bauzeit der Cheopspyramide ohne Vorbereitungsarbeiten nach dieser Bauhypothese müssen ebenfalls hypothetische Annahmen über die – archäologisch zum Teil nicht nachweisbare – Zahl der Stufen des Kernmauerwerks und deren Abmessungen sowie weitere Festlegungen bzw. Vereinfachungen getroffen werden. Es handelt sich um eine Modellrechnung zur Ermittlung der Größenordnung der Bauzeit und nicht um einen Vorschlag zum Bau der Pyramide selbst.

- Ausgangspunkt sind eigene Beobachtungen (siehe Kapitel 5.1.2.2 »Die Cheopspyramide«): Im so genannten »Grabräubergang« ändert sich in der

---

[1046] Verner geht von einer täglichen Transportleistung von 300 bis 600 Steinblöcken aus (Verner, Pyramiden, S. 89); Haase nennt eine Tagesleistung von 322 m³ (Haase, Cheops, S. 26).

7. Steinschicht (Unterkante 7,06 m über der Fundamentschicht) die Struktur des Kernmauerwerks in einer Entfernung von ca. 15 m vom Eingang. Unter Berücksichtigung der horizontalen Abmessungen der Außenmauer der ersten Kernstufe (1 m) und des nicht mehr vorhandenen Verkleidungsmauerwerks und der Außenverkleidung (ca. 3 m) sowie der Neigung der Außenmauer der Kernstufen (80°) ergibt sich eine Basislänge der ersten Stufe des Kernmauerwerks von ca. 197 m (375 Ellen).[1047]

- Weiterhin werden eine Stufenhöhe von 11 m und die Zahl der Stufen mit 11 zugrunde gelegt (Abb. 8.3.2.1).[1048]
- Die Breite der Stufen ergibt sich dann unter Berücksichtigung der Fluchtlinie von 54°30' entlang der Seitenkanten der Stufen des Kernmauerwerks zu 7,75 m.
- Die Taktzeit wird wegen der längeren Rampen gegenüber der Pyramide des Mykerinos mit 12 min angenommen.
- Weiterhin wird aus Vereinfachungsgründen angenommen, dass die Pyramide durchgehend aus Kalksteinblöcken besteht.
- Das Volumen des Felskerns in der Basis der Pyramide wurde von Haase mit etwa 7,9 %[1049] bzw. neuerdings mit 7,7 %, also ca. 200 000 m³,[1050] der gesamten Baumasse berechnet. Goyon, G., nennt ein Volumen zwischen 127 000 und 160 000 m³.[1051] Das Volumen des Felskerns wird in die Berechnungen mit einbezogen.
- Die weiteren Baudaten wie Zahl der Arbeitstage/Jahr und Steingrößen, durchschnittliches Gewicht der Steinblöcke etc. werden analog zu den Berechnungen der Pyramide des Mykerinos angesetzt.[1052]

1047 Dabei handelt es sich um eine rechnerisch ermittelte Annahme, welche die Stellen des Felskerns, die bis zum Verkleidungsmauerwerk reichen, außer Betracht lässt. Gleiches gilt für die vorgeschlagene Rampenanordnung entlang der 1.Stufe des Kernmauerwerks.

1048 Graefe, Pyramidenbau, nimmt bei 11 Stufen für die Höhe der Kernstufen 13 m und für die Stufenbreite 7,35 m an. Die Fluchtlinie der Stufenkanten in der Seitenfläche liegt damit ebenfalls bei 54,5 ° (Kapitel 7.4.4 »Vorschlag von Graefe«).

1049 Haase, Felskern.

1050 Haase, Cheops, S. 17.

1051 Goyon, G., Cheopspyramide, S. 117.

1052 In verschiedenen Veröffentlichungen wird immer von einem Durchschnittsvolumen von 1 m³ für einen Steinblock und von einem theoretischen Volumen der Pyramide von 2,3 Mio. m³ – ohne Berücksichtigung des Felskerns, der Hohlräume sowie des Mörtel- und Schuttanteils – ausgegangen.

Einen Vergleich mit den entsprechenden Werten der Königinnenpyramiden des Cheops (G I a–G I c) und derjenigen des Mykerinos (G III a–G III c) zeigt nachstehende Aufstellung in Tabelle 8.3.2.1.

Tabelle 8.3.2.1 Vergleich der Kernstufen verschiedener Pyramiden
[1053, 1054]

	G I a–G I c[1053]	G III a–G III c[1054]	Mykerinos	Cheops
Basislänge	47 m	44 m	104 m	230 m
Höhe	30 m	30 m	66 m	150 m
Anzahl der Stufen	4	4	6	11
Stufenhöhe	6	5 m	8,4 m	11 m
Stufenbreite	3,5 m	3,5 m	4,4 m	7,75 m
Basislänge der Stufe 1	32 m	31 m	80 m	197 m

Eine sich daraus für die Cheopspyramide ergebende Darstellung des angenommenen Kernmauerwerks mit einer Anordnung der Stufen ist in Abb. 8.3.2.1 dargestellt.

Die 11 angenommenen Pyramidenstümpfe des **Kernmauerwerks** haben die in Tabelle 8.3.2.2 genannten Volumina bzw. bestehen aus folgender Anzahl der Steinblöcke durchschnittlicher Größe von 1,2 m³:[1055]

1053 Durchschnittswerte nach Jánosi, S. 77 ff.

1054 Durchschnittswerte, ermittelt aus Maragioglio IV Addenda, TAV. 12, fig. 1, TAV. 13, fig. 2 und TAV. 14, fig. 3.

1055 Die durchschnittliche Größe der bei der Cheopspyramide verbauten Steine unterscheidet sich wesentlich von derjenigen der Roten Pyramide; sie ist mit derjenigen der Pyramide des Mykerinos vergleichbar. Lehner geht von einem durchschnittlichen Gewicht von 2,5 t und somit von einem Volumen von ca. 1 m³ aus (Lehner, Geheimnis, S. 108).

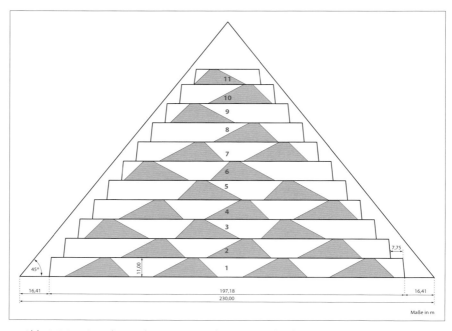

Abb. 8.3.2.1 Anordnung der Rampen auf einer Seite für den Bau des Kernmauerwerks der Cheopspyramide

Tabelle 8.3.2.2 Volumen der Stufen des Kernmauerwerks

Stufe	Volumen	Anzahl der Steinblöcke
1	482 275 m³	401 896
2	354 620 m³	295 517
3	295 315 m³	246 096
4	241 465 m³	201 221
5	193 031 m³	160 859
6	150 013 m³	125 011
7	112 389 m³	93 658
8	80 206 m³	66 838
9	53 439 m³	44 533
10	32 076 m³	26 730
11	11 220 m³	9 350
Summe	1 906 049 m³ [1056]	1 671 709

1056 Die Ungenauigkeit zum berechneten Volumen (230,3 m Basislänge, 146,5 m Höhe) von 2,59 Mio. m³ ist durch Auf- und Abrundungen sowie durch zeichnerische Maßnahmen bedingt.

Damit ergibt sich unter den gleichen Annahmen wie beim Bau der Pyramide des Mykerinos die in Tabelle 8.3.2.3 aufgeführte Anzahl an Arbeitstakten unter Berücksichtigung der Zahl der Tangentialrampen pro Pyramidenseite entsprechend Abb. 8.3.2.1,[1057] über welche zeitgleich Transporte durchgeführt werden können.

Tabelle 8.3.2.3 Anzahl der Arbeitstakte für den Bau des Kernmauerwerks

Stufe	Steinblöcke	Rampen	Arbeitstakte	Jahre
1	401 896	16	25 119	1,67
2	295 517	12	24 626	1,64
3	246 096	12	20 508	1,37
4	201 221	12	16 768	1,12
5	160 859	8	20 107	1,34
6	125 011	8	15 626	1,04
7	93 657	8	11 707	0,78
8	66 838	4	16 710	1,11
9	44 532	4	11 133	0,74
10	26 730	4	6 682	0,45
11	9 350	4	2 338	0,16
		Gesamtzahl	171 324	11,45

Für die überschlägige Ermittlung der Bauzeit der Cheopspyramide (ohne vorbereitende Baumaßnahmen) wird ebenso wieder angenommen, dass an 300 Tagen im Jahr und an 10 Stunden jeder dieser Tage (Schichtbetrieb) gearbeitet wurde, sodass pro Jahr bei einer angenommenen Dauer von 12 min für einen Schleppvorgang (Hochziehen der Steinladung in 7 min und Lösen sowie Rücktransport des Seils 5 min) insgesamt 15 000 Arbeitstakte stattfinden konnten. Die Bauzeit des Kernmauerwerks der Pyramide erforderte somit 11,45 Jahre.

Hinzu kommen Bau und Rückbau der Rampen der Stufen 1–11 (insgesamt 92 Rampen) mit einem Gesamtvolumen von insgesamt 163 116 m³.[1058] Auf jeder Seite der Pyramide müssen 40 779 m³ (33 983 Steinblöcke) auf- und abgebaut werden. Dies ergibt unter Berücksichtigung einer teilweise gleichzeitigen Ver-

---

1057 Bei der Berechnung wird die geringere Höhe der Rampe 9 außer Betracht gelassen.
1058 Das Volumen einer Rampe beträgt 1773 m³.

bauung der Rampen an den Stufen 1–7 geteilt durch den Faktor 2,09[1059] 32 519 Arbeitstakte bzw. eine zusätzlich zu berücksichtigende Zeit von 2,2 Jahren.

Die **Bauzeit für das Kernmauerwerk** von 13,6 Jahren verringert sich unter Berücksichtigung des Volumens des Felssporns um etwa ein ¾ Jahr auf insgesamt **12,8 Jahre.**

Das Transportvolumen und somit die Bauzeit für die außen angebrachten Arbeitsplattformen, des **Verkleidungsmauerwerks** und der Außenverkleidung berechnen sich wie folgt:

Die vierzehn Pyramidenstümpfe der **Arbeitsplattformen** (einschließlich des Verkleidungsmauerwerks und der Außenverkleidung, Abb. 8.3.2.2) haben **ohne** das Kernmauerwerk folgende Volumina bzw. bestehen aus folgender Anzahl von Steintransporten mit einem Volumen von wiederum durchschnittlich 1,2 m³ (Tabelle 8.3.2.4).

Tabelle 8.3.2.4 Anzahl der Arbeitstakte für den Bau der Arbeitsplattformen einschließlich des Verkleidungsmauerwerks, der Außenverkleidung und der äußeren Verkleidungsschicht
[1060]

Stufe	Volumen	Anzahl der Steintransporte	Rampen	Arbeitstakte
1	143 561 m³	119 634	16	7477
2	125 871 m³	104 893	16	6556
3	110 189 m³	91 824	16	5739
4	99 271 m³	82 726	12	6894
5	85 060 m³	70 883	8	8860
6	68 678 m³	57 232	8	7154
7	56 747 m³	47 289	8	5911
8	45 733 m³	38 111	4	9528
9	37 652 m³	31 377	4	7844
10	28 160 m³	23 467	4	5867
11	18 343 m³	15 286	4	3822
12	11 103 m³	9253	4	2314
13	9134 m³	7612	2	3806
14[1060]	2534 m³	2112	2	1056
Summe	842 036 m³	701 699		82 828

1059 Auf verschiedenen Stufen können mehrere Rampen zeitgleich auf- bzw. abgebaut werden. Bei 23 Rampen je Pyramidenseite und 11 Stufen ergibt sich ein Divisionsfaktor von 2,09.

1060 Einschließlich Pyramidion.

Für den Bau von 28 Rampen pro Pyramidenseite mit einem Volumen von je 1770 m³ ergibt sich ein Volumen von 49560 m³, welches 41300 Steintransporten entspricht. Wegen der Gleichzeitigkeit des Baus der Rampen auf allen vier Seiten und geteilt durch den Faktor 2,0[1061] berechnet sich die Zahl der Arbeitstakte zu 20650.

Insgesamt ergibt sich somit das Volumen für die Arbeitsplattformen und für die Verkleidung einschließlich der Rampen mit 1040276 m³; die Zahl der Arbeitstakte beträgt 103478. Für die Bauzeit werden somit – bei wiederum 300 Arbeitstagen pro Jahr und 10 Stunden Arbeitszeit pro Tag (15000 Arbeitstakte pro Jahr) – ca. **6,9 Jahre** errechnet.

Anschließend müssen die Baurampen und die Arbeitsplattformen wieder abgebaut und die in Bossen stehenden Steine der äußeren Verkleidungsschicht geglättet werden. Die dafür notwendigen Zeiten werden wie folgt berechnet:

Gesamtvolumen der Pyramide einschließlich Arbeitsplattformen	2787378 m³
Gesamtvolumen der äußeren Baurampen	198240 m³
abzüglich Volumen der Pyramide	./. 2583280 m³
restliches, zu entsorgendes Material	402338 m³

Bei teilweise gleichzeitiger Nutzung mehrerer Rampen ergeben sich unter Berücksichtigung des Faktors 2,0 für den Rücktransport des Materials für die Arbeitsplattformen und die Rampen 41911 Arbeitstakte.[1062] Daraus berechnet sich für den Rückbau eine Zeit von **2,8 Jahren.**

Das nach Fertigstellung der Pyramide zu entsorgende Material, welches zum Teil aus Nilschlammziegeln bestand, hat mit ca. 565000 m³ [1063] etwa 21,9 des Volumens der Cheopspyramide. Das Ziegelmaterial (Nilschlamm) konnte in der Landwirtschaft als Düngemittel wieder verwendet werden; der übrige Bauschutt wurde – wie bereits bei der Pyramide des Mykerinos erwähnt – an den nordöst-

---

1061 Auf verschiedenen Stufen können mehrere Rampen zeitgleich auf- bzw. abgebaut werden. Bei 2 Rampen je Pyramidenseite und 14 Stufen ergibt sich ein Divisionsfaktor von 2,0.

1062 Das Volumen des zu entsorgenden Materials beträgt 402338 m³ bzw. 335282 Transportladungen. Pro Pyramidenseite sind dies 83821 Transportladungen. Daraus errechnen sich mit dem Faktor 2,0 insgesamt 41911 Arbeitstakte.

1063 163116 m³ Volumen der Rampen zum Bau des Kernmauerwerks und 402338 m³ zu entsorgendes Material für den Rückbau der Arbeitsplattformen und Rampen.

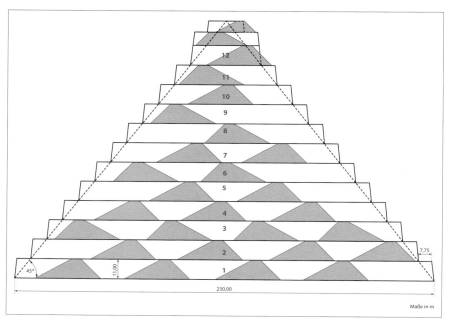

Abb. 8.3.2.2 Arbeitsplattformen mit Rampen auf einer Seite bei der Cheopspyramide.

lichen Abhängen des Wüstenplateaus bzw. im südlichen Umfeld der Pyramiden auf dem Gisa-Plateau gelagert und konnte auch zum Bau der Mauer des Pyramidenbezirks verwendet werden.

Der notwendige Zeitaufwand für die Glättung der Außenverkleidung kann wiederum unter vergleichbaren Annahmen wie bei der Pyramide des Mykerinos und der Roten Pyramide berechnet werden: Pro Arbeitstag kann von einem Arbeiterteam eine Fläche der in Bosse stehenden Steine der Außenverkleidung (Kalkstein) von 1 m mal 1 m geglättet werden. Durch Einsatz vieler Arbeitsteams kann diese Leistung sowohl im unteren Teil der Pyramide als auch auf allen vier Seiten der Pyramide gleichzeitig erbracht werden. Entsprechend Abb. 8.3.2.1 wird von 12 Stufen mit einer Höhe von je 11 m ausgegangen.

Tabelle 8.3.2.5 Ermittlung des Zeitaufwands für die Glättung

Stufe	Fläche	Umfang	Arbeitstage	Anzahl der Teams	Dauer (Tage)
1	9748 m²	882 m	9748	440	22
2	9004 m²	819 m	9004	408	22
3	8260 m²	751 m	8260	374	22
4	7478 m²	680 m	7478	340	22
5	6734 m²	612 m	6734	306	22
6	5990 m²	544 m	5990	272	22
7	5209 m²	474 m	5209	236	22
8	4465 m²	406 m	4465	202	22
9	3721 m²	338 m	3721	168	22
10	2939 m²	267 m	2939	132	22
11	2158 m²	196 m	2158	98	22
12	1451 m²	132 m	1451	66	22
Spitze	670 m²	61 m	670	30	22
				Gesamtdauer der Glättung	286

Bei der Höhe der Pyramide von 146 m ergeben sich somit für die Glättung insgesamt ca. 286 Tage bzw. ca. **1 Jahr**. Dieser Zeitraum liegt wiederum unter dem, der sich für den Rückbau der Arbeitsplattform ergibt. Wegen der Koordinierungen zwischen Rückbau und Glättung wird wiederum ein zusätzlicher Zeitraum hinzugerechnet werden müssen. Dieser wird mit **1 Jahr** angesetzt.

Die Bauzeit der Cheopspyramide (ohne vorbereitende Maßnahmen) errechnet sich bei Berücksichtigung des Volumens des Felskerns somit wie folgt:

    Bau des Kernmauerwerks   12,8 Jahre
    Verkleidungsmauerwerk etc.   6,9 Jahre
    Rückbau der Arbeitsplattformen   2,8 Jahre
    (Glättung   1 Jahr
    Glättung zusätzlich   1 Jahr)[1064]

Somit ergibt sich eine Bauzeit von insgesamt **ca. 22,5 Jahren**.[1065]

1064 Wegen des größeren Zeitraums für den Rückbau der Arbeitsplattformen und der Rampen muss die Zeit für die Glättung bei der Ermittlung der Gesamtbauzeit nicht berücksichtigt werden.

1065 de Haan, Construction, berechnet aufgrund des vom Autor 2008 vorgeschlagenen Bauverfahrens (Müller-Römer, Pyramiden) unter Einbeziehung des Prinzips der Seilwinde (Spill) eine Bauzeit von

Einschließlich Vorbereitungsarbeiten von ca. 2 Jahren Dauer errechnet sich eine **Gesamtbauzeit von 24,5 Jahren.** Dieses Ergebnis deckt sich in etwa mit der Dauer der Herrschaft des Cheops.

Bei dem Transport von ca. 1,67 Mio. Steinblöcken für das Kernmauerwerk (unter Berücksichtigung des Felskerns) während 300 Arbeitstagen über 12,8 Jahre hinweg ergibt sich eine durchschnittliche tägliche Transportleistung von 435 Steinblöcken (522 m³).[1066]

8.4 Anmerkungen zum Bau der Cheopspyramide

Die Cheopspyramide wurde mit den weiteren Bauten des Pyramidenbezirks als Erste der drei Pyramiden in Gisa erbaut (Abb. 8.4.1). Sie ist die einzige Pyramide im AR, die im Inneren umfangreiche Einbauten weit oberhalb der Basis besitzt (Abb. 8.4.2). Für den Bau und die Verkleidung der Gänge, der Großen Galerie und der Kammern wurden in großem Umfang Materialien (Kalkstein, Granit) heran transportiert, da diese Steinarten in Gisa nicht vorkommen. Gleiches gilt für den feinporigen Kalkstein für die Außenverkleidung. Hingegen konnte das Material für das Kernmauerwerk etwa 300–600 m südlich der Pyramide im Hauptsteinbruch (Central Field, Ziffer 7 in Abb. 8.4.3) abgebaut werden.

Unabhängig von der Bauweise der Pyramide, für die es – wie in den Kapiteln 7.3 bis 7.5 näher erläutert – eine Fülle von z. T. sehr unterschiedlichen Vorschlägen gibt, mussten die genannten Materialien in jedem Fall zur Baustelle transportiert werden. Lehner hat sich in einem grundlegenden Beitrag mit der Topografie des Geländes aufgrund seiner Untersuchungen und der von verschiedenen Ägyptologen vorgenommenen Geländeaufnahmen befasst und die Ergebnisse zusammengestellt (Abb. 8.4.3).[1067]

Klemm und Klemm stellten an den Steinen des Verkleidungsmauerwerks eingehende Untersuchungen mittels der geochemischen Bestimmung der Mengen-

---

28 Jahren ohne Glättung. Dabei wurden vom Autor dem Transportverfahren mit der Seilwinde 10 min für den Schleppvorgang anstelle von 7 min bei Einsatz der Umlenkrolle zugrunde gelegt.

1066 Verner geht von einer täglichen Transportleistung von 300 bis 600 Steinblöcken aus (Verner, Pyramiden, S. 89).

1067 Lehner, Cheops Projekt.

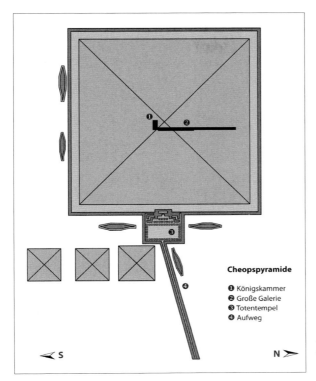

Abb. 8.4.1 Grundriss der Cheopspyramide

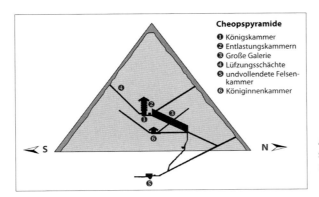

Abb. 8.4.2 Schnittdarstellung der Cheopspyramide in der N-S-Achse

verteilung einiger Spurenelemente wie Eisen, Magnesium und Strontium an.[1068] Danach stammt die Mehrzahl der dort verbauten Steinblöcke aus dem zentralen Steinbruch südlich der Pyramide (Abb. 8.4.3, Ziff. 7). Weitere Abbaustellen

---

1068 Klemm und Klemm, Stones.

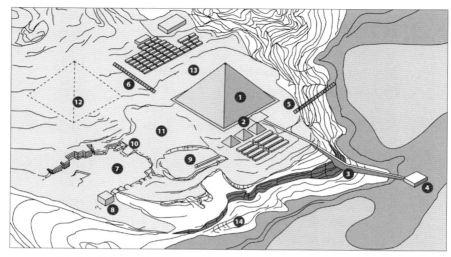

Abb. 8.4.3 Topografie des Gisa-Plateaus, Steinbrüche und Transporttrassen für den Bau der Cheopspyramide

Erläuterung
1 Cheopspyramide
2 Totentempel
3 Aufweg
4 Taltempel und Hafenbecken
5 Rampe nach Haase
6 »Tangentiale Westrampe« nach Haase
7 Hauptsteinbruch (Central Field)
8 Östlich gelegener Steinbruch (Bau der Chephrenpyramide)
9 Steinbruch mit Rampe nach Saleh
10 Rampen am Nordrand des Hauptsteinbruchs in Richtung Pyramide
11 Gelände mit Ablagerungen umfangreichen Bauschutts
12 Standort der Chephrenpyramide
13 Künstlicher Geländeeinschnitt westlich der Pyramide
14 Östlicher Steilabbruch des Wüstenplateaus

sind das Plateau westlich der Pyramide (Abb. 8.4.3, Ziff. 13), die Steinbrüche am Osthang (Abb. 8.4.3, Ziff. 14), ein kleinerer, weiter südlich gelegener Steinbruch (Hitan el-Gurob) sowie eine bisher nicht identifizierte Abbaustelle, die vermutlich am NW-Rand des Plateaus zu suchen ist. Stadelmann ermittelte, dass in dem Central Field mit den Abmessungen 230 mal 400 m und einer Abbautiefe von 30 m ein Steinvolumen von ca. 2,76 Mio. m³ abgebaut wurde,[1069] welches das Volumen der Cheopspyramide mit ca. 2,59 Mio. m³ übersteige. Es kann daher davon ausgegangen werden, dass auch das Steinmaterial des Kernmauerwerks, über

---

1069 Stadelmann, MDAIK 36.

das die Untersuchungen von Klemm und Klemm mangels verfügbarer Proben nichts aussagen, aus dem Hauptsteinbruch stammt. Der Abbau von Steinen in den kleineren genannten Steinbrüchen durfte mit den unterschiedlichen Steinhöhen der äußeren Verkleidungsschicht (»backing stones«) zusammenhängen: Aus vermessungstechnischen Gründen musste jede Steinlage der äußeren Verkleidungsschicht stets das gleiche Höhenmaß besitzen (Kapitel 4.4.4 »Messverfahren zur waagerechten Nivellierung«). So wurden vermutlich Steine gleicher Höhe in verschiedenen Steinbrüchen »gesucht«.

Die archäologischen Untersuchungen zeigen, dass es am NW- und NO-Rand des Hauptsteinbruchs Rampen für den Steintransport zur Baustelle hin gab (Abb. 8.4.3, Ziff. 10), die zu den beiden Südecken der Pyramide führten.[1070] Lehner geht lediglich von einer Rampe an der NW Ecke des Hauptsteinbruchs aus.[1071] Angaben zu den Abmessungen (Breite) liegen nicht vor. Die Rampenneigung betrug nach Lehner ca. 6°. Ausführliche Beschreibungen der Rampen sind im Kapitel 4.3.2.5 »Cheopspyramide« aufgeführt. Aufgrund seiner Untersuchungen der topografischen Situation an der SW-Ecke zeigt Lehner auf, dass die vom Steinbruch vom Süden her kommende Rampe bei einer Verlängerung mit gleichem Neigungswinkel die Pyramide etwa 30 m über dem Nullniveau treffen würde.[1072]

Für die Abschätzung der Leistungsfähigkeit der Rampe vom Hauptsteinbruch zur Pyramide ist die Zahl der täglich zu transportierenden Steinblöcke wichtig. Dabei wird von einer durchschnittlichen Größe von 1,2 m³ je Steinblock und von der in Kapitel 8.3.2 »Berechnung der Bauzeit der Cheopspyramide« vorgelegten Hypothese zum Bau ausgegangen. Danach sind – entsprechend dem Bauvorschlag des Autors – die in Kapitel 6.2.2. sowie in Tabelle 6.2.2 aufgeführten Mengen an Steinblöcken zu transportieren. Dafür sind 6 bis 7 Bahnen für Schleppzüge erforderlich. Die Rampen müssen daher die entsprechenden Breiten gehabt haben.

Die Steine der Außenverkleidung aus feinem Kalkstein, die über den Wasserweg vom Ostufer des Nil angeliefert wurden, hatten kleinere Formate und konnten daher ebenfalls über flache Rampen zwischen dem Hafen nahe dem Sphinx und der Geländerinne östlich des Hauptsteinbruchs bzw. über andere kleinere Rampen zur Baustelle transportiert werden. Es handelte sich dabei auch um ein vergleichsweise kleines Volumen.

Wesentlich problematischer stellt sich der Transport der für den Bau und

---

1070 Klemm und Klemm, Die Steine der Pyramiden.

1071 Lehner, Cheops Projekt, S,127.

1072 Lehner, Cheops Project.

die Verkleidung der Gänge, der Großen Galerie und der Kammern verwendeten Kalkstein- und Granitplatten, der Steinblöcke für die Giebeldächer sowie der Balken aus Granit in den Entlastungskammern oberhalb der Grabkammer des Königs dar. Letztere wiegen 50–60 t[1073] und haben wesentlich größere Abmessungen als die Steinblöcke zum Bau des Mauerwerks. Hinzu kommt, dass die Einbauorte bis zu 64 m (oberste Entlastungskammer) über der Grundfläche liegen. Zur Lösung dieses Problems gibt es in der Literatur verschiedenste Vorschläge, von denen bisher jedoch keiner überzeugt und mit den archäologischen Befunden in Einklang steht.

Es ist anzunehmen, dass die genannten Baumaterialien ebenfalls – soweit als möglich – über Rampen nach oben transportiert und an ihren Einbauplatz gebracht wurden. Das Hochhebeln und damit das Anheben von Schicht zu Schicht (z. B. innerhalb einer Stufe des Kernmauerwerks) entsprach ebenfalls dem Stand der damaligen Bautechnik und muss als Möglichkeit mit in Betracht gezogen werden.

Für den Transport der schweren Baumaterialien vom Hafengelände der Cheopspyramide neben deren Taltempel (Abb. 8.4.3, Ziff. 4) zur Pyramide bietet sich der Aufweg an. Dieser steigt bis zum Abbruch des Wüstenplateaus und noch eine Strecke darüber mit einem Winkel von 5° hinaus an (Abb. 8.4.4). Die Rampe hatte beachtliche Abmessungen.

Denkbar wäre nun eine Verlängerung des Aufwegs mit einem Neigungswinkel von 6° in Richtung Pyramide. Er würde dann im Inneren der Pyramide eine Höhe von ca. 46 m über der Basis erreichen (Abb. 8.4.5). Mit einem Neigungswinkel von 7° wäre eine Höhe von 53 m erreichbar.

Damit wären die meisten der schweren Bauteile durch Zugmannschaften bzw. Ochsengespanne bis an die Pyramide heran und auf eine gewisse Höhe zu transportieren gewesen. Für den Transport 60 t schwerer Bauteile, wie die Deckenbalken der Entlastungskammern, ist auf einer Rampe mit 5,7° Neigung und einer Gleitreibungszahl 0,05 eine Zugkraft von 9130 kp (Tabelle 4.3.1.1.1) erforderlich.[1074] Um diese Zugkraft aufzubringen, wären auf einer gestuften Rampe mindestens 2 mal 111 Arbeiter oder auf einer für Tiere geeigneten Rampe 2 mal 8 Rinder erforderlich (Tabelle 4.3.1.4.1). Die sich ergebenden Längen der Zug-

---

1073 Arnold, Building, p. 60.

1074 Eine Gleitreibungszahl von 0.05 setzt eine hoch entwickelte Technik für das Erreichen einer sehr geringen mechanischen Reibung voraus. Die rechts und links anzuordnenden Stufen geringer Höhe für die Zugmannschaften bzw. die Rindergespanne müssen dagegen eine möglichst hohe Reibung aufweisen.

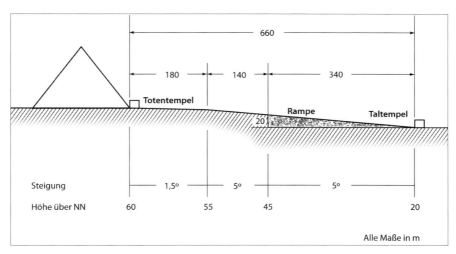

Abb. 8.4.4 Schematische Darstellung des Aufwegs zur Cheopspyramide

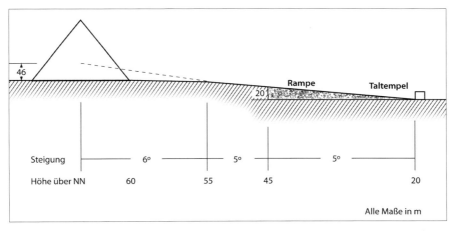

Abb. 8.4.5 Verlängerung des Aufwegs als Rampe zum Transport der schweren Materialien

mannschaften (einschließlich Reserven) betragen ca. 130 m bzw. für Gespanne ca. 60 m und scheinen für den Transport bis zum Mittelachse der Pyramide entsprechend Abb. 8.4.5 zumindest für Zugmannschaften zu groß zu sein. Gleiches gilt für die Verwendung von Tangentialrampen geringer Steigung im unteren Bereich an der Ostseite der Cheopspyramide, wie es Winkler vorschlägt.[1075]

Auf den Vorschlag von Haase, in den Resten der großen Mauer nördlich der

---

1075 Winkler, Pyramidenbau, S. 107.

Chephrenpyramide, welche in west-östlicher Richtung verläuft, eine Rampe zum Bau der Cheopspyramide zu sehen (Kapitel 4.3.2.5 »Cheopspyramide«), wird an dieser Stelle verwiesen. Ähnliches gilt für einen weiteren Hinweis von Haase für die Überreste einer Transportrampe nordöstlich der Pyramide.

Zusammenfassend ist festzuhalten, dass von allen bisher gemachten Vorschlägen zum Transport und Einbau der schweren Granitbalken und weiterer großer Bauteile ein Transport dieser Materialien über den Aufweg und eine Verlängerung dieser Rampe auf die Ostseite der Cheopspyramide am wahrscheinlichsten ist. Eine eindeutige Lösung für diese Transporte kann ohne weitere genaue Kenntnisse der eingesetzten Techniken und Verfahren wohl auch in Zukunft nicht beschrieben werden.

8.5 Ausblick auf weitere Pyramiden des Alten Reiches

Die am Beispiel der Pyramide des Mykerinos als Hypothese vorgestellte und im Einzelnen erläuterte sowie an der Roten Pyramide und an der Cheopspyramide gespiegelte Bauweise für Stufenpyramiden gilt grundsätzlich auch für alle anderen Stufenpyramiden im AR. Auf den Stufen des Kernmauerwerks parallel zu diesen angeordnete Rampen in unterschiedlicher Ausführung (Neigung, Breite) und entsprechende Zugeinrichtungen sind beim Bau jeder Pyramide vorstellbar. Die beim Bau gewonnenen Erfahrungen fanden sicherlich bei Errichtung der nachfolgenden Pyramiden ihre Anwendung. Dagegen bedarf die Klärung der Bauweise der Schichtpyramiden des AR noch weiterer Untersuchungen. Durch die Neigung der Schichten zur Pyramidenmitte hin ist der Einsatz von Rampen, wie sie für den Bau des Kernmauerwerks der Stufenpyramiden vorgeschlagen werden, ohne Modifizierung kaum vorstellbar. Vielleicht wurden die Schichtpyramiden mittels einer stetig mit wachsenden Arbeitsplattform gebaut.[1076]

1076 Goneim verweist im Rahmen seiner Untersuchungen der Pyramide des Sechemchet auf Dämme oder Rampen an der Ost-, West- und Südseite der Pyramide. Diese entstanden seiner Meinung nach beim Bau der Pyramide. Ferner seien unzweifelhaft Reste von weiteren Anschüttungen zu beobachten, die den Arbeitern den Zugang zum Arbeitsplatz ermöglichten. Goneim vermutet daher, dass die Schichten der Pyramide von einer auf allen Seiten der Pyramide angebrachten Aufschüttung aus Lehm aus errichtet wurden und schlägt somit erstmals eine Umbauung (Arbeitsplattform) vor.

9. Zusammenfassung der neuen Hypothese für den Bau der Stufenpyramiden im Alten Reich

Ziel der Untersuchungen war es – ausgehend vom Stand der aktuellen Forschung –, die wichtigsten der bisher bekannt gewordenen Hypothesen zum Bau der Pyramiden im AR und die entsprechenden Bauvorschläge nach wissenschaftlichen Methoden zu analysieren und daraufhin zu überprüfen, inwieweit die Pyramiden danach errichtet werden konnten. Darauf aufbauend wurde eine eigene, aus den archäologischen Befunden ableitbare und in sich widerspruchsfreie Hypothese für den Bau der Stufenpyramiden im AR entwickelt.

Verschiedenen bisher veröffentlichten Hypothesen zum Pyramidenbau liegt der Einsatz senkrecht auf die Pyramide zuführender (Linearrampen) oder um die Pyramide herum angeordneter Rampen (Integralrampen) zugrunde. Andere Vorschläge beinhalten steile, parallel zu den Stufen des Kernmauerwerks angeordnete Rampen (Tangentialrampen). Weitere Bauvorschläge befassen sich mit dem Einsatz von Seilwinden oder dem Hochhebeln der Steine. Bei den meisten Hypothesen wird jedoch entgegen den archäologischen Befunden von einer schichtweisen Verlegung des Kernmauerwerks ausgegangen. Ungelöst bleiben fast immer auch die Fragen des Aufsetzens des Pyramidion, der Vermessung des Baukörpers und der gefahrlosen Montage der Außenverkleidung sowie deren Glättung von oben nach unten. Berechnungen zur Bauzeit auf der Grundlage der jeweiligen Hypothese werden nur selten vorgelegt.

Die vom Autor durchgeführten Untersuchungen und Überlegungen führen zu der Schlussfolgerung, dass die bautechnischen Schwierigkeiten bei der Errichtung der Knickpyramide die Baumeister zwangen, eine andere, gegen Bodensenkungen und Erdbeben sichere Bauweise für den Bau der Roten Pyramide zu entwickeln, welche darüber hinaus auch der Forderung des Königs Snofru nach einer schnellen Fertigstellung (seiner dritten Pyramide) genügen konnte. Das Ergebnis war vermutlich die Errichtung des Pyramidenkerns in Stufenform, um einerseits eine größere Stabilität des Baukörpers zu erzielen und andererseits über auf allen vier Seiten des Bauwerks parallel zum Kernmauerwerk angeordnete Tangentialrampen in möglichst kurzer Zeit viel Material transportieren und verbauen zu können. Hinzu kam die Verwendung größerer Steinformate. Beim anschließenden Bau der Cheopspyramide wurde diese Bauweise unter Verwendung noch größerer Steinformate übernommen, um dieses gewaltige Bauwerk in überschaubarer Zeit erstellen zu können. Die Stufenbauweise setzte sich dann beim Bau der Pyramiden bis Ende der 6. Dynastie fort.

Im Ergebnis dieser Untersuchungen und Überlegungen des Autors hat die neue Hypothese für den Bau der Stufenpyramiden im AR eine Kombination einerseits zwischen dem archäologisch belegten Prinzip des Transports schwerer Bauteile über Rampen und andererseits der Verwendung der Walze als Umlenkrolle mit abwärtsgerichteten Zugkräften als Grundlage. Damit können parallel zu den einzelnen Stufen des Kernmauerwerks und der äußeren Umbauung (Arbeitsplattform) angeordnete Rampen mit wesentlich größerer Neigung angenommen werden, als dies in bisher formulierten Bauhypothesen für den Materialtransport ausschließlich mittels Zugmannschaften möglich ist. Dadurch wird, wie am Beispiel der Pyramide des Mykerinos gezeigt, eine Bauweise möglich, die ohne senkrecht auf die Pyramide zulaufende bzw. umlaufende Rampen geringer Neigung auskommt. Auch Vorschläge für komplizierte Techniken für den Bau werden dadurch obsolet. Die Verwendung mehrerer Rampen mit einer großen Steigung (26,5°; Steigung 2:1) auf den einzelnen Stufen des Kernmauerwerks (Tangentialrampen) auf jeder Seite der Pyramide führt zu einem hohen Materialfluss und ermöglicht so eine zeitoptimierte Errichtung des Bauwerks.

Mit dieser neuen Hypothese zum Bau der Stufenpyramiden im AR wird erstmals vorgeschlagen, im Anschluss an die Errichtung des Kernmauerwerks und nach Rückbau der dafür benötigten Baurampen den Bau des Verkleidungsmauerwerks, der äußeren Verkleidungsschicht und der Außenverkleidung mittels dafür wurden entlang der Außenseiten der Pyramide angeordneter stufenförmiger Arbeitsplattformen und Baurampen durchzuführen. Diese werden nach Fertigstellung der Pyramide im Takt mit der Glättung der Außenverkleidung von oben nach unten wieder abgebaut. Durch die Umbauung mit der Arbeitsplattform über die Fluchtlinie der Außenverkleidung der Pyramide hinaus ergibt sich eine einfache Methode zur Konstruktion der Pyramidenspitze und des Aufsetzens des Pyramidion. Verschiedene, bisher ungeklärte bautechnische Fragen finden somit eine Lösung.

Der Berechnung der Transportleistungen und der sich daraus ergebenden Bauzeiten liegen jeweils realistisch vorgenommene bzw. geschätzte bautechnische Annahmen wie Größe und Gewicht der Steinblöcke, Gleitreibungszahl der Oberflächen der Rampen, Taktzeiten etc. zugrunde. Dabei wurden stets nicht die günstigsten Werte angenommen. Beim Ansatz der für die Berechnung der Bauzeit günstigsten Parameter würden sich kürzeren Bauzeiten ergeben.

Eine Berechnung der Bauzeiten für die Pyramiden des Mykerinos, des Snofru

(Rote Pyramide) und des Cheops entsprechend der neuen Hypothese zum Pyramidenbau im AR ergibt nachstehend aufgeführte Zeiträume: Der Autor weist an dieser Stelle nochmals darauf hin, dass es sich bei den Berechnungen nur um eine grobe Abschätzung handeln kann, da die genauen Bauverfahren, die im AR Anwendung fanden, nur aufgrund der archäologischen Befunde ermittelt und nicht als tatsächlich realisierte Arbeitsweisen beschrieben werden können. Mit der neuen Hypothese ist es daher auch nur möglich, Verfahren aufzuzeigen, wie die Stufenpyramiden im AR unter Berücksichtigung der archäologischen Befunde hätten gebaut werden können.

Pyramide des Mykerinos: Planung und Vorbereitung 1 Jahr;
Bau einschließlich Glättung 4,8 Jahre;[1077]
insgesamt **5,8 Jahre**

Rote Pyramide: Planung und Vorbereitung 2 Jahre;
Bau einschließlich Glättung 18,7 Jahre;
insgesamt **20,7 Jahre**

Cheopspyramide: Planung und Vorbereitung 2 Jahre;
Bau einschließlich Glättung 22,5 Jahre;
insgesamt **24,5 Jahre.**

Diese Bauzeiten passen zu der allgemein angenommen Dauer der Herrschaft der Könige Snofru mit 35 Jahren,[1078] Cheops mit 23 Jahren[1079] und Mykerinos mit 28[1080] bzw. 6[1081] Jahren.

Die vorgeschlagene Lösung für den Bau der Stufenpyramiden im AR widerspricht weder den Beschreibungen des Herodot, wonach die Pyramiden in Stufen errichtet und von oben nach unten fertiggestellt wurden, noch der Schilderung des Diodor, nach denen die Pyramiden durch terrassenförmige Erdaufschüttungen (Nilschlammziegel) entlang der Außenseiten gebaut wurden. Sie

---

1077 Die Glättung der Außenverkleidung wurde nicht vollständig durchgeführt.
1078 Krauss, Snofru, 30 Jahre; nach Krauss und Warburton (Hornung Chronology, S. 490) neuerdings 33 Jahre.
1079 Nach Krauss und Warburton (Hornung Chronology, S. 491) neuerdings 26 Jahre.
1080 Beckerath, Chronologie, S. 188.
1081 Nach Krauss und Warburton (Hornung, Chronology, S. 485) neuerdings 6 Jahre.

zeigt vielmehr, dass beide historische Schilderungen, die auf den ersten Blick in offensichtlichem Widerspruch zueinander stehende Baubeschreibungen wiedergeben, sich dennoch nicht widersprechen.

In der modernen Wissenschaft kommt interdisziplinären Untersuchungen, bei denen verschiedene Wissenschaftsbereiche beteiligt sind, eine zunehmend größere Bedeutung zu. Am Beispiel des Pyramidenbaus im Alten Ägypten wurde gezeigt, wie aufgrund bautechnischer Überlegungen (Ingenieurwissenschaft) unter Einbeziehung archäologischer Befunde und historischer Zusammenhänge (Ägyptologie, Archäologie) die Analyse bisher vorgelegter Hypothesen zum Pyramidenbau vorgenommen werden kann. Aufgrund der dabei gewonnenen Erkenntnisse wurde eine neue, in sich widerspruchsfreie Hypothese zum Pyramidenbau entwickelt, welche die Schwachstellen aller bisher formulierten Bauhypothesen vermeidet und nach Meinung des Autors viele der bisher ungeklärten Fragen des Pyramidenbaus einer Lösung näher bringt.

Die Fragestellung, warum die Pyramiden mit wechselnden Neigungswinkeln zwischen 28 Finger auf eine Elle bei der Roten Pyramide und 21 bzw. 22 Finger auf eine Elle bei vielen Pyramiden des AR hin bis zu 18 Fingern auf eine Elle bei den Pyramiden des MR gebaut wurden, hat jedoch noch immer keine einleuchtende und zufrieden stellende Erklärung gefunden.

Gleiches gilt für die Frage nach der Verschiebung der Achsen der Grabkorridore verschiedener Pyramiden der 4. Dynastie aus der Nord-Süd Achse in Richtung Osten[1082] und der – wenn auch nur geringfügig – unterschiedlichen Neigung der Grabkorridore.[1083]

1082 Knickpyramide (2. Grabkammer), Rote Pyramide, Cheopspyramide, Chephrenpyramide und Mykerinospyramide.

1083 Kraus. Pyramidenkorridore, S. 153.

10. Quellenverzeichnis und Abkürzungen

10.1 Quellenverzeichnis Text

Abitz, Pyramidenbau
    Abitz, F., Der Bau der großen Pyramide mit einem Schrägaufzug, in: ZÄS 119 (1992), S. 61 ff.

Ägyptische Pyramiden 1
    Ägyptische Pyramiden, Band 1, Hrsg. Hobby-Ägyptologen der Gruppe Rott, Ausstellung Ägyptische Pyramiden, 1994

Ägyptische Pyramiden 2
    Ägyptische Pyramiden, Band 2, Hrsg. Hobby-Ägyptologen e. V., Roetgen-Rott, Ausstellung Ägypten – Land der Pyramiden, Monschau 1997

Altenmüller, Bauphase
    Altenmüller, H., Bemerkungen zur frühen und späten Bauphase des Djoserbezirks in Saqqara, in: MDAIK 28 (1972), S. 1–12.

Arnold, Amenemhet III.
    Arnold, D., Die Pyramide Amenemhets III. in Dahschur, in: MDAIK 38 (1982), S. 17 ff.

Arnold, Baukunst
    Arnold. D., Lexikon der ägyptischen Baukunst, Artemis & Winkler, München, 1997

Arnold, Building
    Arnold, D. Building in Egypt, Oxford University Press, 1991

Arnold, Controll Notes
    Arnold, F. The Control Notes and Team Marks, in: PMMA 23 (1990)

Arnold, Hawara
    Arnold, D., Die Pyramide Amenemhets III. in Hawara, in: MDAIK 35 (1979), S. 1 ff.

Arnold, Pyramiden
    Arnold, D. Die Pyramiden des Mittleren Reiches, in: (Hrsg.) Hawass, Z., Die Schätze der Pyramiden, Weltbild Verlag, Augsburg, 2004, S. 327 ff.

Arnold, Pyramidenbau
    Arnold, D. Überlegungen zum Problem des Pyramidenbaus in: MDAIK 37 (1981), S. 15 ff.

Arnold, Pyramidenbezirk
    Arnold, D. Der Pyramidenbezirk des Königs Amenemhet III. in Dahschur, Band I Die Pyramide, Mainz 1995.

Arnold, Sesostris
    Arnold, D., The Pyramid Complex of Senwrosnet I., in: PMMA 22 (1988)

Arthus-Bertrand
    Arthus-Bertrand, Y., Ägypten – ein Porträt in Luftbildern, RV Verlag, Berlin 1993

Aufrère, Sites
    Aufrère, S. Etc., L'Égypte Restituée, Tome 3, Sites, temples et pyramides des Moyenne et Basse Égypte, S. 219

Autuori, Mastaba Tombs
    Autuori, J.C., Back to the Mastaba Tombs of the first Dynasty at Saqqara. Officials or Kings? In: Hrsg. Pirelli, R., Egypological Essays on State and Society, Universitata Napoli, 2002

Barsoum, Große Pyramide
    Barsoum, M., Microstructural Evedence of Reconstituted Limestone Blocks in the Great Pyramids of Egypt, in: Journal of the American Ceramic Society, Vol. 89, Issue 12, Page 3788, December 2006

Bárta, Pyramidenfelder von oben
    Bárta, M. und Bruna V., Altägyptische Pyramiden-Felder von oben, in: Sokar 15 (2/2007), S. 62

Bassermann-Jordan, Zeitmessung
    Basserrmann–Jordan, E. v., Die

Geschichte der Zeitmessung und der Uhren, Band I, de Gruyter, Berlin, 1920

Becker, Chephren 1
Becker, J., Die Chephren Pyramide, in: Sokar 8 (1/2004), S. 6 ff.

Becker, Chephren 2
Becker, J., Der Bau der Chephrenpyramide in: Sokar 10 (1/2005), S. 24 ff.

Becker, Chephren 3
Becker, J., Der Bau der Chephrenpyramide in: Sokar 9(2/2004), S. 18 ff.

Becker, Pyramidenkorridore
Becker, J., Die Funktion der Pyramidenkorridore als vermessungstechnische Einrichtungen, in: Sokar 6 (1/2003), S. 14 ff.

Beckerath, Chronologie
Beckerath, v. J., Chronologie des pharaonischen Ägypten, Philipp von Zabern, Mainz, 1997

Berlandini, Menkauhor
Berlandini, J., La Pyramide »Ruinée« de Sakkara-Nord et le Roi Ikaouhor-Menkaouhor, RdE 31, S. 3–28

Bertinetti, Ägypten
Bertinetti, Marcello, Ägypten von oben, GEO Verlag, München 2003

Birell, Portucullis Stones
Birell, M., Portucullis Stones: Tomb security during The early Dynastic Period, in: BACE, Volume 11 (2000)

Bissing, Diodor
Bissing, F. W. Frhr. Von Der Bericht des Diodor über die Pyramiden, Verlag Dunker, Berlin, 1901

Bock, Stufenpyramiden
Bock, J. Die kleinen Stufenpyramiden des frühen Alten Reiches in: Sokar 12 (1/2006), S. 20 ff.

Boeing, Heise
Boeing, N. Systemmanagement im alten Ägypten, in: Technology Review, 2.4.2007, unter www.heise.de

Borchardt, Bohrer
Borchardt, L., Beiträge zu Griffith' Benihassan III. in: ZÄS, Band XXXV (1897), S. 107

Borchardt, Dritte Bauperiode
Borchardt, L., Einiges zur dritten Bauperiode der Großen Pyramide bei Gise, Julius Springer Verlag Berlin, 1932

Borchardt, Längen
Borchardt, L., Längen und Richtungen der vier Grundkanten der großen Pyramide bei Gise, Julius Springer Verlag Berlin, 1926

Borchardt, Meidum
Borchardt, L., Die Entstehung der Pyramide, Springer Verlag, Berlin, 1928

Borchardt, Neferirkare
Borchardt, L. Das Grabdenkmal des Königs Nefer-ir-ka-re, in Ausgrabungen der Deutschen Orient-Gesellschaft in Abusir, Hinrichs'sche Buchhandlung, Leipzig, 1909

Borchardt, Niuserre
Borchardt, L., Das Grabdenkmal des Ne-User-Re, in Wissenschaftliche Veröffentlichung der Deutschen Orient-Gesellschaft 7, Leipzig, 1907

Borchardt, Pyramide
Borchardt, L., Die Entstehung der Pyramide, Verlag von Julius Springer, Berlin, 1928

Borchardt, Re-Heiligtum
Borchardt, L., Das Re-Heiligtum des Niuserre, Band 1 - Der Bau -, Verlag von Alexander Duncker, Berlin, 1905

Borchardt, Sahure
Borchardt, L., Das Grabdenkmal des Königs Sahure, in: Wissenschaftliche Veröffentlichungen der Deutschen Orient-Gesellschaft 14, Band I Der Bau, Leipzig, 1910

Borchardt, Sahure Wandbilder
Borchardt, L., Das Grabdenkmal des Königs Sahure, in: Wissenschaftliche Veröffentlichungen der Deutschen Orient-Gesellschaft 14, Band II Die Wand-Bilder, Tafel 13, Leipzig, 1913

Borchardt, Zahlenmystik
: Borchardt, L., Gegen die Zahlenmystik an der großen Pyramide bei Gise, Verlag von Behrend & Co,, Berlin 1922

Bormann, Cheopspyramide
: Bormann, J. Die Technik beim Bau der Cheopspyramide – Rätsel und Lösungen, Verlag Haag und Herchen, Frankfurt/Main, 2009

Bormann, Pyramidenbau
: Bormann, J., Die Fördertechnik beim Bau der Pyramiden, in: Bautechnik 81 (2004), Heft 2, S. 134 ff.

Brier, Cheopspyramide
: Brier, B., Return to the Great Pyramid, in: Archaeology July/August 2009, S. 27 ff.

Brier, Pyramide
: Brier, B., How to build a Pyramid, in: Archaeology May/June 2007, S. 23 ff.

Brinks, Pyramidenbau
: Brinks, J. Einiges zum Bau der Pyramiden des Alten Reiches in: GM 78 (1984), S. 33 ff.

Brinks, Stufenhöhen
: Brinks, J., Die Stufenhöhen der Cheopspyramide – System oder Zufall? In: GM 48 (1981), S. 17 ff.

Brockhaus, Enzyklopädie
: Brockhaus Enzyklopädie, 17. Band, S. 265, Brockhaus, Wiesbaden, 1973

Brugsch, Thesaurus
: Brugsch, H., Thesaurus Altägyptische Inschriften, Fünfte Abteilung, S. 1298, Ziffer 2, Hinrichs'sche Buchhandlung, Leipzig, 1892

Bruyère, Deir el Médineh
: Bruyère, B., Les Fouilles Deir el Médineh 1933–1934, Cairo, Institut Français, 1937

Burkard, Literaturgeschichte
: Burkard, G., in: Burkard, G. – Thissen, H.J., Einführung in die Altägyptische Literaturgeschichte I. Altes und Mittleres Reich, Einführungen und Quellentexte zur Ägyptologie 1, München, 2003, S. 122

Carpiceci, Kunst und Geschichte
: Carpiceci, A., C., Kunst und Geschichte in Ägypten, Florenz, 1999

Charlton, Tura
: Charlton, N., The Tura Caves, in: JAE, Volume 64 (1978), S. 128

Chevrier, Technique
: Chevrier, H., Technique de la Construction, in: RdE 22 (1970), S. 20/21

Choisy, Kippschlitten
: Choisy, A, L'art de bâtir chez les Égyptiens, Verlag Ronveyre, Paris, 1904

Clarke und Engelbach, Egyptian
: Clarke, S. und Engelbach, R Ancient Egyptian Masonry, Oxford University Press, London, 1930

Cole, Determination
: Cole, J.H., Determination of the Exact Size and Orientation Of the Great Pyramid of Giza, Kairo, 1925.

Containerhandbuch
: www.containerhandbuch.de

Croon, Lastentransport
: Croon, L., Lastentransport beim Bau der Pyramiden, Dissertation, Buchdruckerei des Stephanstifts, Hannover, 1925

Daoud, Kairer
: Daoud, U.E., Unusual scenes in the Saqqara tomb of Kairer, in: Egyptian Archaeology 10 (1997), S. 6–7

Dassault, Cheops
: Dassault Sytemes, www.3ds.com/khufu

Davidovits, Histoire
: Davidovits, J., La nouvelle Histoire des Pyramides d'Égypte, Paris, 2004

Davies, Rechmire
: Davies, N. de G., The Tomb of Rekhmi-Re at Thebes, Vol. II, Publications of the MMA, Egyptian Expedition, Vol. XI, New York, 1948

Dereser, Djoser
: Dereser, Chr., Die Stufenpyramide von Djoser, in: Kemet 17, Heft 1 (2008), S. 43–47

Dörnenburg, Pyramidengeheimnisse
   Dörnenburg, F., Pyramidengeheimnisse? Enträtselte Mysterien, Patrik Brose, 2008

Domning, Ropework
   Domning, D. P., Some Examples of Ancient Egyptian Ropework, in: CdE, Tome LII, Nr. 104 (1977), S. 49 ff.

Dorka, Pyramid Building
   Dorka, U.E., Lifting of Stones in the 4. Dynasty Pyramid Building, in: GM 189 (2002), S. 11 ff.

Dorka, Seilwaagen
   Dorka, U. E. und Dorka Moreno, M.T., Altägyptische Seil-Waagen oder die Kunst des schwerelosen Hebens, iin: GM 227 (2010)

Dorner, Cheopspyramide
   Dorner, J. Das Basisviereck der Cheopspyramide in: Hrsg. Janosi, P., Festschrift Arnold, D., Österreichische Akademie der Wissenschaften, Wien 2005, S. 275–281

Dorner, Form der Knickpyramide
   Dorner, J., Die Form der Knickpyramide in: GM 126 (1992), S. 39 ff.

Dorner, Genauigkeit
   Dorner, J., Die Genauigkeit der altägyptischen Streckenmessung, in: Sokar 15 (2/2007), S. 50 ff.

Dorner, Knickpyramide
   Dorner, J., Form und Ausmaße der Knickpyramide in: MDAIK 42 (1986), S. 43–58

Dorner, Orientierung
   Dorner, J., Die Absteckung und astronomische Orientierung ägyptischer Pyramiden, Dissertation, Fakultät für Bauingenieurwesen und Architektur der Universität Innsbruck, 1981

Dorner, Rote Pyramide
   Dorner, J., Neue Messungen an der Roten Pyramide in Stationen – in: Hrsg. Guksch, H. und Polz, D. , Stationen – Beiträge zur Kulturgeschichte Ägyptens, Philipp von Zabern, Mainz, 1998

Dreyer, Sinki
   Dreyer, G. und N. Swelim. Die kleine Stufenpyramide von Abydos Süd (Sinki) – Grabungsbericht in MDAIK 38 (1982), S. 42 ff.

Dreyer, Stufenpyramiden
   Dreyer, G. und Kaiser, W. Zu den kleinen Stufen-Pyramiden Ober- und Mittelägyptens in: MDAIK, 36 (1980), S. 43 ff.

Edwards, Pyramiden
   Edwards, I.E.S., Die ägyptischen Pyramiden, Otto Harrassowitz, Wiesbaden, 1967

Edwards, Pyramids
   Edwards, I.E.S. The Pyramids of Egypt, Penguin Books, 1985

Ekrutt, Sterne
   Ekrutt, J. Sterne und Planeten, Gräfe und Unzer Verlag, 1990

Ekschmitt, Weltwunder
   Ekschmitt, Werner, Die sieben Weltwunder, Philipp von Zabern, Mainz, 10. Auflage 1996

El-Sayed u. a., Erdbeben
   El-Sayed, K.A., Sakr, M. A., Awad, E.A., National Seismic Network and Earthquake Aktivities in Egypt, in: Hrsg. Ayothiraman, R., Hemanta, H., Earthquake Hazards abd Migration, Verlag I.K. International Publishing House, Pvt. Ltd., New Delhi, Bangalore, Mumbai, 2008, S. 88–101

Ermann, Literatur
   Ermann, A. Die Literatur der Ägypter, Hinrichs'sche Buchhandlung, Leipzig, 1923

Ermann, Wörterbuch
   Ermann, A. und Grapow, H. (Hrsg.) Ägyptisches Handwörterbuch, Darmstadt, 1981

Fakhry, Pyramids
   Fakhry, A., The Pyramids, The University of Chicago Press, 1961

Fakhry, Snofru
   Fakhry, A., The Monuments of Sneferu at Dahshur, Kairo, 1959/1961

Fernau, Statuentransport
   Fernau,U., Zum Statuentransport im

Alten Ägypten, in: Kemet 16, Heft 1 (2007), S. 73–74

Firth, Exvacations
Firth, C. M., Exvacations of the Department of Antiquities at Saqqara, in: ASAE 29, S. 68

Firth, Step Pyramid
Firth, C.M. and Quibell, J., E., The Step Pyramid, Institut Francais, Kairo, 1935 Volume I, S. 128 und pl. 93, Ziff. 7

Fitchen, Leiter, Strick
Fitchen, J., Mit Leiter, Strick und Winde – Bauen vor dem Maschinenzeitalter, Basel, 1988

Franke, Großpyramiden
Franke, Chr. und Eggert, S., Ägyptische Großpyramiden vor 5000 Jahren – ein ungelöstes Problem, Eigenverlag, Dresden, 2005

Gardiner, Texts
Gardiner, A.H., Egyptian hieratic Texts, Series I: Litarary Texts of the New Kingdom, Part I, Leipzig 1911

Goedicke, Amenemhet I.
Goedicke, H. Re-used Blocks from the Pyramid of Amenemhet I. at Lisht, New York, 1971

Goneim, Horus Sechemchet
Goneim, M.Z., Exvacations at Saqqara, Horus Sechemchet, Volume I, Institut Francais d'Archeologie Orientale, Cairo, 1957

Goneim, Pyramide
Goneim, M. Z., Die verschollene Pyramide, Brockhaus Wiesbaden, 1995

Gossart, Cheops
Gossart, J., Le grand retour de Chéops in Kadath (70) 3, 1989, S. 6

Goyon, G., Aufweg
Goyon, G., La Chaussée monumentale et la Temple de la vallée de la Pyramide de Khéops, in: BIFAO 67 (1969), S. 49–70

Goyon, G., Cheopspyramide
Goyon, G., Die Cheopspyramide, Weltbildverlag Augsburg, 1990

Goyon, G., Messungen
Goyon, G. Les Rangs d'assises de la Grande Pyramide, in: BIFAO 78 (1978), S. 410–413

Goyon, J.-C., Karnak
Goyon, J.-C. und Golvin, J.-C., Karnak Ägypten – Anatomie eines Tempels, Ausstellungskatalog, Wasmuth Verlag Tübingen, 1990

Goyon, J.-C., La construction
Goyon, J.-C., Golvin, J.-C, Simon-Boidot, C., Martinet, C., La construction Pharaonique du Moyen Empire à l'époque Gréco-romaine, Paris, 2004

Graefe, Kernstruktur
Graefe, E. Grundsätzliches zur Kernstruktur der Pyramiden in: GM 191 (2002), S. 111

Graefe, Pyramidenbau
Graefe, E., Über die Determinanten des Pyramidenbaus bzw. Wie haben die Alten Ägypter die Pyramiden erbaut? in: Alter Orient und Altes Testament 274, Hrsg., Selz, G.J., Münster 2003 und (aktualisiert) unter www.uni-muenster.de/Philologie/Iaek/PYR

Grajetzki, Urkunden
Grajetzki, W., Urkunden aus einem Pyramidenbaubüro des MR, in: Sokar 19 (2/2009), S. 46 ff.

Greiss, Plant
Greiss, E.A.M., Anatomical Indentification of Plant Material from Anchient Egypt in: BdE Tome XXXI (1949), S. 249 ff. und Foto X

Gundacker, Meidum
Gundacker, R. Ausgewählte Baugraffiti der Pyramide von Meidum, in: Sokar 15 (2/2007), S. 24 ff.

Gundacker, Mykerinos
Materialien zur Länge der Regierung des Mykerinos, in: Sokar 21 (2/2010), S. 31 ff.

Gundacker, Snofru
Gundacker, R. Anmerkungen zum Bau der Pyramiden des Snofru in: Sokar 11 (2/2005), S. 9–23

Gupta, Das, Einbrüche
  Gupta, Das, T.K., Die Einbrüche in die Chufu – Pyramide, in: Kemet 16, Heft 2 (2007), S. 60 ff.

Haan, de, Construction
  Haan, de, H.J., The Contruction of the Eygyptian Pyramids – How to Maximise the Information from Available Data in: JARCE 47 (2011)

Haan, de, Egyptian Pyramids
  Haan, de, H.J., The Large Egyptian Pyramids – Modelling a Complex Engineering Project, BAR International Series 2057, Oxford, 2010

Haase, Ägyptens Pyramiden
  Haase, M., Vom Steinbruch zur Pyramidenspitze, in: Antike Welt, 40. Jahrgang, Heft 1 (2009), S. 17 ff.

Haase, Blockierstein
  Haase, M., Das Fragment eines Blockiersteins am Eingang der Cheopspyramide, in: Sokar 9 (2/2004), S. 16

Haase, Cheops
  Haase, M., Eine Stätte für die Ewigkeit – Der Pyramidenkomplex des Cheops, Philipp von Zabern, Mainz, 2004

Haase, Djedefre
  Haase, M., Goldenster der Falken – Sohn des Re in: Antike Welt 38, Heft 3 (2007), S. 53–61

Haase, Fallsteinsystem
  Haase, M., Das Fallsteinsystem der Cheopspyramide, in: Sokar 15 (2/2007), S. 31 ff.

Haase, Felskern
  Haase, M., Der Felskern der Cheopspyramide, in: G.A.R.L. 1/1993, S. 5–13

Haase, Knickpyramide
  Haase, M., Snofru und die Pyramiden von Dahschur, 1. Teil: Die Knickpyramide, in Sokar 1 (2001), S. 5

Haase, Knickpyramide 1
  Haase, M., Im Inneren der Knickpyramide, in: Sokar 14, (1/2007), S. 13–19

Haase, Megalithische Mauer
  Haase, M., Die megalithische Mauer westlich der Cheops-Pyramide, in: Sokar 20 (1/2010), S. 22 ff.

Haase, Pyramidenzeitalter
  Haase, M., Fehlstart ins Pyramidenzeitalter, in: Antike Welt 36. Jahrgang, Heft 6 (2005), S. 12

Haase, Rampe für Schwertransporte
  Haase, M. Eine Rampe für Schwertransporte beim Bau der Cheops-Pyramide, in: Sokar 15 (2/2007), S. 48–49

Haase, Rätsel des Cheops
  Haase, M. Das Rätsel des Cheops, Herbig Verlags-Buchhandlung, München, 2001.

Haase, Steinbruch
  Haase, M. Vom Steinbruch zur Pyramidenspitze in: Sokar 5 (2/2002), S. 37 oben
  Haase, Transportrampe Haase, M., Eine Transportrampe am Giza-Plateau?, in: Sokar 21 (2/2010), S. 22 ff.

Haase, Tränen
  Haase, M., Das Feld der Tränen, Ullstein, München, 2000

Haase, Vermächtnis
  Haase, M., Das Vermächtnis des Cheops, Herbig Verlagsbuchhandlung, München, 2003

Haase, Verschlusssteine
  Haase, M., Die Verschlusssteine der unteren Schächte der Cheops-Pyramide, in: Sokar 19 (2/2009), S. 6 ff.

Hampikian, Cheopspyramide
  Hampikian, N., How East he Pyramidion Placed at the Top of Khufu Pyramid? In: in: Hrsg. Guksch, H. und Polz, D., Stationen – Beiträge zur Kulturgeschichte Ägyptens, Philipp von Zabern, Mainz, 1998, S. 47–51

Handwörterbuch der Griechischen Sprache
  Sengebusch, M. Handwörterbuch der Griechischen Sprache, Erster Band A-K, Viehweg und Sohn, Braunschweig 1906

Hassan, Gisa
  Hassan, S., Excavations at Gisa, 1935–1936, Vol. VII, Goverment Press, Cairo 1953

Hassan, Gisa 1
  Hassan, S. Excavations at Gisa, 1932–1933,

Vol. IV, Goverment Press, Cairo 1943, Fig. 122

Hawass, Cheopspyramide
Hawass, Z., The Programs of the Royal Funarary Complexes of the Fourth Dynasty, in: Helck, W., (Hrsg.) Probleme der Ägyptologie, 9. Band, S. 224 ff.

Hawass, Kultpyramide
Hawass, Z., The Discovery of the Satellite Pyramid of Khufu (G I d), in: Studies in Honor of William Kelly Sipmson ,1996, S. 385 ff.

Hawass, Kultpyramide 1
Hawass, Z., Die Pyramiden von Gizeh, in: (Hrsg.) Siliotti, A., Ägyptische Pyramiden, Köln, 2004, S. 57

Hawass, Schätze
Hawass, Z., Die Schätze der Pyramiden, Hrsg., Weltbildverlag, Augsburg, 2004

Hawass/Verner
Hawass, Z. und Verner, M., Newly Discovered Blocks from the Causeway of Sahure in: MDAIK 51, (1995) S. 181–183 und Tafel 54

Heisel, Baubezeichnungen
Heisel, J.P., Antike Bauzeichnungen, Wissenschaftliche Buchgesellschaft, Darmstadt, 1993

Hinkel, Königspyramiden
Hinkel, W., Die Königspyramiden von Meroe, in: Antike Welt 2/2002, S. 189

Hodges, Pyramids
Hodges, P., How the Pyramids were built, Aris & Phillips Ltd, Warminster, 1989

Höhn, Pyramidenbau
Höhn, A. Ein Vorschlag zum Pyramidenbau, www.pyramidenbau.ch, 2003

Höhn, Winkelhebel
Höhn, A. Die Verwendung von Winkelhebeln beim Bau der Großen Pyramiden, www.pyramidenbau.ch, 2001

Hölscher, Chephren
Hölscher, U., Das Grabdenkmal des Königs Chephren, Hinrichs'sche Buchhandlung, Leipzig, 1912

Hoffmann, Kleinigkeiten
Hoffmann, F., Astronomische und astrologische Kleinigkeiten IV: Ein Zeichen für »Null« im Pp Carlsberg 32?, in: Enorchia 29 (2004/2005), S. 44–52

Horneffer, Herodot
Horneffer, A., Herodot Historien – Deutsche Gesamtausgabe, Kröner Verlag Stuttgart, Historien II, 125

Hornung, Chronology
Hornung, E., Krauss, R., Warburton, D.A., Hrsg. Ancient Eygyptian Chronology, HdO, Section 1, Band 83, Brill, Leiden, 2006

Hornung, Einführung
Hornung, E. Einführung in die Ägyptologie, Wissenschaftliche Buchgesellschaft, Darmstadt, 1993, S. 60 ff.

Houdin, Cheops
Houdin, J.-P., Cheops – Die Geheimnisse um den Bauprozess der Großen Pyramide, Verlag von Zabern, Mainz, 2007, Titel der engl. Ausgabe »Cheops – The secrets behind of the Great Pyramid«, Farid Atiya, 2006

Houdin, La Pyramide
Houdin, J.-P. und H., La Pyramide de Kheops, Paris, 2003

Illig, Cheopspyramide
Illig, H., Löhner, F., Der Bau der Cheopspyramide – Nach der Rampenzeit, Mantis Verlag, 2003

Isler I
Isler, M., On Pyramid Building, in: JARCE 22 (1985), S. 129–142

Isler II
Isler, M., On Pyramid Building II, in: JARCE 24 (1987), S. 95–112

Jánosi, Amenemhet I.
Jánosi, P., Der Pyramidenkomplex Amenemhets I. in Lischt in: Sokar 14, (1/2007), S. 51 ff.

Jánosi, Giza 4. Dynastie
Jánosi, P., Giza in der 4. Dynastie, Band 1, Wien, 2005

Jánosi, Königinnen
  Jánosi, P., Die Pyramidenanlagen der Königinnen, Verlag der Österreichischen Akademie der Wissenschaften, Wien 1996

Jánosi, Kultpyramiden
  Jánosi, Peter, Die Kultpyramiden des Alten und Mittleren Reiches in: Sokar Nr. 7, (2/2003). S. 4–25

Jéquier, Deux Pyramides
  Jéquier, G., Deux Pyramides du Moyen Empire, Institut Francais d'Archologie Orientale, Kairo, 1933 pl. XVII – XVIII, p. 58–65

Jones, Boats
  Jones, D., Boats, British Museum Press, London 1995, S. 36–43

Junker, Gisa
  Junker, H., Giza, Wien und Leipzig, 1929–1955, 12 Bände, Verlag Rohrer

Kerisel, Pyramide de Khéops
  Kerisel, J., Pyramide de Khéops, in: RdE 44 (1993), S. 34 ff.

Keyssner, Baustelle Gisa
  Keyssner, H., Baustelle Giza – Kritische Untersuchung zum Bau der Cheopspyramide, Institut für Baugeschichte der Universität Karlsruhe, 2007

Klebs, Reliefs I
  Klebs, L., Die Reliefs des alten Reiches, Carl Winters Universitätsbuchhandlung, Heidelberg, 1915

Klemm und Klemm, Die Steine der Pyramiden
  Klemm, R. und Klemm, D., Die Steine der Pyramiden, in: THOTs 5, Infoheft des Collegium Aegyptium www.Collegium-Aegyptium.de/collegium.html THOTs V, S. 18

Klemm u. Klemm, Integralrampe
  Klemm, R. und Klemm, D., Die Integralrampe als Konstruktionselement großer Pyramiden, in: Stationen – Beiträge zur Kulturgeschichte Ägyptens, Hrsg. Guksch, H. u. Polz, D., Verlag von Zabern, Mainz, 1998, S. 87–94

Klemm und Klemm, Steinbruch
  Klemm, R. und Klemm, D., Vom Steinbruch zur Pyramidenspitze in: Sokar 5 (2/2002), S. 34 ff.

Klemm u. Klemm, Steine
  Klemm, R. und Klemm, D., Steine und Steinbrüche im alten Ägypten, Springer Verlag, Berlin, 1992

Klemm und Klemm, Stones
  Klemm, R. und Klemm, D., The Stones of the Pyramid, to be published in SDAIK, 2008

Klemm, Klemm und Murr
  Klemm, D., Klemm, R. und Murr, A. Zur Lage und Funktion von Hafenanlagen an den Pyramiden des Alten Reiches in: SAK 26 (1998), S. 173 ff.

Kleppisch, Willkür
  Kleppisch, K., Willkür oder mathematische Überlegung Beim Bau der Cheopspyramide?, Verlag von Oldenburg, München und Berlin, 1927

Köpp, Altstraßenforschung
  Köpp, H., Bemerkenswerte Ergebnisse der Altstraßen-Forschung, in: Sokar 19 (2/2009), S. 71 ff.

Köpp, Straße der Pharaonen
  Köpp, H., Die Straßen der Pharaonen in: Sokar 18(1/2009), S. 34.

Korff, Klang der Pyramiden
  Korff, F.W., Der Klang der Pyramiden; Platon und die Cheopspyramide – das enträtselte Weltwunder, Olms Verlag, Hildesheim, 2009

Krauss, Bauzeit
  Krauss, R,., Zur Berechnung der Bauzeit an Snofrus Roter Pyramide in: ZÄS 125 (1998), S. 29 ff.

Krauss, Chronologie
  Krauss, R., Chronologie und Pyramidenbau in der 4. Dynastie, in: Or 66 (1997), S. 1 ff.

Krauss, Pyramidenkorridore
  Krauss, R., Weisen die Pyramidenkorridore den Weg zum Himmel? In: SAK 38 (2009), S. 151 ff.

Krauss, Snofru
   Krauss, R. The Length of Snofru's Reign and how long It took to build the »Red Pyramid«, in: JAE 82 (1996), S. 43 ff.

Kühn, Sternenzelt
   Kühn, Thomas, Das »Sternenzelt des Djedefre« in Abu Roasch, in: Kemet, Jahrgang 17 (2008), Heft 3, S. 18 ff.

LÄ *Lexikon der Ägyptologie*
   LÄ, Hrsg. W. Helck und R. Otto Band I – VII, Harrassowitz, Wiesbaden 1975–1992

Labrousse. Pyramdien 6. Dynastie
   Labrousse, A., Die Pyramiden der 6. Dynastie, in: Hawass (Hrsg.) Die Schätze der Pyramiden, Weltbildverlag, Augsburg, 2004

Labrousse, Unas
   Labrousse, Lauer, Leclant Le Temple Haut du Complexe Funéraire du Roi Unas, in: BdE 73 (1977)

Landström, Schiffe
   Landström, B., Die Schiffe der Pharaonen, Bertelmann, Wien, 1974

Landt, Cheopspyramide
   Landt, E., Ein neuer Kampf um die Cheopspyramide, Weidmannsche Buchhandlung, Berlin, 1923

Lattermann, Pyramidenbau
   Lattermann, W., Der Bau der Cheopspyramide, Eigenverlag, München, 2002

Lattermann, Cheopspyramide
   Lattermann, W., Der Bau der Cheopspyramide, in: Antike Welt, 34 Heft 4 (2003), S. 339 ff.

Lauer, Geheimnis
   Lauer, J.-P., Das Geheimnis der Pyramiden, Herbig Verlagsbuchhandlung München, 1980

Lauer, Pyramiden
   Lauer, J.-P., Histoire Monumentale des Pyramides d'Egypte, Tome I, Les Pyramides à Degrés, Kairo, 1962

Lauer, Histoire monumentale
   Lauer, J.-P., Histoire monumentale des pyramides d'Egypte, Tome 1, Les Pyramides à degrrés (III.Dynastie) BdE, no. 39. Cairo 1962

Lauer, Pyramide à Degrés
   Lauer, J.-P., La Pyramide à Degrés – L'Architecture Tome I – Texte, Kairo 1936

Lauer, Pyramide à Degrés 2
   Lauer, J-P., La Pyramide à Degrés, Kairo, 1962

Lauer, Pyramidenbau
   Lauer, J.-P., Le Problème de la Contruction de la Grande Pyramide in: RdE 40 (1989), S. 91 ff.

Lauer, Saujet el-Arian
   Lauer, J-P., Sur l'age et l'attribution possible de l'excavation monumentale de Zaouiêt el-Aryân, in: RdE 14 (1962), S. 21–36

Leclant, Pepi I.
   Leclant, J. und Labrousse, A. Die Ausgrabungen in der Nekropole der Königinnen Pepis I. in Saqqara von 1988–1998 in: Sokar 4 (1/2002), S. 10 ff.

Lehner, Architektonische Evolution
   Lehner, E. Wege der architektonischen Evolution, Phoibos Verlag, Wien, 1998

Lehner, Cheops Projekt
   Lehner, M., The Develoment of the Gisa Necropolis: The Khufu Project in: MDAIK 41 (1985), S. 109–143

Lehner, Geheimnis
   Lehner, M., Geheimnis der Pyramiden, Orbis Verlag für Publizistik München, 1999

Lehner, Schätze
   Lehner, M., Der Bau einer Pyramide im Alten Reich, in: Die Schätze der Pyramiden, Hrsg. Hawass, Weltbild Verlag, Augsburg, 2004, S. 32 ff.

Lepsius, Bau
   Lepsius, R., Über den Bau der Pyramiden in: Monatsberichte der Akademie der Wissenschaften zu Berlin, 1843, S. 177–203

Lepsius, Denkmäler I
   Lepsius, R., Denkmäler aus Aegypten und Aethiopien, Text Volume I,

Hinrichs'sche Buchhandlung, Leipzig, 1897

Lepsius, Denkmäler II
Lepsius, R., Denkmäler aus Aegypten und Aethiopien, Text Volume II, Hinrichs'sche Buchhandlung, Leipzig, 1897

Lepsius, Elle
Lepsius, R., Die Alt-Ägyptische Elle und ihre Entstehung, Königliche Akademie der Wissenschaften, Berlin 1865

Lepsius, Metalle
Lepsius, R., Die Metalle in den Ägyptischen Innschriften, Königliche Akademie der Wissenschaften, Berlin 1872

Little, »Chephren Diorite«
Little, O.H., Preliminary Report on some geological Specimens from the »Chephren Diorite« Quarries Western Desert, in: ASAE 33 (1933), S. 75 ff.

Lloyd, Herodot
Lloyd, A.B., Herodotus, Book II, Commentary 99–182, Brill, Leiden, 1988

Löhner, Pyramidenbau
Löhner, F., Pyramidenbau mit Seilrollenböcken in: www.cheops-pyramide.ch, 2007

Lucas, Egyptian
Lucas, A. und Harris, J.R., Ancient Egyptian Materials and Industries, Arnold LTD, London, 1962

Mackay, Tomb 260
Mackay, E., Note on a new Tomb (No. 260) at Drah abul Naga, Thebes, in: JEA III (1916), S. 125–126 and Pl. XV

Maragioglio
Maragioglio, V. und Rinaldi C.A., L'Achittetura delle Piramidi Menfite, Band II–VII, Turin/Rapallo, 1963–1970

Mendelsohn, A Building Desaster
Mendelsohn, K. A Building Desaster at the Meidum Pyramid, in: JEA, Vol. 59 (1973), S. 60 ff.

Mendelsohn, Rätsel
Mendelsohn, K., Das Rätsel der Pyramiden, Bechtermünz Verlag, Augsburg, 1999

Mohr, Mastaba
Mohr, H. T., The Mastaba of Hetep-her-Akhti, Brill, Leiden, 1943

Moores, Stone-Cutting
Moores, R. G. Evidence for Use of a Stone-Cutting Drag Saw by the Fourth Dynastie Egyptians, in: JARCE 28 (1991), S. 139 ff.

Morgan, Dahschur
Morgan, J. de, Fouilles à Dahchour en 1894–1895, Verlag Adolf Holzhausen, Wien, 1903

Müller-Römer, Der Klang der
Müller-Römer, F. Der Klang der Pyramiden – Wirklichkeit Pyramiden oder Wunschdenken?, in: Kemet 18, Heft 3 (2009), S. 60 ff.

Müller-Römer, Hebeanlage
Müller-Römer, F. Die Technik beim Bau der Cheopspyramide – Rätsel und Lösungen von Josef Bormann, in: Kemet 1/2010, S. 77.

Müller-Römer, Neubacher
Müller-Römer, »Helmar Neubacher – Vorschläge für den Bau der Cheopspyramide«, in: Kemet 2/2010, S. 70 ff.

Müller-Römer, Pyramiden
Müller-Römer, F. Die Technik des Pyramidenbaus im Alten Ägypten, Utz Verlag, München, 2008

Müller-Römer, SÄK 2009
Müller-Römer, F. »Ist das Rätsel um die äußere Form der Pyramiden gelöst? oder Der Klang der Pyramiden – Wirklichkeit oder Wunschdenken?«, Vortrag anlässlich der 41. SÄK 2009, unter http://archiv.ub.uni-heidelberg.de/propylaeumdok/volltexte/2009/307

Müller-Römer, Schiffbau
Müller-Römer, F., »Kritische Anmerkung zu Dorka Alt-Ägyptische Seilwaagen oder die Kunst des schwerelosen Hebens« in: GM 230 (2011)

Müller-Römer, Schifftransporte
　Müller-Römer, F., Transporte auf dem Nil mit Booten und Schiffen im Alten Ägypten, in: Kemet 2/2011

Müller-Römer, Vermessungstechnik
　Müller-Römer, F. Pyramidenbau im Alten Ägypten – auch eine vermessungstechnische Meisterleistung, in: Kemet 3/2010, S. 66–72

Munro, Unas
　Munro, P., Der Unas-Friedhof Nord West; Das Doppelgrab der Königinnen Nebet und Khenut, Verlag von Zabern, Mainz, 1993

Munt, Cheopspyramide
　Munt, H., Cheopspyramide – sensationelle Bautech
　nik, in: EFODON Dokumentation 43, 1999

Munt 2002, Bautechnik
　Munt, H. Die Bautechnik der Cheopspyramide I und II
　in: Kemet 11, Heft 4 (2002), S. 60 ff. und Kemet 12, Heft 1 (2003), S. 66 ff.

Mysteria3 000
　Mysteria3 000, Archiv, Jean-Pierre Houdin, Neue Theorie über den Bau der Cheopspyramide, www.mysteria3 000.de

Naville, Deir el Bahari
　Naville, E., The Temple of Deir el Bahari VI, London, 1908

Neubacher, Cheopspyramide
　Neubacher, H., Cheops-Pyramide gebaut mit den eigenen Barken, Books on Demand GmbH, Noderstedt, 2008

Nour, Cheops Boats
　Nour, W. Z., The Cheops Boats, Part I General Organisation for Goverment Printing Offices, Cairo, 1960

Obadalek, Meidum
　Obadalek, J., Einige Erkenntnisse über die Pyramide von Meidum in: ZÄS 107 (1980), S. 63 ff.

Oosterhoff, Bouwtechniek
　Oosterhoff, J., Boutechniek in de oude tijd, Delft University Press, 1991

Otto, Pyramiden
　Otto, G., Das Pharaonische Ägypten; Pyramiden – Produkte Menschlicher Eitelkeit, in: Kemet 3/2008, S. 4 ff.

Parry, Engineering
　Parry, D., Engineering the Pyramids, Sutton Publishing Limited, Gloucestershire, 2004

Pauly, RE
　Paulys Real-Encyclopädie der Classischen Altertumswissenschaften, Fünfter Band, S. 663, Hrsg. Wissowa, G., Metzlersche Buchhandlung Stuttgart, 1905

Perring, Pyramids I
　Perring, J.E., Pyramids I,

Perring, Pyramids II
　Perring, J.E., Pyramids II, reprint of the edition London 1893, LTR Verlag Wiesbaden, 1982

Perring, Pyramids III
　Perring, J.E., Pyramids III

Perrot, Ägypten
　Perrot, G. und Chipiez, C. Ägypten, Leipzig, Brockhaus Verlag, 1884

Petrie, Buildiing
　Petrie, W.M.F., The Building of the Pyramid, in: AE 15 (1930), Part II, S. 33–39

Petrie, Kahun
　Petrie, W.M.F., Kahun, Gurob and Hawara, London, 1890; S. 27, Tafel IX

Petrie, Medum
　Petrie, W.M.F., Medum, London 1892, S. 11 ff. und Pl. VIII

Petrie, Meidum
　Petrie, W. M. F., Mackay, E. und Wainwright, G., Meydum and Memphis (III), in: BSAE 18 (1910)

Petrie, Pyramids
　Petrie, W.M.F., The Pyramids and Temples of Gizeh, London, 1883

Petrie, Tools
　Petrie, W.M.F., Tools and Weapons, London, 1917

Pichot, Wissenschaft
　Pichot, A., Die Geburt der Wissenschaft,

Wissenschaftliche Buchgesellschaft, Darmstadt, 1995

Pitlik, Baustelle
Pitlik, H., Baustelle Cheopspyramide aus Sicht eines Bauleiters, Eigenverlag, Wien, 2002

Pitlik, Cheopspyramide
Pitlik, H., Baustelle Cheopspyramide, in: GM 129 (1992), S. 83 ff.

Polz, Habilitation
Polz, D. Der Beginn des neuen Reiches – Zur Vorgeschichte einer Zeitenwende, Habilitation LMU München, 2006, DAI Kairo, Sonderschrift 31, Verlag Walter de Gruyter, Berlin, New York, 2007

Quibell, Saqqara
Quibell, J.E., Excavations at Saqqara, The Tomb of Hesy, Kairo, 1913

Quibell, Teti
Quibell, J.E., Excavations at Saqqara, Teti Pyramid, North Side, Kairo, 1927, Innenseite Deckblatt

Radwan, Stufenpyramiden
Radwan, A. Die Stufenpyramiden, in: Hawass (Hrsg.) Die Schätze der Pyramiden, Weltbild, Augsburg, 2004, S. 88

Ramsey, Radiocarbon
Ramsey, B. u. a., Radiocarbon-Based Cronology for Dynastic Egypt in: Science, Vol. 328 (2010), S. 1554 ff.

Regourd, Mortar
Gegourd, M., Kerisel, J., Deletie, P., Haguenauer, B., Microstructure of Mortars from three Egyptian Pyramids, Proceedings of the First International Symposium on the Application of modern Technology to Archaeological Explorations at the Giza Necropolis, Cairo, Dezember 1987

Reinecke, Mathematik
Reineke, W.F., Gedanken zum vermutlichen Alter der mathematischen Kenntnisse im alten Ägypten, in: Zeitschrift für Ägyptische Sprache und Altertumskunde (ZÄS) Band 105, 1978.

Reisner, Catalogue General
Reisner, G.A., Catalogue General des Antiquités Egyptiennes, No. 4798–4976 et 5034–5200, Le Caire, 1913

Reisner, Chaba
Reisner, G. A., The Development of the Egyptian Tomb down to the Accession of Cheops, Harvard University Press, Cambridge, 1936

Reisner, Mykerinos
Reisner, G. A., Mycerinos, The temples of the Third Pyramid at Giza, Havard University Press, Cambridge, 1931

Reisner, Ships
Reisner, G. A., Models of Ships and Boats, Cairo, 1913

Richter, Hartsteinbearbeitung
Richter, K., Altägyptische Hartsteinbearbeitung durch Sägen, in: Sokar 4 (1/2002). S. 30–31

Richter, Hemutiu
Richter, K., Auf den Spuren der »Hemutiu« in: Sokar 3 (2/2001), S. 29 ff.

Richter, Kupfer
Richter, K. Kupfer als Werkstoff im Alten Reich, in Sokar 6 (1/2003), S. 40

Riedl, Pyramidenbau
Riedl, O.M., Der Pyramidenbau und seine Transport-Probleme, Eigenverlag, Wien, 1980

Riedl, 1981
Riedl, O.M., Das Transportproblem bei Bau der Großen Pyramiden, in: GM 52 (1981), S. 67 ff.

Riedl, 1982
Riedl, O.M., Nachtrag zu Das Transportproblem beim Bau der großen Pyramiden, in: GM 53 (1982), S. 47 ff.

Romer, Pyramid
Romer, J., The Great Pyramid, Cambridge University Press, 2007

Rousseau, Construire
Rousseau, J., Construiere la Grande Pyramide, Paris, 2001

Ryan, Old Rope
Ryan, D. Old Rope in: KMT 4, No. 2.

Saleh, Mycerinos Pyramid
Saleh, A., Excavations Around Mycerinos Pyramid Complex in: MDAIK 30 (1974)

Santos, Bautechnik
Santos, dos, A., Theorien zur Bautechnik der Großen Pyramide in: Kemet 7, Heft 3 (1998), S. 27 ff.

Sauerbier, Bohrwerkzeuge
Sauerbier, A., Bohrwerkzeuge in der Pyramidenzeit, in: Sokar 5 (2/2002), S. 44

Schäfer, Annalen
Schäfer, H. Ein Bruchstück altägyptischer Annalen, Abhandlung der Preußischen Akademie der Wissenschaften zu Berlin, phil.-hist. Abteilung, Anhang, Berlin 1902

Schulze, Falken
Schulze, P., Der Sturz des göttlichen Falken, Lübbe Verlag, Bergisch-Gladbach, 1983

Siliotti, Ägyptische Pyramiden
Siliotti, A., Ägyptische Pyramiden, Müller Verlag Köln, 2004

Simon, Integralrampe
Simon, U., Die Integralrampe unter www.ramses-tai/die Integralrampe, Stand 24.07.2010

Spencer, Brick Architecture
Spencer, A. J., Brick Architecture in Ancient Egypt, Aris Phillips Ltd., Warminster, 1979

Spiegel, Reformbewegungen
Spiegel, J., Soziale und weltanschauliche Reformbewegungen im Alten Ägypten, Heidelberg, 1950

Stadelmann, Ägypten
Stadelmann. R., Die Herrschergräber – Zwischen Tradition und Innovation, in: Ägypten – Die Welt der Pharaonen, (Hrsg.) Schulz, R. und Seidel, M., Köln, 1997

Stadelmann, Große Pyramiden
Stadelmann, R., Die großen Pyramiden von Giza, Akademische Druck- und Verlagsanstalt Graz, 1990

Stadelmann, MDAIK 36
Stadelmann, R., Snofru und die Pyramiden von Meidum und Dahschur, in: MDAIK 36 (1980), S. 437 ff.

Stadelmann, MDAIK 38
Stadelmann, R., Die Pyramiden des Snofru in Dahschur, Erster Bericht über die Ausgrabungen an der nördlichen Steinpyramide in: MDAIK 38 (1982), S. 380 ff.

Stadelmann, MDAIK 39
Stadelmann, R., Die Pyramiden des Snofru in Dahschur, Zweiter Bericht über die Ausgrabungen an der nördlichen Steinpyramide in: MDAIK 39 (1983), S. 234

Stadelmann, MDAIK 43
Stadelmann, R., Beiträge zur Geschichte des AR. Die Länge der Regierung des Snofru in: MDAIK 43 (1987), S. 229 ff.

Stadelmann, Pyramide und Sonnen-Heiligtum
Stadelmann, R., Pyramide und Sonnenheiligtum des Userkaf in Sakkara und Abusir in: Sokar 7 (2/2003), S. 26

Stadelmann, Pyramiden
Stadelmann, R., Die ägyptischen Pyramiden, Verlag von Zabern, 3. Auflage 1997

Stadelmann, Pyramiden 4. Dynastie
Stadelmann, R., Die Pyramiden aus der Zeit der 4. Dynastie, in: Hawass, Die Schätze der Pyramiden, Weltbild, Augsburg, 2004, S. 112 ff.

Stein, Herodot
Stein, H., Herodotos, Erster Band, Waidmann'sche Buchhandlung, Berlin, 1883

Steindorff, Grab des Ti
Steindorff, G., Das Grab des Ti, Tafel 134, Hinrichs'sche Buchhandlung, Leipzig, 1913

Stocks, Antiquity
Stocks, D.A., Stone sarcophagus

manufacture in Ancient Egypt, in: Antiquity 73 (1999), S. 918–922

Stocks, Experiments
Stocks, D.A., Experiments in Egyptian Archaelogy Stoneworking technology in Ancient Egypt, Routlege, London, 2003

Stocks, Great Pyramid
Stocks, D., Immutable laws of friction; preparing and fitting stone blocks into the Great Pyramid of Giza, in: Antiquity 77 (2003), S. 572–578

Stocks, Handwerker
Stocks, D., Auf den Spuren von Cheops' Handwerkern, in: Sokar 10 (1/2005), S. 4–9

Stocks, Steinobjekte
Stocks, D., Das Bewegen schwerer Steinobjekte im Alten Ägypten in: Sokar 18 (1/2009), S. 38–43.

Stocks, Werkzeugkonstrukteure
Stocks, H., Werkzeugkonstrukteure im Alten Ägypten, in: Sokar 15 (2/2007), S. 74 ff.

Stöcker, Physik
Stöcker, H., Taschenbuch der Physik, Verlag Harry Deutsch, Frankfurt a. Main, 2000

Strub-Roessler, Pyramiden
Strub-Roessler, H., Vom Kraftwesen der Pyramiden, in: Technische Rundschau Nr. 42/43 (1952), Bern

Tafelwerk
Das große Tafelwerk, Verlag Cornelsen, Berlin, 2008

Teeter, Ropw-Making
Teeter, E., Techniques and Terminology of Rope-making in Ancient Egypt, in: JAE 73 (1987), S. 71 ff.

Theis, Chronologische Abfolge
Theis, Ch., Die chronologische Abfolge der Pyramiden der 13. Dynastie, in: Sokar 19 (2/2009), S. 52 ff.

Theis, Pyramiden
Theis, Ch., Die Pyramiden des Chendjer, des Ameni-Qemau und das Grabmal eines unbekannten Königs in Saqqara-Süd, in: Kemet 3/2008, S. 33 ff.

Theis, Pyramiden der 13. Dynastie
Theis, Chr., Die Pyramiden der 13. Dynastie, in: SAK 38 (2009), S. 311–342

Tietze, Pyramide
Tietze, Christian, Die Pyramide, Verlag Arcus, Potsdam, 1999

Tompkins, Große Pyramide
Tompkins, P., Cheops – Die Geheimnisse der Großen Pyramide, Knaur, Bern und München, 1995

Unterberger, Tricks
Unterberger, E., Die Tricks der Pyramidenbauer – Vermessung und Bau der ägyptischen Pyramiden, Eigenverlag, Innsbruck, 2008

Urkunden I
Urkunden des Alten Reichs, Erster Band, bearbeitet von Sethe, K., Hinrich'sche Buchhandlung, Leipzig, 1933

Valloggia, Abu Roasch
Valloggia, M., Unvollendete Pyramiden aus der Zeit der 4. Dynastie, in: Hawass, Hrsg., Die Schätze der Pyramiden, Weltbildverlag, Augsburg, 2004, S. 230/231

Valloggia, Djedefre
Valloggia, M., Le complexe funéraire de Rêdjédef á Abou Rawash: état des travaux après dix campagnes (1995–2004) in: BSFE, S. 12 ff.

Valloggia, Egyptian Archaeology
Valloggia, M., Radjedef's pyramid complex at Abu Rawash, in: Egyptian Archaeology 23, (Autumm 2003), S. 11

Vallogia, Im Zeichen des Re
Vallogia, M., Im Zeichen des Re, in: Sokar 13 (2/2006), S. 19

Vaaloggia, Unvollendete Pyramiden
Valloggia, M., Unvollendete Pyramiden aus der Zeit der 4. Dynastie, in: Hawass (Hrsg.) Die Schätze der Pyramiden, Weltbild, Augsburg, 2004, S. 226–231

Vercoutter, Mirgissa
: Vercoutter, J., Hrsg., Vila, A. in: Mirgissa I., Chapitre II, Les Vestiges de la Plaine, S. 193 ff., Paris, 1970

Vermeulen, Cheopspyramide
: Vermeulen, J. Das Geheimnis der Cheops-Pyramide, in: Bild der Wissenschaft, Februar 1989, S. 43

Verner, Abusir
: Preliminary Report 1997/8, Excavations at Abusir in: ZÄS 126 (1999), S. 70–76

Verner, Kongress
: Verner, M., www.archeogate.org/egittologia/article/657/1/nuove-

Verner, Lepsius XXIV 1997
: Verner, M., Excavations at Abusir in: ZÄS 124 (1997), S. 71–76

Verner, Lepsius XXIV 1998
: Verner, M., Pyramide Lepsius XXIV, Beiträge zur Kulturgeschichte Ägyptens, in: Hrsg. Guksch, H. und Polz, D., Stationen – Beiträge zur Kulturgeschichte Ägyptens, v. Zabern, Mainz, 1998, S. 145–150

Verner, Lepsius XXIV, 2004
: Verner, M. und Krejci, J. Die Zwillingspyramide L 25 in Abusir, in: Sokar 8 (1/2004), S. 20–22

Verner, Pyramiden
: Verner, M., Die Pyramiden, Rowohlt Verlag GmbH, 1998

Verner, Pyramiden der 5. Dynastie
: Verer, M. Die Pyramiden aus der Zeit der 5. Dynastie, in: Hawass (Hrsg.) Die Schätze der Pyramiden, Weltbild, Augsburg, 2004, S. 237–259

Verner, Raneferef
: Verner, M. et al. The Pyramid Complex of Raneferef, Abusir IX – The Archaeolgy, Tschechisches Institut für Archäologie, Prag 2006

Verner, unvollendete Pyramide
: Verner, M., Eine zweite unvollendete Pyramide in Abusir, in: ZÄS 109 (1982), S. 75–78

Verner, verlorene Pyramiden
: Verner, M. Verlorene Pyramiden, vergessene Pharaonen, Akademia Skoda-export, Prag, 1994

Vogel, Nilschifffahrt
: Vogel, C. Nilschifffahrt im Bereich des Zweiten Katarakts in: SAK 26 (1998), S. 265 ff.

Vymazolová, König Menkauhor
: Vymazolová, H. und Coppens, F., König Menkauhor, in: Sokar, 17 (2/2008), S. 35

Vyse, Operations
: Vyse, H. Operations carried out on the Pyramids of Gizeh, Vol. I – III, London 1840–42

Weinstein, Annealing
: Weinstein, J. ; A Fifth Dynasty Reference to Annealing, in: JARCE 11 (1974), S. 23–25

Welt online
: Welt online, 2.4.2007, www.welt.de/wissenschft

Wessel
: Wessel, P., Physik, Hirzel Verlag Leipzig, 1950

Wiedemann, Diodor
: Wiedemann, A., Handbücher der Alten Geschichte, Band I, Ägyptische Geschichte, S. 179, Verlag Gotha, 1884

Wildung
: Wildung, D., Ägypten, Taschen Verlag Köln, 1997

Willburger, Funktionsrampen
: Willburger, N., Die Technik des Pyramidenbaus von Giza, http://www.archaeologie-online.de/magazin/fundpunkt/forschung/2002/die-technik-des-pyramidenbaus-von-giza

Wilkinson, Funerary
: Wilkinson, T.,: Before the Pyramids: Early Developments in Egyptians Royal funerary Ideology in: Hrsg. Hendrickx. S. u. a. Egypt at its Origins, Orientalia Lovaniensia Analecta, 138 (2004)

Winkler, Pyramidenbau
: Winkler, R., Logistik des Pyramiden-

Baues, Dissertation, Fakultät 1 Architektur und Stadtplanung der Universität Stuttgart, 2002.

Wolf, Blockierungssysteme
Wolf, N., Blockierungssysteme in Grabanlagen des Alten Reiches, Diplomarbeit, Universität Wien, 2006

Wolf, Snofru
Wolf, N., Die Blockiersysteme in Snofrus Pyramiden, in: Sokar, 11 (2/2005), S. 24–30

10.2 Quellenverzeichnis Abbildungen

1.1	Müller-Römer nach Tietze, Pyramide, S. 43 o./Grund
1.2	Müller-Römer/Grund
2.1.1	Müller-Römer nach Arnold, Building, p. 160, fig. 4.88/1/Grund
2.1.2	Egyptian Photographic Archive
2.1.3	Müller-Römer nach Maragioglio VI, TAV. 4, fig. 2/Grund
2.1.4	Müller-Römer nach Arnold, Building, p. 160, fig. 4.88/6/Grund
2.2.1	Müller-Römer nach Maragioglio VI, TAV. 14, fig. 5/Grund
2.2.2	Müller-Römer nach Maragioglio VI, TAV. 12, fig. 1
2.2.3	Müller-Römer nach Maragioglio V Addenda, TAV. 6, fig. 8/Grund
4.1.1.1	Clarke und Engelbach, p. 16
4.1.1.2	Steindorf, Grab des Ti
4.1.2	Foto Müller-Römer
4.1.3.1	Davies, Rechmire, Pl. LVIII
4.2.2.1.1	Reisner, Mycerinos, Pl. A (6)
4.2.2.1.2	Müller-Römer nach Arnold, Building, p. 283, fig. 6.4.6/Grund
4.2.2.1.3	Foto MMA 15.3.1118
4.2.2.1.4	Bruyère, Deir el Médineh, p. 122, fig. 54
4.2.2.1.5	Lauer, Histoire monumentale
4.2.2.2.1	Müller-Römer nach Domning, Ropework, p. 50/Grund
4.2.2.2.2	Borchardt, Sahure Wandbilder
4.2.2.3.1	Borchardt, Dritte Bauperiode, Tf. 4
4.2.2.3.2	Petrie, Pyramids, Pl. XII
4.2.2.4	Müller-Römer nach Maragioglio VI, TAV. 7, fig. 3/Grund
4.2.2.5.1	Hölscher, Chephren, Ausschnitt Bl. XVIII
4.2.2.5.2	Hölscher, Chephren, S. 77
4.2.2.5.3	Hölscher, Chephren, S. 74
4.2.2.5.4	Daoud Kairer, vom Autor bearbeitet
4.2.2.5.5	Müller-Römer nach Munt, Kemet 4 (2002), Abb. 2, S. 61/Grund
4.2.2.5.6	Müller-Römer nach Höhn, Pyramidenbau/Grund
4.2.2.5.7	Müller-Römer nach Höhn, Pyramidenbau, vom Autor bearbeitet
4.3.1.1.1	Lattermann, Pyramidenbau, S. 24
4.3.1.1.2	Müller-Römer nach Maragioglio VI, TAV. 4, fig. 2/Grund
4.3.1.1.3	Hassan, Gisa 1
4.3.1.1.4	Davies, Rechmire, Pl. 23; Zeichnung nach Newberry
4.3.2.2.1	Dreyer, Sinki
4.3.2.2.2	Dreyer, Sinki
4.3.2.3	Petrie, Medum, Pl. II
4.3.2.4	Müller-Römer nach Arnold, Building, p. 81 und Stadelmann, MDAIK 38/Grund
4.3.2.5	Müller-Römer nach Haase, Trans-

	porte, S. 26/Grund	4.4.9.2	Davies, Rechmire, Pl.LXII
4.3.2.7	Müller-Römer nach Vogel, Nilschifffahrt, S. 267/Grund	5.1.1.1	Foto Müller-Römer
		5.1.1.5.1.1	Foto Müller-Römer
4.3.3.1	Müller-Römer nach Lauer, Histoire monumentale, p. 240, F. 67/Grund	5.1.1.5.1.2	Foto Müller-Römer
		5.1.1.5.2.1	Foto Alberto Rossi
4.3.3.2	Mohr, Mastaba, p. 39, Fig. 3	5.1.1.5.2.2	Foto Müller-Römer
4.3.3.3	Reisner, Ships, p. 88/89	5.1.2.2.1	Müller-Römer nach Klemm und Klemm, Stones, fig. 73/Grund
4.3.4	Quibell, Teti, inneres farbiges Deckblatt		
		5.1.2.2.2	Foto Müller-Römer
4.4.1.1	Müller-Römer nach Unterberger, Tricks, S. 123	5.1.2.2.3	Foto Müller-Römer
		5.1.2.2.4	Foto Müller-Römer
4.4.1.2	Müller-Römer nach Unterberger, Tricks, S. 135	5.1.2.2.5	Foto Müller-Römer
		5.1.2.2.6	Foto Müller-Römer
4.4.1.3	Müller-Römer nach Unterberger, Tricks, S. 191	5.1.2.2.7	Foto Müller-Römer
		5.1.2.2.8	Foto Müller-Römer
4.4.1.4	Müller-Römer nach Unterberger, Tricks, S. 195	5.1.2.3	Foto Müller-Römer
		5.1.2.4	Foto Müller-Römer
4.4.1.5	Müller-Römer nach Unterberger, Tricks, S. 199	5.1.2.6.1	Müller-Römer nach Maragioglio VI, TAV 4, fig. 2/Grund
4.4.3	Müller-Römer nach Goyon, La construction, fig. 351/Grund		
		5.1.2.6.2	Foto Müller-Römer
4.4.4.1	Müller-Römer nach Goyon, La construction, Abb. 502/Grund	5.1.2.6.3	Foto Müller-Römer
		5.1.2.6.4	Müller-Römer nach Maragioglio VI, TAV. 4, fig. 2/Grund
4.4.4.2	Müller-Römer nach Arnold, Baukunst, S. 163/Grund		
		5.1.2.6.5	Foto Müller-Römer
4.4.4.3	Borchardt, Niuserre, S. 154	5.1.2.6.6	Foto Müller-Römer
4.4.4.4	Müller-Römer nach Maragioglio IV, TAV. 12, fig. 10/Grund	5.1.2.6.7	Foto Müller-Römer
		5.1.2.9.1	Müller-Römer nach Lehner, Geheimnis, S. 142/Grund
4.4.4.5	Müller-Römer nach Unterberger, Tricks, S. 31 u./Grund		
		5.1.2.9.2	Foto Müller-Römer
4.4.5.1	Müller-Römer nach Unterberger, Tricks, S. 79 o./Grund	5.1.2.10	Foto Müller-Römer
		5.1.2.15	Müller-Römer nach Maragioggio VIII, TAV. 12/Grund
4.4.5.2	Müller-Römer nach Unterberger, Tricks, S. 81 u./Grund		
		5.1.3.1	Müller-Römer nach Lehner, Geheimnis, S. 164/Schüller
4.4.6.1	Edwards, Pyramiden, S. 179, Abb. 55		
4.4.6.2	Müller-Römer nach Unterberger, Tricks, S. 49 u./Grund	5.1.3.2	Müller-Römer nach Fakhry, Pyramids, p. 203, fig. 108/Grund
4.4.6.3	Müller-Römer nach Unterberger, Tricks, S. 51 u./Grund	5.3.1	Müller-Römer
		5.3.2	Müller-Römer nach Mendelson, S. 119
4.4.7	Müller-Römer nach Winkler, Pyramidenbau, S. 38/Grund		
4.4.9.1	Petrie, Kahun, Pl. IX		

5.3.3	Lauer, Pyramiden Pl. 10	7.4.4.1	Müller-Römer nach Graefe, Pyramidenbau, Abb. 4/Grund
5.3.4	Borchardt, Meidum, S. 5	7.4.4.2	Müller-Römer nach Graefe, Pyramidenbau, Abb. 3/Grund
5.3.5	Borchardt, Meidum, Tafel 3	7.4.4.3	Müller-Römer nach Graefe, Pyramidenbau, Abb. 6/Grund
5.3.6	Müller-Römer nach Maragioglio III, TAV. 3, fig. 1, vom Autor bearbeitet	7.4.4.4	Müller-Römer nach Graefe, Pyramidenbau, Abb. 13/Grund
5.3.7	Müller-Römer nach Medelsohn, S. 124/Grund	7.4.4.5	Müller-Römer nach Graefe, Pyramidenbau, Abb. 12/Grund
5.3.8	Müller-Römer/Grund	7.4.5.1	Hampikian, Cheopspyramide, Abb. 1
5.3.9	Foto Müller-Römer	7.4.6	Müller-Römer nach Hölscher, Chephren, Deckblatt
5.4.1	Cklarke und Engelbach, Egyptian, p. 212, fig. 257	7.4.7	Petrie, Building/Grund
5.4.2	de Morgan, Dahschur, p. 48	7.4.8.1	Müller-Römer nach Houdin, Cheops, S. 44 unten/Grund
6.1	Lattermann, Pyramidenbau, S. 32	7.4.8.2	Müller-Römer nach Houdin, Cheops, S. 51 unten/Grund
7.3.1	Arnold, Pyramidenbau, S. 22	7.4.8.3	Müller-Römer nach Houdin, Cheops, S. 66 unten/Grund
7.3.2.1	Stadelmann, Große Pyramiden, S. 267	7.4.8.4	Müller-Römer nach Houdin, Cheops, S. 70 untenGrund
7.3.2.2	Stadelmann, Große Pyramiden, S. 268	7.4.9	Müller-Römer nach Willburger, Funktionsrampen/Grund
7.3.3	Lauer, Pyramidenbau, S. 106, Pl. 2	7.5.1.1	Isler I, p. 136, fig. 7
7.3.4	Borchardt, Pyramide, Tafel 4 untere Hälfte	7.5.1.2	Isler I, p. 140, fig. 20
7.3.5	Lattermann, Pyramidenbau, S. 27	7.5.2.1	Croon, Lastentransport, S. 26, Tafel 5, Abb. 15 und 16
7.3.6.1	Müller-Römer nach Höhn, Pyramidenbau	7.5.2.2	Croon, Lastentransport, S. 54, Tafel 9, Abb. 30 und 31
7.3.6.2	Müller-Römer nach Höhn, Pyramidenbau	7.5.3.1	Müller-Römer nach Löhner, Pyramidenbau/Grund
7.3.6.3	Müller-Römer nach Höhn, Pyramidenbau	7.5.3.2	Müller-Römer nach Löhner, Pyramidenbau/Grund
7.3.6.4	Müller-Römer nach Höhn, Pyramidenbau	7.5.4.1	Dos Santos, Bautechnik, Abb. 16
7.4.1.1	Goyon, Cheopspyramide, S. 133, Abb. 74	7.5.4.2	Dos Santos, Bautechnik, Abb. 14
7.4.1.2	Goyon, Cheopspyramide, S. 135, Abb. 75	7.5.5.1	Riedl, 1981, Abb. S. 46
7.4.2.1	Lehner, Cheops Project, S. 130, fig. 5	7.5.5.2	Riedl, 1982, Abb. S. 48
7.4.2.2	Lehner, Cheops Project, S. 131, fig. 6 und 7	7.5.6.1	Abitz, Pyramidenbau, S. 67, Abb. 2
7.4.3.1	Müller-Römer nach Klemm und Klemm, Integralrampe/Grund	7.5.6.2	Abitz, Pyramidenbau, S. 70, Abb. 4
7.4.3.2	Müller-Römer nach Simon, Integralrampe, Abb. 4/Grund		

7.5.6.3	Abitz, Pyramidenbau, S. 71, Abb. 6	7.5.14.4	Müller-Römer nach Unterberger, Tricks, S. 195/Grund
7.5.6.4	Abitz, Pyramidenbau, S. 71, Abb. 5	7.5.14.5	Müller-Römer nach Unterberger, Tricks, S. 199/Grund
7.5.7.1	Munt, 2002, Abb. 5	7.5.15.1	Müller-Römer nach Haan, de, Egyptian Pyramids, p. 4/Grund
7.5.7.2	Foto Munt		
7.5.8.	Dorka, Pyramid Building S. 19, vom Autor bearbeitet	7.5.15.2	Müller-Römer nach Haan, de, Egyptian Pyramids/Grund
7.5.8.2	Dorka, Seilwaagen, vom Autor bearbeitet	7.5.15.3	Haan, de, Egyptian Pyramids, p. 24, vom Autor bearbeitet
7.5.9	Pitlik, Cheopspyramide, S. 85	7.5.15.4	Haan, de, Egyptian Pyramids, p. 17, vom Autor bearbeitet
7.5.10.1	Müller-Römer nach Bormann, Cheopspyramide, S. 23/Grund	7.5.16.1	Hodges, Pyramids, p. 22, fig. 24, vom Autor bearbeitet
7.5.10.2	Müller-Römer nach Bormann, Cheopspyramide, S. 25/Grund	7.5.16.2	Hodges, Pyramids, p. 27, fig. 30, vom Autor bearbeitet
7.5.10.3	Müller-Römer nach Bormann, Cheopspyramide, S. 72/Grund	7.5.16.3	Hodges, Pyramids, p. 30, fig. 33, vom Autor bearbeitet
7.5.10.4	Müller-Römer nach Bormann, Cheopspyramide, S. 46/Grund	7.5.16.4	Hodges, Pyramids, p. 31, fig. 34, vom Autor bearbeitet
7.5.10.5	Müller-Römer nach Bormann, Cheopspyramide, S. 52/Grund	7.5.16.5	Hodges, Pyramids, p. 69, fig. 69, vom Autor bearbeitet
7.5.11.1	Foto MMA 96.4 9	7.5.16.5	Hodges, Pyramids, p. 91, fig. 81, vom Autor bearbeitet
7.5.11.2	Müller-Römer nach Parry, Engineering, p. 124/Grund	7.5.16.6	Hodges, Pyramids, p. 95, fig. 86, vom Autor bearbeitet
7.5.11.3	Müller-Römer nach Parry, Engineering, p. 143/Grund	8.0	Foto Müller-Römer
7.5.11.4	Müller-Römer nach Goyon, La construction, p. 300/Grund	8.1.1	Müller-Römer/Grund
7.5.12.1	Keyssner, Baustelle Gisa, S. 26, Abb. 5, vom Autor bearbeitet	8.1.2	Müller-Römer nach Maragioglio IV Addenda, TAV. 2, fig. 12/ Grund
7.5.12.2	Keyssner, Baustelle Gisa, S. 49, Abb. 14, vom Autor bearbeitet	8.2.1.1	Müller-Römer/Grund
		8.2.1.2	Müller-Römer/Grund
7.5.12.3	Keyssner, Baustelle Gisa, S. 50, Abb. 15, vom Autor bearbeitet	8.2.1.3	Müller-Römer/von Bargen
		8.2.1.4	Müller-Römer/von Bargen
7.5.13.1	Winkler, Pyramidenbau, S. 48	8.2.1.5	Müller-Römer nach Jánosi/Schüller
7.5.13.2	Winkler, Pyramidenbau, S. 53	8.2.1.6	Müller-Römer/Grund
7.5.13.3	Winkler, Pyramidenbau, S. 54	8.2.1.7	Müller-Römer/von Bargen
7.5.14.1	Müller-Römer nach Unterberger, Tricks, S. 123/Grund	8.2.1.8	Müller-Römer/von Bargen
7.5.14.2	Müller-Römer nach Unterberger, Tricks, S. 135/Grund	8.2.1.9	Müller-Römer/von Bargen
		8.2.1.10	Müller-Römer/von Bargen
7.5.14.3	Müller-Römer nach Unterberger, Tricks, S,191/Grund	8.2.1.11	Müller-Römer/von Bargen

8.2.1.12	Müller-Römer/von Bargen	8.2.5.4	Müller-Römer/von Bargen
8.2.2.1	Müller-Römer/Grund	8.3.1.1	Müller-Römer/Grund
8.2.2.2	Müller-Römer nach Lehner, Geheimnis, S. 220/Grund	8.3.1.2	Müller-Römer/Grund
8.2.2.3	Müller-Römer/von Bargen	8.3.2.1	Müller-Römer/Grund
8.2.2.4	Müller-Römer/von Bargen	8.3.2.2	Müller-Römer/Grund
8.2.2.5	Müller-Römer/von Bargen	8.4.1	Müller-Römer nach Tietze, Pyramide, S. 37 o./Grund
8.2.5.1	Müller-Römer/von Bargen	8.4.2	Müller-Römer nach Tietze, Pyramide, S. 36 o./Grund
8.2.5.2	Müller-Römer/von Bargen	8.4.3	Müller-Römer nach Lehner, Cheops Projekt, S. 119/Grund
8.2.3.1	Müller-Römer/von Bargen	8.4.4	Müller-Römer/Grund
8.2.5.1	Müller-Römer/von Bargen	8.4.5	Müller-Römer/Grund
8.2.5.2	Müller-Römer/von Bargen		
8.2.5.3	Müller-Römer/von Bargen		

10.3 Verzeichnis der Abkürzungen

AE	Ancient Egypt
AR	Altes Reich
ASAE	Annales du Service des Antiquités de l'Égypte, Kairo
BACE	The Bulletin of the Australian Centre for Egyptology
BdE	Bibliothèque d'Étude, Institut Français d'Archéologie Orientale, Kairo
BIFAO	Bulletin de l'Institut Français d'Archéologie Orientale, Kairo
BMFA	Bulletin of the Museum of Fine Arts, Boston
BSEA	British School of Egyptian Archaeology, London (bis 1940 BSAE)
BSFE	Bulletin de la Société Française d'Égyptologie, Paris
CdE	Chronique d'Egypte
cm	Zentimeter
GM	Göttinger Miszellen
G.R.A.L.	Zeitschrift für Archäologie und archäologische Grenzwissenschaften, Berlin
HdO	Handbook of Oriental Studies
JARCE	Journal of the American Research Center in Egypt, Boston
JEA	Journal of Egyptian Archaeology, London
KMT	A modern Journal of Ancient Egypt, Hrsg.: KMT Communications
kg	Kilogramm
kp	Kilopond
LÄ	Lexikon der Ägyptologie, Wiesbaden
LD	Lepsius Denkmäler
m	Meter
MDAIK	Mitteilungen des Deutschen Archäologischen Instituts Kairo
MMA	The Metropolitan Museum of Art
MR	Mittleres Reich

NR	Neues Reich	SAK	Studien zur Altägyptischen Kultur, Hamburg
Or	Orientalia, Nova Series, Rom	t	Tonne (Gewicht)
PMMA	Publications of the Metropolitan Museum of Art, Egyptian Expedition, New York	Urk.	Urkunden des ägyptischen Altertums
pAbbott	Papyrus Abbot (Beispiel für die Benennung von Papyri)	ZÄS	Zeitschrift für Ägyptische Sprache und Altertumskunde Leipzig/Wiesbaden
RdE	Revue d'Egyptologie, Kairo bzw. Paris		
RE	Paulys Encyclopädie der Classischen Altertums-Wissenschaften		

Register

Abitz 111, 244, 314

Abrutschsicherheit 80

Abu Gurab 99, 129

Abu Roasch 41, 102, 181

Abusir 16, 42, 198, 200, 203, 205, 209

Abusir-Bauweise 204

Abydos 144

Amenemhet I. 18, 37, 100, 214, 234

Amenemhet II. 18, 37, 215

Amenemhet III. 18, 29, 37, 116, 217, 218, 234

Amenemhet IV. 37

Amenemopet 100

Amenhotep III. 100

Amentet 19

Amun-Tempel von Karnak 85

Antares 130

Arbeitsaufwand 245

Arbeitskräfte 246

Arbeitsplattform 335, 356, 372, 379, 393, 404

Arbeitsvorbereitung 40

Arnold 45, 51, 54, 55, 56, 66, 74, 93, 94, 108, 110, 120, 121, 122, 125, 214, 261, 263, 264, 268, 275

Assuan 108, 190

Astro-Aszensions-Methode 130

Athribis 150

Aufweg 16

Aufzug 334

Aufzugsketten 315

Ausrichtung nach den Himmelsrichtungen 114, 358

Außentreppe 286

Außenverkleidung 32, 120, 133, 232, 355, 377

Äußere Rampen 372

äußere Verkleidungsschicht 31, 355

Backing Stones 32, 114, 120, 133, 239, 358

Baka 187

Balken 52

Balkenwaage 52

Barsoum 255

Basalt 45

Bassermann 118

Bauabschnitte (Pyramide des Mykerinos) 362

Bauhypothesen 255

Baumaterial 42

Baupläne 39

Bautechnik 39

Bauvolumen 238

Bauzeit 351, 380

Bauzeit Cheopspyramide 397

Bauzeit der Pyramiden 237

Bauzeit Glättung 387

Bauzeit (Kernmauerwerk) 383

Bauzeit Pyramide des Mykerinos 389

Bauzeit Roten Pyramide 390

Bauzeit (Verkleidungsmauerwerk) 385

Becker 135, 186, 245

Beckerath, v. 241

Belüftungsschächte 180

Belzoni 186

Bestimmung der Himmelsrichtungen 127

Bicheris 36, 187

Bilddarstellungen von Transporten 104

Binder 375

Blockierstein 66

Blockiersteine 41

Blockiersysteme 69

Bodenpressung 155, 161, 165, 166, 168

Bodensetzungen 357

Bohrer 46

Borchardt 39, 46, 61, 63, 68, 73, 77, 93, 99, 110, 117, 121, 122, 127, 170, 178, 199, 200, 205, 224, 228, 268, 329

Bormann 244, 324, 327

Böschungswinkel 133

Bossen 32, 49, 133, 136, 272, 274, 279, 309, 312, 315, 330, 373, 374

Brier 300

Brinks 179, 286

Central Field 408

Chaba 36, 149

Charlton 107

Chefrenpyramide 17

Cheops 36, 65, 168

Cheopspyramide 40, 53, 54, 60, 96, 102, 109, 117, 119, 120, 121, 127, 129, 132, 133, 135, 136, 142, 166, 168, 179, 186, 238, 260, 266, 269, 271, 273, 275, 276, 281, 285, 293, 294, 299, 302, 304, 312, 314, 315, 321, 325, 330, 333, 343, 352, 361, 406

Chephren 36, 70, 183

Chephrenpyramide 120, 129, 131, 132, 374

Choisy 111, 306, 329

Chui 18, 211

Clarke und Engelbach 56, 220, 235, 292

Cole 117, 120, 121, 170

Croon 102, 107, 110, 111, 268, 304, 307, 352

Dahschur 18, 29, 168, 215, 216, 234, 263

Dahschur Nord 164

Dahschur Süd 154, 157

Das Gupta 41

Davidovits 50, 255

de Haan 246, 343

de Morgan 235

Dezimalsystem 139

Digression 129

Diodor 258

Diorit 109

Djedefre 36, 41, 102, 181

Djedkare Asosi 37, 207

Djoser 35, 56

Dolerit 107, 108, 109

Dolerithammer 108

Dolorithammer 45

Domning 60

Dorka 66, 73, 320, 334

Dörnenburg 142, 283

Dorner 117, 118, 121, 124, 126, 127, 128, 157, 159, 170, 220

dos Santos 310, 312

Dra´Abu el-Naga 18

Dreyer 91, 151

Eckkanten 119

Ecksteine 119

Edwards 127, 184

Eisenwerkzeuge 45

el-Berscheh 110

Elephantine 150

El-Lahun 216

Elle 33, 116

El-Sayed 231

Erdbeben 166, 217, 227, 230, 231, 232, 357, 413

Ermann 134

Fakhry 213

Fallsteinkammer 54, 61, 67, 68

Fallsteinsystem 61

Felsenkammer 179

Fernau 110

Finger 33, 116

Firth 109

Fitchen 304

Flaschenzug 55, 70, 77

Fluchtwinkel 119

Förderketten 327

Förderrampe 322

Gegengewichtstechnik 321

Geometrie 118, 139

Giebeldach 76, 179, 206, 207, 208, 224

Gisa 84, 96, 108, 128, 144, 164, 214, 221, 230, 255, 406

Gisa-Plateau 42, 168, 183, 188

Glätten 373, 379

Gleitfaktor 105

Gleitreibung 78

Gleitreibungszahl 79

Goldene Schnitt 142

Goneim 146, 148

Gossart 172

Goyon, G. 50, 66, 71, 107, 108, 121, 169, 170, 178, 244, 268, 272, 273, 277, 279, 292

Goyon, J.-C. 85, 119, 133, 135, 331, 375

Grab des Djehuti-hotep 110

Grab des Hesire 54

Grab des Hetepherachti 105

Grab des Kagemni 105

Grab des Metjen 140

Grab des Rechmire 51, 85, 137

Grab des Ti 47, 104

Grabkammerkorridor 83, 135, 224

Grabkomplex 15

Grabräuber 41, 109

Grabräubertunnel 40, 174, 215

Graefe 275, 284, 287, 289, 290, 301, 334, 351, 352

Granit 45

Granodiorit 45

Grapow 134

Greiss 60

Große Galerie 41, 53, 66, 179

Gundacker 154, 163, 167, 185, 189

Haan, de 43

Haase 41, 43, 53, 61, 63, 66, 77, 96, 98, 99, 102, 161, 173, 179, 244, 266, 279, 327, 381, 397, 398, 411

Haftreibung 80

Haftreibungsgesetz 80

Haftreibungskraft 80, 262

Halbkreismethode 126

Hamm-Brücher, Hildegard *siehe* Brücher, Hildegard

Hampikian 264, 290

Handbreit 33, 116

handwerkliche Tätigkeiten 42

Hanfgras 59

Hanfseil 60

Hangabtriebskraft 79, 262

Hartgestein 45

Hassan 108

Hawara 18, 29, 116, 234

Hawass 96

Hebeeinrichtungen 52, 73, 76, 224, 306, 321, 324

Hebeeirichtungen 302

Hebel 302, 325, 346, 367

Hebelarm 52

Hebeleiter 337, 338

Hebeltechnik 326

Hebelwirkung 53

Hebewerkzeuge 76

Hebezeug-Paternoster 318

Hebezeug-Paternoster nach Munt 111

Herodot 107, 141, 246, 256, 338

Herstellungsvermerk 40

Hilfsrechteck 127

Hodges 124, 346, 348

Höhn 74, 271, 273

Hölscher 70, 72, 76, 107, 284, 292, 301, 306, 352

Holzrolle 107, 351

Houdin 294, 298

Hubarbeit 252

Hubkraft 52

Huni 36

Ibi 18, 211

Illig 110, 308

Imhotep 144

Innenrampe 295, 298, 299

Integralrampe 280, 294

Isler 286, 289, 302, 304, 349, 351

Jánosi 123, 180, 195

Junker 108

Kaiser 151

Kalkstein 44

Kalksteinverkleidung 119

Kamal 212

Kantenschuh 340

Kerisel 180

Kernmauerwerk 30, 173, 232, 284, 305, 353, 355

Kernmauerwerk (Pyramide des Mykerinos) 362

Keyssner 244, 284, 333, 336

Kippschlitten 306, 329, 331, 338

kleine Schichtpyramiden des Alten Reiches 91, 150

Klemm und Klemm 108, 169, 244, 280, 282, 283, 284, 406

Kleppisch 142

Knickpyramide 53, 132, 135, 154, 156, 166, 220, 230

Knotenstrick 118

Kom Dara 212

Königinnenpyramide 35

Königinnenpyramiden des Cheops 180, 399

Königinnenpyramiden des Mykerinos 194, 357, 359, 372

Königsgrab 18, 19

Kontrollmessungen ebener Flächen 136

Kontrollmitteilung 40

Korff 224, 255

Kraftübersetzung 48

Kraftumlenkung 54, 69, 315

Kraftverstärkung 53

Kraggewölbe 156, 179

Krauss 128, 136, 239, 240, 241

Kühn 182

Kultpyramide 16, 144

Kultpyramide Cheops 181

Kupfer 45

Kupfersäge 46

Kurbel 48

Lahun 18

Landt 284, 301, 305, 308, 352

Landvermessung 117

Längenbezeichnungen 33

Lattermann 110, 238, 269, 282, 295

Lauer 56, 66, 104, 111, 145, 148, 150, 227, 255, 266

Läufer 375

Legrain 111

Lehmziegel 50, 144

Lehner 43, 77, 96, 99, 110, 173, 186, 195, 212, 223, 244, 276, 279, 327, 406, 409

Leiter 112

Lepsius 45, 170, 187, 239, 255

Linearrampe 343

Lischt 18, 55, 100, 214, 215, 234

Little 109

Löhner 110, 308, 310, 334

Mackay 59

Maragioglio und Rinald 158

Maragioglio und Rinaldi 61, 63, 68, 71, 94, 99, 122, 149, 165, 170, 172, 178, 180, 182, 184, 186, 188, 190, 199, 200, 203, 205, 206, 220, 229, 268, 287, 359, 361

Markierung 374
Maspero 215
Maßeinheiten 114, 116
Mastaba 16, 25
Mastaba Debeheni 84
Mastaba des Wepemnofret 45
Mastaba el-Faraun des Schepseskaf 196
Mastaba-Gräber 97, 143
Materialfluss 344
Materialtransport 351
Mathematik 139
Meidum 93, 152
Mendelsohn 110, 154, 172, 226, 230
Menkauhor 37, 206
Mentuhotep II. 18, 213
Merchet 133
Merenre I. 37, 210
Mergelton 160
Mesochris 36
Messgeräte 112
Messlatte 118
Messstrick 118
Messtechniken 112
Messverfahren 113
Mikrogravimetrie 299
Mirgissa 100
Modellrechnung 381
Moeris-See 103
Montagemantel 333
Moores 46
Mörtelbett 48
Munt 74, 111, 244, 318, 319
Mykerinos 36, 188
Nazlet el-Samman 169
Nebenpyramide 16
Nebka 187
Neferefre 37, 203

Neferirkare 37, 200, 201
Nefrusobek 37
Neigung der Seitenflächen 132
Neigungsverhältnis 81
Neigungswinkel 81, 136, 224
Nemtiemsaf I. 210
Nemtiemsaf II. 37
Neubacher 77, 255
Nilschlamm 50
Nilschlammziegel 50
Nitokris 37
Niuserre 37, 205
Nivellierlinien 122
Nomoi 141
Nordgrab (Pyramide) 16
Nordrichtung 128
Nord-Süd-Richtung 129
Normalkraft 79
Nour 60
NOVA-Experiment 43, 110
Nub-Cheper-Re Intef 18
Nummulitenkalkstein 168
Obadalek 155
Ochsengespanne 81, 263, 271, 279, 281, 351, 353
offene Bauweise 223
optische Nivellierung 125
Otto 246
Palermostein 53
Palmfaser 56
Palmholz 107
Papyrus Anastasi I 100
Papyrus Kahun 140
Papyrus Rhind 140
Parry 111, 244, 328, 330, 331, 338
Paul 275
Peilung 119

Pepi I. 37, 210

Pepi II. 37, 210

Perring 59, 64, 136, 149, 158, 202

Personalbedarf 237, 245

Petrie 64, 93, 96, 120, 125, 131, 136, 154, 158, 170, 172, 180, 189, 293, 294, 305, 378

Petrie-Diagramm 302

Pitlik 137, 244, 322, 324, 334

Platon 141

Plinius 259

Polz 213

Präzession 130

Pyramide Amenemhet's I. 214

Pyramide Amenemhet's II. 215

Pyramide Amenemhet's III. in Dahschur 217

Pyramide Amenemhet's III. in Hawara 218

Pyramide des Bicheris (Nebka) 187

Pyramide des Chaba 149

Pyramide des Chephren 44, 183, 361

Pyramide des Chui 212

Pyramide des Djedefre 181

Pyramide des Djedkare Asosi 207

Pyramide des Djoser 143, 219

Pyramide des Ibi 212

Pyramide des Menkauhor 206

Pyramide des Mykerinos 16, 67, 83, 166, 188, 355, 359

Pyramide des Neferefre (Raneferef) 203

Pyramide des Neferirkare 200

Pyramide des Niuserre 122, 205

Pyramide des Sahure 198

Pyramide des Schepseskare 203

Pyramide des Sechemchet 90, 148

Pyramide des Snofru in Dahschur 95

Pyramide des Snofru in Meidum 93, 152, 219, 227

Pyramide des Unas 208

Pyramide des Userkaf 196

Pyramide Lepsius XXIV 209

Pyramide mit Stützmauern 27

Pyramidenarchitektur des MR 234

Pyramidenbasis 120

Pyramidenbauweise im Mittleren Reich 234

Pyramidenbezirk 16

Pyramiden der 6. Dynastie 210

Pyramiden der 13. Dynastie 218

Pyramiden der Ersten Zwischenzeit und des Mittleren Reiches 211

Pyramiden des Mittleren Reiches 100

Pyramiden des Snofru 151

Pyramidenstandorte 19

Pyramide Sesostris' I. 215

Pyramide Sesostris' II. 216

Pyramide Sesostris' III. 216

Pyramidion 116, 119, 165, 217, 274, 282, 284, 294, 298, 301, 307, 309, 315, 317, 321, 328, 339, 341, 347, 349, 356, 359, 374, 377

Pythagoras 142

Quibell 109

Rampe 78, 90, 305, 356

Rechenaufgaben 141

Reinecke 142

Reisner 59, 71, 105, 149, 165

Richtlot 120

Riedl 244, 312, 314

Röhrenbohrer 47

Rollender Steintransport 328

Rollreibung 85

Rollreibungszahl 85

Rollwiderstand 86

Romer 245, 247

Rosengranit 190

Rote Pyramide 95, 102, 116, 135, 154, 164, 220, 231, 239, 243, 263, 359

Rücksprung 132, 358

Rudertechnik 325
Rundholz 86
Säge 46
Sägen 48
Sahure 16, 37, 198
Saleh 99
Sandstein 45
Saqqara 42, 210, 214
Saqqara Nord 143, 148, 196, 208
Saqqara Süd 196, 207
Saujet el-Arjan 149, 187
Schaduf 77, 306
Schalenbauweise 205
Schaukelaufzug (Wippe) 111
Scheibenrad 54, 112
Schepseskaf 16, 36, 196
Schepseskare 37, 203
Schichtmauern 145
Schichtpyramide 16, 25, 143, 146, 152, 156, 219, 353
Schiefe Ebene 77, 78
Schleifmittel 48
Schleppvorgang 381
Schlitten 51, 81, 104, 105, 351
Schrägaufzug nach Abitz 111, 314
Schrägaufzug nach Dorka 320
Schutthalden 101
Sechemchet 35, 148
Seil 55, 59, 315
Seila 151
Seilherstellung 59
Seilrolle 54, 55, 56, 57, 308
Seilrollenbock 308
Seilumlenkrolle 110
Seilumlenkung 54, 55, 74, 76, 318
Seilumlenkwalze 310
Seilwaage 73

Seilwinde 70, 310, 312, 322
Seitenneigung 115
Seket 142
Seket-Messgerät 133
Sesostris I 263
Sesostris I. 18, 37, 100, 215, 234
Sesostris II. 18, 37, 100, 216
Sesostris III. 18, 29, 37, 100, 216, 234
Setzwaage 118, 120
Simon 283
Sinki 91
Snofru 36, 53
Sonnenbarke des Cheops 60
Sonnenheiligtum des Niuserre 99
Spencer 51
Sphinx 96
Spill 310, 322, 333, 338
Spiralrampe 276
Spitzmeißel 43
Stadelmann 53, 54, 77, 95, 99, 133, 145, 146, 154, 165, 167, 180, 182, 201, 202, 223, 239, 241, 247, 263, 265, 266, 271, 290, 396, 408
Stangen 52
Steinbauweise 144, 234
Steinbearbeitung 42
Steingewinnung 42
Steinkugel 108, 109, 367
Steinkugeln 107
Steinproduktion 44
Steinsäge 46
Steintransport nach Parry 111
Steinverarbeitung 48
Stocks 46, 136
Straßen 103
Streckenmessung 114, 117, 358
Strub-Roessler 74
Stufenbauweise 231, 355

Stufenmastaba 25
Stufenpyramide 22, 27, 164, 346
Südgrab 16, 144
Swelim 91
Tafla 30
Taltempel 16
Tangentialrampen 239, 271, 284, 290, 292, 293, 301, 352, 353, 356, 369
Teti 37, 210
Thamphthis 36
Theis 219
Tompkins 74
Tonintervalle 255
Tonnengewölbe 189
Tonschiefer 161
Toshka 109
Totenreich 19
Totentempel 16
Trage 104
Transportleistung 380
Transportrampen 80
Trennfuge 42, 48
Treppe 364
Treppen 351
Treppenstufen 340
trial passage 180
Tura 44, 48
Tura Kalkstein 171
Umlenkwalze 353, 356, 363, 366
Unas 37, 208
Unterberger 106, 114, 116, 125, 127, 129, 130, 131, 173, 340, 343, 351, 378
Userkaf 36, 196
Userkare 210
Valloggia 182
Verkleidungsmauerwerk 31, 232, 355, 372
Vermessungsarbeiten 114

Vermessungstechnik 112, 138
Verner 200, 202, 203, 205, 209
Verputz 51
Versatztechnik 375
Vogel 101
Volumenberechnungen 140
Vyse 136, 170, 173
Waage des Kairer 73
Waagerechte Nivellierung 114, 119, 358
Wagenrad 112
Wainwright 93
Walze 48, 54, 64, 85, 315
Wassergraben 124
Wege 103
Werkzeuge 54
Werkzeuge zur Holzbearbeitung 54
Westfriedhof Gisa 97
Widan el-Faras Steinbruchgebiet 103
Willburger 300
Winkelberechnung 125
Winkelhalbierende 128
Winkelhebeln 271
Winkelheber 74
Winkellehre 133
Winkelmessung 125
Winkler 111, 116, 133, 155, 161, 165, 171, 185, 244, 246, 337, 339, 411
Wippe 328
Wirtschaftlichkeit 42
Wolf 66
Zahlensystem 139
Zedernholz 53
Zeitliche Entwicklung 35
Zeitplan 40
Ziegel 50
Ziegelbaurampe 84
Ziegelbauweise 217, 234

Ziegelherstellung 52
Ziegelkern 216
Ziegelpyramide 29, 218
Ziegelpyramide des Amenemhet III. 162
Ziegelrampe 51, 268, 273, 293
Zier 252
Ziffer 0 139
Zirkumpolarsterne 129
Zugeinrichtungen 302
Zugkraft, abwärtsgerichtet 87
Zugkräfte 78, 81, 82, 109
Zugleistung von Arbeitern 88, 89
Zugleistung von Rindern 89
Zugmannschaften 351, 353
Zusammenfassung 413
Zuwachstheorie 255
Zweiter Katarakt 100